A FORÇA DA TRADIÇÃO

ARNO J. MAYER

A FORÇA DA TRADIÇÃO

A PERSISTÊNCIA DO ANTIGO REGIME (1848-1914)

Tradução:
DENISE BOTTMANN

Consultor desta edição:
FRANCISCO FOOT HARDMAN

COMPANHIA DAS LETRAS

Dados de Catalogação na Publicação (CIP) Internacional
(Câmara Brasileira do Livro, SP, Brasil)

Mayer, Arno J.
M421f A força da tradição : a persistência do Antigo Regime, 1848-1914 / Arno J. Mayer ; tradução Denise Bottmann, consultor desta edição Francisco Foot Hardman. -- São Paulo : Companhia das Letras, 1987.

Bibliografia.
ISBN 85-85095-49-0

1. Europa - Civilização - Século 18 2. Europa - Civilização - Século 19 3. Europa - Política e governo - 1848-1871 4. Europa - Política e governo - 1871-1918 I. Título. II. Título: A persistência do Antigo Regime, 1848-1914.

87-1776 CDD-940.28
-320.94028

Índices para catálogo sistemático:
1. Século 19, 1815-1914 : Europa : Civilização 940.28
2. Século 19 1815-1914 : Europa : História política 320.94028

Título original:
The Persistence of the Old Regime
Europe to the Great War

Capa:
Ettore Bottini
A partir de *Entrada solene em Frankfurt do vigário do imperador, o arquiduque João*, estampa popular alemã

Índice remissivo:
Adelina Bouças

Revisão:
José G. Arruda Filho
Telma Domingues
Paulo Cézar de Mello

1987

Editora Schwarcz Ltda.
Rua Barra Funda, 296
01152 — São Paulo — SP
Fones: (011) 825-5286 e 67-9161

A Herbert Marcuse

ÍNDICE

PREFÁCIO

Apresentei o primeiro esboço deste livro no Ciclo de Palestras Carl L. Becker, da Universidade de Cornell, no outono de 1977. Agradeço aos meus colegas de Cornell pelas suas múltiplas gentilezas para comigo, e em particular a Walter LaFeber por me incentivar a mudar de tema no último minuto. Inicialmente, comprometera-me a fazer uma exposição temática do meu manuscrito sobre as causas e finalidades internas da guerra a partir de 1870. Mas na época eu estava com segundas intenções. No ano anterior, havia apresentado minha tese sobre os vínculos entre o conservadorismo ressurgente e a guerra do século passado na École des Hautes Études en Sciences Sociales em Paris, no Institut Universitaire de Hautes Études Internationales em Genebra, nas universidades de Bielefeld, Bochum, Düsseldorf, Jerusalém e Leyden, e no Instituto Lehrman em Nova York. Em todas essas ocasiões, fui criticado não tanto por enfatizar mais os móveis internos do que os diplomáticos do conflito internacional, mas por afirmar mais do que demonstrar a sobrevivência da antiga ordem na Europa do século XX. Com o tempo, a força dessa crítica se tornou tão imperiosa que afinal decidi usar o Ciclo de Palestras Becker para iniciar um exame da permanência do *ancien régime* nas seis grandes potências européias que se envolveram na Grande Guerra de 1914-1918. Ocupado com este problema da inércia histórica, passei os dois anos seguintes explorando-o à custa do meu estudo sobre a guerra.

O resultado é este livro, que constitui um trabalho de interpretação baseado quase exclusivamente sobre fontes secundárias. A bibliografia ao final do volume arrola os livros e artigos que considerei mais úteis, tendo-os pilhado de maneira impiedosa. Como minha busca se tornara tão maníaca, aprendi com tudo o que li. Sendo este o caso, decidi não sobrecarregar e alongar o texto com notas de rodapé, que se tornariam infindáveis. Também decidi não atacar nominalmente os historiadores dos quais discordo, visto que nossas diferenças repousam sobre questões mais interpretativas que fatuais. Meu propósito é menos refutar ou debater com outros historiadores, de quem cito frases ocasionais, do que desenvolver um novo ângulo de visão e estrutura de análise.

Concebo este livro como uma história marxista de cima para baixo, e não de baixo para cima, com o foco sobre as classes superiores, e não tanto sobre as inferiores. O primeiro capítulo trata dos alicerces econômicos da antiga ordem. Embora alguns leitores possam querer passar por cima ou de leve por essa discussão cansativa sobre a base material da sociedade, sem ela minha tese se tornaria totalmente inacreditável. Na verdade, este livro tem o caráter de um argumento. Embora eu especifique a maioria das generalizações, não tenho a pretensão de apresentar todos os lados da questão. Nesse caso, admito abertamente ser um fervoroso "amontoador" e construtor, mais do que um "separador" e demolidor. Concordo com Jacob Burckhardt em que nenhuma visão histórica abrangente é possível sem o recurso a generalizações e princípios organizadores. É desnecessário dizer que, como nos lembrava Carl Becker, não há nenhum caráter conclusivo em visões como essas, e Burckhardt admitia de pronto que os mesmos estudos utilizados para construir *A civilização da Renascença na Itália*, "em outras mãos poderiam, com facilidade, não só [ter] recebido um tratamento e aplicação totalmente diferentes, como também [ter conduzido] a conclusões essencialmente diversas". Entrementes, ele pediu, como também peço eu, que lhe fosse concedido "um ouvido paciente" e que seu livro fosse "tomado e julgado como um *todo*", e não apenas em suas partes descontínuas.

Ao longo de minhas leituras e rascunhos, incorri em numerosas dívidas intelectuais e eruditas. Sobretudo, beneficiei-me imensamente com as críticas e sugestões detalhadas de Perry Anderson, Hans-Ulrich Wehler, Charles Maier e Alfred Rieber, que leram rascunhos iniciais dos primeiros quatro capítulos. Com diferentes horizontes ideológicos, confrontaram-me com questões árduas e perturbadoras, mas não destrutivas. David Abraham, Jerome Blum e Robert Tignor fizeram comentários valiosos sobre o capítulo I, enquanto Richard Wortman prestimosamente me ajudou a encontrar um caminho entre a literatura monográfica sobre o período final do império russo.

Cinco amigos constantes cordialmente toleraram que eu conduzisse nossas conversas freqüentes para minhas obsessões do momento. François Furet nunca se cansou do meu minucioso interrogatório sobre o *ancien régime* e a reação aristocrática na França dos séculos XVIII e XIX; Felix Gilbert paciente e agudamente respondeu às minhas perguntas irreverentes sobre a antiga ordem e a alta sociedade em Berlim entre 1870 e 1933; Carl Schorske inspirou, animou e moderou minha incursão pelo estudo da alta cultura; Pierre Vidal-Naquet foi conivente com minha reavaliação do embate entre o nobre e o burguês; e Sheldon Wolin me encorajou a não ficar intimidado com as interpretações canônicas do liberalismo, de Nietzsche e de Weber. Temo que não possa absolver meus colegas e amigos de toda a responsabilidade pelos meus erros e distorções, pois lhes faltou a vontade ou o juízo de me dissuadir em meus mergulhos em águas históricas arriscadas.

Agradeço a Shelley Baranowski, Vladimir Brovkin e Dorothea Schneider por me ajudarem em pontos cruciais de minha pesquisa. Helen Wright datilografou e redatilografou magistralmente sucessivos rascunhos, e os poucos erros que cometia, afinal, se mostravam ser meus invariavelmente. Ela sabe o alto apreço que tenho por ela. Recebi apoio financeiro do Centro de Estudos Internacionais e Comitê de Pesquisas em Humanidades e Ciências Sociais de Princeton.

Finalmente quero exprimir minha gratidão a Philip Pochoda, da Editora Pantheon, que trouxe seu discernimento crítico ao meu manuscrito e aliviou a faina de prepará-lo para a publicação.

Princeton-Chérence
Verão de 1980

Arno J. Meyer

INTRODUÇÃO

Mesmo com o decorrer do tempo, a primeira metade do século XX se destaca por ter testemunhado um cataclismo sem precedentes e um divisor de águas fundamental na história da Europa. Não é provável que a crescente distância temporal e psicológica diminua ou faça parecer normal, de modo significativo, a enormidade do horror da Grande Guerra e do Ossuário de Verdun, a desmedida da Segunda Guerra Mundial e de Auschwitz. Mas, devido à arraigada ignomínia e atrocidade deste auto-sacrifício e holocausto — incluindo Hiroshima —, os historiadores sempre continuarão a investigar suas causas subjacentes. Também continuarão a tentar penetrar os sofrimentos e a ferocidade da revolução e do regime bolcheviques, que constituíram o principal raio de esperança numa das noites mais negras da Europa. A Rússia foi envolvida fatalmente por essa colossal turbulência, sacrificando mais sangue e bens do que qualquer outra nação. Paradoxalmente, ainda que periférica em relação à civilização ocidental, a Rússia esteve, todavia, entre seus maiores desestabilizadores e últimos salvadores.

A intenção deste livro é contribuir para a discussão sobre a *causa causans* e a natureza interna do recente "mar de problemas" da Europa. Ele parte da premissa de que a Guerra Mundial de 1939-1945 estava umbilicalmente ligada à Grande Guerra de 1914-1918, e que esses dois conflitos constituíram nada menos que a Guerra dos Trinta Anos da crise geral do século XX.

A segunda premissa é a de que a Grande Guerra de 1914, ou a fase primeira e protogênica dessa crise geral, foi uma conseqüência da remobilização contemporânea dos *anciens régimes* da Europa. Embora perdendo terreno para as forças do capitalismo industrial, as forças da antiga ordem ainda estavam suficientemente dispostas e poderosas para resistir e retardar o curso da história, se necessário recorrendo à violência. A Grande Guerra foi antes a expressão da decadência e queda da antiga ordem, lutando para prolongar sua vida, que do explosivo crescimento do capitalismo industrial, resolvido a impor sua primazia. Por toda a Europa, a partir de 1917, as pressões de uma guerra prolongada afinal abalaram e romperam os alicerces da velha ordem entrincheirada, que havia sido sua incubadora. Mesmo assim, à exceção da Rússia, onde se desmoronou o antigo regime mais obstinado e tradicional, após 1918-1919 as forças da permanência se recobraram o suficiente para agravar a crise geral da Europa, promover o fascismo e contribuir para a retomada da guerra total em 1939.

A terceira e principal premissa deste livro é a de que a antiga ordem européia foi totalmente pré-industrial e pré-burguesa. Durante muito tempo, os historiadores enfocaram com demasiada insistência o avanço da ciência e da tecnologia, do capitalismo industrial e mundial, da burguesia e das classes médias, da sociedade civil liberal, da sociedade política democrática e do modernismo cultural. Estiveram muito mais preocupados com essas forças inovadoras e a formação da nova sociedade do que com as forças de inércia e resistência que retardaram o declínio da antiga ordem. Embora num certo nível os historiadores e cientistas sociais ocidentais tenham repudiado a idéia de progresso, num nível diferente continuaram a acreditar nela, ainda que em termos determinados. Essa crença tácita e duradoura no progresso vem acompanhada por uma intensa aversão à paralisia e à regressão históricas. Houve, assim, uma tendência marcante a negligenciar, subestimar e desvalorizar a resistência de velhas forças e idéias e o seu astucioso talento para assimilar, retardar, neutralizar e subjugar a modernização capitalista, incluindo até mesmo a industrialização. O resultado é uma visão parcial e distorcida do século XIX e do início do século XX. Para obter uma perspectiva mais equilibrada, os historiadores terão de considerar não só o grande drama da transformação progressiva, mas também a implacável tragédia da permanência histórica, e investigar a interação dialética entre ambas.

Mas este livro não oferece uma interpretação equilibrada da Europa entre 1848 e 1914. Para se contrapor ao exagero crônico em relação ao desenvolvimento e triunfo final da modernidade — até a própria crise geral, incluindo o fascismo, está sendo julgada capaz de servir a esse desígnio universal e seus resultados —, ele se concentrará sobre a persistência da antiga ordem. O critério convencional ainda é o de que a Europa irrompeu de seu *ancien régime* e aproximou-se ou cruzou o limiar da modernidade muito antes de 1914. Estudiosos com convicções ideológicas as mais diversas reduziram a importância dos interesses econômicos pré-industriais, das elites pré-burguesas, dos sistemas de autoridade pré-democráticos, das linguagens artísticas pré-modernistas e das mentalidades "arcaicas". Conseguiram-no tratando-os como resquícios agonizantes, quando não como relíquias, em sociedades civis e políticas em rápida modernização. Exageraram enormemente a decadência da terra, do nobre e do camponês; a contração da manufatura e do comércio tradicionais, dos habitantes dos burgos provinciais e dos trabalhadores artesanais; a degradação dos reis, das nobiliarquias do serviço público e das câmaras superiores; o enfraquecimento da religião organizada e a atrofia da alta cultura clássica. Quando os historiadores econômicos, sociais e políticos concedem alguma vitalidade a esses vestígios de um passado moribundo, apresentam-nos como se empregassem ou desperdiçassem tal vitalidade em retardar, perturbar e complicar o crescimento em última instância inevitável da industrialização capitalista, do nivelamento social e da liberalização política. Com esse mesmo espírito teleológico, os historiadores culturais refletiram demoradamente sobre as realizações das vanguardas artísticas, ao passo que abandonaram sumariamente as culturas acadêmicas, como estando exauridas e obstruindo a marcha preordenada para o modernismo.

Para reconstruir a matriz histórica de onde se originaram a crise geral e a Guerra dos Trinta Anos do século XX, talvez seja necessário reconsiderar ou, até mesmo, inverter totalmente esse retrato de um mundo moderno com domínio pleno sobre uma antiga ordem recessiva e em esfacelamento. De qualquer forma, a tese deste livro é a de que os elementos "pré-modernos" não eram os remanescentes frágeis e decadentes de um passado quase desaparecido, mas a própria essência das sociedades civis e políticas situadas na Europa. Isso não significa negar a importância crescente das forças modernas que solaparam e desafiaram a antiga ordem. Mas significa sustentar que até 1914 as forças de inércia e resistência contiveram e refrearam essa nova sociedade dinâmica e expansiva no interior dos *anciens régimes* que dominavam o cenário histórico europeu.

Não existem categorias isentas de valores para se abordar essa realidade. Por um lado, falar da Europa da época como marcadamente pré-moderna, pré-industrial e pré-burguesa é endossar, pelo menos de modo implícito, a idéia de que as forças do progresso estavam prestes a herdar o mundo. Por outro lado, referir-se à Europa como uma sociedade *ancien régime* ou semifeudal é ratificar o pressuposto de que as forças e instituições da permanência estavam à beira do colapso. É óbvio que tais rótulos e imagens representam uma inferência retrospectiva, e a opção por um desses conjuntos é, em si mesma, um juízo histórico. Porém, um livro que se propõe a investigar e reavaliar as dimensões da "antigüidade" na Europa, entre 1848 e 1914, não pode evitar a aplicação e o refinamento de noções como *ancien régime* e feudalidade.

Os velhos regimes da Europa eram sociedades civis e políticas com poderes, tradições, costumes e convenções diferentes. Precisamente por constituírem sistemas sociais, econômicos e culturais coerentes e integrais, dispunham de excepcional elasticidade. Mesmo na França, onde o *ancien régime* foi declarado legalmente morto entre 1789 e 1793, ele continuou a ressurgir de forma violenta e a sobreviver sob várias formas por mais de um século. Evidentemente a Europa não era uma entidade única. Havia enormes variações nacionais e regionais na economia, estrutura social, tradição jurídica e perspectiva mental, e essas singularidades históricas não podem ser ignoradas ou minimizadas. Não obstante, em seus primórdios, bem como em sua duradoura extensão até os tempos modernos, o *ancien régime* foi um fenômeno nitidamente pan-europeu.

A sociedade civil da ordem antiga consistia, sobretudo, em uma economia camponesa e uma sociedade rural dominadas por nobrezas hereditárias e privilegiadas. À exceção de uns poucos banqueiros, negociantes e armadores, as grandes fortunas e rendas se baseavam na terra. Por toda a Europa, as nobrezas fundiárias ocupavam o primeiro plano não só em termos econômicos, sociais e culturais, mas também políticos.

De fato, a sociedade política era o sustentáculo dessa sociedade agrária de ordens. Em todas as partes, ela assumiu a forma de sistemas absolutistas de autoridade com graus diversos de esclarecimento, encabeçados por monarcas hereditários. As coroas reinavam e governavam com o apoio de amplas famílias reais e partidos da corte, além de ministros, generais e burocratas obedientes.

A Igreja era outro componente e pilar do *ancien régime*. Intimamente ligada tanto à coroa como à nobreza, estava, como elas, arraigada à terra, que constituía sua principal fonte de renda. O alto clero era de proveniência social elevada, exercia uma vasta influência e desfrutava de importantes isenções fiscais e legais. Como uma grande instituição corporativa, a Igreja dispunha de considerável autoridade, através do quase-monopólio dos serviços educativos e sociais e do controle exclusivo sobre os ritos sagrados de nascimento, casamento e morte.

Todo o regime estava impregnado pela herança do feudalismo que, se pressupunha, havia expirado com a Idade Média e fora afinal declarado "totalmente abolido" na França em agosto de 1789. Como o termo "feudalidade" se mantém controverso nas discussões sobre a história da Idade Média e início da Idade Moderna, está fadado a ser ainda mais polêmico nos estudos de história moderna e contemporânea. Segundo Marc Bloch, nenhuma região na Europa jamais teve uma sociedade feudal "completa", e diversas partes da Europa foram feudalizadas em vários graus e a diferentes velocidades. Mas Bloch também ressaltou que, apesar de grandes diferenças na forma, intensidade, espaço e tempo, as sociedades feudais européias partilhavam de importantes traços comuns: o fracionamento do Estado central em feudos, os laços de dependência pessoal, proteção e hereditariedade implantados na propriedade e exploração da terra, a "obrigação honrosa de empunhar armas", reservada às ordens ou vassalos superiores e a extrema desigualdade social e política, favorável a uma pequena oligarquia de proprietários de terras, guerreiros e eclesiásticos. Predecessor do *ancien régime*, o regime feudal se caracterizava por uma forma particular de propriedade, freqüentemente pela servidão, e sempre pelo pagamento de obrigações feudais e senhoriais. Esse sistema de produção, que se baseava sobre a sujeição legal e a exploração econômica de uma imensa subclasse, vinha embutido numa complexa estrutura de instituições sociais e políticas.

Com o renascimento do Estado territorial e o desenvolvimento da idéia de soberania política, a autoridade monárquica pôs fim ao feudalismo político e militar. Reivindicando o monopólio sobre a coerção, as dinastias presidiam à expansão de exércitos permanentes e burocracias centralizadas leais à coroa. Também asseguravam a independência fiscal necessária para financiar esse grande e crescente aparelho de Estado sem se dobrarem excessivamente à nobreza.

Na medida em que o poder político, jurídico e militar estava intimamente associado à propriedade da terra, ele declinou de modo muito mais rápido e extenso do que ela. O duradouro sistema senhorial deixou uma profunda marca no antigo regime, ao perpetuar os nobres privilegiados que exaltavam e se arrogavam o espírito da lealdade pessoal, a prática das virtudes marciais e o dever do serviço público. É certo que, com a perda da autoridade jurídica e administrativa, direta e exclusiva, sobre a terra e o trabalho, e as transformações na organização e técnica militares, essa nobreza sofrera uma diminuição política. Mesmo assim, como não se viram privados de sua posição quanto à propriedade da terra, à agricultura e à preparação de produtos primários que dominaram a vida econômica até 1914, os nobres mantiveram sua riqueza e *status*. Além disso, enquanto elaborava um *modus vivendi* com a coroa, a nobreza de espada impregnou toda a nobreza do serviço público, civil e militar, com seus preceitos tradicionais. De fato, os próprios reis se imbuíram desse estilo nobiliárquico. Vendo seus próprios tronos ligados à sociedade hierárquica de ordens, sustentaram social e economicamente essa sociedade civil. Ao mesmo tempo, embora os monarcas absolutos despojassem os nobres e senhores de sua autoridade política e militar soberana, assimilavam-nos em seu aparelho de Estado. Daí resultou que, ao permearem o aparelho de Estado e, em particular, os seus funcionários de origem não-nobre com seus próprios preceitos, e ao ocuparem posições-chave nos novos exércitos e burocracias, os nobres compensaram sua perda de poder político privado. A nobreza também se beneficiou de íntimas ligações com a Igreja, cujos membros mais elevados provinham de altas estirpes, e cuja riqueza, como a dos nobres, continuava a ser esmagadoramente fundiária.

Assim, o feudalismo nitidamente dotou a antiga ordem européia com muito mais que um mero revestimento de tradições, costumes e mentalidades de classe superior. Ele penetrou nos *anciens régimes* através de nobiliarquias posicionadas de modo a monopolizar postos econômicos, militares, burocráticos e culturais estratégicos. Esses nobres pós-feudais adaptaram seus laços de dependência, hereditariedade e enobrecimento, de forma a refletir e realçar sua posição privilegiada entre as classes dirigentes e governantes dos novos Estados territoriais. Evidentemente, a configuração e o caráter repressivo desse prolongamento da feudalidade variaram conforme o lugar e a região. As diferenças entre a Europa a leste e a oeste do Elba se tornaram mais notáveis. Em particular na Rússia e na Prússia, mas também na Hungria e no sul da Itália, o sistema de prestação de tarefa e a servidão legal realmente se intensificaram em vez de desaparecer aos poucos. Por toda a maior parte do resto da Europa, os nobres fundiários se tornaram pós-feudais, em termos econômicos, ao adotarem métodos capitalistas de produção agrícola e exploração da terra. Mas, apesar desse crescimento do capitalismo no campo, a nobreza continuou a impregnar as altas esferas da sociedade, da cultura e da política com seu espírito feudal.

As economias européias forneceram a sustentação material para a continuidade desse predomínio das nobrezas fundiárias e do serviço público. A terra continuou a ser a principal forma de riqueza e renda das classes dirigentes e governantes até 1914. Não menos significativamente, a manufatura de bens de consumo continuou a superar a produção de bens de capital em sua participação na riqueza, produção e emprego nacionais. Essa afirmação é válida mesmo para a Inglaterra, onde a importância econômica da agricultura se reduzira drasticamente, e para a Alemanha, que viveu um surto espetacular de desenvolvimento industrial entre 1871 e 1914. Através da Europa, pequenas e médias empresas de propriedade, financiamento e direção familiares dominavam os setores industriais e comerciais das economias nacionais. Esse capitalismo empresarial gerou uma burguesia que, no máximo, era protonacional. Como classe, essa burguesia partilhava interesses econômicos, mas contava apenas com uma restrita coesão social e política. Essa burguesia manufatureira e mercantil não poderia se comparar à nobreza fundiária em termos de classe, *status* ou poder. É certo que, na última trintena do século XIX, o crescimento de indústrias de bens de produção com capital intensivo deu origem a uma burguesia industrial. Mas, independentemente de terem permanecido com uma importância econômica limitada até 1914, esses magnatas da indústria e seus associados nas corporações financeiras e nas profissões liberais estavam muito mais dispostos a colaborar com os agraristas e as classes governantes estabelecidas do que com a burguesia mais antiga de manufatureiros, negociantes e banqueiros.

Assim como não existiu nenhuma sociedade feudal completa ou exemplar, não houve nenhum *ancien régime* pós-feudal ou pré-industrial arquetípico. A Inglaterra foi apenas uma de suas variantes. Embora a economia inglesa fosse dominada pelo capitalismo manufatureiro e mercantil, a aristocracia continuava a ter supremacia. Isso porque a terra continuava a ser a principal fonte de riqueza e renda, apesar da drástica contração sofrida pela agricultura inglesa ao longo do século XIX. Em outras palavras, a monarquia e a elite fundiária domaram a industrialização da Inglaterra, sem sucumbir a ela.

Não há dúvida que, "enquanto uma atividade social privilegiada", a agricultura inglesa foi eliminada, e que o poder da nobreza agrária se transformou. Mas, mesmo depois de avançar esses passos no rumo democrático para a modernidade, a Inglaterra nunca se converteu numa "ordem burguesa" dirigida por uma burguesia "conquistadora" ou "triunfante". É claro que a Câmara dos Comuns, eleita por um direito de voto masculino ampliado, controlava o Executivo, e nela estavam representados os interesses burgueses regionais e locais. Mas não houve nenhum movimento para remover a coroa, a corte real, a Câmara dos Lordes e a nobreza do serviço público por atribuição. Apesar da segurança insular, que tornava desnecessária uma forte casta militar, e do declínio da agricultura, as classes fundiárias conseguiram perpetuar essa ordem política e cultural "arcaica".

As grandes potências continentais, à exceção da França, não tinham nenhuma das vantagens da Inglaterra: as elites agrárias estavam intatas, a agricultura se mantinha como uma atividade social fundamental, e as fronteiras inseguras justificavam a presunção militar de reis e nobres. Isso explica, em parte, por que a Rússia, a Áustria-Hungria e a Alemanha persistiram como monarquias absolutistas.

Apenas a França, entre as grandes potências, afinal se converteu numa república em 1875. Mas, exceto por não mais possuir um rei e ser agora governada por uma classe política *petite-bourgeoise*, a França manteve-se em sintonia com o resto do continente, com sua economia dominada pela agricultura e pela manufatura tradicional. Ironicamente, um excesso de democracia agrária e política impediu a industrialização francesa, em particular depois do início da segunda Revolução Industrial no final do século XIX. Se a França se converteu em "uma desanimada república em crise contínua", foi porque sua burguesia era demasiado fraca e dividida para conseguir estabilizá-la.

De qualquer forma, nem a Inglaterra nem a França haviam se tornado sociedades civis e políticas industrial-capitalistas e burguesas em 1914. Suas políticas eram tão "obviamente antiquadas" e "obstinadamente preocupadas com sua longevidade" quanto as políticas das outras quatro grandes potências. Todas eram igualmente *anciens régimes* fundados na predominância duradoura das elites agrárias, da agricultura, ou de ambas.

Como Joseph Schumpeter viu com tanta clareza, os reis, exceto na França, continuaram a ser, por ordem divina, as "peças centrais" dos sistemas de autoridade da Europa. Sua posição era feudal em ambos "os sentidos, histórico e sociológico", em grande parte porque "o material humano da sociedade feudal" continuava a "ocupar os cargos do Estado, comandar o exército e elaborar as políticas". Embora os processos capitalistas, nacionais e internacionais, gerassem parcelas cada vez maiores das receitas do governo — para o "Estado coletor de impostos" —, o elemento feudal se mantinha como uma *classe dirigente** que se conduzia "segundo moldes pré-capitalistas". Embora as classes superiores entrincheiradas cuidassem dos "interesses burgueses" e se aproveitassem das "possibilidades econômicas oferecidas pelo capitalismo", tinham o cuidado de "se distanciar da burguesia". Esse arranjo não era um "atavismo [...] mas uma *simbiose ativa* entre dois estratos sociais", onde as antigas elites mantinham sua primazia política, social e cultural. Em troca, deixavam que a burguesia fizesse dinheiro e pagasse impostos. Segundo a avaliação de Schumpeter, mesmo na Inglaterra "o elemento aristocrático continuou a ser o chefe da casa *até o fim do período do capitalismo intato e vital*".

Ao controlar o que Schumpeter chamou de a "estrutura de aço" ou a "máquina política" do *ancien régime*, os elementos feudais ficaram em posição de estabelecer os termos para a implantação do capitalismo manufatureiro e industrial, fazendo, com isso, que ele servisse aos seus próprios fins, forçando a indústria a se ajustar dentro de estruturas sociais, classistas e ideológicas preexistentes. Reconhecidamente, o capitalismo industrial distorceu e pressionou essas estruturas ao longo do processo, mas não ao ponto de ruptura ou desfiguração total. A velha classe governante tinha rápido poder de recuperação e era flexível. Tinha o apoio das nobrezas

(*) Em italiano no original, conforme a terminologia de Gramsci. (N. C.)

e dos interesses agrários, que com toda a razão consideravam a estrutura de aço do *ancien régime* como a armadura que protegeria suas posições privilegiadas, mas expostas. Além disso, os condutores do Estado obtiveram a lealdade da burguesia ao favorecer ou salvaguardar seus interesses econômicos através de contratos governamentais, tarifas protetoras e concessões coloniais.

Se os elementos feudais nas sociedades civil e política perpetuaram seu predomínio de modo tão eficiente, isso se deveu em grande parte ao fato de saberem como adaptar e renovar a si mesmos. As nobrezas do serviço público, tanto civis como militares, receberam novos rebentos qualificados e ambiciosos das profissões liberais e dos negócios, embora fossem cuidadosos ao controlar de perto essa infusão de talento e sangue novos. Os recém-chegados tinham de passar por escolas de elite, ingerir o espírito corporativo e demonstrar fidelidade à antiga ordem como pré-requisitos para seu avanço. Ademais, os escalões mais altos da burocracia estatal e dos serviços militares continuavam reservados a homens de elevado nascimento e assimilação comprovada.

Os magnatas fundiários não foram menos eficientes ao se ajustarem aos tempos em transformação. Acima de tudo, absorveram e puseram em prática os princípios do capitalismo e da política de interesses sem, contudo, abdicar de sua concepção de mundo, postura e relações aristocráticas. Alguns proprietários nobres se tornaram prósperos patrões. Outros combinaram a exploração racionalizada da terra e da mão-de-obra rural com a produção de laticínios, a moagem, a destilação e a fermentação em grande escala. Outros ainda se voltaram para a extração de madeira, carvão e minérios de suas terras e investiram em especulações industriais. Além disso, todos igualmente aprenderam a recorrer à prática de *lobbies* e de assistência política mútua, e ainda à política partidária e de pressão, para proteger ou promover seus interesses. O estamento agrário assumiu de modo crescente os atributos de classe e a consciência de classe, e agiu segundo eles.

Essa adaptação extensa e multilateral usualmente é tida como evidência de desenobrecimento e desaristocratização da antiga ordem, de *embourgeoisement* ou aburguesamento inevitável, ainda que gradual, das classes dirigentes e governantes da Europa. Mas há outro modo de encarar essa adaptação. Assim como a industrialização se enxertou sobre estruturas societárias e políticas preestabelecidas, da mesma forma os elementos feudais conciliaram seu comportamento burocrático e econômico racionalizado com sua práxis e mentalidade sociais e culturais preexistentes. Em outras palavras, as velhas elites primaram por ingerir, adaptar e assimilar, de maneira seletiva, novas idéias e práticas, sem ameaçar seriamente seu *status*, temperamento e perspectiva tradicionais. Qualquer que tenha sido a diluição e depreciação da nobreza, ela foi gradual e benigna.

Essa adaptação prudente e circunscrita foi facilitada pela avidez da burguesia em relação à cooptação e ao enobrecimento. Enquanto a nobreza era hábil na adaptação, a burguesia primava pela emulação. Ao longo de todo o século XIX e do início do século XX, os *grands bourgeois* se negaram a si mesmos, ao imitarem e se apropriarem dos modos da nobreza, na esperança de ascender a ela. Os grandes financistas e homens de negócios compraram propriedades rurais, construíram casas de campo, enviaram seus filhos para escolas superiores de elite e assumiram poses e estilos de vida aristocráticos. Também se esforçavam para penetrar nos círculos aristocráticos e cortesãos e se casar dentro da nobreza titulada. Por último, mas não de menor importância, solicitavam condecorações e, sobretudo, cartas patentes de nobreza. Esses barões aristocratizantes da indústria e do comércio não eram simples *parvenus* ou arrivistas ignorantes que fizessem mesuras e reverências em troca de honras vazias da parte da classe ociosa parasitária de uma velha ordem decadente. Pelo contrário, sua obsequiosidade era extremamente prática e conseqüente. Os burgueses visavam à ascensão social por razões de proveito material, *status* social e gratificação psíquica. Ademais, e não menos relevante, ao renegarem a si mesmos a fim de tentar participar como simples membros do antigo *establishment*, os burgueses aristocratizantes debilitaram sua própria formação de classe e consciência de classe, e aceitaram e prolongaram sua posição subordinada na "simbiose ativa entre os dois estratos sociais".

Mas houve também um outro resultado. Como parte de seu empenho em escalar a pirâmide social e demonstrar sua lealdade política, os burgueses abraçaram a alta cultura historicista e patrocinaram as instituições hegemônicas que eram dominadas pelas antigas elites. O resultado foi o fortalecimento das linguagens, convenções e símbolos clássicos e acadêmicos nas artes e letras, em vez do estímulo aos impulsos modernistas. Os burgueses se permitiram ser envolvidos por um sistema cultural e educacional que defendia e reproduzia o *ancien régime*. Neste processo, minaram seu próprio potencial capaz de inspirar a concepção de uma nova estética e um novo entendimento.

Na verdade, os burgueses auto-renegados estavam entre os paladinos mais entusiásticos da arquitetura, escultura, pintura e artes cênicas tradicionais. Essa alta cultura clássica contava com um enorme apoio estatal. Academias, conservatórios e museus proporcionavam treinamento, acesso à carreira e prêmios oficiais. Os governos financiavam a maioria dessas instituições, faziam encomendas e patrocinavam atividades artísticas coletivas e individuais. As igrejas e universidades faziam parte desse elevado edifício hegemônico.

Mas afirmar que as convenções e linguagens da alta cultura se mantinham clássicas e tradicionais não significa que fossem arcaicas e sem vida. Na medida em que a Europa era uma antiga ordem, sua alta cultura oficial lhe era congruente. Pode-se até dizer que algumas das realizações culturais mais refinadas da Europa eram e continuaram a ser "inseparáveis do ambiente do absolutismo, da extrema injustiça social, e até da violência crassa, em que floresceram". Sem dúvida, a julgar pela tendência para a repetição formalista, excessiva ornamentação e monumentalização, algumas das artes vinham se esclerosando e se arrastando na retaguarda de seu tempo. Mas, por serem pomposas e especiosas, nem por isso as produções culturais foram menos efetivas. Certamente as culturas oficiais não estavam prestes a ser subvertidas ou derrubadas pelas vanguardas modernistas, que continuaram a ser assimiladas, diluídas e afastadas.

As mentalidades das elites européias provavelmente se arrastavam ainda mais atrás dos desenvolvimentos econômicos que sua vida social e cultural. De qualquer forma, seu arcabouço mental se transformou muito lentamente e foi talvez o mais revelador de seu enraizamento contínuo e aliança com o antigo regime. As classes governantes, em que o elemento feudal se manteve particularmente evidente, estavam de todo imbuídas de valores e atitudes nobiliárquicas. Sua concepção de mundo era consoante com uma sociedade autoritária e hierárquica em vez de liberal e democrática.

Nos anos 1780, uma reação aristocrática em defesa de privilégios fiscais, sociais e burocráticos se tornara uma importante, possivelmente decisiva, causa subjacente e imediata da Revolução Francesa, o primeiro ato da desintegração do *ancien régime* da Europa.

Na época, as nobiliarquias laicas e clericais resistiram a qualquer perda adicional do controle sobre a sociedade política, que se tornara um escudo cada vez mais essencial para seu *status* privilegiado. De forma semelhante, entre 1905 e 1914 as antigas elites passaram a reafirmar e reforçar sua influência política, a fim de defender seu predomínio material, social e cultural. Nesse processo, intensificaram as tensões nacionais e internacionais que produziram a Grande Guerra, abertura do ato final da dissolução do antigo regime na Europa.

Na época, as nobilitarquias laicas e clericais resistiram a qualquer perda adicional do controle sobre a sociedade política, que se tornara um escudo cada vez mais essencial para seu status privilegiado. De forma semelhante, entre 1905 e 1914 as antigas elites passaram a reafirmar e reforçar sua influência política, a fim de defender seu predomínio material, social e cultural. Nesse processo, intensificaram as tensões nacionais e internacionais que produziram a Grande Guerra, abertura do ato final da dissolução do antigo regime na Europa.

CAPÍTULO 1

ECONOMIAS

A PERMANÊNCIA DA TERRA, DA AGRICULTURA E DA MANUFATURA

Até 1914, de modo predominante, a Europa era pré-industrial e pré-burguesa, com suas sociedades civis profundamente radicadas em economias de agricultura baseada no trabalho prolongado, manufatura de bens de consumo e pequeno comércio. Reconhecidamente, o capitalismo industrial e suas formações de classe, em particular a burguesia e o proletariado fabril, fizeram grandes progressos, em especial depois de 1890. Mas não estavam em condições de desafiar ou suplantar as tenazes estruturas econômicas e classistas do capitalismo preexistente.

Mesmo na Europa ocidental e central, a economia ainda era dominada pelo capitalismo mercantil e manufatureiro, ao passo que o capitalismo monopolista, financeiro ou industrial organizado estava apenas em sua primeira fase de crescimento. Isso significava que os negociantes cosmopolitas e banqueiros, ao lado dos manufatureiros locais, continuavam a movimentar mais riquezas que os proprietários e dirigentes da grande indústria e das corporações financeiras.

Enquanto o progresso nas técnicas de produção era contínuo e prodigioso, o processo e o ritmo do crescimento econômico eram espasmódicos e irregulares. A primeira Revolução Industrial atingiu seu apogeu tecnológico e econômico em partes da Europa ocidental e central no final do século XIX, quando a segunda Revolução Industrial entrava em seu período de infância. Mas isso não significa que, na época, o capitalismo mercantil e manufatureiro estivesse se estagnando ou desintegrando — nacional, regional ou localmente. Embora alguns de seus ramos passassem por um declínio na produção e taxas de lucro, outros ramos continuavam a se sustentar ou a expandir. No saldo, o capitalismo da primeira Revolução Industrial não só se manteve robusto durante a transição para o novo capitalismo da segunda Revolução, como também favoreceu essa transição e lucrou com ela.

A crise econômica prolongada, mas de modo algum geral, que se estendeu dos meados dos anos 1870 aos meados dos anos 1890, não chegou a ser um divisor de águas entre o velho e o novo capitalismo, mas foi a onerosa catálise de sua interpenetração inicial. Tampouco essa crise inaugurou uma era de "conflitos aguçados entre o crescimento da capacidade produtiva e a rentabilidade do negócio". Embora o novo capitalismo se estabelecesse sob a forma de centros de crescimento semi-autônomos dentro das estruturas econômicas existentes, não estava em posição de assumir o comando sobre a economia política da Europa. Durante o quarto de século entre 1890 e 1914, mesmo a economia alemã não caiu sob o controle de suas grandes e entrelaçadas corporações industriais e financeiras. Na verdade, pareceria que, em 1914, o capitalismo monopolista e financeiro estava em seu primeiro em vez de em seu mais alto ou último estádio. Certamente houve um crescimento e uma concentração industriais rápidos e substanciais. Mesmo assim, o novo capitalismo não "suplantou" o antigo ao início do século XX, e tampouco o capitalismo se "transformou" num imperialismo dirigido mais para a exportação de capital que para a exportação de mercadorias.

Não só o crescimento do capitalismo industrial, mas também a contração dos setores econômicos "pré-modernos" se deram de modo muito gradual. Daí resultou que a agricultura e a manufatura de bens de consumo continuaram a superar o setor de bens de capital, em larga medida porque os interesses agrários e manufatureiros centrais conseguiam, de modo excelente, adaptar novas técnicas de produção e angariar apoio estatal para amortecer seu relativo declínio econômico. Apesar de grandes avanços do novo capitalismo, a agricultura, a propriedade imobiliária urbana e a manufatura de bens de consumo continuaram a fornecer as fundações materiais essenciais para os *anciens régimes* da Europa entre 1848 e 1914.

Com exceção do Reino Unido, o setor agrícola ocupava uma parcela maior da força de trabalho e também gerava uma maior proporção do produto nacional bruto do que qualquer outro setor isolado. Além disso, à exceção da França — e em particular na Inglaterra —, imensas propriedades ocupavam um lugar de destaque, seja como agricultura patrimonial ou terra arrendada por dinheiro ou em parceria. Ademais, em todos os países a propriedade fundiária ainda constituía, sem exceção, a principal forma de riqueza pessoal e a maior fonte de renda privada, devido também à alta dos valores imobiliários nas cidades. É verdade que, embora a terra e a agricultura continuassem a ocupar o primeiro lugar em termos absolutos, estavam perdendo terreno para a indústria e o capital móvel em termos relativos. Mas isso não significa que a propriedade agrária e o senhor pós-feudal estivessem prestes a desmoronar. Os grandes magnatas, em particular, tratavam de manter e expandir o que era seu. Enquanto em algumas áreas eles compravam as terras da pequena fidalguia oscilante a preços vantajosos, em outras lucravam desproporcionalmente com a alta dos valores da terra. Além disso, numerosos grandes proprietários se tornaram prósperos agricultores. Racionalizaram a exploração da terra, passaram a processar alimentos e extrair madeira, e diversificaram seu capital, investindo em imóveis urbanos e especulações de negócios. Por último, mas não menos importante, os grandes agricultores, principalmente em épocas de adversidade econômica, conseguiram assegurar tarifas alfandegárias, taxas de juros, subsídios e impostos favoráveis, graças a seus íntimos laços com o setor feudal no governo. No mais das vezes, obtinham esses benefícios governamentais em colaboração com porta-vozes da manufatura tradicional de bens de consumo e a recente indústria pesada, que também clamavam por auxílio estatal.

Sob todos os principais aspectos, o setor manufatureiro vinha logo após a agricultura, exceto na Grã-Bretanha, onde ocupava o primeiro lugar desde os meados do século. Esse setor consistia basicamente em quatro ramos de produção de bens de consumo: têxteis e vestuários, gêneros alimentícios, couro (incluindo sapatos) e madeira (principalmente móveis). A tecnologia da manufatura de bens de consumo era a da primeira Revolução Industrial, em particular quanto ao emprego de carvão e vapor, além da pronta disponibilidade de ferro, aço e transporte ferroviário. Esse amplo setor econômico compreendia sobretudo empresas de uma só unidade, com pequenas oficinas, trabalho intensivo e instalações de médio porte (abaixo do nível de fábricas), com equipes de artesãos e trabalhadores não-qualificados operando com maquinaria simples e de baixo consumo de energia. Devido à sua capitalização relativamente pequena, a maioria das empresas manufatureiras era de propriedade familiar, financiada e dirigida pela própria família. Quanto às formações de classe desse capitalismo empresarial pré-combinado, os proprietários de pequenas oficinas constituíam a espinha dorsal da classe média baixa independente. Por sua vez, os proprietários de instalações de médio e grande porte, em especial nos têxteis e gêneros alimentícios, formavam uma burguesia predominantemente local e provincial em vez de nacional e cosmopolita. Essa burguesia, incluindo os banqueiros comerciais e privados, agia menos como uma classe social com um projeto político e cultural abrangente do que como um grupo de interesse e pressão em busca de objetivos econômicos.

Por sua parte, o setor de bens de capital era como um arquipélago rodeado por vastos oceanos de agricultura e manufatura tradicional. De modo paradoxal, esse setor se constituiu, com efeito, durante a prolongada recessão de 1873-1896, e ainda tinha um alcance apenas limitado em 1914. Essas quatro décadas presenciaram a arrancada da segunda Revolução Industrial, com sua química orgânica e sintética, energia elétrica, turbinas, máquinas de combustão interna, metais não-ferrosos, ligas especiais e novos processos de beneficiamento do minério de ferro. Essas inovações na técnica, nas fontes de energia e nos materiais vieram acompanhadas pelo crescimento de empresas gigantescas, das quais algumas montavam seus próprios laboratórios de pesquisa.

Esse dinâmico setor de ponta da indústria de bens de produção girava em torno da agora gigantesca indústria do ferro e do aço, da metalurgia e fabricação de maquinaria, da construção de veículos e dos produtos químicos. Esses quatro ramos presenciaram a maior concentração de empresas de múltiplas unidades, operando grandes fábricas com maquinaria especializada e de elevado consumo de energia, manejada por uma força de trabalho de proletários e artesãos fabris. A produção com capital intensivo, que aumentava a eficiência marginal da mão-de-obra, exigia uma escala de investimentos que ultrapassava as capacidades financeiras do empreendimento familiar. Mesmo empresas de controle familiar se converteram em postos avançados do capitalismo gerencial de corporações, o qual gerou uma burguesia de negócios dotada de uma perspectiva nacional e de laços crescentes com o governo e os bancos de investimento. Devido à sua alta capitalização, as indústrias mineradoras e ferroviárias deveriam ser consideradas como parte do complexo capitalista combinado que a segunda Revolução Industrial suscitou.

De modo bastante curioso, a burguesia nacional ascendente do capitalismo industrial, em comparação com a burguesia local e paroquial da manufatura tradicional, constituía menos ainda uma classe social "para si", com seus próprios interesses e objetivos. Por toda a Europa, os magnatas e capitalistas inescrupulosos da indústria, e seus associados (subordinados) na classe média profissional liberal, solicitavam uma indispensável ajuda estatal a governos que continuavam a ser dominados por classes governantes pré-industriais e pré-burguesas. Segundo Joseph Schumpeter, havia um intercâmbio sistemático: em troca dos benefícios econômicos, a burguesia apoiava os "elementos feudais [...] [que] ocupavam os cargos do Estado, comandavam o exército [e] elaboravam políticas". A nova burguesia nacional, por seu lado, assegurava para si tarifas alfandegárias, códigos legais e políticas trabalhistas vantajosas. Por sua vez, a antiga classe governante contava com os industriais e banqueiros para ajudar a modernizar em particular os ramos bélicos da economia do *ancien régime*, sem reivindicarem voz ativa independente em política e cultura.

Para Thorstein Veblen, esse amálgama entre "a mais recente ciência mecânica e [...] indústria de máquinas" e os elementos feudais dentro e fora do governo foi a característica essencial do Segundo Império alemão. Veblen insistia, com absoluta razão, que o antigo regime da Alemanha conseguiu assimilar com êxito a ciência e a indústria capitalistas somente porque estavam tão "seguramente alojadas nos interesses e idéias tradicionais dos dirigentes dinásticos e das classes privilegiadas". De fato, foram esses elementos ancestrais que "estenderam o domínio e aperfeiçoaram a eficiência" da antiga ordem, ao facilitarem o "avanço técnico" essencial para a indústria e o comércio em grande escala, bem como para os "equipamentos e estratégias bélicos maiores e mais onerosos".

Reconhecidamente, o Japão Meiji era o único outro país com uma oligarquia governante tão adepta do aproveitamento das artes industriais para um *ancien régime* quanto os inveterados margraves da Alemanha imperial. Mas as classes governantes tradicionais das outras nações européias, Inglaterra inclusive, também transplantaram o capitalismo industrial para estruturas sociais e culturais herdadas. Fizeram-no com métodos e resultados que diferiam mais em grau do que em natureza.

O setor terciário, por seu lado, consistia em pequenas finanças, negócios e comércio. Certamente havia uns poucos bancos, firmas comerciais e companhias de navegação e seguros de grande porte. Tendo se tornado, há longo tempo, dependente do comércio internacional, a Grã-Bretanha era o líder inconteste no setor, e a *City* de Londres era um ostensivo posto avançado e símbolo dessa supremacia. Contudo, mesmo a Inglaterra continuou a ser uma nação de pequenos lojistas, juntamente com todas as outras nações européias. O comércio varejista e o setor de serviços eram dominados por pequenos artífices. Em termos de movimento de negócios, espaço físico e pessoal, as lojas de departamentos e as cadeias de lojas das grandes cidades tinham uma importância apenas marginal. O pequeno porte também constituía a regra, mais que a exceção, no comércio atacadista, exportador e importador. De modo semelhante, nas finanças o terreno era ocupado por modestas casas bancárias, embora as necessidades de capital das indústrias pesadas estimulassem o crescimento de uns poucos bancos de investimento de grande porte, constituídos em sociedades por ações.

Em suma, mesmo ainda em 1914 as sociedades civis dos antigos regimes da Europa estavam longe de ser industrial-capitalistas e *grandes-bourgeoises*. Onde havia economias mistas ou duais, a agricultura senhorial, a manufatura de bens de consumo e o pequeno comércio em lenta contração permaneciam substancialmente à frente da produção de bens de capital, dos bancos de investimento e da comercialização em grande escala, em evidente mas lenta expansão. Tratar os setores econômicos dominantes da Europa como resíduos obsoletos é distorcer a realidade, pois esses sobreviventes eram tão maciços quanto vigorosos. Embora gradualmente cedessem e perdessem terreno econômico para o novo capitalismo associado, as nobrezas agrárias e do serviço público mantinham sua hegemonia social e cultural nas capitais e no campo, ao passo que a burguesia mercantil solicitava sua co-participação nas cidades manufatureiras e portuárias. Por sua vez, esse predomínio social e cultural continuado sustentava o domínio das antigas elites sobre o Estado e as auxiliava a retardar sua decadência econômica a longo prazo e a suavizar os choques do ciclo de negócios.

Apesar de sua contração como contribuinte do emprego, renda e riqueza nacionais, ainda em 1914 a agricultura se mantinha como o principal setor da maioria das economias européias. Reconhecidamente, na época, a agricultura respondia por apenas 12% da força de trabalho ativa, 9% da renda nacional e 15% da riqueza nacional do Reino Unido. No continente, porém, ela ocupava uma posição muitíssimo mais vital. No império czarista, folgadamente 66% de todo o emprego se concentrava na agricultura, e bem mais de 80% da população vivia em áreas rurais. Além disso, a agricultura contribuía com 35% da renda nacional da Rússia, 45% de sua riqueza nacional e mais de 70% de suas exportações — sendo a Rússia o maior exportador mundial de cereais. Na França, o campo ocupava de 40 a 45% da população ativa e gerava de 30 a 35% da renda nacional, ou cerca de 40% do produto nacional total. Mas mesmo no império germânico, que estava à frente da industrialização e urbanização, 40% da população em 1907 ainda morava em aldeias e vilas com menos de 10 mil habitantes, e 40% da força de trabalho dedicava-se à terra, para produzir 20% da renda nacional.

Visto com lentes de grande abertura, o continente europeu era uma sociedade de senhores rurais e camponeses, agrupados em volta dos povoamentos rurais que variavam de minúsculas aldeolas com menos de 100 pessoas a agrovilas com populações entre 5 mil e 10 mil habitantes. É desnecessário dizer que nem todos os camponeses, longe disso, eram pequenos proprietários. De fato, havia legiões de camponeses que arrendavam a terra ou trabalhavam por parceria, ou ainda eram trabalhadores rurais sem nenhuma, ou quase nenhuma, terra. Dessa forma, estavam nas garras de grandes proprietários, que capitalizavam sobre o excedente do trabalho rural, proveniente do crescimento populacional e simultânea "desindustrialização" do campo, para impor seu controle explorador sobre a economia agrária. Além disso, ao ampliar sua participação na moagem, destilaria e fermentados, os magnatas rurais fortaleciam seu poder sobre o campesinato independente voltado para o mercado.

Apesar ou, na verdade, devido à sua condição material e social abjeta, a massa de camponeses permanecia silenciosa. É certo que houve *jacqueries* na Rússia antes e durante o levante de 1905, e ocorreram greves intermitentes de trabalhadores rurais no vale do Pó, na Itália, após a virada do século. Mas essas insurgências acentuavam não só a submissão resignada do campesinato ultra-explorado da Europa, mas também a determinação e capacidade dos grandes latifundiários e seus aliados políticos em reprimir rebeliões populares.

Na verdade, os grandes proprietários rurais, inclusive os comerciantes de produtos agrícolas, eram os principais suportes econômicos e sociais dos *anciens régimes*. A grande propriedade fundiária constituía a principal fonte não só das extravagantes rendas e riquezas das elites agrárias, como também de desmedido prestígio social, predomínio cultural e influência política. Em todos os aspectos, incluindo número e riqueza, os senhores rurais continuavam a superar os magnatas dos negócios e das profissões liberais.

Mesmo na Inglaterra, a elite agrária se manteve mais importante do que se poderia esperar a partir das dimensões reduzidas do setor agrícola. Em 1873, 2 500 indivíduos, cada um com propriedades de pelo menos 2 mil acres, possuíam 42% da terra na Inglaterra e em Gales, ao passo que 3 500 indivíduos, com propriedades de pelo menos 10 mil acres cada um, detinham 66% das terras na Escócia. Cerca de 7 mil pessoas monopolizavam 80% de todas as terras de propriedade particular no Reino Unido. O duque de Sutherland detinha mais de 1 milhão de acres, muitos de qualidade marginal; o conde de Breadalbane e o duque de Buccleuch por volta de 400 mil acres; os duques de Devonshire, Northumberland e Atholl, por volta de 200 mil acres; e os condes de Balfour, Derby e Moray, cerca de 65 mil acres. Entre si, os 525 pares das Ilhas Britânicas possuíam cerca de 15 milhões de acres: 28 duques possuíam 4 milhões de acres; 33 marqueses, 1,6 milhão de acres; 194 condes, 5,9 milhões de acres; 270 viscondes e barões, 3,8 milhões de acres. Além disso, cerca de mil grandes fidalgos detinham entre 3 mil e 10 mil acres, e cerca de 2 mil pequenos nobres, entre mil e 3 mil acres. Levando em consideração as vendas de terras e as reduções no tamanho das propriedades durante os 45 anos até 1914, cerca de 4 mil indivíduos ainda controlavam 50% de todas as terras particulares do Reino Unido. Em sua maioria, esses magnatas pertenciam à nobreza e à fidalguia, e o tamanho médio de suas propriedades girava em torno de 4 mil acres. Dessa elite fundiária, 1500 membros possuíam uma média de 8 mil acres, ou 40% do total.

Deve-se acrescentar que o valor de muitas dessas propriedades rurais era acrescido em virtude de suas reservas minerais ou das propriedades urbanas substanciais nelas incluídas. Os duques de Bedford, Norfolk e Westminster, o marquês de Salisbury, e os lordes Ebury, Kensington e Southampton tinham propriedades imobiliárias consideráveis em Londres, ao passo que os duques de Newcastle e Northumberland, o marquês de Bute, os condes de Scarbrough e Radnor, e os lordes St. Levan e Plymouth possuíam importantes propriedades em outras cidades ou em suas proximidades. Três desses duques e três desses lordes também detinham depósitos minerais, em especial de carvão e ferro, como era o caso do duque de Leeds, dos condes de Fitzwilliam, Abingdon e Crawford, e dos lordes Bathurst, Dynevor, Leconfield, Loudoun, Mowbray, Rosslyn, Shrewsbury e Stanhope.

Essas grandes propriedades permitiam à nobreza e à fidalguia rurais inglesas eclipsar e subordinar a elite de negociantes das cidades. Nem é preciso dizer que essa aristocracia pós-feudal também tinha profundas raízes sociais, culturais e políticas, as quais, porém, há muito tempo estariam atrofiadas se não estivessem tão solidamente implantadas na propriedade fundiária. Ademais, à parte a sua contribuição para a renda nacional e privada, muitos dos 2,2 milhões de trabalhadores rurais masculinos forneciam à elite agrária inglesa um apoio eleitoral vital e seguro.

A elite agrária da Alemanha não sentia nenhuma dificuldade em se comparar com a da Inglaterra. Não é que a Alemanha não tivesse propriedades rurais de pequeno e médio portes, pois em 1907 havia 5,5 milhões de propriedades individuais entre 2,5 e 50 acres, cobrindo uma superfície arável de 39 milhões de acres. Mas havia também 286 mil propriedades acima de 50 acres, perfazendo um total de 57 milhões de acres de terras aráveis, e cerca de 3 mil indivíduos detinham perto de 15% da superfície cultivada da Alemanha.

Entre os grandes proprietários, a nobreza ocupava o primeiro lugar. Detinha cerca de 13,5 milhões de acres, divididos quase igualmente entre florestas e terras aráveis. No oeste, sul e centro da Alemanha, mais de 50% dessa terra cultivada era arrendada, 25% a pequenos camponeses no oeste, 18% no sul e 5% no centro. Em contraste, apenas 20% das terras senhoriais eram arrendadas nas províncias orientais, e menos de 10% a pequenos arrendatários.

Havia sobretudo 23 566 propriedades de mais de 250 acres, cobrindo cerca de 23% da superfície cultivada da Alemanha, e 19 117 delas se concentravam na Prússia. Cerca de 3 500 dessas propriedades prussianas dedicadas ao cultivo de cereais tinham acima de 1250 acres, e o número de propriedades com mais de 12 500 acres girava em torno de 125. A nobreza possuía praticamente todos os latifúndios, e entre 1895 e 1912 a superfície coberta por propriedades vinculadas realmente expandiu de 5,2 milhões para 6,2 milhões de acres.

Como o maior proprietário rural da Alemanha, Guilherme de

Hohenzollern possuía perto de 250 mil acres, sendo 3/4 em florestas. Os cinco maiores proprietários, após o imperador, possuíam cada um entre 70 mil e 120 mil acres, numa média de 100 mil: eram o príncipe Hohenlohe-Oehringen, príncipe Hohenzollern-Sigmaringen, príncipe Solms-Baruth, conde von Stolberg-Wernigerode e o duque de Ratibor. Entrementes, o direito de voto dividido em três classes deu à aristocracia rural pós-feudal, em particular aos *junker* do leste do Elba, o controle político sobre a Prússia e, através dela, sobre o resto da Alemanha.

No Império Austro-Húngaro como um todo, havia pelo menos duas dúzias de famílias aristocráticas com mais de 250 mil acres cada uma. Na metade austríaca, as mais notáveis entre elas eram os Schwarzenberg e os Liechtenstein. No total, havia cerca de 230 propriedades com mais de 12 500 acres na Cislitânia. Apenas na Boêmia cerca de quinhentos proprietários possuíam 3,7 milhões de acres. Na Boêmia do Sul, o príncipe Schwarzenberg dominava um completo pequeno reino de 360 mil acres, com séries de paróquias e igrejas. Sua propriedade incluía uma dúzia de castelos, o mesmo número de cervejarias, cerca de cem queijarias, duas refinarias de açúcar, vinte serrarias e algumas minerações. Na Silésia, Morávia e Baixa Áustria, cerca de doze grandes proprietários possuíam 20%, 11% e 9% da terra arável de suas respectivas províncias. Por toda a Áustria, os principais senhores rurais eram nobres. À medida que a burguesia se voltava para as terras, adquiria mais casas de campo que grandes fazendas produtivas. Por volta da virada do século, perto de 60% da força de trabalho ativa cultivava a terra, e o setor agrário dominado pelos grandes proprietários, incluindo as regiões florestais, gerava mais de 30% do produto nacional da Áustria.

Na Translitânia, onde respondiam por menos de 50% da população, os magiares eram proprietários gigantescos, mesmo para os padrões europeus. É certo que a fidalguia rural com propriedades de 250 a mil acres baixou de 20 mil em 1848 para 10 mil em 1914. Mas durante esse mesmo meio século o número de magnatas nobres cresceu significativamente, tendo obtido ganhos maciços à custa dessa fidalguia em declínio. Em 1910, cerca de 6 mil proprietários senhoriais e eclesiásticos possuindo uma média de 1250 acres controlavam 40% da superfície arável, e cerca de 4 mil proprietários ocupavam por volta de 33% de toda a terra cultivada. Havia mesmo 175 latifúndios com mais de 12 500 acres, abrangendo perto de 20% da superfície cultivada de propriedade particular na Hungria. Os

Esterházy sozinhos detinham perto de 1 milhão de acres, seguidos pelos Andrássy, Károlyi e Schönborn. A rentabilidade e o prestígio das propriedades rurais eram tais que os grandes negociantes e profissionais húngaros, inclusive os judeus, realizaram compras maciças de terras. Nesse ínterim, 2,5 milhões de pequenos proprietários se confinavam em 30% das terras aráveis. Além disso, 1,5 milhão de trabalhadores rurais, ou quase 20% da força de trabalho ativa, esgotavam-se por salários de subsistência numa economia onde a agricultura assegurava a sobrevivência de 65% da população, e os produtos agrícolas brutos respondiam por 50% do valor total de exportações da Translitânia.

A Rússia czarista era um país constituído não só por mujiques sem terra, pequenos proprietários e *kulaks*, mas também por grandes senhores rurais, entre os quais predominavam os nobres. Reconhecidamente, entre 1861 e 1914, o número de proprietários nobres declinou em 25% e a extensão de suas propriedades em 45%. Além disso, dos aroximadamente 100 mil proprietários rurais nobres, cerca de 50 mil tinham fazendas com menos de 270 acres. Mas a outra metade dos proprietários nobres possuía 97% dos 100 milhões de acres de terras da nobreza, e estas ainda recobriam mais de 50% de todas as terras particulares da Rússia européia. E, o que é ainda mais notável, uns poucos 10% da nobreza rural com propriedades acima de 2700 acres detinham 75% de todas as terras privadas. Havia mesmo 155 supermagnatas cujas propriedades contavam com uma média de 270 mil acres e compreendiam 33% de todas as terras nas mãos de nobres. Entre esses gigantescos proprietários estavam o conde A. D. Sheremetev, com 29 propriedades num total de 600 mil acres, seu irmão o conde S. D. Sheremetev com 26 propriedades totalizando 400 mil acres, e a princesa Z. N. Yusupova com 21 propriedades compreendo 580 mil acres.

Em suma, até 1905, a nobreza se mantinha dominante entre os grandes proprietários rurais, detendo perto de 70% de todas as propriedades acima de 270 acres e uma percentagem consideravelmente maior de todas as propriedades com mais de 2700 acres. Mas, em contraste com a Alemanha a leste do Elba, na maior parte da Rússia européia pelo menos 3/4 das terras aráveis em grandes propriedades nobres não eram cultivadas pelos proprietários, mas arrendadas a camponeses, em sua maioria com a renda paga em dinheiro.

Na esteira imediata da Revolução de 1905, houve um aumento

no índice de vendas anuais de terras por parte dos nobres. Mas esse movimento cessou tão logo a sociedade civil e política se reestabilizou, e o preço da terra subiu de forma exorbitante, tal como declinou em 1914. Em face da pressão pela reforma agrária nas duas primeiras Dumas, a nobreza internamente dividida cerrou fileiras em torno da autocracia, enquanto principal baluarte do *ancien régime*. Sintonizado com o elemento agrário da nobreza, em meados de 1907 Stolypin alterou a legislação eleitoral, de modo a garantir que, a partir daí, a Duma não apresentasse riscos para o elemento agrário. O resultado foi que essa recente câmara baixa da Rússia funcionou como freio para o projeto de reforma agrária de Stolypin, embora este fosse moderado. Ele mesmo um membro da fidalguia agrária provincial, Stolypin propôs a expansão do pequeno e médio campesinatos, tornando terras estatais e imperiais disponíveis para venda e povoamento, em vez de expropriar ou forçar a retirada de terras da fidalguia e da Igreja. Além disso, ao mesmo tempo em que ele e seus sucessores apoiavam os "sóbrios e fortes" *kulaks* ou proprietários individuais contra os camponeses "fracos e bêbados", aumentavam o auxílio estatal, em particular para os grandes proprietários rurais. Além de manter altas tarifas e baixos impostos, o governo concedeu um banco rural especial para favorecer os proprietários nobres com hipotecas e créditos baratos.

Embora a França não fosse um país de proprietários e fazendas gigantescos, tampouco era uma república de pequenos camponeses remediados e independentes. Seis milhões de pequenos proprietários com menos de 2,5 acres, muitos com meros retalhos de terra, beiravam a pobreza mesmo com uma renda suplementar obtida com a venda de sua mão-de-obra. Em 1906, pequenas propriedades entre 2,5 e 25 acres respondiam por 75% de todas as unidades produtivas. Mas estas cobriam apenas 23% do total de terras aráveis, seu tamanho médio era inferior a 12,5 acres e mais da metade funcionava com mão-de-obra familiar, sem o auxílio de trabalho contratado. Em suma, minifúndios com menos de 25 acres, cobrindo 30% da área cultivada, somavam 84% de todas as unidades de produção, e 76% deles eram tocados com trabalho familiar e a ajuda de, no máximo, um *journalier* ou *domestique*. Além disso, como esses camponeses não eram necessariamente os donos de toda a terra que cultivavam, quanto maiores as unidades de produção nesta categoria, maior era a extensão de terra arrendada de grandes proprietários, por dinheiro ou parcela da produção.

Assim, na Terceira República, médios e grandes proprietários, bastante menos numerosos que os pequenos, possuíam e exploravam a maior parte das terras aráveis. Enquanto os micro e pequenos proprietários com 2,5 a 25 acres trabalhavam 75% de todas as unidades agrícolas e ocupavam 23% da superfície cultivada, camponeses médios com 25 a 100 acres operavam apenas 20% das unidades rurais, mas ocupavam mais de 30% da superfície. Além disso, muito embora as propriedades com mais de 100 acres, e com a média de 400 acres, recobrissem de 40% a 50% da terra cultivada, totalizavam apenas 4% das unidades produtivas. Essa categoria incluía, ainda, cerca de 17 mil propriedades acima de 500 acres que ocupavam 15% das terras.

Sem dúvida, uma porção considerável dessas grandes propriedades se situava em terras relativamente estéreis e era constituída por florestas. Mesmo assim, constituíam o setor principal da agricultura comercial, que incluía 45 mil unidades agrícolas empregando de 6 a 50 braços, sendo que 8 mil dentre elas contavam com mais de 10 trabalhadores. Essa agricultura capitalista em larga escala se especializou na produção de cereais e beterraba no norte do Loire (principalmente na Ilha de França, Picardia e Artois), viticultura no sul (Languedoc e Provença) e em pecuária nos pastos ocidentais. Devido à sua concentração em poucos departamentos e sua interligação com a produção e distribuição em grande escala de gêneros alimentícios, esse setor agrícola avançado tinha um grande peso não só em termos econômicos, mas também políticos, e o elemento nobre ocupava nele um importante lugar.

Na Itália, cerca de 60% da população ativa se concentrava na agricultura, silvicultura e pesca, gerando aproximadamente 50% do produto interno bruto. Da força de trabalho rural, 80% não possuía terras, e 54% eram diaristas eventuais. Os grandes proprietários detinham a maior parte das terras férteis, e a maioria arrendava-as, em vez de explorá-las diretamente. O *Mezzogiorno* era dominado por grandes latifúndios com centenas de acres, em especial na Calábria e na Sicília. Na Calábria, 2/5 dos senhores rurais eram proprietários ausentes, enquanto dos menos de 800 proprietários que possuíam 1/3 da Sicília pelo menos 2/3 eram não-residentes. Em sua maioria, os magnatas do sul eram nobres, e muitos deles com seus títulos adquiridos no início do século XIX. Em Roma e à sua volta, os Borghese possuíam perto de 85 milhas quadradas de terra, e o sêxtuplo dessa superfície era de propriedade declarada de algumas outras grandes famílias, sendo que o restante pertencia à Igreja.

Na província de Bolonha, o centro do capitalismo agrário fora do sul, 200 a 300 proprietários detinham 157 500 acres, de um total de 232 500, num percentual de 66% das melhores terras. Metade dos proprietários eram nobres, muitos sendo descendentes de antigas famílias. Dominavam não só a economia, mas também a vida social, cultural e política da província, inclusive da cidade de Bolonha. Nas outras províncias com concentração de propriedades rurais e agricultura, o predomínio da nobreza era ainda maior.

Como já se observou anteriormente, muitos grandes proprietários rurais se estenderam para atividades de negócios relacionados à terra e à agricultura. Comercializavam a madeira de suas florestas e o carvão e o ferro do subsolo de suas propriedades. Mas, sobretudo, dirigiram-se para a refinação, fermentação e destilação de produtos agrícolas. Em 1886, magnatas rurais possuíam 80 das 120 refinarias de açúcar de beterraba na Boêmia, responsáveis pela maior parte da produção de açúcar da Áustria. Eram também proprietários de 500 das 900 cervejarias, e 300 das 400 destilarias da Cislitânia. De modo similar, na Rússia, em 1914, nobres rurais detinham 2377 das 2978 destilarias que produziam as bebidas alcoólicas do império.

Por toda a Europa, à exceção da França, a grande maioria dos proprietários rurais eram nobres ou fidalgos. Totalmente à parte o fato de exercer uma influência gravitacional sobre proprietários rurais não-nobres, essa velha elite tinha muito a uni-la, além de um modo de produção e uma fonte de riqueza em comum. Os proprietários titulados de cada país tinham criação, educação, estilo de vida, mentalidade, código de conduta e convicções políticas em comum. No campo, mandavam não só nos trabalhadores, rendeiros e camponeses da propriedade, como também nos ferreiros, artesãos, lojistas, profissionais e clérigos. Local e regionalmente, ocupavam as principais posições sociais, culturais e filantrópicas, e monopolizavam, controlavam ou tinham grande peso na sociedade política, também ou em especial nos centros.

É desnecessário dizer que a nobreza rural não era homogênea em termos de origem, posses, *status* e perspectiva. Pode-se afirmar que havia três principais componentes: a afluente nobreza cosmopolita de antiga linhagem dinástica, que vivia nas capitais; a nobreza inferior ou fidalguia superior com grandes e reputadas propriedades, destaque e influência regionais; e os proprietários rurais pobres ou remediados com horizontes e importância simplesmente locais. Mas, quaisquer que fossem suas diferenças de linhagem, riqueza, local de residência e nível de influência, as elites agrárias estavam unidas por uma posição material e uma concepção de mundo em comum. Além disso, apesar dos seus conflitos internos de interesses e estratégias, as principais facções do estamento agrário afinal se reuniam para lutar pela manutenção de seu predomínio conjunto sobre a sociedade civil e política, particularmente em épocas de adversidade geral.

A prolongada deflação de 1873-1896 foi uma dessas épocas, pois afetou, ainda que desigualmente, os ramos fundamentais da agricultura. Em grande parte devido a um fluxo de cereais e carnes baratas do ultramar, os preços despencaram, baixando as margens de lucro e de arrendamento e aumentando as dívidas de hipotecas e pagamentos dos aluguéis, além do número de falências. Ao mesmo tempo, o preço da terra desceu, e muitas propriedades foram vendidas ou reduzidas, especialmente por parte de proprietários menores e menos eficientes. Daí resultou que os grandes se tornaram ainda maiores, visto que compraram boa parte das terras que inundaram o mercado a preço de pechincha. Embora em momento algum ocorresse um verdadeiro pânico, principalmente os grandes proprietários rurais demonstravam uma profunda apreensão sobre o futuro da agricultura e do valor da terra. Havia ainda o temor adicional de que a baixa contínua dos preços na agricultura acelerasse seu declínio em relação à indústria.

Buscando meios para deter a maré, os senhores rurais pós-feudais, em especial os nobres, descobriram ou redescobriram a importância fundamental da política. Enquanto o pequeno campesinato se via desamparado, as elites agrárias estavam em posição de utilizar sua desproporcional influência no aparelho de Estado para conseguir auxílio governamental sob forma de tarifas protecionistas, transporte subsidiado, crédito barato e descontos nos impostos. Como a recessão dos preços também afetara importantes ramos da indústria e da manufatura, certos elementos burgueses também procuraram assistência governamental. Quando os senhores rurais e os homens de negócio entraram em acordo, tornou-se evidente que, na aliança mútua, os agraristas levavam vantagem e obtinham os benefícios maiores. De fato, a contração setorial prolongada lembrou brutalmente à burguesia nascente que ela, em grande medida, era o componente mais fraco daquilo que Schumpeter chamou de a "simbiose ativa entre os dois estratos sociais". Embora os agraristas, em termos econômicos, não fossem menos capitalistas do que os industriais, tinham um acesso privilegiado, graças a seu *status* rural, aos auxiliares feudais que "ocupavam os cargos de Estado, comandavam o exército [e] elaboravam políticas" favoráveis a si mesmos. Em outras palavras, os agraristas se tornaram mais determinados do que nunca em manter uma sociedade política que, embora "tomando conta dos interesses burgueses", dava prioridade à agricultura em grande escala, que constituía a base material de sua elevada posição social e cultural.

Na Alemanha, muito embora a tarifa de 1879 consagrasse a colaboração entre os senhores do centeio e do aço, também confirmou a subordinação política da burguesia reivindicatória. Além disso, após a queda de Bismarck, a remoção do chanceler-geral conde Leo von Caprivi, em 1894, reforçou a determinação dos proprietários rurais protecionistas em não permitir qualquer diluição do elemento feudal na sociedade política, notavelmente no ramo executivo do governo imperial.

A partir do final dos anos 1870, os governos da Itália, da Áustria-Hungria e da Rússia também adotaram taxas protetoras, embora essencialmente como resposta à pressão agrária, não havendo nesses países nenhum interesse industrial comparável aos alemães. Na Itália e na Áustria, e mais particularmente na França, os senhores rurais colaboravam com os manufatureiros têxteis. De fato, foram esses manufatureiros, desgastados pela concorrência estrangeira e pelo livre comércio, que pressionaram por uma frente única com os interesses rurais, ao perceberem que tinham necessidade dos votos dos deputados da França rural para conseguir a aprovação da legislação tarifária no parlamento. Entretanto, por sua vez, a agricultura francesa ganhou a tarifa Méline de 1892, exigida por um compósito movimento agrário de grandes proprietários, com aristocratas pós-feudais como o marquês Élie de Dampierre, Le Trésor de La Rocque, o conde de Chambrun e o marquês Melchior de Vogüé como seus principais porta-vozes. Incidentalmente, além de explorar grandes propriedades em Berry (sul do Loire), que valorizava por sua magia ética e respeitável, Vogüé também era membro do conselho da Companhia do Suez e de Saint-Gobain.

Evidentemente, é inegável o impulso agrário por trás da retomada ou crescimento da intervenção governamental na economia.

Traumatizados pela grande queda dos preços, os grandes proprietários rurais e seus assistentes estavam no mínimo tão determinados quanto certos grandes manufatureiros e industriais a restringir o livre comércio, ainda mais porque tinham muito mais coisas em jogo e eram muito mais vulneráveis. De acordo com isso, organizaram *lobbies*, grupos de pressão, ligas camponesas e partidos ou facções dentro de partidos, a fim de fortalecer sua posição em acordos pontuais com elementos burgueses e ministérios governamentais e manter seu predomínio na sociedade política em geral, especialmente numa antecipação de futuros tempos difíceis. Mesmo orgulhosos aristocratas rurais apoiaram ou, ao menos, toleraram essa transformação de uma política de favor numa política de interesses, classista e plebéia.

Abstrair os desenvolvimentos agrícolas de seu contexto histórico e apresentá-los como cálculos agregados é alimentar um sério equívoco na interpretação dos *anciens régimes* da Europa. É irrefutável o relativo declínio econômico da agricultura em face do crescimento gradual da indústria. Mas, com exceção da Inglaterra, a agricultura permaneceu como o maior e mais rico setor econômico isolado até 1914, e mesmo na Inglaterra a concentração das propriedades rurais se manteve essencialmente inalterada. Por sua vez, a amplitude, grandeza e exploração do mundo de proprietários rurais e camponeses perpetuaram a primazia das forças pré-industriais, cujos associados políticos estavam junto ou perto dos botões que acionaram a guerra em 1914.

O perfil econômico europeu se distorce não só ao se atenuar o papel da grande propriedade rural na agricultura, como também ao se subestimar a manufatura de bens de consumo em relação à produção de bens de capital. Em todos os aspectos importantes, até 1914 a manufatura de bens de consumo superou a indústria de bens de capital no setor não-agrário de todas as economias nacionais e, ainda, no comércio internacional. Como se notou anteriormente, a manufatura de bens de consumo contava com quatro ramos principais: têxteis e vestuário, gêneros alimentícios, couro e sapatos, madeira e móveis. Esse setor era dominado por pequenas empresas de uma só unidade. Com propriedade e operação familiares, essas empresas antiquadas utilizavam uma proporção elevada de mão-de-obra e empregavam máquinas simples, com baixo consumo de energia.

Centrado nas e em torno das cidades mais antigas, o mundo das oficinas e artesãos obscurecia as fábricas e a mão-de-obra proletária dos centros urbanos e zonas industriais mais recentes em termos de força de trabalho, capitalização e valor da produção. Paradoxalmente, o crescimento da produção fabril e das cidades beneficiou as oficinas e os trabalhadores artesanais, ao estimular a demanda de bens e serviços que apenas eles poderiam fornecer, em particular quanto a moradia, alimentação, vestuário e instrumentos de precisão. Em outras palavras, enquanto alguns ramos da manufatura tradicional indubitavelmente se contraíam ou estagnavam, outros floresciam e se expandiam. Embora tivesse uma taxa de crescimento mais baixa do que os setores de ponta da indústria de bens de capital, o mundo das oficinas e artesãos no geral não se manteve meramente em sua situação anterior. Outra razão para a elasticidade da produção de bens de consumo era a sua considerável capacidade de adaptação. Em particular nos têxteis, novas máquinas desalojaram incontáveis fiandeiros e tecelões manuais, e o trabalho a domicílio e pequenas oficinas cediam terreno para fábricas com seu custoso equipamento para produção em grande escala. Mesmo assim, os têxteis continuavam a pertencer ao setor da manufatura tradicional: as grandes fábricas continuavam a pertencer a famílias que também as dirigiam, a maioria das máquinas eram operadas com mão-de-obra feminina não-proletária, e como mercado básico dirigiam-se a pequenos comerciantes, atacadistas e confeccionadores de roupas. O mesmo em grande parte ocorria no ramo dos gêneros alimentícios, exceto pelo fato de haver poucas mulheres entre a força de trabalho não-qualificada da refinação do açúcar, moagem de farinha, fermentados e destilados.

Empresas com produção em grande escala e capital intensivo, com financiamento externo a longo prazo e força de trabalho proletária, constituíam, em larga medida, a exceção no vasto setor manufatureiro. A regra eram os pequenos trabalhadores e capitalistas familiares que dirigiam pequenas empresas com altas taxas na relação entre trabalho/capital fixo. A maior parte da força de trabalho era constituída de artífices e artesãos que labutavam em pequenos galpões ou oficinas com até cinco trabalhadores, incluindo o proprietário. Famílias locais possuíam e operavam a imensa maioria dessas miniempresas e produziam gêneros de primeira necessidade para consumo do campesinato das terras circundantes e das classes intermediárias de cidades que eram mais centros comerciais e administrativos provinciais do que modernos conglomerados urbanos. Quanto à manufatura de bens de luxo, que ocupava um lugar importante na produção de bens de consumo, tendia a se concentrar em cidades grandes, inclusive nas capitais, e também se agrupava em oficinas de pequeno e médio portes, e não em grandes fábricas.

Certamente, os gigantes da manufatura não podiam se comparar aos gigantes da agricultura e do setor imobiliário quanto a números e riquezas, sem se falar no *status*. As desvantagens desses grandes capitalistas familiares consistiam na sua incapacidade de estabelecer a mesma influência social e política sobre a multidão de minúsculos, pequenos e médios proprietários que os grandes senhores rurais exerciam sobre o imenso e heterogêneo campesinato. Além disso, os magnatas da manufatura de bens de consumo tendiam a trabalhar com objetivos contrários aos dos seus parceiros no setor de bens de capital, fissura esta que os agraristas exploravam em seu próprio benefício.

Quanto aos artesãos, embora continuassem a ser o elemento dominante na classe trabalhadora, vinham sofrendo com as pressões e desgastes da modernização capitalista. Defrontados com importantes mudanças nos métodos de produção e distribuição, os artesãos tinham de lutar arduamente para manter sua autonomia, qualificação, *status* e padrão de vida. Certamente, em termos numéricos, eles não só eram fortes, como vinham se fortalecendo ainda mais. Mas, ao contrário dos trabalhadores nas indústrias de bens de capital, extração mineral e ferrovias, que se organizavam por ramos industriais, eles continuavam divididos por ofícios artesanais. Ciosos de sua independência pessoal e profissional, os artesãos tinham dificuldade em desenvolver instrumentos e estratégias de autodefesa que ocupassem o lugar das guildas e salvaguardas legais que presumivelmente lhes haviam servido tão bem em outros tempos difíceis.

Em 1911, as manufaturas de bens de consumo e as indústrias de bens de capital da Inglaterra ocupavam em conjunto cerca de 38% de uma população ativa de 18 milhões, ou seja, um total de 7 milhões de trabalhadores. Os 2,1 milhões de trabalhadores, ou 30% dessa força de trabalho conjunta, que estavam nos ramos de metais, maquinaria, veículos e química, contribuíam com cerca de 24% da produção total líquida. Em comparação, o setor manufatureiro tinha uma importância bastante maior. Reconhecidamente, a madeira e os móveis, junto com o couro, ocupavam apenas 450 mil trabalhadores e eram responsáveis por 3,3% do produto líquido.

Mas os têxteis, vestuários e gêneros alimentícios respondiam por 3,9 milhões de trabalhadores, ou 47,5% da força de trabalho na manufatura e na indústria, e geravam 41% do produto líquido. Sozinhos, 1,5 milhão de trabalhadores têxteis contribuíam com cerca de 16,5% do produto líquido, ao passo que 1,26 milhão de confeccionadores de roupas contribuíam com outros 8%, perfazendo um total de 24,5%.

Ainda era uma época em que os têxteis por si sós respondiam por 38% de todas as exportações britânicas, em sua maior parte sob forma de peças de algodão. Ainda em 1913, mais de 85% de todos os metros de algodão e mais de 50% de todas as peças de lã eram vendidos no exterior, e 43% dessas exportações seguiam somente para a Índia. Dado esse grande mercado para tecidos produzidos em massa, não surpreende que entre as quinze maiores corporações (com uma capitalização de mais de 2 milhões de libras cada uma) da Inglaterra estivessem dez empresas têxteis. Embora a percentagem da força de trabalho feminina dedicada aos produtos têxteis caísse de 22% em 1851 para 16% em 1911, a força de trabalho nesse ramo — como também no serviço doméstico — estava, porém, sendo feminizada. Enquanto o número de mulheres trabalhadoras em têxteis realmente subia de cerca de 635 mil para 870 mil, após meados do século, o dos trabalhadores homens, mais determinados a se reunirem ao proletariado fabril organizado, caiu de 661 mil para 639 mil.

O impulso para o grande porte e a concentração, em parte através de incorporações, era igualmente evidente na produção de gêneros alimentícios, em especial nos fermentados e destilados, que por si sós tinham dezessete das maiores empresas da Inglaterra. No conjunto, apenas nove das cinqüenta maiores firmas não estavam na manufatura de bens de consumo. Mas, mesmo nas grandes fábricas de produtos têxteis e alimentares, os trabalhadores continuavam a resistir à sindicalização, da mesma forma que os homens e mulheres empregados nos estabelecimentos menores do setor de bens de consumo e os 900 mil colarinhos brancos empregados no poderoso setor comercial inglês voltado para o exterior.

Enquanto se considera que a Inglaterra se moveu lenta, mas firmemente, para o capitalismo industrial e financeiro, a Alemanha é apresentada como tendo percorrido essa mesma via, até alcançar a Inglaterra em 1914. Na realidade, apenas cerca de 10 milhões de trabalhadores, numa força de trabalho ativa de 27 milhões, ou seja, em torno de 30%, estavam empregados na manufatura e na indústria. Além disso, o setor de bens de capital empregava apenas 2,25 milhões de trabalhadores, e esses 25% da força de trabalho industrial e manufatureira respondiam por não mais de 25% do produto nacional líquido. Mesmo que a indústria de carvão fosse incluída como parte do setor de bens de capital, a manufatura tradicional permaneceria à frente.

É certo que, em 1914, a indústria metalúrgica, incluindo a produção de máquinas e veículos, era o ramo principal, afora a agricultura, em termos de emprego, capitalização e valor da produção. Com uma força de trabalho de 1,7 milhão, ou menos de 7% da população ativa da Alemanha, contribuía com cerca de 10% do produto líquido. Mas uma percentagem considerável desses metalúrgicos trabalhava em oficinas e instalações com menos de 50 trabalhadores. Entre eles, havia também muitos artesãos tradicionais, mesmo nas maiores fábricas.

Ademais, todos os outros ramos que empregavam mais de 1 milhão de trabalhadores faziam parte do setor de bens de consumo. Juntos, roupas e couro ocupavam 1,6 milhão de trabalhadores, gêneros alimentícios, 1,3 milhão e têxteis, 1,1 milhão. Reconhecidamente, 750 mil dos trabalhadores têxteis, em sua metade mulheres, estavam em instalações com mais de 51 empregados. Mas, à exceção dos têxteis, a manufatura de bens de consumo se concentrava em unidades de minúsculo, pequeno e médio portes. De qualquer modo, os vestuários, couro, têxteis e alimentos, reunidos, ocupavam um total de 4 milhões de trabalhadores. Para completar o retrato das pequenas empresas e do artesanato tradicional, é preciso levar em consideração dois outros ramos: a construção civil com 1,5 milhão de trabalhadores, e o beneficiamento de madeira, incluindo móveis, com uma força de trabalho de perto de 1 milhão de pessoas. Em suma, havia cerca de 6,5 milhões de homens e mulheres trabalhando nos cinco principais ramos de bens de consumo, cada qual com 1 milhão ou mais de trabalhadores.

Em grande parte, esse destacado setor de bens de consumo respondia pela importância continuada dos pequenos e médios negócios na Alemanha. Em 1907, 90% de todas as firmas no setor conjunto da manufatura e indústria ainda empregavam até cinco trabalhadores. Muito embora a força de trabalho nessas pequenas empresas tivesse se reduzido em 1/3 desde 1875, ela ainda ascendia a 31,2% de toda a força de trabalho manufatureira e industrial. Ao mesmo tempo, os 8,9% das firmas que empregavam de 6 a 50 trabalhadores ocupavam 26,4% dessa força de trabalho. Assim, enquanto firmas com 1 a 50 trabalhadores ocupavam 57,6% dos assalariados na manufatura e indústria, os 1,3% das firmas com mais de 50 empregados respondiam pelos 42,4% restantes (51 a 200: 20,8%; 201 a 1000: 16,7%; acima de 1000: 4,9%). Sem dúvida, as indústrias de bens de produção constituíam praticamente todas as 548 empresas com mais de 1000 trabalhadores, com uma força de trabalho total de 1,3 milhão de pessoas. Por sua vez, contudo, o setor de bens de consumo respondia por uma grande parcela das 26 700 empresas com 51 a 1000 trabalhadores, numa força de trabalho total de 4 milhões de pessoas.

De qualquer forma, não só a manufatura de bens de consumo na Alemanha continuou a ultrapassar de longe a produção de bens de capital, mas dentro de ambos os setores as firmas de pequeno e médio portes superavam decisivamente os combinados gigantes. Se ainda se levar em consideração os setores inchados do varejo e de serviços, o empreendimento isolado da família e da *petite bourgeoisie* se tornará ainda maior.

Até mais do que na Inglaterra ou na Alemanha, a manufatura de bens de consumo continuou a ser preponderante na França, assim como o pequeno empreendimento familiar tradicional. Numa economia onde a agricultura e o pequeno comércio estavam entranhados, antes de 1914 a manufatura e a indústria juntas ocupavam no máximo 5,2 milhões, ou seja, 25% de uma população ativa de 21 milhões.

Vestuários e outras manufaturas têxteis eram o único ramo maior, com 1,6 milhão de assalariados, operadores individuais e trabalhadores domésticos. Embora desde 1870 a indústria têxtil tivesse deslizado para um segundo plano — entre vestuários e metalurgia —, ainda empregava mais de 900 mil trabalhadores. Com o acréscimo dos 325 mil trabalhadores em couro, principalmente sapatos, o setor relacionado com têxteis respondia sozinho por quase 40% de toda a força de trabalho manufatureiro-industrial, 30% do produto líquido e 20% do produto nacional. Como, além do mais, havia 500 mil trabalhadores em gêneros alimentícios e 700 mil em madeira e móveis, a manufatura de bens de consumo ocupava uma posição inexpugnável. Se forem incluídos os 555 mil trabalhadores da construção civil, o primeiro componente do setor não-agrário da economia francesa ocupava 4,5 milhões de trabalhadores e criava mais de 40% do produto líquido. Em comparação, havia apenas cerca de 850 mil assalariados na metalurgia, ou seja, 13% da força de trabalho manufatureira e industrial, que geravam não mais de 15% do produto líquido. Mesmo com a inclusão de 300 mil mineiros e 300 mil ferroviários e portuários, esse setor de bens de capital ocupava um lugar nitidamente subordinado.

Desnecessário é dizer que a extensão e profundidade da manufatura de bens de consumo respondia em larguíssima medida pela absoluta primazia das pequenas empresas e unidades de produção. Na verdade, a Terceira República era uma nação com tantas, se não mais, pequenas oficinas e artesãos quanto pequenos sítios e camponeses. Embora em 1913 o número de *patrons* fosse 1/3 menor do que sob o segundo império napoleônico, ainda existiam dois "patrões" para cada cinco trabalhadores, e o número de indivíduos que pagavam o alvará (*patente*) para terem uma loja ou negócio realmente aumentou de 500 mil para um total de 2,3 milhões.

Devido a incoerências nos censos franceses, essas cifras são no máximo aproximativas. Mas é irrefutável a preponderância de empresas de pequeno e médio portes no setor manufatureiro e industrial, e mais notavelmente na produção de bens de consumo, aí incluindo a construção civil, com a exceção de umas poucas grandes companhias especializadas em projetos públicos. Novamente, os têxteis, mas não os vestuários, mantinham-se à parte, pois cerca de 60 fiações e tecelagens empregavam de 100 a 200 assalariados, embora, como no restante das oficinas têxteis e de confecção, essa força de trabalho fosse basicamente feminina e, portanto, transitória e juvenil.

Mas, com essa notável exceção, em particular a manufatura de bens de consumo estava densamente povoada por empresas de pequeno e médio portes, dirigidas pelos próprios donos, os *patrons*, que em sua maioria também eram seus próprios comerciantes. Considerando o conjunto da produção industrial e de bens de consumo, e sem contar os trabalhadores auto-empregados sem ajudantes, havia um total de cerca de 610 mil empresas. Destas, 530 mil tinham até 5 trabalhadores, e 68 mil de 6 a 50. Segundo outro cálculo, nove entre dez empresas tinham menos de dez assalariados e empregavam perto de 60% de toda a força de trabalho manufatureira e industrial, ao passo que 72% desta trabalhava em instalações com menos de 50 trabalhadores.

Evidentemente, a França tinha também algumas grandes fábricas. No todo, havia 9 mil empresas com mais de 50 assalariados.

Destas, mais de 5 mil tinham de 51 a 100 trabalhadores, e 3 mil de 101 a 500. Havia também 515 estabelecimentos com 501 a 5 mil trabalhadores, e 13 gigantes com uma folha de pagamento com mais de 5 mil empregados. Mas a maioria dessas grandes empresas pertencia às categorias atípicas da mineração e de bens de capital. De qualquer modo, o setor de produção de bens de consumo estava abarrotado de firmas que variavam de pequenas a médias, e muitas delas eram, no máximo, moderadamente eficientes. Além disso, essas empresas sustentavam uma numerosa *petite bourgeoisie* de meios modestos e, em menor medida, uma próspera burguesia empreendedora com horizontes mais paroquiais que cosmopolitas. Evidentemente, a miríade associada de pequenos varejistas e prestação de serviços inclinava ainda mais a balança para o lado da classe média baixa.

Na metade austríaca do Império dos Habsburgo, a manufatura e a indústria ocupavam cerca de 20% da população ativa, com a imensa maioria na produção de bens de consumo. Os têxteis, incluindo roupas, e os gêneros alimentícios respondiam sozinhos por 53% do produto manufatureiro e industrial bruto, sendo que os metais e a metalurgia contribuíam com apenas 18%. Novamente, com poucas exceções, que neste caso incluíam algumas cervejarias e indústrias têxteis, as pequenas empresas se mantinham dominantes no setor de bens de consumo. Em 1912, 75% das 966.600 empresas no setor conjunto da manufatura e da indústria eram *Kleinbetriebe*, isto é, pequenas empresas. Havia também cerca de 5300 guildas artesanais registradas nas Cislitânia, com 550 mil mestres, 500 mil oficiais e 174 mil aprendizes.

Com a virada do século, Viena se converteu numa cidade de 2 milhões de habitantes. Era não apenas uma efervescente capital política, social e cultural, mas também o principal centro de manufatura de bens de consumo, incluindo os de luxo, com uma crescente indústria pesada nos distritos periféricos mais recentes. A cidade tinha cerca de 56 mil empresas e 375 mil trabalhadores na manufatura e na indústria. Pelo menos 116 mil dentre eles se concentravam em oficinas que tinham apenas de 1 a 5 assalariados, 50 mil em 6800 oficinas com 6 a 10, e 34 500 em 2500 oficinas com 11 a 20. Em outras palavras, mais de 200 mil dos 375 mil trabalhadores estavam empregados nas 53 800 das 56 mil empresas que tinham uma força de trabalho de até vinte pessoas. Além disso, 70 mil trabalhadores estavam empregados em fábricas de médio porte, a metade em 1300 empresas com 21 a 50 assalariados, a outra metade nas 450 empresas com 51 a 100. Quanto às *Grossbetriebe*, ou grandes empresas, havia apenas 410 fábricas com 100 a 1000 assalariados, com uma força de trabalho de 92 mil, mais da metade dela em unidades de 100 a 300 trabalhadores. Todas as oito fábricas com mais de 1000, empregando um total de 12 mil trabalhadores, pertenciam ao ramo metalúrgico. Como em todas as grandes cidades, pequenos proprietários dominavam o setor varejista e distribuidor. Apenas 15%, ou 22 mil dos 142 mil empregados no setor, trabalhavam nos 153 estabelecimentos que, dentre os 50 mil, tinham mais de 50 empregados, incluindo aí os 4 mil trabalhadores do sistema de bondes de Viena. A capital da monarquia dual era, de modo claro, mais uma cidade de pequenas e médias oficinas e varejistas do que de grandes fábricas, lojas de departamentos e escritórios.

A metade húngara do Império Austro-Húngaro tinha cerca de 1,2 milhão de trabalhadores, numa força de trabalho ativa total de 9 milhões. Enquanto cerca de 29,5% eram artífices independentes que não utilizavam trabalho assalariado e 33,4% eram empregados em oficinas com 1 a 20 trabalhadores, cerca de 37% trabalhavam em instalações com mais de 20. Em ambas as metades do Império, as proporções entre as indústrias de bens de consumo e de bens de capital eram aproximadamente as mesmas, mas dentro do setor de bens de consumo o processamento de gêneros alimentícios, em especial a moagem, tinha quase o dobro do peso na Hungria "dependente" em relação à Áustria, que exportava para a Translitânia têxteis, vestuários e outras manufaturas leves.

Na Rússia czarista, a manufatura e a indústria, inclusive de moagem, empregavam, por volta de 1910, cerca de 5% da população economicamente ativa e contribuíam com 20% da renda nacional. Os têxteis, incluindo vestuários, e os gêneros alimentícios respondiam por 30% e 13%, ou seja, 43% da força de trabalho do setor, e por 28% e 22%, ou 50%, do seu valor produzido.

As empresas com produção em pequena escala não só ocupavam a parcela maior e ainda crescente da força de trabalho, como também continuavam a gerar uma percentagem substancial, ainda que decrescente, do valor produzido. Em 1914, cerca de 2 milhões de artesãos trabalhavam nas pequenas oficinas, ou *artyels*, da Rússia "urbana", muitos deles na zona de habitação dos judeus. Havia, ademais, de 2 a 8 milhões de produtores caseiros pré-capitalistas e pré-industriais, ou *kustars*, dispersos por todo o campo, sendo que praticamente todos trabalhavam em casa e usavam ferramentas manuais. Em termos do valor de produção, esse setor disperso de minúsculas e pequenas manufaturas contribuía com 1/4 a 1/3 de todo o setor de bens de consumo e de capital, e a manufatura artesanal preenchia a maior parte das necessidades de bens de consumo da Rússia.

O setor conjunto manufatureiro e industrial da Itália não era muito diferente do da Rússia, exceto pelo fato de ser um tanto maior. Em 1911, a manufatura de bens de consumo respondia por 3,4 milhões, ou pouco mais de 77% dos 4,4 milhões de trabalhadores "industriais". Em comparação, o setor de bens de produção ocupava apenas cerca de 970 mil assalariados, ou pouco mais de 22%. Os têxteis e vestuários empregavam mais de 1,5 milhão de trabalhadores, em sua grande maioria mulheres. As indústrias de bens de consumo, construção civil inclusive, não só forneciam de longe a maior parcela do emprego "industrial", como também perpetuavam a produção artesanal com trabalho intensivo em pequenas ou, no máximo, médias oficinas. Como a mão-de-obra era um fator de produção relativamente barato, havia pouco incentivo para que os empregadores investissem em maquinaria e produção fabril que poupassem trabalho. Em todo caso, bem mais de 90% de todas as empresas empregavam até cinco trabalhadores e forneciam empregos para 30% da força de trabalho total na produção de bens de consumo e de capital. É certo que havia umas poucas grandes instalações e fábricas de produtos mecânicos e siderurgia, mas no conjunto empregavam relativamente poucos trabalhadores, não obstante a alta taxa de crescimento da produção de bens de capital entre 1896 e 1908.

Sem dúvida, havia ainda alguns grandes empresários e fortunas consideráveis no setor de bens de consumo da Itália. Esses grandes da manufatura se situavam fundamentalmente em grandes fábricas têxteis e alimentares, nas grandes cidades ou em suas proximidades, em particular no triângulo industrial do norte. Mas, neste setor, os proprietários-operadores auto-empregados, os mestres artesãos de oficinas de pequeno porte e os *padroni* de instalações médias eram infinitamente mais numerosos, fazendo parte antes da *piccola* que da *grande borghesia*, com contatos restritos e pequena influência no mundo do grande comércio e bancos.

Quanto ao setor de bens de capital, pertencia muito mais ao futuro do que ao presente. A julgar pelo índice de crescimento do aço, dos produtos mecânicos e químicos, do carvão e do transporte ferroviário, a indústria vinha reduzindo o imenso fosso que a separava da agricultura e manufatura. Mas, embora realizando enormes avanços, os bens de produção continuavam muito atrás. Devido à sua grandeza, visibilidade e novidade, relativamente poucas usinas siderúrgicas e fábricas metalúrgicas davam a impressão de sobrepujar a densa vegetação de sítios e fazendas, pequenas oficinas e médias instalações. Na verdade, dependendo do país, quanto à sua importância para a economia global, as indústrias de bens de produção ainda estavam em sua infância ou adolescência. Além disso, a nova industrialização estava geograficamente circunscrita: as Midlands e o Lancashire; o Ruhr, o Sarre, a Alta Silésia e Berlim; o nordeste da França; Viena e a Boêmia; São Petersburgo e a Bacia do Donets; o norte da Itália; e os portos importantes.

Por toda a Europa, o desenvolvimento industrial teve de se adaptar a estruturas sociais, culturais e políticas duradouras. Até 1914, o capitalismo industrial e financeiro, para nem falar do capitalismo gerencial, continuou a ter importância secundária, não só em termos econômicos, inclusive quanto à economia internacional, mas ainda em termos de classe, *status* e poder. Embora florescessem idéias liberais, o capitalismo industrial nunca gerou força material e social suficiente para enfrentar com êxito e resistência o *ancien régime*, a favor de uma ordem liberal burguesa. E isso não apenas porque os suportes econômicos e sociais do liberalismo burguês se mantivessem relativamente fracos e inertes. Como se observou acima, a segunda Revolução Industrial paradoxalmente coincidiu com a prolongada recessão de 1873-1896 e o novo imperialismo ultramarino. Esses desenvolvimentos, de algum modo relacionados, não só incitaram e permitiram que os elementos feudais e não-liberais se reafirmassem, em especial na sociedade política, como também instigaram frações significativas da nova burguesia industrial a se aproximar mais das antigas classes dirigentes e governantes, ao invés de contestar sua primazia.

Evidentemente, nem tudo era um simples presságio. De 1870 a 1914, a produção de ferro gusa da Europa quadruplicou. Entre 1893 e 1913, a Inglaterra e a Alemanha aumentaram sua produção de ferro gusa em, respectivamente, 50% e 287%; sua produção de carvão em 75% e 159%, e sua produção de aço bruto em 136% e

522% (graças em grande parte ao processo Bessemer). É claro que a taxa de crescimento da Alemanha era inigualável, exceto pela dos Estados Unidos. Em menos de vinte anos, o Segundo Império quadruplicou sua produção de ferro e aço, de modo que esta, em 1914, praticamente se igualou à da Inglaterra, França, Itália e Países Baixos, juntos. Mas mesmo a França triplicou sua produção de carvão e dobrou a de ferro gusa entre 1871 e 1913. Além disso, a França registrou um crescimento decuplicado na produção de aço bruto entre 1880 e 1913, e isso sem acesso direto à maioria dos depósitos de minério de ferro da Lorraine. De modo similar, entre 1885 e 1914, a produção de minério de ferro da Rússia decuplicou, de modo que o império czarista alcançou a França, tornando-se o quarto maior produtor de aço do mundo. A Itália e a Áustria-Hungria também registraram impressionantes avanços nas indústrias de base.

Simultaneamente, e em particular com a virada do século, a segunda Revolução Industrial começou a se precipitar para a frente: eletricidade e dínamos, petróleo e máquinas de combustão interna (automóveis), produtos químicos e sintéticos (corantes, nitrogênio, hidrogenação do carvão). A nova tecnologia da física e da química estimulou o capitalismo financeiro e gerencial, das corporações de grande escala, na medida em que demandava empresas capazes de operar com capital intensivo, alto consumo de energia e produção em linha de montagem.

Certamente, foi o setor de bens de capital que, através da autoexpansão ou da incorporação, gerou as maiores empresas. Mas até 1914 o gigantismo estava basicamente limitado ao aço e ao carvão, sendo que este ainda fornecia perto de 90% da energia mundial. Com certeza, o transporte ferroviário era o outro colosso, embora, à exceção da Inglaterra, fosse em boa parte propriedade do Estado ou subsidiado e operado por ele. O setor de engenharia e produção metalúrgica (incluindo a construção de máquinas), em rápida expansão, contava com muitas empresas de pequeno e médio portes. Quanto às indústrias químicas e automobilísticas, ocupavam até 1914 um lugar antes marginal. Enquanto a construção de automóveis era maciçamente "artesanal" e se destinava a um estreito mercado de luxo, a produção química, embora com alta intensividade em termos de capital e consumo de energia, mantinha-se insignificante quanto ao valor da produção e ao emprego.

As empresas industriais com produção em grande escala estavam nitidamente em plena expansão. Mesmo assim os postos avançados do capitalismo financeiro e combinado eram como muitos enclaves circundados não só por imensos setores agrários, mas por moitas espessas de pequenas oficinas e médias empresas do capitalismo familiar, tanto na produção de bens de consumo como na de bens de capital. Além disso, muitas das maiores empresas industriais, em especial nas indústrias bélicas, dependiam grandemente de governos dominados ou muito influenciados por elementos agrários ou feudais, ou por ambos. O setor de ponta do capitalismo industrial ainda estava longe de conseguir a primazia, ou mesmo a paridade, econômica, social ou política.

O Reino Unido mostrou-se lento em desenvolver seu enclave da indústria pesada e do capitalismo combinado. Pagou o preço da obsolescência por ter sido o pioneiro na manufatura e comércio de gêneros de consumo básico, tais como têxteis e ferragens, e também ficou tolhido pela relativa negligência em relação à ciência e à tecnologia por parte da classe governante e dirigente da Inglaterra e suas escolas superiores de elite. Em 1914, o aço e o ferro, a maquinaria, os veículos e os produtos químicos, em conjunto, empregavam apenas cerca de 2 milhões de trabalhadores, ou seja, 12% de uma força de trabalho total de 18 milhões, ou ainda 33% dos 6,2 milhões de trabalhadores na manufatura e na indústria. Esse setor de bens de produção respondia por 23% do produto líquido e gerava perto de 10% da renda nacional.

Até 1905, apenas 13 das 50 maiores companhias da Inglaterra se encontravam na produção de bens de capital, sendo que as outras 37 estavam em bens de consumo não-duráveis. Nove dos gigantes correspondiam a companhias produtoras de ferro, aço e carvão, maciçamente engajadas na produção de armamentos e na construção de navios, financiadas pelo governo (em particular Vickers-Maxim e Armstrong). Apesar de seu grande porte, essas empresas continuavam a ser controladas por famílias, e poucas companhias de outros ramos industriais tinham condições de se comparar a elas. Havia cerca de 3500 empresas mecânicas com uma força de trabalho total de 600 mil pessoas. Das três firmas de produtos químicos que estavam entre as 50 maiores companhias, apenas uma era especialista na nova química (Brunner-Mond). Quanto à indústria química em conjunto, contava com apenas 128 mil trabalhadores, mas estes geravam 4,4% do produto nacional líquido.

Na realidade a mineração de carvão e os transportes tinham crescido com maior rapidez que as outras indústrias, sendo que o emprego nesses dois ramos quadruplicara desde 1840. Em 1913, o carvão respondia por 1,2 milhão de empregos, 6% da renda nacional, 10% do valor total das exportações e 80% da tonelagem total de embarque, sendo que praticamente 1/3 de toda a produção de carvão era vendido no exterior. Menos concentradas e mecanizadas do que na Alemanha, havia 1750 companhias de carvão, e em apenas 8% da produção anual de 270 milhões de toneladas se empregavam máquinas para a mineração. A força de trabalho nos transportes girava em torno de 1,5 milhão de pessoas, mas, destes, cerca de 600 mil estavam nos transportes por estradas de rodagem, onde dominavam pequenos operadores individuais, mais de 375 mil em estradas de ferro e cerca de 300 mil em transporte por água (mares, canais, portos). Em conjunto, a mineração e os transportes ocupavam cerca de 15% da população economicamente ativa e produziam cerca de 15,5% da renda nacional. Se considerarmos a mineração e os transportes como parte da indústria de bens de capital, a parcela de emprego neste setor do capitalismo avançado, em 1914, atingia 27% e sua parcela da renda nacional, 25,5%. Essas cifras superestimam a "modernidade" desse setor, visto que não especificam suas firmas de pequeno e médio portes.

É de notar que nem o ramo de engenharia elétrica nem o automobilístico figuravam entre as maiores empresas da Inglaterra. Havia muitos manufatureiros de peças para automóveis, que continuavam a ser um artigo de luxo e eram montados por empresas muito pequenas e instáveis para tentar uma produção com fluxo contínuo. Em 1900, a maior companhia (British Daimler) construiu cerca de 150 veículos, e nos cinco anos seguintes surgiram cerca de 200 miniempresas. Em 1909, foram montados 11 mil automóveis, e em 1913, o triplo, ou cerca de 34 mil. Certamente, cerca de 10 300 eram produzidos pelas cinco maiores empresas, com uma produção de 1500 a 3 mil automóveis (Wolseley, 3 mil; Humber, 2500; Sunbeam, 1700; Rover, 1600; Austin, 1500), e o restante era montado por pequenas companhias. Quanto a máquinas elétricas, a Inglaterra dependia maciçamente dos Estados Unidos e da Alemanha, contando com apenas 62 300 trabalhadores para máquinas, aparelhos e peças elétricas.

A mineração de carvão, os metais básicos, incluindo produtos mecânicos, e os têxteis constituíam a espinha dorsal da economia britânica, e respondiam por 70% de todas as exportações. Sozinhos, esses três ramos empregavam 50% da força de trabalho manufatureira e industrial, ou seja, 20 a 25% de todos os indivíduos assalariados, e geravam 50% do valor agregado ou do produto líquido total. De modo paradoxal, muito embora a indústria têxtil sozinha tivesse muitas grandes empresas que produziam peças de algodão e lã em massa para exportação, seus proprietários gozavam de um prestígio relativamente pequeno. Em contraste, os barões do carvão e do aço eram homens de excepcional influência e *status*, em parte porque cada vez mais a classe governante considerava a energia e os armamentos como peças fundamentais para a preservação da ordem estabelecida, embora a mineração de carvão e a metalurgia estivessem apinhadas de pequenas firmas e contribuíssem com uma menor parcela de sua produção para a exportação.

Decerto, em 1914, a Alemanha contava com o setor mais amplo do capitalismo industrial combinado e concentrado de grande escala. Da mesma forma, a indústria de bens de capital, junto com a mineração e as ferrovias — a maioria delas sendo de propriedade e operação estatais —, estavam longe de obter o predomínio. De fato, o enclave alemão do capitalismo avançado impressionava menos pelas suas dimensões do que pela velocidade com que se expandia.

Enquanto a população cresceu cerca de 33% entre 1882 e 1902, a força de trabalho industrial e manufatureira cresceu pelo menos 180%, até atingir cerca de 8,5 milhões de pessoas, ou 35% de uma força de trabalho ativa de 27 milhões. Desses assalariados, 2,7 milhões, ou seja, 10%, estavam empregados em ferro e aço, metalurgia (incluindo a produção de máquinas), construção de veículos e indústrias químicas, e produziam cerca de 24% do produto líquido. Contando 1,2 milhão de trabalhadores na indústria extrativa e 1,1 milhão nos transportes, muitos dos quais funcionários públicos, o setor industrial avançado ocupava um total de 5 milhões de trabalhadores, dos quais pelo menos 10%, ou 500 mil, eram empregados de escritório, gerentes e administradores. Embora os 4,5 milhões de trabalhadores assalariados na indústria de bens de capital, mineração e transportes constituíssem apenas 17% da força de trabalho total da Alemanha, perfaziam 55% de todos os trabalhadores na manufatura e na indústria em conjunto.

Esses mesmos anos também presenciaram um crescimento vertiginoso das grandes empresas. Entre 1882 e 1907, o número de companhias com mais de 50 trabalhadores, incluindo as de construção civil e minérios, aumentou de 9500 para 27 mil, e sua força de trabalho de 1,6 milhão para pouco mais de 5 milhões de pessoas. É certo que firmas com 1 a 5 e 6 a 50 trabalhadores ainda respondiam respectivamente por 90% e 8,7% de todas as unidades de produção, e empregavam 29,1% e 23,2%, ou 52,3%, de todos os trabalhadores manufatureiros e industriais. Mas as grandes firmas, que perfaziam apenas 1,3% de todas as unidades de negócios, empregavam os 47,7% de trabalhadores restantes, utilizavam 74% da energia mecânica de potência e 77% da energia elétrica consumida pela indústria. Além disso, em 1907, perto de 5 mil das 27 mil grandes empresas tinham uma força de trabalho de 200 a 1000, e um total de cerca de 2 milhões de assalariados. Havia ainda 550 imensas empresas com mais de 1000 empregados, num total de quase 1,3 milhão de trabalhadores. O número desses gigantes crescia com uma rapidez apenas ligeiramente maior do que o número de firmas com um capital acima de 10 milhões de marcos, das quais havia cerca de 230 em 1914. Sem dúvida as empresas com mais de 1000 trabalhadores, com uma força de trabalho média de 2400, e mesmo muitas na categoria de acima de 500 trabalhadores, concentravam-se na mineração, ferro, aço e processamento metalúrgico, graças principalmente a incorporações e trustes verticais.

Na indústria extrativa, em particular na mineração e processamento de carvão, com relação à força de trabalho e à capitalização, o grande porte era antes a regra que a exceção. Mesmo em 1882, 75% de todos os mineiros trabalhavam para empresas com pelo menos 200 empregados. Em 1914, a proporção de mineiros em firmas com mais de 1000 empregados subira de 25% para 60%. Entre elas estavam supergigantes como a GBAG (Gelsenkirchener Bergwerks Aktiengesellschaft), que em 1914 empregava 37 mil trabalhadores, para minerar 10,3 milhões de toneladas de carvão betuminoso e produzir 2,2 milhões de toneladas de coque. Incrementando suas inúmeras minas de carvão no Ruhr, depois de 1900, a GBAG, sob a direção de Emil Kirdorf, adquiriu maquinarias processadoras de ferro, aço e metal em Luxemburgo, Lorena, Aachen e Düsseldorf. Seu capital triplicou, vindo a atingir 180 milhões em dez anos. No Ruhr havia duas outras grandes empresas de mineração de carvão que, com o tempo, também se expandiram verticalmente. Antes de 1914, Harpener Bergbau possuía cerca de 20 minas de carvão, empregava 25 mil mineiros e produzia 6,6 milhões de toneladas de antracito e 1,5 tonelada de coque, enquanto Hibernia tinha uma força de trabalho de cerca de 20 mil extraindo 5,7 toneladas de carvão e produzindo 700 mil toneladas de coque. O carvão betuminoso, sozinho, fornecia emprego a 650 mil mineiros, basicamente no Ruhr, na Bacia do Sarre e na Alta Silésia, e assim usava maior número de trabalhadores não-qualificados do que qualquer outro ramo da indústria. Embora houvesse apenas cerca de 445 mil trabalhadores na produção de ferro e aço, havia empresas tão imensas nesse ramo como no de mineração, devido à escala de capital necessária.

As maiores corporações da indústria pesada da Alemanha combinavam a mineração do carvão e do ferro com a siderurgia e a construção de máquinas. Os mais conhecidos — para não dizer os mais famosos — eram Krupp, Thyssen e Gutehoffnungshütte, no Ruhr; Röchling e Stumm, no Saar, e Henckel-Donnersmarck, na Alta Silésia e no Reno. Tendo sido os pioneiros na fabricação de canhões, a dinastia dos Krupp e seus diretores seguiram um curso de expansão vertical e de diversificação. A força de trabalho do conglomerado Krupp cresceu de 16 mil em 1870 para 68 500 em 1913, e sua capitalização cresceu de modo ainda mais maciço, embora sem nunca se afrouxar o controle da família. Esse crescimento não era atípico entre os leviatãs da indústria pesada, que ocupavam os postos de comando do setor de bens de capital, em boa parte por serem os fornecedores, defensores e beneficiários do armamento militar e naval.

É irrefutável a importância desse compósito setor de ponta e o predomínio, em seu interior, das grandes empresas. Mesmo assim, não se igualava à agricultura e, tampouco, à manufatura de bens de consumo. Afinal, todo o setor de bens de capital, incluindo a mineração, respondia por menos de 15% do emprego nacional. Além disso, a metalurgia, incluindo a construção de máquinas e veículos, era permeada por empresas de pequeno e médio portes e mão-de-obra artesanal. É certo que havia empresas grandes, e até gigantes, também neste ramo. Em particular a Rathenaus' Allgemeine Elektricitätsgesellschaft (AEG) e a Siemens, maciça e ostensivamente concentradas na Grande Berlim, ocupavam uma posição predominante na manufatura de equipamentos elétricos. Deixando de lado os equipamentos elétricos, que por volta de 1910 constituíam uma indústria relativamente pequena, mas em rápido crescimento, a indústria de engenharia mecânica e construção de máquinas, em expansão, tinha cerca de 1,5 milhão de trabalhadores. Neste ramo, as empresas de pequeno e médio portes, com menos de 50 trabalhadores artesanais, ocupavam uma posição considerável, e a maioria das grandes empresas, com mais de 50 trabalhadores, tinham uma força de trabalho média de menos de 100, entre os quais uma grande parcela era constituída por artesãos fabris.

As indústrias automobilística e química ainda estavam em estado embrionário. Na última década do século XIX, até 1900 inclusive, Karl Benz, o único grande fabricante de automóveis, produziu um total de cerca de 1750 carros. Em 1901, as empresas automobilísticas, empregando cerca de 1800 trabalhadores, montavam menos de 900 carros e caminhões, apenas, dos quais 400 produzidos pela Benz. Em 1909, a produção anual aumentou para 7 mil veículos, e alcançou 23 mil em 1913, ano em que foi registrado um total de 70 600 automóveis na Alemanha, e a construção de veículos gerou no máximo 2% do produto líquido. Desses 23 mil carros e caminhões, 15 300 eram produzidos por companhias que montavam 1500 ou mais unidades (Benz, 4500; Opel, 3200; Brennabor, 2400; Daimler, 2200; Adler, 1500; Stoewer, 1500).

A indústria química certamente era o posto mais avançado do novo capitalismo, não só na Alemanha, mas em todo o mundo em industrialização, em termos de seu índice de crescimento em capitalização, produção e lucro. A rápida expansão desta indústria deveu-se majoritariamente ao desenvolvimento de corantes orgânicos, álcalis e fertilizantes, possibilitado por um corpo de pesquisadores químicos profissionais. Entre 1870 e 1900, foram fundadas cerca de 150 companhias de produtos químicos com um capital por volta de 400 milhões de marcos. Entre elas a Höchst, organizada em 1863, veio a ser de longe a maior, com um capital de 25 milhões de marcos e uma força de trabalho de 10 mil pessoas em 1913. Na virada do século, a indústria começou a consolidar suas fileiras, guiada por Carl Duisberg da F. Bayer, e os bancos de investimento se tornaram parceiros importantes, ainda que menores, em muitas dessas grandes empresas com tendências incorporadoras. Para evitar a concorrência autodestrutiva, as principais companhias químicas se organizaram em duas associações separadas. Por sua vez, estas fizeram acordos cartelizados entre si, de modo a selecionar linhas de produtos. Uma era constituída pela Bayer, Badische Anilin- und Soda-Fabrik (BASF) e Aktiengesellschaft für Anilin-Fabrikation (AGFA); a outra compreendia a Höchst, a Leopold Cassella e a Kalle, sendo que a Höchst praticamente absorveu as duas outras. Em 1913, a indústria química teve um movimento de 2,4 bilhões de marcos, produziu 90% da tinta sintética do mundo e respondeu por 10% das exportações alemãs.

Não obstante esse crescimento vertiginoso (índice de crescimento de 1870 a 1913: 6,2%) e consolidação, até 1914 a tão falada indústria química alemã empregava menos de 170 mil operários, ou seja, menos de 2,5% da força de trabalho da manufatura e indústria (incluindo a mineração), utilizava menos de 3,5% da maquinaria (em cavalos de potência) no setor industrial e manufatureiro, respondia por menos de 5% do capital incorporado nesse mesmo setor (incluindo transportes) e gerava menos de 4% de produto líquido.

É evidente, então, que mesmo na economia alemã o setor de bens de capital ocupava um lugar nitidamente subordinado em termos de participação de capital, produto líquido e força de trabalho. Além disso, a quantidade de empresas de porte gigantesco não obliterava o imenso substrato de pequenas e médias empresas, com poucos laços com os bancos de investimento e contando com uma força de trabalho essencialmente artesanal. Mesmo em Düsseldorf, uma das cidades de mais rápido crescimento no Baixo Reno, a grande indústria não era soberana. Decerto, naquela que em 1905 era a quinta e a décima maior cidade da Prússia e da Alemanha, respectivamente, a proporção de grandes empresas era elevada, em particular na metalurgia e construção de máquinas. Em 1914, Rheinmetall, o maior empregador e produtor do setor de instrumentos bélicos, tinha 8 mil trabalhadores manuais. Além disso, cerca de 40% dos trabalhadores industriais de Düsseldorf trabalhavam em instalações com mais de 50 empregados, e cinco fábricas tinham mais de 500 trabalhadores. Mas não só havia muitos desses artesãos fabris, como também 60% deles continuavam a trabalhar em empresas com menos de 50 braços. Ademais, cerca de 62 mil assalariados, num total de 132 mil trabalhadores, dos quais praticamente a metade era composta de mulheres, trabalhavam nos setores de bens de consumo e de serviços da cidade.

A França era a terceira potência industrial da Europa e a quarta do mundo. É desnecessário dizer que o rápido desenvolvimento de um formidável setor de bens de capital na Alemanha tornou-se o padrão de medida para o avanço da França, sabidamente gradual e limitado, para o capitalismo industrial e financeiro. Mas, quaisquer que fossem as razões para seu ritmo sem pressa — a estagnação demográfica, a escassez de carvão, estreitos mercados internos e externos, empresários ultracautelosos centrados em torno da família, banqueiros temerosos em relação a investimentos —, esse ritmo não era totalmente excepcional para os padrões europeus.

Embora com seu próprio ritmo, a República Francesa realmente ampliou seu setor de bens de capital a partir de 1875, em particular a partir do final da prolongada baixa de preços, em meados dos anos 1890, até 1914. Esse setor duplicou sua contribuição para a produção manufatureira e industrial, indo de 13% em 1870 para 25% em 1913. Entre 1900 e 1913, a expansão na produção metalúrgica e química, a par de um aumento constante, mas não espetacular, da produção de carvão, respondeu por um crescimento anual de 3,7% na produção e 47% de crescimento anual do valor agregado na manufatura e na indústria. Enquanto a produção de bens de capital crescia, havia um relativo declínio na manufatura supercapitalizada de bens de consumo. Mesmo assim, esse setor, incluindo a construção civil, ainda ocupava 72% da força de trabalho manufatureira e industrial, e gerava 25% do valor agregado anual de toda a economia. Em comparação, apenas 18,5% da força de trabalho manufatureira e industrial, que alcançava 1,2 milhão de assalariados, ou 5,5% da população economicamente ativa do país, trabalhavam no setor de bens de capital, incluída a indústria extrativa, e contribuíam apenas com 10% do valor agregado total, ou no máximo 20% do valor agregado da manufatura e indústria.

A produção e o processamento metalúrgicos eram a força motriz desse crescimento econômico. Além disso, embora pequenos ateliês e instalações de médio porte para a manufatura de bens de consumo e de luxo continuassem a dominar o setor não-agrário, o crescimento da indústria pesada trouxe consigo grandes fábricas e empresas. Naturalmente a França tinha umas poucas fábricas têxteis consideráveis (fiação, tecelagem, cardadura de lã), mas eram raras as com mais de 250 trabalhadores. Em 1901, ao lado de cerca de 600 mil estabelecimentos com até 50 trabalhadores, havia em torno de 8 mil empresas com 51 a 500 assalariados e 530 com mais de 500 trabalhadores. Em 1914, esta última categoria, a com mais de 500 trabalhadores, pode ter se expandido para 700 empresas, empregando no máximo 850 mil trabalhadores, a grande maioria em mineração e metalurgia (extração, produção e processamento de metais).

Na realidade, devido a uma baixa disponibilidade natural, a produção de carvão cresceu de modo apenas marginal entre 1870 e 1913, e o número de mineiros se manteve fixo na cifra de 300 mil. Para compensar e "abastecer" sua industrialização, a França aumentou em 70% suas importações de coque durante esses mesmos anos (de 14,8 para 25,3 milhões de toneladas). Além disso, a partir de 1906, a França passou a importar uma média de 20 milhões de toneladas de carvão mineral por ano.

Graças a essas importações, a produção de ferro e aço da França se expandiu consideravelmente entre 1870 e 1910. Embora estivesse atrás da Inglaterra, da Alemanha e dos Estados Unidos, conseguiu mais do que triplicar a produção de ferro fundido (de 1,3 milhão para 4 milhões de toneladas), praticamente quadruplicar a de ferro e aço brutos (de 670 mil toneladas para 2,4 milhões de toneladas, tendo o aço alcançado o ferro), e quase quintuplicar a produção de minério de ferro (de 2,75 milhões para 13,4 milhões de toneladas, sendo parte dela para exportação). Em 1913, a produção de ferro fundido chegou aos 5,2 milhões de toneladas e a de aço bruto aos 4,7 milhões, sendo que a taxa de crescimento se acelerara a partir de 1900. Com a exploração intensificada da *minette* da Lorraine, a extração de minério de ferro atingiu 21,9 milhões de toneladas. As grandes empresas estavam concentradas no norte, no nordeste e no centro. Em Meurthe-et-Moselle, apenas, havia quatro empresas (Société de Longwy, Senelle-Maubeuge, Micheville e Wendel), cada uma com 5 a 10 altos-fornos e o mesmo tanto de conversores Thomas ou fornalhas Siemens-Martin, cada uma produzindo cerca de 300 mil toneladas de aço bruto. Havia três grandes empresas (Aciéries de France, Denain, Anzin) especializadas em ferro fundido, no norte, ao passo que Schneider era o gigante do centro, em Le Creusot (juntamente com Forges de Châtillon-Commentry e Aciéries de Saint-Étienne).

Havia apenas cerca de 110 mil homens empregados na extração e produção de metais que, comparados ao processamento metalúrgico, também contribuíam consideravelmente menos para o valor agregado. Como na Alemanha, as empresas realmente gigantescas eram as que se expandiam por verticalidade e diversificação. Assim, Henri Schneider começou (1840-1898) e seu filho Eugène expandiu (1898-1942) um conglomerado que, em 1913, empregava 20 mil trabalhadores metalúrgicos em Le Creusot e pelo menos mais 100 mil em outros locais e em atividades não-metalúrgicas. De modo similar, operando de ambos os lados da fronteira franco-germânica, a dinastia Wendel empregava um total de 30 mil assalariados, dos quais 4 mil em Joeuf, na Lorraine francesa. Em 1913, as companhias gêmeas Wendel mineravam 3,7 milhões de toneladas de minério de ferro, que usavam para produzir 1,25 milhão de toneladas de ferro fundido e 1 milhão de toneladas de aço bruto, das quais 400 mil e 500 mil toneladas, respectivamente, eram produzidas pela companhia francesa dirigida por Robert de Wendel.

O processamento metalúrgico se expandiu muito mais rapidamente do que a produção metalúrgica, em termos de emprego, produção e valor agregado. Em 1913, havia cerca de 800 mil metalúrgicos, a maioria em empresas de micro, pequeno e médio portes, centradas em torno de Paris e outras grandes cidades da França. Houve um crescimento particularmente rápido em acabamento de metais, produção de armas, construção de máquinas e instrumentos, manufatura de veículos e construção naval, havendo praticamente uma triplicação da produção e, também, do valor agregado entre 1900 e 1913. A construção naval ocupava um lugar desproporcionalmente amplo, pois que neste último ano respondia por 1 bilhão do valor da produção total de 2,7 bilhões no processamento metalúrgico.

Dentro da metalurgia em sentido amplo, a indústria automobilística tinha a taxa de crescimento setorial mais alta, em parte, talvez, devido à melhor rede viária da França. Em 1913, a França era o primeiro produtor de carros e caminhões da Europa, tendo a produção aumentado de 4800 para 45 mil unidades desde a virada do século, 70% na região de Paris e 11% em torno de Lião. Essa próspera manufatura automobilística era saudada como o principal emblema do "modernismo" da economia francesa, apesar de estar incrustada na tradição artesanal dos ofícios metalúrgicos antigos.

Em 1913, todos os 33 mil trabalhadores estavam empregados em oficinas automobilísticas que eram ou simples ateliês ou instalações maiores com o caráter de agrupamento de ateliês sob um único teto. Provavelmente, 70% dessa força de trabalho era qualificada e semiqualificada, havendo no máximo 10% a 15% de mãos não-qualificadas. A maioria dos artesãos provinha de oficinas que construíam máquinas ou bicicletas, embora algumas delas começassem também a manufaturar, por conta própria, carrocerias e peças de automóveis. Devido à grande dependência de subempreiteiros, bastava pouco capital para montar uma empresa. O número de fabricantes de automóveis aumentou de 30 em 1900 para 155 em 1913, mas apenas 30 eram grandes empresas com produção acima de 150 carros, e 12 delas produziam mais de 1500 unidades, embora nenhuma contasse com uma linha de montagem mecânica. De fato, sendo o automóvel um artigo de luxo, sucessivos modelos eram manufaturados em pequena quantidade, e cada carro era feito e montado à mão. Nesse contexto artesanal, cada trabalhador construía 1,6 carro por ano, de modo que a mão-de-obra, mais que o capital, continuava a ser o principal fator de custo.

Isso ocorria mesmo para os maiores produtores, especialmente Armand Peugeot (5 mil carros e 80 mil bicicletas), Darragu (3500 carros) e Marius Berliet (3 mil carros). Louis Renault, que estava para alcançar o primeiro lugar, começou com um capital de 60 mil francos em 1898. Mas, muito embora estivesse atento ao fordismo nos Estados Unidos e aumentasse sua produção para 4704 carros em quinze anos, foram necessários 4 mil trabalhadores da Renault para produzir esses mesmos 4704 carros. Pelo menos 2800 desses trabalhadores eram artesãos qualificados. Em suma, a manufatura automobilística era diminuta, mesmo em metalurgia. Empregava menos de 100 mil toneladas de aço, seus métodos de produção eram artesanais e, à exceção dos caminhões, era compatível com a inclinação francesa para a produção de artigos de luxo e exportação. Perto de 1/3 de todos os carros eram vendidos no exterior.

Quanto à indústria química, evidentemente era menos inovadora do que a indústria automobilística, em parte devido às deficiências da química profissional na França. Crescendo 5% ao ano após 1900, empregava 35 mil trabalhadores em 1914. Havia cerca de 40 companhias grandes, e Saint-Gobain, Péchiney e Kuhlmann encabeçavam a lista por ordem de tamanho. Mas mesmo elas tinham uma importância apenas restrita. De todas as tintas utilizadas na França, 87% eram importadas da Alemanha, e das nove fábricas de tintas na França, cinco eram alemãs.

Sobretudo na Áustria-Hungria, na Rússia e na Itália, as grandes indústrias, em particular na produção de bens de capital, não se desenvolveram realmente até 1890, ou mesmo mais tarde. Precisamente por começarem quase do zero, seu crescimento relativo e absoluto parece enorme. Nos três países, o Estado estimulou o desenvolvimento da indústria de bens de capital com tarifas protecionistas, subsídios e contratos, enquanto os bancos de investimento e os emprestadores estrangeiros forneciam boa parte do capital necessário. A grandeza se tornou a marca registrada desse setor, menos devido à tendência do capitalismo avançado para a concentração do que à escala e ao custo sem precedentes das instalações e equipamentos. Entrementes, como nas outras partes da Europa, o crescimento de grandes empresas estimulou em vez de destruir a empresa de médio porte, e até a miniindústria conseguiu se manter.

Embora Rudolf Hilferding, em 1910, apontasse para a incipiente fusão entre o capital industrial e bancário na Áustria como o modelo para o capitalismo organizado em escala mundial, a industrialização da Cislitânia, na verdade, não foi muito avante. Tampouco os bancos estabeleceram seu domínio no setor de bens de capital. É certo que a produção de ferro gusa subiu a 8,3% ao ano entre 1891 e 1901 e a 11,4% entre 1901 e 1911, ao passo que a produção de carvão e de máquinas subiram, respectivamente, a 4% e 9% ao ano durante essas duas décadas. Mas, em 1914, apenas 24% da população economicamente ativa estava alocada no setor conjunto de bens de consumo e de produção, e esse setor gerava no máximo 38% do produto nacional bruto da Áustria. Além disso, os metais e metalurgia respondiam por apenas 18% do produto manufatureiro e industrial bruto, em contraste com os 25% oriundos dos têxteis e 28% dos gêneros alimentícios. Enfim, cerca de 75% de todas as empresas metalúrgicas, de produtos químicos e de máquinas eram *Kleinbetriebe*, embora existissem também os gigantes da indústria pesada, notavelmente os trustes Wittgenstein e Skoda.

Na virada do século, Karl Wittgenstein — pai do filósofo Ludwig Wittgenstein — era a figura dominante da indústria do aço do Império Austro-Húngaro. Começando com uma laminadora de metais em Teplice, comprou usinas, fundições e fábricas de acabamento, fracas e à beira da falência, em toda a Boêmia, e por fim, em 1897, adquiriu também uma posição majoritária na Oesterreichisch-Alpine Montangesellschaft, que em 1913 produzia perto de 2 milhões de toneladas de ferro gusa. Apenas Albert von Rothschild e Max von Gutmann resistiram à absorção, pois retinham o controle da Witkowitzer Bergbau, que tinha acordos de comercialização com Wittgenstein. No conjunto, porém, Wittgenstein autofinanciou seu movimento de aquisição e expansão, evitando empréstimos bancários a longo prazo, para não comprometer sua total autonomia.

No início Ernst von Skoda e, a seguir, seu filho Emil e seu neto Karl eram igualmente ciosos de sua independência, quando montaram um imenso complexo industrial para a produção de equipamentos pesados para minas, siderúrgicas e usinas de açúcar. Especializaram-se, sobretudo, na produção de armamentos e munições, que logo após a virada do século respondiam por bem mais da metade do movimento anual de Skoda. Vítima de seu próprio sucesso, em 1899 Emil von Skoda, tendo ultrapassado seu capital interno, foi obrigado a buscar financiamento em bancos, reduzindo assim, mas não entregando, o controle familiar.

Sem dúvida, Wittgenstein e Skoda, que também promoviam a cartelização de ramos-chave do setor de bens de produção, equiparavam-se aos maiores capitães de indústria da Europa. Mesmo assim, dificilmente seriam hegemônicos na economia nem, sequer, representativos de seu setor. Talvez mais características fossem as 80 empresas que, nos meados dos anos 1890, produziam cerca de 9 milhões de segadeiras, foices e ancinhos, das quais 8 milhões para exportação, sobretudo para a Rússia.

Isso de forma alguma significa negar a tendência, observada com freqüência, para a grandeza e amálgama entre empresas industriais e bancos, que presumivelmente foi maior na Áustria do que em qualquer outro lugar. À parte o fato de que as maiores empresas familiares iam se tornando sociedades por ações, os bancos de investimento não só destinaram fundos para firmas de bens de capital — e manufatura em larga escala de bens de consumo —, como também eram férreos defensores de práticas monopolistas. Entretanto, o controle dos bancos sobre empresas industriais, observado por Hilferding, era no máximo uma tendência incipiente. Em 1914, havia relativamente poucas sociedades anônimas na Cislitânia, e seus títulos eram insignificantes no mercado de capitais. As ações industriais e os títulos ferroviários — estes últimos garantidos pelo governo — respondiam por não mais de 3% de todas as emissões importantes, e 8 entre 10 das ações industriais eram emitidas por umas poucas empresas de bens de capital de grande porte.

Na metade húngara do Império, de uma população total de 18 milhões, havia 1,6 milhão de trabalhadores, ou 20% da população ativa, na manufatura e na indústria, incluindo minas e transportes. Destes, entre 300 mil e 350 mil trabalhavam em empresas com mais de 100 assalariados, sendo 1/3 em Budapeste e proximidades. Essas grandes empresas com mais de 100 trabalhadores predominavam na mineração e metalurgia, pois ocupavam 51 mil dos 57 mil trabalhadores nesses dois ramos. Dos 100 mil trabalhadores em transportes, 2/3 estavam empregados nas ferrovias, em sua maioria de propriedade estatal. Havia cerca de 600 mil assalariados na produção de bens de consumo e de capital, sem contar mineração, metalurgia e transportes, dos quais apenas 144 mil, ou 1/4, trabalhavam para 426 empresas com mais de 100 trabalhadores. Novamente, é de notar que as indústrias têxteis e de vestuário por si sós contavam por volta de 300 mil empregados, e a construção civil perto de 120 mil. A força de trabalho em ambos os ramos era nitidamente proletária.

Em 1914, a Rússia czarista tinha um impressionante setor industrial, onde empresas de grande porte e tecnologicamente eficientes ocupavam um lugar de destaque. Entre 2,5 e 3 milhões de assalariados se encontravam na produção fabril mecanizada, junto com 750 mil mineiros e 1 milhão de ferroviários, sendo que a construção ferroviária, financiada pelo Estado, servia como o principal estímulo para o desenvolvimento de indústrias de bens de capital até a virada do século. Entre 1900 e a eclosão da guerra, o volume e o valor da produção mineral, metalúrgica e mecânica cresceram significativamente. Esses três ramos eram dominados por empresas combinadas em vez de familiares. As sociedades anônimas com capitalização substancial também tinham importância nos têxteis e, ainda que menor, nos gêneros alimentícios. Cerca de 310 empresas, com um capital social de mais de 2 milhões de rublos cada uma, constituíam quase 1/4 de todas as empresas e possuíam 2/3 do capital incorporado total. Perto de metade de todas as empresas industriais empregava mais de 500 trabalhadores, e uma proporção relativamente alta de firmas empregava mais de mil trabalhadores.

Mas, muito embora estivessem lançadas algumas das bases para uma economia moderna, o setor de bens de capital da Rússia continuava a ser um pequeno enclave promovido pelo Estado. A força de trabalho fabril correspondia a apenas 5% da população trabalhadora do império. Como os processos produtivos essenciais nas grandes empresas continuavam a exigir trabalho manual, o proletariado fabril da Rússia apresentava não só um importante componente artesanal, como também a figura fundamental dos trabalhadores não-qualificados. Além disso, em 1914, a mineração, metalurgia e engenharia mecânica respondiam no máximo por 20% do valor produzido e 25% da força de trabalho do setor manufatureiro e industrial.

Ademais, esse setor capitalista avançado era singularmente dependente de capital, empréstimos, tecnologia e especialistas estrangeiros. Entre 1895 e 1914, a Rússia importou uma média anual de 200 milhões de rublos. O serviço da dívida externa acumulada do império exigia quase a mesma quantia anual, o que significava que o governo tinha de expandir as exportações agrícolas para efetuar esses pagamentos. Perto de 50% da capitalização da indústria carvoeira na Bacia do Donets era estrangeira, e o mesmo ocorria com cerca de 80% do capital no ferro, na metalurgia e no petróleo. Mesmo com esse maciço influxo de capitais, em especial da França, mas também da Inglaterra e da Alemanha, certamente não mais de 10% da população russa, ou apenas 17% de sua força de trabalho ativa em 1914, retirava sua subsistência da indústria e da manufatura. Esse setor, em conjunto, contribuía com menos de 25% da renda nacional.

São Petersburgo era um extraordinário microcosmo e mostruário do parto industrial da Rússia. A população da capital aumentou de 1,1 milhão de habitantes entre 1890 e 1913. Um terço desse crescimento ocorreu nos anos após 1907-1908, que também viveram uma rápida expansão do emprego na indústria. De fato, assim que o governo reestabilizou a situação após o levante de 1905, São Petersburgo englobava plenamente o mais recente avanço industrial da Rússia.

Em 1914, a força de trabalho manufatureira e industrial da cidade se aproximava de 220 mil operários, com um número considerável trabalhando em grandes fábricas. Com o auxílio de capital estrangeiro, a produção em larga escala estava crescendo a um ritmo desproporcionalmente rápido em ramos que eram capazes de combinar a utilização da maquinaria mais recente e cara, importada do exterior, com o uso continuado de métodos de trabalho extensivo, sendo que a mão-de-obra se mantinha como o fator de produção mais barato. Cerca de 960 empresas manufatureiras e industriais, instaladas dentro do município de São Petersburgo, respondiam por 7% do total do emprego manufatureiro e industrial da Rússia e 10% do total do valor produzido pelo conjunto desse setor. Havia, além disso, 48 fábricas fora dele, mas ao alcance fácil da cidade. Entre estas, havia 8 empresas estatais de munições e outros instrumentos bélicos, incluindo o complexo de armamentos e construção naval em Kronstadt, empregando cerca de 20 mil trabalhadores.

Dentro dos limites da cidade, o processamento metalúrgico contava com a taxa de crescimento mais elevada. Durante os seis anos anteriores a 1914, sua produção dobrou, a ponto de produzir 35% de todo o valor da produção e empregar 40% de todos os braços fabris. O ramo metalúrgico era também o de maiores dimensões: das 284 fábricas, 100 tinham mais de 90 assalariados e ocupavam mais de 90% dos 78 mil metalúrgicos, ao passo que as 22 fábricas com mais de 750 trabalhadores respondiam por 66% deles. O único produtor de dimensões gigantescas e processador metalúrgico verticalmente integrado concentrava suas operações em São Petersburgo: a corporação Putilov, que tinha suas próprias minas de ferro, empregava cerca de 13 mil trabalhadores na produção de ferro e aço, processamento de aço, construção naval e máquinas. Evidentemente, ela dependia de modo tão maciço dos contratos governamentais, em especial para o exército e a marinha, quanto os estaleiros de Nevski, que tinham uma força de trabalho de 3500 homens. Entrementes, o capital estrangeiro (e a proteção alfandegária) eram de importância crucial para a manufatura nascente de equipamentos elétricos, incluindo motores, que desde o começo foi dominada por grandes empresas. Com a Siemens e a AEG à frente, a capital da Rússia produzia cerca de 70% do produto total de equipamentos elétricos do império, que continuavam a ser insignificantes. O mesmo ocorria, em grande medida, com a indústria química, onde 2 dentre as 89 fábricas com mais de 750 trabalhadores empregavam 11 800 assalariados, ou seja, mais de 70% da força de trabalho total de 16 500 pessoas nesse ramo incipiente da produção de bens de capital.

Enquanto o proletariado fabril das indústrias que produziam em larga escala bens de capital correspondia a 40% dos assalariados de São Petersburgo, o setor de bens de consumo respondia pelos outros 60%, com 44 mil trabalhadores em têxteis, 20 500 em gêneros alimentícios e 23 300 em papel e gráfica. Certamente, em 1913 apenas 3% dos tecelões e fiandeiros estavam empregados em fábricas com uma força de trabalho inferior a 90, ao passo que cerca de 84%, ou 37 mil, trabalhavam em 23 fábricas com mais de 750 trabalhadores (comparados com 53%, ou 11 700, em 9 fábricas em 1890). De modo similar, embora o grau de magnitude fosse menor nos gêneros alimentícios, 55% dessa força de trabalho se concentrava em 10 fábricas com mais de 750 trabalhadores, e outros 21% em 10 fábricas com 270 a 750. Mesmo assim, estes e outros trabalhadores nas grandes manufaturas de bens de consumo, com exceção das gráficas, eram maciçamente não-qualificados, mulheres e tinham mentalidade camponesa. Estavam, portanto, desconectados do agitado proletariado industrial de São Petersburgo.

Na Itália, onde tanto a construção ferroviária como as encomendas militares e navais eram importantes estímulos para a indústria pesada, o quadro não era significativamente diverso, muito embora o setor da indústria de bens de capital fosse maior e menos dependente do capital estrangeiro. Entre 1896 e 1914, a produção de aço decuplicou, e a produção industrial global cresceu cerca de 90%. Aproximadamente 3,5 milhões de trabalhadores, numa força de trabalho total de 18 milhões, concentravam-se na indústria e na manufatura, e, destes, 87 500 estavam na produção de ferro e aço, e 475 mil na engenharia mecânica. Com 22 a 24% da força de trabalho total, a indústria e a manufatura, em conjunto, geravam cerca de 25% do produto interno bruto da Itália, sendo que o setor de bens de produção sozinho, incluindo a indústria hidrelétrica, vital e em rápida expansão, respondia por apenas uma pequena fração. Como na Rússia, as empresas maiores e tecnologicamente mais avançadas se encontravam no setor de bens de capital, que contavam com quatro grandes bancos privados, de preferência a investidores estrangeiros ou ao Estado, para fornecer os fundos de investimento.

Em 1914, a Banca Commerciale e o Credito Italiano haviam se tornado os dois gigantes bancários que dominavam o suprimento de capital industrial. Devido a suas dimensões, tinham condições de prover grande parte dos financiamentos para as indústrias com capital intensivo que, entre a virada do século e 1914, aumentaram de modo tão significativo seu capital social: a indústria hidrelétrica de 37 para 559 milhões de liras, o processamento metalúrgico de 62 para 415 milhões de liras, e o setor químico de 98 para 296 milhões de liras. Havia também os ramos onde os bancos fomentavam uma forte tendência à concentração, sob a égide do conglomerado Edison, na energia elétrica, da Società Ilva, em ferro e aço, da Cantieri Navali Riuniti, na construção naval, e da Navigazione Generale Italiana, na navegação mercantil.

Em 1909, em processamento metalúrgico, incluindo a construção de máquinas, havia 278 fábricas de 100 a 500 trabalhadores, e 38 com mais de 500 trabalhadores, com um total de 95 mil em 160 mil trabalhadores; em produtos químicos, 83 com 100 a 500, e 8 acima de 500, com um total de 24 mil em 45 mil trabalhadores; em energia elétrica, 19 de 100 a 500, e 2 com mais de 500, com um total de 6 mil em 13 mil trabalhadores. E ainda, em 1914, a Itália produzia cerca de 8 mil automóveis, sendo a Fiat, de longe, a maior montadora de automóveis, produzindo mais de metade deles.

Na manufatura e na indústria em conjunto, excluindo-se as oficinas familiares sem auxiliares contratados, o número de firmas com mais de 100 assalariados era de 3266. Empregavam 900 mil de um total de 1,5 milhão de trabalhadores, havendo 378 empresas com mais de 500 assalariados que respondiam por 340 mil trabalhadores. No entanto, é importante ressaltar que, enquanto no processo metalúrgico 145 mil dos 160 mil assalariados estavam empregados em empresas com uma força de trabalho acima de 100 pessoas, nos têxteis (excluindo-se vestuário) 462 mil em 590 mil assalariados trabalhavam em fábricas com mais de 100 empregados, e, destes, 455 mil eram mulheres, das quais 89 mil eram meninas com menos de 15 anos de idade.

Visto que, no conjunto, a manufatura de bens de consumo e a agricultura se mantinham ineficientes e localistas, eram incapazes de liberar um poder aquisitivo interno que estimulasse e justificasse a expansão de um setor moderno. O resultado foi que, em sua dependência recíproca, as indústrias de bens de capital e os bancos de investimento contavam de modo crescente com o Estado, para fornecer tarifas protecionistas e contratos governamentais para o exército e a marinha de guerra — setores em expansão mas economicamente improdutivos —, além da marinha mercante.

Evidentemente, não só na Itália, mas na maior parte da Europa, as instituições financeiras contribuíram de modo significativo para o desenvolvimento do setor de bens de capital. Em particular, os bancos de investimento aprenderam a financiar a fábrica de capital intensivo concentrado, da segunda Revolução Industrial. Essas financeiras, constituídas em sociedades anônimas, ampliavam empréstimos a curto e médio prazos em conta corrente, faziam adiantamentos sobre cotas e compravam ações para suas próprias carteiras. Além disso, subscreviam títulos de companhias, que colocavam e promoviam nos mercados de títulos nacionais e estrangeiros.

O crescimento dos bancos de investimento acompanhou a expansão do setor de bens de produção. Isolados ou em sindicatos, os novos bancos de fomento forneciam os maiores lotes de crédito para empresas seguras e estabelecidas em ferro e aço, metalurgia, carvão, transporte ferroviário e construção naval. De preferência a se engajar em negócios de alto risco, esses bancos buscavam laços com empresas que, tendo superado as dores e perigos de seus primeiros anos, estavam preparadas para a expansão. Esses possíveis gigantes do futuro propunham a ampliação de sua própria fábrica ou a aquisição de outras companhias, por compra ou incorporação.

Os novos capitães dos bancos e das indústrias convergiam para ramos da economia onde o Estado assumia um papel cada vez mais importante. Para aumentar a capacidade bélica da nação, os governos ajudavam as indústrias de bens de capital, as companhias ferroviárias e os estaleiros com tarifas, contratos e garantias financeiras. Além disso, essas mesmas indústrias, junto com os bancos de financiamento, estavam à frente daquelas especulações estrangeiras coloniais que, após 1870, dependiam da colaboração do governo, incluindo a pressão diplomática e a intervenção militar.

Embora muitos bancos de crédito industrial tivessem uma origem local ou regional, na virada do século praticamente todos eles tinham seus centros de operações nas capitais, que se tornaram os centros de comando econômico e político da expansão simbiótica dos bancos de investimento e da indústria pesada. A Itália era a única exceção, pois Milão continuava a obscurecer Roma como a capital financeira — e cultural — da Itália unificada.

Para preencher ou criar a demanda de serviços financeiros e, em particular, de crédito a prazo mais longo, os bancos de investimento tiveram de aumentar seu capital de giro. No primeiro momento, conseguiram-no aumentando seu próprio capital social. Mas o que teve conseqüências muito mais importantes foi o seu desenvolvimento sistemático de bancos de depósitos e rede de sucursais para captar depósitos a prazo fixo. De fato, os bancos organizados em sociedades anônimas do continente obtiveram sua crescente capacidade de financiar a grande indústria com a mobilização e reunião das poupanças de milhares de pequenos e médios poupadores e investidores para as operações de empréstimo. Enquanto os bancos privados, muitos dos quais judeus, continuavam a se manter na simples capitalização, seu poder financeiro geral, devido ao fato de não se arriscarem em sucursais e agências de depósitos, começou a decrescer em comparação com as novas corporações financeiras anônimas.

Na virada do século, sem dúvida alguma, os grandes bancos se tornaram a principal fonte de financiamento externo para as empresas de bens de capital, e isso de modo mais visível na Alemanha, na Áustria, na Rússia e na Itália. Mesmo assim, estavam longe de dominar o sistema bancário, a indústria pesada ou a economia em geral. À parte o fato do seu limitado número, seu alcance se mantinha circunscrito. Acima de tudo, embora a interpenetração do capital industrial e bancário se realizasse aceleradamente, os homens de negócios trataram de assegurar que seus financiadores ficassem "à mão" e não nas alturas. Os capitães da indústria pesada estavam tão empenhados em manter sua independência quanto os manufatureiros e negociantes de bens de consumo do capitalismo familiar. Acreditando no autofinanciamento, voltavam-se para capitais externos apenas como último recurso. Além disso, preferiam empréstimos a curto e médio prazos a financiamentos a longo prazo, os quais levantavam o espectro do controle externo. Para se garantirem contra a influência exclusiva de um único credor, mesmo os maiores industriais alemães preferiam atender a suas necessidades de crédito tratando com dois ou mais bancos. Embora buscassem e até recebessem bem o parecer especializado de seus financiadores, os homens de negócios lhes atribuíam pouca ou nenhuma voz ativa na elaboração de políticas e tomada de decisões. Os empresários franceses podem ter sido particularmente ciosos de sua autonomia. Mas, quanto a esse aspecto de limitarem a voz ativa de elementos externos, as diferenças entre Schneider, de Creusot, Krupp, de Essen, Skoda, de Pilsen, e Putilov, de São Petersburgo, eram mais quantitativas que qualitativas. É certo que os banqueiros tinham assento nos conselhos associados das empresas-clientes. Na Alemanha, por volta de 1905, Bernhard Dernburg do Darmstädter Bank e Carl Klönne do Deutsche Bank participavam, respectivamente, de 38 e 25 conselhos. Mas, qual era o poder da maioria dos conselhos, qual a influência dos membros externos e quantos banqueiros participavam de comitês executivos? Além disso, sem executivos técnicos e gerenciais próprios, os bancos não tinham condições de se envolver na operação diária das indústrias de bens de capital.

Mas, sobretudo, assim como o setor de bens de capital ainda não era capaz de se medir com a agricultura, a manufatura de bens de consumo e o comércio, da mesma forma os bancos de investimento organizados em sociedades anônimas estavam longe de dominar o mundo bancário. Principalmente os bancos comerciais, hipotecários e caixas econômicas continuavam a reunir, gerenciar e investir uma enorme proporção dos recursos de capital. Alguns desses bancos eram de propriedade estadual, outros eram de capital privado familiar ou de sociedades limitadas, e outros, ainda, de sociedades anônimas. Os bancos hipotecários públicos e privados concediam créditos a longo prazo sobre a terra, em especial no setor agrícola, mas também em propriedades imobiliárias urbanas. De modo não surpreendente, por toda a Europa as hipotecas de renda fixa constituíam uma alta percentagem do número e do valor de todos os títulos importantes, e absorviam uma parcela maior de capital do que qualquer outro tipo de papel. Juntamente com as caixas econômicas e as sociedades de crédito mútuo, as instituições de crédito hipotecário mobilizavam poupanças locais e regionais para financiar a atividade econômica local. Pela lei, estavam praticamente impedidos de estender o crédito para o comércio e a manufatura. Dessa forma, destinavam a maior parte de seus recursos para empréstimos hipotecários, apólices municipais e títulos do governo e garantidos pelo governo, incluindo das ferrovias, embora também fizessem pequenos empréstimos pessoais e empresariais a curto prazo.

Mas o atendimento da maior parte do setor não-agrário, excluindo-se a indústria de bens de capital, ficava a cargo dos bancos comerciais. Eram a principal fonte de crédito para a manufatura de bens de consumo, comércio interno e exterior. Principalmente em países onde o banco estatal nacional realizava apenas operações limitadas de desconto, os bancos comerciais emprestavam capital de giro (de preferência a capital fixo) contra notas comerciais e promissórias, retidas com assinatura pessoal.

Evidentemente, os grandes bancos privados combinavam a função comercial e os investimentos. Menos locais e regionais que o banco comercial comum, atendiam a uma clientela com reputação comprovada e nome sólido na praça, em que já tinham figurado governos e cortes reais. Não só faziam empréstimos, como também compravam cotas e partiam por conta própria para riscos de negócios, muitos dos quais de caráter internacional. Sozinhos ou com outros bancos, incluindo sociedades anônimas de investimento, esses financistas privados subscreviam novas emissões de ações.

Devido à sua imensa riqueza e prestígio pessoais, os banqueiros da Europa de capital familiar ou sociedades limitadas eram mais influentes do que os banqueiros das instituições de investimento anônimas, bancos hipotecários e caixas econômicas. Até 1914, eram os "aristocratas" do mundo financeiro. No centro da *haute finance* das capitais e dos grandes centros comerciais, os banqueiros privados tinham boas ligações com a alta sociedade e os círculos governamentais, onde, não obstante seu visceral conservadorismo, tendiam a favorecer o livre comércio contra o protecionismo. Comparativamente, os proprietários de bancos comerciais, estabelecimentos hipotecários e caixas econômicas eram menos ricos, destacados e considerados, também porque seus campos de operação eram mais rurais e locais que nacionais ou internacionais. Ademais, como muitas das instituições hipotecárias e caixas econômicas eram de propriedade pública ou cooperativa, seus executivos eram burocratas de nível médio, com *status* modesto. Quanto aos diretores dos grandes bancos anônimos de investimento, eram muito menos ricos, opulentos e socialmente proeminentes que os aristocráticos diretores-proprietários dos bancos privados. Qualquer influência que tivessem devia-se à sua associação com os grandes industriais dos setores de transportes e bens de capital, muitos dos quais dependiam de contratos e concessões governamentais, em particular de tarifas protecionistas.

Os setores de bens de capital e os bancos de investimento continuavam rodeados não só pela agricultura e pela manufatura de bens de consumo, mas também por um setor terciário de comércio, serviços públicos, profissões liberais e serviço doméstico. Ao invés de recuarem, o varejo e os serviços continuavam a se multiplicar, aproximadamente na mesma proporção do crescimento da população urbana. Além disso, até 1914 as pequenas lojas sustentavam sua posição em relação às lojas de departamentos. Ao mesmo tempo, as burocracias governamentais em constante expansão e as empresas manufatureiras e industriais de grande escala abarrotavam o quarto estado de empregados de escritório, técnicos, gerentes e profissionais liberais que apenas de modo indireto ou parcial eram "produtivos".

Claramente, enquanto a *petite bourgeoisie* independente de lojistas e prestadores de serviços demonstrava sua elasticidade e capacidade de adaptação, a classe intermediária dependente de colarinhos brancos e profissionais liberais inferiores — incluindo atores, escritores e artistas — ocupava um espaço econômico, social e político cada vez maior. Quanto aos empregados domésticos, seu número estava decrescendo lentamente, e mais em termos relativos que absolutos, de modo que em 1914 ainda correspondiam a uma grande parcela da força de trabalho. Incidentalmente, o serviço doméstico, tanto permanente quanto diarista, estava passando rapidamente a ser ocupado por mulheres. Devido à sua situação de trabalho, os empregados domésticos, apesar de viverem sobrecarregados de trabalho, estavam mais próximos da concepção de mundo da aspirante *petite bourgeoisie* que da subclasse rural ou urbana ultra-explorada. De qualquer forma, mesmo sem levar em conta os colarinhos brancos e os profissionais liberais mais baixos da manufatura e da indústria, os setores terciários em expansão ocupavam numerosa força de trabalho em toda a Europa, oscilando de 35% da população ativa na Inglaterra a 11% na Áustria-Hungria.

A maior parte da mão-de-obra "não-produtiva" dos setores terciários e manufatureiro-industriais estava concentrada nas capitais e maiores cidades da Europa. Certamente, as lojas de departamentos com suas imensas vitrinas de exposição, pisos pavimentados e equipes de vendas se converteram nos destacados marcos de referência urbanos do consumo conspícuo das classes superiores endinheiradas. Mas, como as fábricas com produção em grande escala, esses empórios varejistas inspiravam uma mescla de admiração e curiosidade, basicamente devido a seu caráter incomum. Em particular os pequenos lojistas — como, posteriormente, os historiadores — superestimavam o peso das lojas de departamentos e das cadeias de lojas nos setores varejistas, onde o pequeno comércio e serviços continuavam a predominar e, até, se expandir. Além de ser o *habitat* natural da classe média baixa independente de pequenos comerciantes e prestadores de serviços, a cidade era o local de trabalho e residência básicos da classe média baixa dependente, em rápido crescimento, dos colarinhos brancos do setor público e privado, bem como dos profissionais liberais subordinados. Devido aos seus números borbulhantes e à sua concentração geográfica, bem como ao seu *status* educacional, social e material relativamente elevados, essa *petite bourgeoisie* heterogênea se aproximava em número da classe operária, tanto mais porque muitos artesãos, artífices e outros aristocratas da mão-de-obra consideravam-se a si mesmos como pertencentes antes à classe média baixa que ao proletariado.

Em outras palavras, a *petite bourgeoisie* baixa e profissional liberal disputava com a classe operária, em número de membros, o primeiro lugar nas capitais e grandes cidades (acima de 100 mil habitantes), bem como nas cidades médias (50 mil a 100 mil habitantes). Desnecessário é dizer que o crescimento das cidades foi anterior à segunda Revolução Industrial: na metade do século, Paris e Londres tinham populações acima de 1 e 2 milhões, respectivamente; Berlim e Viena contavam com cerca de 400 mil habitantes. Nos anos 1870, as capitais dos Habsburgo e dos Hohenzollern cruzaram a marca de 1 milhão; São Petersburgo e Moscou, assim como

Glasgow, Liverpool e Manchester, contavam com 500 mil ou mais; e a Europa, em seu todo, tinha cerca de 40 cidades com mais de 100 mil habitantes. Dessas grandes cidades, 9 estavam na Grã-Bretanha e 8 na Alemanha, respondendo por 11,5% e 4,8% de suas respectivas populações.

Entre 1870 e 1914, a população de Londres aumentou de 3,3 para 4,6 milhões. Como a capital britânica passara por uma certa desindustrialização durante esse meio século, seu crescimento continuado refletia, sobretudo, a vitalidade das indústrias de acabamento e do setor comercial de Londres, ambos maciçamente voltados para o comércio exterior e o mercado local de bens de luxo. Em 1914, a população de Liverpool ultrapassava 700 mil, enquanto Manchester e Birmingham avançaram para 600 mil habitantes. No Reino Unido, cerca de 20% da população vivia agora em cidades com mais de 100 mil habitantes.

Da fundação do Segundo Império até 1910, a população da Alemanha aumentou de 41 para 65 milhões, ou seja, cerca de 58%. Durante esses 40 anos, enquanto a população rural em povoados com menos de 2 mil habitantes decresceu a 1% ao ano até 26 milhões, a população urbana em povoamentos com mais de 2 mil habitantes aumentou de 15 para 39 milhões. Além disso, o número de cidades com mais de 100 mil habitantes subiu de 8 para 48, e a soma de seus residentes de 2 para 14 milhões, respondendo por cerca de 21% da população total da Alemanha. Dessas 48 grandes cidades, 16 tinham mais de 250 mil habitantes, e 7 superavam a casa dos 500 mil. Entre 1880 e 1914, esta última categoria registrou os aumentos mais acentuados: Leipzig aumentou de 150 mil para 590 mil; Colônia, de 145 mil para 516 mil; Dresden, de 220 mil para 550 mil; Breslau, de 273 mil para 512 mil; Munique, de 230 mil para 533 mil; Hamburgo — o principal porto do Segundo Império — de 290 mil para 932 mil. Quanto a Berlim, praticamente dobrou sua população para 2 milhões. De fato, chegou a quase quadruplicar sua população, visto que a Grande Berlim, com sua periferia industrial, contava com 3,75 milhões de pessoas. Ao contrário de Londres e Paris, a capital alemã continuava a ser um importante centro industrial e manufatureiro. Borsig, Siemens, AEG e Schering tinham grandes fábricas na periferia da cidade, ao passo que pequenos confeccionadores compensavam o declínio da indústria têxtil na cidade, fornecendo emprego para mulheres das famílias operárias. Mas como Berlim também era a capital imperial, contava com um dinâmico setor terciário, que ocupava em torno de 40% de sua força de trabalho.

Em parte devido à estagnação demográfica, o crescimento urbano era muito menos significativo na França do que na Inglaterra ou Alemanha. Em 1914, 23 milhões, ou perto de 55% da população da Terceira República, ainda viviam em povoados rurais com menos de 2 mil habitantes, e 6 entre 10 franceses viviam em comunas rurais com menos de 4 mil habitantes. Mas, agora, havia também 44 cidades com mais de 50 mil, que somavam 7,5 milhões de habitantes, em comparação com os 2,5 milhões em 1870. Entre as 15 cidades com mais de 100 mil habitantes, Paris, Lião, Marselha continuavam à frente.

Em 1910, as 7 cidades da Áustria com mais de 100 mil habitantes contavam com 3,1% de uma população total de 28,6 milhões, entre os quais 18 milhões se situavam em povoados rurais com menos de 5 mil habitantes. Com uma população ligeiramente superior a 2 milhões, Viena por si só constituía uma categoria, tendo sua população mais do que triplicado desde 1870. Como Berlim e São Petersburgo, a capital dos Habsburgo desenvolveu uma importante concentração da produção em grande escala em seus distritos próximos, o que se converteu num estímulo adicional para as manufaturas de bens de consumo e o setor terciário do centro da cidade. As outras cidades com mais de 100 mil habitantes eram Praga (225 mil), Lemberg (206 mil), Trieste (161 mil), Cracóvia (152 mil), Graz (152 mil) e Brünn (126 mil). Budapeste teve o mesmo índice de crescimento de Viena, e sua população cresceu de 280 mil em 1870 para 800 mil em 1914. Mas, excetuado esse crescimento da capital, houve uma expansão urbana relativamente pequena na Translitânia.

Entre 1870 e 1914, a população de São Petersburgo aumentou de 750 mil para 2,2 milhões, e a de Moscou de 400 mil para 1,65 milhão. Mesmo assim, embora as duas principais cidades da Rússia fossem importantes centros industriais, o operariado estava longe de dominar a força de trabalho: havia 220 mil assalariados na capital, uma boa percentagem em grandes fábricas, ao passo que em Moscou havia 240 mil, dos quais 160 mil eram artesãos em pequenas empresas de bens de consumo. Ambas as cidades tinham grandes setores terciários, e São Petersburgo era a sede da burocracia czarista altamente centralizada, sendo Moscou o principal eixo comercial do império.

A posição e o crescimento do setor terciário de cada nação estavam encravados em sua matriz urbana. Na Grã-Bretanha, o país dos lojistas e comerciantes, o número de lojas cresceu em 50% e, entre 1871 e 1911, o emprego no comércio distribuidor duplicou, atingindo uma força de trabalho total de 2,5 milhões. Incidentalmente, havia apenas duas grandes lojas de departamentos, ambas em Londres: William Whiteley e Harrod's, com seus respectivos 5500 e 4 mil empregados. Somados, o serviço público e as profissões liberais agora ocupavam 1,5 milhão de indivíduos. Por volta de 1914, a força de trabalho de colarinhos brancos da Inglaterra, que se aproximava de 19% da população economicamente ativa, era composta por 989 mil vendedores (muitos deles, mulheres), 822 mil empregados de escritório, 631 mil gerentes e administradores, 560 mil pequenos profissionais e técnicos, 237 mil chefes de seção e inspetores, e 184 mil altos profissionais. A Inglaterra também liderava a Europa no emprego de ajudantes domésticos, contando com cerca de 2 milhões de domésticos, que incluíam 40% de todas as mulheres que não trabalhavam na agricultura. Na verdade, a nação mais industrializada da Europa contava com o mesmo número de empregados domésticos e de trabalhadores em indústrias de bens de produção, cada categoria com 10% da força de trabalho total!

De modo similar, na Alemanha, o comércio e as transações eram os ramos de mais rápido crescimento da economia. Entre 1895 e 1907, o número de estabelecimentos varejistas aumentou em 42% e o número de empregados em 55%. Embora os postos varejistas com um só indivíduo diminuíssem em favor dos com 2 a 5 empregados, em 1914 havia cerca de 318 mil daqueles e 475 mil destes. Em termos de emprego *per capita*, lojas varejistas, hotéis, restaurantes, agências seguradoras e bancos se expandiam muito mais rapidamente do que a população. Somando o comércio e as transações, havia 1,1 milhão de pequenas empresas com até 5 empregados, com uma força de trabalho total de 2 milhões. Isso representava cerca de 93% de todas as firmas e 59% de todos os empregados no setor. Havia também 49 mil firmas com equipes de 6 a 10 auxiliares, e 28 mil com 11 a 50, num total de 77 mil estabelecimentos de médio porte com 906 mil empregados. Embora a Alemanha tivesse algumas grandes firmas comerciais com mais de 51 empregados, cuja força de trabalho totalizava 466 mil, havia apenas 380 com 201 a 1000 empregados, e 36 com mais de 1000, de modo que apenas 7% de todos os indivíduos ativos neste setor, ou seja, cerca de 250 mil, constavam de folhas de pagamento de grandes estabelecimentos com mais de 200 empregados.

Entre esses estabelecimentos de grande escala, as lojas de departamentos eram as mais visíveis, havendo cerca de 400 delas em 1911. Com poucas exceções, as cadeias de lojas e as lojas de departamentos com um número de empregados superior a 10 e um movimento anual acima de 400 mil marcos estavam localizadas nas cidades maiores. Das 73 lojas de departamentos que pagavam o imposto especial de movimento na Prússia, em 1903, 27 se situavam na Grande Berlim. Na capital, lojas varejistas com mais de 100 empregados ocupavam uma força de trabalho heterogênea em torno de 14 mil vendedores, supervisores, compradores, escriturários, empacotadores, artesãos, cocheiros, motoristas e faxineiras. A única casa maior era a de A. Wertheim, na Leipzigerstrasse, cujo valor declarado (incluindo o imóvel) era estimado em 33 milhões de marcos. Em 1900, ela tinha uma fachada de 313 metros, uma área de venda de 16 560 metros quadrados, um movimento de aproximadamente 60 milhões de marcos e 4670 empregados, em sua maioria mulheres, exceto quanto aos supervisores e compradores. O próximo estabelecimento em importância era o de Hermann Tietz, que também tinha a maior de suas três lojas de Berlim na Leipzigerstrasse e empregava perto de 2 mil indivíduos em 1919. Mas, enquanto Wertheim se restringia essencialmente a uma cidade e uma matriz importante, Hermann Tietz fazia parte da cadeia da família Tietz, com vendas de cerca de 30 milhões de marcos e 17 lojas em 14 cidades, as filiais maiores, depois de Berlim, estando em Colônia, Krefeld e Düsseldorf.

A significação simbólica desses grandes varejistas e outros menores, que em sua maioria eram judeus, é irrefutável, tanto mais que os conservadores populistas converteram-nos no alvo central de sua denúncia da modernização capitalista, a qual vinha saturada de anti-semitismo. Mesmo assim, deve-se notar, por outro lado, que o varejo continuou a ser totalmente dominado por minúsculas e pequenas lojas familiares. É certo que, entre 1882 e 1907, quadruplicou o número de lojas com 50 ou mais empregados, atingindo um total de mil estabelecimentos. Mas, segundo as melhores estimativas, com seu movimento anual total de no máximo 550 milhões de marcos, as 400 e poucas cadeias de lojas e lojas de departamentos respondiam por apenas 2,2% do varejo nacional, que alcançava um total de 25 bilhões de marcos.

Nessa época, a Alemanha contava com cerca de 506 mil, *Angestellte*, ou empregados assalariados, no comércio por atacado e varejo. Além disso, havia 686 mil colarinhos brancos na indústria, agora que havia 1 empregado administrativo assalariado para cada 16 trabalhadores em carvão, ferro e aço, 1 para 6 em construção de máquinas, 1 para 5 em produtos químicos e 1 para 11 em têxteis e gêneros alimentícios. O serviço público e as profissões liberais somados ocupavam 1,1 milhão de pessoas, ao passo que o serviço doméstico ocupava 1,3 milhão.

O padrão era um tanto diferente na França. O número de pequenos lojistas permaneceu relativamente inalterado entre 1870 e 1914, visto que o número de *petits commerçants* — merceeiros, padeiros, açougueiros, comerciantes de armarinhos e roupas, donos de tavernas e restaurantes — aumentou apenas de 700 mil para 800 mil. A imensa maioria desses estabelecimentos era de propriedade familiar, operados pelo marido e a mulher, alguns deles contando com 1 a 5 ajudantes. Principalmente as lojas com mais de 5 empregados se tornaram mais numerosas, embora as lojas de departamentos continuassem a ter uma importância limitada, restrita a Paris.

Na realidade, a capital francesa fora a pioneira na comercialização em larga escala de bens de consumo, com exceção dos alimentos: o Magasin Ville de Paris fora fundado nos anos 1840, o Bon Marché e o Louvre nos anos 1850, o Printemps, a Belle Jardinière e as Galeries LaFayette nos anos 1860, e o Samaritaine nos anos 1870. Em 1910, as doze maiores lojas de departamentos tinham vendas estimadas de mais de 500 milhões de francos, ou 16% do movimento total do varejo na capital. As duas maiores lojas eram o Bon Marché, com um capital de 40 a 50 milhões de francos, 6 mil empregados (4 mil vendedores), e movimento de 200 milhões (1902), e o Louvre, com um capital de 22 milhões, 4 mil empregados (2500 vendedores) e vendas de 145 milhões (1900). Em contraste com a Alemanha, na França a maior parte do pessoal das lojas de departamentos, incluindo os vendedores e os balconistas, era composta de homens.

No total, na França, o comércio por atacado e varejo, os bancos e os transportes ocupavam uma força de trabalho de 2,3 milhões de proprietários e empregados. Havia ainda cerca de 550 mil *fonctionnaires* colarinhos brancos no serviço estatal. Entre os 250 mil nas profissões liberais, havia 20 mil médicos, 56 mil advogados e 46 mil escritores e artistas. E um sinal da feminização do serviço doméstico na França é que em 1914 pelo menos 40% de todas as mulheres trabalhadoras de Paris eram empregadas domésticas.

Os setores terciários obscureciam facilmente a manufatura e a indústria em ambas as metades do Império Austro-Húngaro, bem como na Rússia czarista. Ambos os impérios tinham grandes burocracias, sem contar as instituições militares. Por volta de 1914, 13,6% da força de trabalho de Viena eram empregados assalariados, e a capital austríaca tinha cerca de 63 mil lojas varejistas e de prestação de serviços. Na Rússia, o comércio e os transportes ocupavam 2,2 milhões, ou 7,1% da população ativa; o serviço público, 1,2 milhão, ou 3,8%; o serviço doméstico, 1,6 milhão, ou 5,2%. Em 1910, as atividades varejistas em São Petersburgo ocupavam 150 mil pessoas. Decerto, comparada a outras capitais européias, São Petersburgo ainda contava com um formigueiro de 14 mil a 18 mil camelôs, alguns com bancas provisórias e na sua maioria camponeses. Havia ainda cerca de 20 mil lojas varejistas regulares, sendo que delas 2/3 vendiam alimentos. Mesmo as "lojas de departamentos", na Perspectiva Nevski, eram empórios de mercadorias que agrupavam pequenas lojas sob um mesmo teto. Dessa forma, as quatro *passazh* (arcadas) ornamentadas da capital abrigavam cerca de 60 lojas varejistas especializadas em roupas de alta qualidade, jóias e outros artigos de luxo, basicamente para mulheres. Os 18 mercados ao ar livre da cidade, de modo semelhante, acomodavam mais de 3 mil lojas e barracas, das quais 2/3 se concentravam nos 4 maiores deles.

O crescimento de lojas minúsculas, pequenas e médias acompanhou visivelmente o desenvolvimento urbano, industrial, comercial e governamental, que ampliou as fileiras de empregados de escritório, técnicos, quadros e profissionais liberais na força de trabalho. Reconhecidamente, em termos de emprego e valor agregado, esse heterogêneo setor terciário, mesmo incluindo empregados domésticos, não poderia se comparar à agricultura, à manufatura e à indústria. Mas, ainda que apenas em relação ao crescimento de sua força de trabalho, pode-se dizer que esse setor manteve o mesmo ritmo de expansão da força de trabalho proletária em bens de capital, mineração e transportes. Mesmo a Alemanha contava com tantos lojistas, escriturários, funcionários públicos e profissionais liberais nos ramos leves de sua economia, quantos eram os assalariados em suas indústrias pesadas e mecanizadas em rápido crescimento.

Em conclusão, no início do século XX a Europa, com exceção da Inglaterra, ainda era predominantemente rural e agrária, mais do que urbana e industrial. Além disso, em todo o continente e na Inglaterra, a manufatura e o comércio de bens de consumo ultrapassavam, de modo significativo e sob todos os aspectos importantes, a produção de bens de capital, a mineração e o transporte ferroviário. Mesmo as relações econômicas predatórias da Europa com o mundo colonial e semicolonial estavam ancoradas mais no capitalismo manufatureiro e mercantil que no industrial e financeiro. Como vimos, a agricultura, a manufatura de bens de consumo, o comércio tradicional e o sistema bancário local não eram meros remanescentes nas economias políticas da Europa. De fato, esses modos de produção, distribuição e crédito capitalistas, supostamente decadentes, continuavam a dominar e a definir as relações de classe e as estruturas de *status* social.

O fato de que a maioria dos setores econômicos constantemente precisassem e recebessem apoio estatal para minimizar os prejuízos ocasionados pelas baixas cíclicas e pela concorrência estrangeira não significa que, sem tal auxílio, se arruinariam da noite para o dia. Em particular a agricultura, infra-estrutura dessas economias em sua essência pré-industriais, mas não pré-capitalistas, periodicamente conseguia obter ajuda governamental, em boa parte porque as nobrezas agrárias — na França, a agricultura comercial — continuavam a deter um imenso poder político. Mas as nobrezas pós-feudais e as elites agrárias de modo geral sobreviveram no século XX não só ou em especial devido a suas posições políticas, sociais e culturais privilegiadas, mas também ao seu peso econômico ainda maciço, mesmo que em lento declínio. Até na Inglaterra e na Alemanha, os homens e famílias mais ricas ainda provinham do estamento agrário, favorecidos pelo valor crescente de propriedades urbanas e domínios ricos em minérios. Os grandes proprietários fundiários eram não só numericamente importantes, como também suas fortunas excediam de longe as dos negociantes, embora a riqueza destes agora crescesse com maior rapidez.

Além disso, a manufatura, o sistema bancário e o comércio tradicionais permaneciam economicamente vigorosos, tanto individual como coletivamente. As dinastias bancárias e de comerciantes ainda detinham as maiores fortunas dos setores não-agrários, à frente dos magnatas da manufatura e indústria, ao passo que o pequeno comércio lojista proporcionava uma renda adequada a amplos segmentos da *petite bourgeoisie* independente. Assim, as formações de classes e interesses anteriores à segunda Revolução Industrial não eram apenas relíquias de relações de produção arcaicas que sobreviviam incongruentemente no interior das sociedades capitalistas da Europa do século XIX. Decerto, cada economia nacional compunha uma mescla de diferentes formas e relações de produção e finanças capitalistas. Mas, nas economias mistas da Europa, a produção de bens de capital em grande escala e as finanças associadas permaneciam como um elemento subordinado na sociedade civil. Constituíam mais um presságio do futuro que uma realidade acabada do início do século XX. O mesmo em boa parte se aplicava à produção em linha de montagem mecanizada e ao consumo de massa. O automóvel ainda era construído artesanalmente para os milionários, muitos com motoristas particulares, enquanto as lojas de departamentos atendiam a uma clientela apenas um pouco menos próspera.

CAPÍTULO 2

CLASSES DOMINANTES

A BURGUESIA SE INCLINA

As classes de negociantes e profissionais liberais emergentes não estavam em posição de desafiar as elites agrárias e do serviço público pela paridade ou predomínio entre as classes dominantes, para não dizer governantes, da Europa. À parte a sua desvantagem numérica e econômica, as burguesias emergentes estavam enfraquecidas pelas divisões internas entre a indústria pesada e a manufatura de bens de consumo em grande escala e seus respectivos associados bancários. Também estavam separadas da pequena manufatura e comércio, o que as desprovia de uma ampla base popular. Mas o mais relevante é que as burguesias industrial e financeira recentes, assim como as profissões liberais subalternas, não dispunham de um firme e coerente terreno social e cultural próprio. Inseguras em relação a si mesmas, mantinham-se servis em suas relações com os aristocráticos notáveis da terra e dos gabinetes.

As nobrezas eram não só mais amplas que as burguesias nascentes, mas também mais coesas e autoconfiantes. Naturalmente, é inegável a desfeudalização das nobrezas européias, à medida que vinham perdendo suas prerrogativas e responsabilidades — legais e consuetudinárias — militares, administrativas e judiciárias. Mas isso não significa que, ao longo do século XIX, se vissem reduzidas a classes ociosas arcaicas e impotentes, sem saída dentro de sociedades praticamente burguesas. De fato, eram as burguesias nacionais emergentes que se viam forçadas a se adaptar às nobrezas, da mesma forma que o capitalismo industrial e financeiro em avanço se via obrigado a se inserir em sociedades civis e políticas pré-industriais. As nobrezas compreendiam não só os maiores proprietários rurais, incluindo muitos capitalistas agrários prósperos, mas também os altos e mais elevados funcionários civis e militares do Estado. Enquanto aqueles estavam radicados em setores agrários em lento declínio, estes, com exceção da França, estavam totalmente apoiados em estruturas governamentais em rápida expansão.

Essas nobrezas fundiárias e do serviço público não eram idênticas às aristocracias, embora estivessem intimamente interligadas. As aristocracias eram ao mesmo tempo mais exclusivas e restritas. Compostas de apenas umas poucas grandes famílias unidas por parentesco e riqueza, possuíam origem, formação e *status* superiores. Além de disporem de precedência nos grandes rituais públicos e funções sociais, também a nível pan-europeu, os aristocratas consideravam como seus, por titulação, os postos mais elevados dos serviços públicos. Embora os aristocratas recebessem remuneração por essas posições não-hereditárias, não as ocupavam por dinheiro. Na verdade, contavam com suas terras para proporcionar a renda e riqueza (não merecidas) que respaldavam seu presumido, para não dizer presunçoso, espírito, comportamento e concepção de mundo.

As famílias reais ultrapassavam tanto as nobrezas como as aristocracias. Mas, em tempos pós-feudais, as nobrezas dependiam singularmente das coroas, que podiam nomear nobres, mas não aristocratas. Reis, imperadores e czares eram os mananciais de novos títulos e honras que, juntamente com casamentos providenciais, revitalizavam as nobrezas, infundindo-lhes riquezas e talentos novos. Ao absorver membros destacados das recentes contra-elites do terceiro estado — em especial da *grande bourgeoisie*, burocracia e profissões liberais —, as nobrezas não só preservavam a si mesmas, como também às aristocracias. A sociedade de nobreza titulada devia sua longevidade tanto à sua notável capacidade de absorção como a suas propriedades rurais herdadas, além de posições e privilégios consagrados pelos costumes. Nada jamais interferiu realmente nesse processo reprodutivo, que assimilava os notáveis com bens móveis e cargos públicos, conduzindo-os à nobreza.

Tal como a burguesia emergente, a nobreza estava longe de ser homogênea. Estava marcada por sutis, mas expressivas, gradações de *status* e influência, devidas a diferenças de origem, riqueza, residência, cargo e talento. A nobreza, porém, cimentava a sua unidade com representações e tradições coletivas, antigas, mas dotadas de vida, pretensões sociais e culturais partilhadas e preferências políticas comuns. Ademais, enquanto os magnatas do mundo dos negócios se mantinham essencialmente isolados, os notáveis rurais eram capazes de utilizar seu prestígio e domínio para unir à sua volta boa parte da fidalguia pobre e do campesinato servil.

Evidentemente, a velha nobreza rural e os novos magnatas do capital na realidade nunca entraram numa rota de colisão. No máximo, acotovelavam-se ao manobrarem em busca de posições entre as classes dirigentes, onde a burguesia permanecia como seguidora e pretendente feudal. Nobres inveterados ocupavam e controlavam rigidamente o acesso ao alto patamar social, cultural e político a que aspirava a burguesia. Com uma flexibilidade e capacidade de adaptação características, e capitalizando a avidez do elemento burguês por *status* e avanço social, os grandes notáveis admitiam em seu meio postulantes individuais oriundos do mundo dos negócios e profissões. Em vez de ceder terreno institucional, optavam por essa cooptação seletiva, seguros de sua habilidade para conter e neutralizar sua simultânea contaminação ideológica e cultural. Essa estratégia ou jogo vingou, pois a fusão entre os dois estratos se manteve nitidamente assimétrica: a aristocratização ou enobrecimento da burguesia servil foi muito mais difundido do que o aburguesamento da nobreza imperante.

À exceção da França, as dinastias e cortes reais ungidas eram o ápice e fulcro das nobrezas estratificadas da Europa. Apenas reis, imperadores e czares podiam legalmente conferir novos títulos mais elevados, e em toda a Europa as propriedades rurais proporcionavam o nimbo exigido. Em ordem decrescente, o estado de nobreza compreendia, no continente, a oeste da Rússia, duques, príncipes, marqueses, condes, viscondes, barões e cavaleiros; atravessando-se o Canal da Mancha, na Inglaterra, duques, marqueses, condes, viscondes e barões. Embora os vários níveis não mais refletissem diferenças de riqueza e *status* de modo tão preciso como no passado, mantinham-se, contudo, como um índice aproximado da grandeza e influência. A alta aristocracia combinava o sangue azul com uma imensa riqueza em terras, incluindo imóveis urbanos, e influência ou poder político consideráveis. Esses pares díspares, muitos dos quais cortesãos, tinham relações privilegiadas com as famílias reais, que partilhavam do seu interesse em não diluir o *status* de sua casta rarefeita com enobrecimentos desnecessários. Além disso, as extensas famílias reais e aristocráticas partilhavam de uma predileção pan-européia pela língua francesa, pela caça inglesa e pelo monóculo prussiano, que exibiam nas elegantes estâncias de veraneio do continente. Mas, ainda que se possa dizer que a Europa tinha uma única aristocracia, havia tantas nobrezas quantas eram as nações.

As nobrezas intermediárias tinham ascendência, bens rurais e posição global mais modestos e recentes. Também serviam como receptáculos para os candidatos mais novos dos grandes negócios, altas profissões e serviço público superior. Havia, ademais, aqueles estratos dilatados da pequena nobreza. Continuavam a ser reabastecidos pelo enobrecimento automático ou semi-automático através do serviço civil e militar, da compra de títulos de enobrecimento e da aristocratização de nomes de família. Ingleses superambiciosos fantasiavam o uso de *sir* ou *lord* à frente de seus nomes, os franceses a partícula *de*, os alemães e austríacos o prefixo *von*. Os italianos, por sua vez, tinham uma tendência a triplicar ou quadruplicar seus sobrenomes, acrescentando os nomes de suas mães e avós, tornando-os assim mais longos e nobremente sonoros. Precisamente por terem sobrenomes sem títulos ou prefixos, os pequenos e grandes nobres russos eram singularmente minuciosos em relação aos uniformes e modos de tratamento prescritos para cada um dos numerosos graus, que remontavam até Pedro, o Grande.

Mesmo com todos os recém-chegados, falsos e autênticos, em suas fileiras, a venerável elite continuava a ser pequena em números relativos e absolutos. O enobrecimento era empregado de modo parco e inconstante. A fim de alimentar a ambição aristocratizante, as honras se conservavam raras e valiosas, e os critérios de concessão permaneciam envoltos em mistério, temperado por presumidos méritos. Todo o sistema era simultaneamente aberto e fechado, e as barreiras eram ajustáveis de modo a permitir que os postulantes desejáveis as eliminassem. A pressão pela admissão estimulava a solidariedade elementar entre as múltiplas camadas da nobreza, e, ao mesmo tempo, lançava os exclusivistas rígidos contra os assimilacionistas flexíveis. Enquanto os puristas obstinados e tacanhos rejeitavam desdenhosamente os burgueses arrivistas por poluírem o sangue, o código social e o estilo de vida da aristocracia, os integracionistas maleáveis não sentiam tais receios. Seguros de sua riqueza e força gravitacional superiores, julgavam a assimilação individual e subordinada de sangue, riqueza e talento novos, assim como a apropriação de novas idéias, como um índice da vitalidade continuada da nobreza. Mas mesmo essa dissensão interna era funcional, na medida em que o desdém dos puristas aumentava a avidez dos *par-*

venus pela aceitação social, ao mesmo tempo em que oferecia uma imagem enganosamente aberta dos integracionistas.

Embora o enobrecimento, e sobretudo a elevação para um nível hereditário, fosse o reconhecimento mais cobiçado, os plebeus também eram estimulados a valorizar símbolos de distinção inferiores, tais como condecorações, títulos e ordens honoríficas de diferentes graus. Alguns tinham o caráter de pré-requisito e prova para o enobrecimento. Na Rússia, os graus mais elevados das ordens de Santa Ana e Santo Estanislau conferiam efetivamente nobreza pessoal. Além disso, as coroas convidavam para a corte aspirantes plebeus, ricos e famosos, ao passo que eminentes famílias recebiam-nos em suas mansões urbanas e casas de campo. Simultaneamente, seus filhos eram admitidos em escolas exclusivas e carreiras burocráticas e militares honoráveis. E assim, por certo, os membros da antiga sociedade aceitavam ou procuravam a progênie de plebeus adequados como parceiros de matrimônio, sendo *de rigueur* dotes ou fortunas consideráveis.

Ao encorajar e implementar tantos contatos e associações, a nobreza diluía sua própria linhagem e permitia a permeação vinda de baixo. Certamente, os aspirantes burgueses cortejavam e investiam com constância e firmeza nessa assimilação, ao emularem e cultivarem assiduamente aqueles que consideravam seus superiores. Mas, nesse processo, também deixaram sua marca sobre esse mundo imperecível que se mostrava indulgente para com suas ambições. Embora a nobreza encorajasse os aspirantes à promoção social a imitarem seus modos, ela mesma não se mantinha imune às novas influências. A imitação entre os nobres e os burgueses era recíproca, embora a balança se mantivesse inclinada a favor da elite pomposa. O resultado foi não tanto um deslocamento profundo quanto uma modificação superficial da antiga sociedade, que deixou intactos seus elementos vitais. Mesmo a aristocracia inata nunca se tornou particularmente degenerada, dissoluta ou esgotada.

Enquanto a elite agrária sólida e tradicional era excessivamente absorvente e elástica, a burguesia era singularmente impressionável e flácida. Os magnatas do capital e das altas profissões liberais nunca se aglutinaram o suficiente para contestar seriamente o predomínio social, cultural e ideológico da antiga classe dominante, e o fato de a nobreza continuar a cooptar alguns dos mais ricos e talentosos dentre eles contribuiu apenas em parte para isso. Acima de tudo, o burguês, devido a seu caráter bajulatório, empenho na escalada social e anseio de enobrecimento, negava-se avidamente a si próprio. Sua suprema ambição não era atacar ou derrubar o *establishment* senhorial, mas penetrar nele. Para os grandes negociantes, financistas e profissionais liberais, social e psicologicamente inseguros, a alta burguesia "era apenas uma antecâmara para a nobreza", e sua "mais alta aspiração era, em primeiro lugar, conseguir a admissão à nobreza e, depois, ascender no seu interior". Ao mesmo tempo em que esses magnatas procuravam a aceitação por parte da alta sociedade, ou em troca dela, resignavam-se à sua subordinação política continuada, para não dizer vassalagem. À exceção da Inglaterra, não se pode dizer que a burguesia tenha algum dia deixado ou abandonado o liberalismo econômico e, sobretudo, o político, pois, para começar, jamais o adotou.

É indiscutível o sempiterno processo de *ascensão* da burguesia. Pelo contrário, o que se mantém problemático é a congênita incapacidade dos grandes negociantes e profissionais liberais em se fundirem num estamento ou classe coesa com dimensões maiores que as locais. Como observou Schumpeter, embora "a burguesia gerasse indivíduos que obtinham sucesso na liderança política ao ingressarem numa classe política de origem não-burguesa, não produziu seu próprio estrato político bem-sucedido". Através dos séculos, plebeus ricos e acumuladores de riquezas das cidades e setores econômicos não-agrários empenharam-se em ascender de suas condições "burguesas" à nobreza, que era seu modelo arquetípico.

Em *O declínio da Idade Média*, Johann Huizinga alertou contra a ênfase excessiva dada à gênese e ao crescimento do absolutismo, do capitalismo comercial e do patriciado urbano durante a transição para a Renascença, ao lado de uma desconsideração pelo feudalismo e pela cavalaria enquanto "remanescentes de uma ordem obsoleta que já ia se desmoronando na insignificância". Certamente, ele próprio superestimou o crescimento de "novas formas de vida política e econômica e de novos modos de expressão". Mas Huizinga também insistiu no fato de que as classes superiores nunca deixaram de considerar a nobreza da cavalaria "como a primeira força social e [...] o topo de todo o sistema social". Ressaltou que, por mais exagerada que fosse, essa percepção da elite devia ser tratada como um "fato [histórico] importante", tanto mais porque vinha incrustada nas "ilusões, fantasias e equívocos da época".

A prudência de Huizinga deveria ser relembrada ao se contemplar o desenvolvimento das novas formas e modos de vida durante a transição do *ancien régime* para o mundo moderno. De um lado, a democracia liberal, o capitalismo industrial e financeiro, a *grande bourgeoisie* e o modernismo não estavam absolutamente tão avançados quanto muitos historiadores julgaram. De outro, nas opiniões das elites da época, as nobrezas pós-feudais da terra e dos serviços públicos permaneciam "fatores essenciais no Estado e na sociedade". Em particular, assim como os habitantes dos burgos do final da Idade Média e início da Renascença continuavam a ser "fascinados e seduzidos" pela vida esplendorosa da nobreza de cavalaria, da mesma forma os *grands bourgeois* da segunda metade do século XIX e início do século XX imitavam e adotavam, ao invés de desprezar, as formas, os hábitos e os tons da vida nobre que ainda dominava suas sociedades.

Na verdade, desde a Idade Média os notáveis da futura burguesia tinham sido movidos por uma propensão, para não dizer compulsão, a emular a nobreza, em seus preparativos para se elevarem até ela. Gabriel Tarde considerou essa "propensão para macaquear o seu superior" como um "fato" de todas as sociedades estratificadas, dotado de uma lógica e dinâmica próprias. Embora socialmente invejosos e sentindo-se desrespeitados ou ofendidos, os indivíduos de origem humilde imitam aqueles que idealizam como seus superiores, interiorizando seus valores e atitudes, tentando a seguir atuar de acordo com eles e exteriorizá-los. Seguindo Tarde, após assimilar as idéias culturais e objetivos sociais reinantes, tanto imediatos como a longo prazo, os financistas, empresários e profissionais liberais novos-ricos imitavam a nobreza que dava o tom, adotando sua pronúncia, porte, maneira, etiqueta, vestuário e estilo de vida. Enquanto alguns eram vagos, confusos e espontâneos em sua emulação, outros eram precisos, rigorosos e estudados. Mas, flexíveis ou despóticos, os burgueses continuavam a duvidar de si mesmos e a se rebaixar. Talvez seu comportamento fosse tão temeroso por, bem lá no fundo, nunca deixarem de duvidar de sua própria legitimidade social.

Como sugere Bernard Groethuysen, a Igreja Católica — mas também outras seitas religiosas — santificava os de nascimento nobre, ricos e poderosos, sendo a abundância encarada como um sinal externo de alta posição social. Esta era uma postura talvez natural para uma instituição eclesiástica que historicamente mantinha laços familiares, sociais e econômicos muito íntimos com a elite fundiária, embora as igrejas também consagrassem os pobres e humildes. Mas nem a doutrina nem o clero consideravam os de *status* "intermediário" presentes na graça do Senhor. A Igreja desconfiava dos capitalistas inescrupulosos e pregava a humildade para os arrivistas econômicos, intelectuais e sociais das cidades. Na verdade, à burguesia faltava a força legitimadora da época, que estava do lado da antiga classe dirigente, cuja riqueza, educação, conduta e autoridade eram sancionadas pelas suas origens venerandas.

Assim como sofria de uma falta de consagração religiosa e temporal vinda de cima, a burguesia insegura também não contava com uma adesão de massa que reconhecesse sua superioridade e proporcionasse uma garantia de apoio ou fúria popular. E por último, mas de modo algum menos importante, por mais sólidos que fossem seus alicerces econômicos, a burguesia amorfa, a não ser em termos locais, continuava a ser politicamente impotente. Por conseguinte, teve de se manter sem a força aglutinadora do ritual, da mística e do prestígio concomitantes ao exercício do poder de Estado.

Embora ofendidos e enfurecidos por ficarem relegados ao menosprezo, os homens auto-realizados e sua progênie nunca se consumiram ou se paralisaram pelo ressentimento. Pelo contrário, tentaram superar o estigma de suas origens sociais humildes e ocupações econômicas desonrosas com a imitação dos modos da antiga classe dirigente. O empresário, quase despudoradamente, começou a se tornar um *bourgeois gentilhomme*, e assim fizeram os membros das profissões liberais. Primeiramente, adotariam modos e lugares nobres de vida e socialização. Mesmo no século XVII, La Fontaine observou que "tout bourgeois veut bâtir comme les grands seigneurs".* Então e a seguir, suas *villas* urbanas e, à exceção da Rússia, suas casas de campo eram projetadas de modo a ostentar riqueza, anunciar *status* e inspirar influência. Os pretendentes à nobreza também enviavam seus filhos para escolas de elite, pressionavam-nos para que seguissem carreiras honrosas e induziam-nos a casamentos adequados. Enquanto isso, os xoguns da indústria, do comércio e das finanças compravam terras, que não só conferiam prestígio social, como também constituíam uma proteção contra tempos difíceis e um instrumento para a diversificação do capital. Alguns se instala-

(*) Em francês no original: "todo burguês quer construir como os grandes senhores". (N. T.)

vam pessoalmente no campo, como senhores rurais com casas e fazendas em funcionamento, embora a maioria adquirisse terras para arrendamento, enquanto construíam uma *villa* rural ou urbana, ou ambas. De qualquer forma, a propriedade *imobiliária*, como os cargos estatais e eclesiásticos, constituía uma combinação de dividendos econômicos e sócio-psicológicos.

Quanto a isso, a Inglaterra era típica de boa parte da Europa. Até o início do século XX, o novo magnata do dinheiro que não tinha investido numa propriedade rural com uma casa campestre constituía a exceção. Devido à quantidade limitada de casas de campo antigas e requisitadas em locais de prestígio, os pretendentes à nobreza possuíam casas novas construídas por arquitetos, invariavelmente em estilos tradicionais. É certo que, com o tempo, as casas de campo passaram a expressar um *status* social separado de pretensão política e, portanto, tornaram-se menos imponentes. Mesmo assim, ao comprar ou construir casas de campo cercadas por extensas terras, os comerciantes, banqueiros e industriais da Inglaterra assumiam um ar antes aristocrático que burguês, ao encaminharem seus filhos para fora do mundo dos negócios.

De ambos os lados do Canal da Mancha, os novos possuidores de riquezas escalavam os degraus irregulares das escadas sociais para posições nobres sempre mais altas. Uma vez aí chegados, muitos dos novatos se convertiam em puristas esnobes, deixando a cargo de travestis sociais mais estabilizados e realizados — e talvez, também, mais ricos —, bem como a seus patronos, a tarefa de admitir novos homens e idéias ao tradicional *establishment*. Até 1914, mesmo os arrivistas mais ciosos e impudentes raramente eram satirizados como tolos em sua vanglória, havendo poucos Fígaros para escarnecerem e zombarem dos falsos nobres sem sucumbirem, ao mesmo tempo, a seus artifícios.

Por certo, nem todos os magnatas não-agrários aspiravam a essa aprovação, e havia homens com novas fortunas imensas que orgulhosamente desdenhavam o abraço aristocrático. Imunes às iscas da alta sociedade, declinavam homenagens oficiais e enobrecimentos. Mas, à parte o fato de constituírem raras exceções, mesmo esses refratários autoconscientes e autoconfiantes tinham mentalidade e maneiras mais nobres que burguesas. Ademais, como seus filhos eram educados e socializados em escolas e instituições culturais de elite, muitas dessas famílias resistentes não podiam evitar a atração para dentro da órbita do antigo *establishment*, movimento este que na maior parte das vezes se dava entre as mesmas gerações. Talvez seja o caso de se acrescentar que a necessidade maior de concessões econômicas por parte do Estado tornou o elemento burguês muito mais disposto a render homenagens ao elemento nobre, que dominava a sociedade civil e política.

Embora em parte admirada e em parte temida como protótipo da modernização, a Inglaterra continuou, em grande medida, a ser uma sociedade tradicional desde o reinado de Eduardo VII até o de Jorge V. Em 1914, 90% dos membros da nem um pouco passiva Câmara dos Lordes ainda se constituíam de aristocratas fundiários, a maioria com casas de campo. Em seu conjunto, a aristocracia continuava a ser agrária e respondia pelas fortunas mais substanciais da Inglaterra. Fervorosamente leal à coroa, à Igreja e ao império, ocupava importantes postos políticos e burocráticos e constituía a espinha dorsal do conservadorismo resistente. Encabeçada pelas famílias mais antigas, a aristocracia titulada ocupava o topo do edifício social. Com uma autoconfiança intocada, presidia a uma agenda totalmente cheia de encontros de gala, festas rurais, caçadas de fins de semana, corridas de cavalos e partidas de críquete.

É certo que o *establishment* agrário se tornava cada vez mais entrelaçado com o mundo dos negócios. Em 1914, cerca de 1/3 dos pares eram diretores de companhias, em especial de grandes empresas ferroviárias, seguradoras e de comércio internacional. Mas é provável que a maioria desses membros de conselho tivesse uma presença apenas nominal, e era pequeno o perigo de suas defecções para a sociedade burguesa.

O enobrecimento se destinava a perpetuar o primado dessa aristocracia fundiária. Significativamente, uma grande proporção dos negociantes, que recebiam novos títulos ou passavam a fazer parte do pariato durante o século XIX, haviam comprado propriedades rurais antes de receberem as dignidades, ou as ampliaram logo a seguir. De qualquer modo, dos 463 indivíduos elevados ao pariato entre 1835 e 1914, a esmagadora maioria tinha ascendência na grande ou pequena nobreza. Certamente, muitos desses novos pares de alta linhagem estavam ligados ao comércio e à indústria. Contudo, dos 89 dignitários homenageados por seu serviço à Grã-Bretanha e ao império, apenas 16 eram profissionais liberais e negociantes, e os outros 73 eram nobres e fidalgos. De modo similar, após 1885 cerca de 31% de todos os novos pares estavam ligados ao mundo dos negócios, mas, destes, 80% tinham origem agrária.

Não é de surpreender que, durante os trinta anos que antecederam 1914, cerca de metade dos 200 novos pares tivesse essa mesma ascendência. É certo que, dos 100 de origem não-agrária, 70 eram banqueiros, comerciantes e industriais. Mas 35, ou a metade deles, tinham previamente adquirido propriedades rurais e casas de campo. Catorze eram filhos de famílias com propriedades rurais, e muitos eram simultaneamente diretores de companhias e detentores de cargos públicos. Em particular no último quartel do século XIX, empresários e banqueiros que também tinham se convertido em proprietários rurais podiam aspirar a um título hereditário de nobreza ainda durante sua própria vida. Entre 1886 e 1914, cerca de 62, ou seja, um pouco mais de 1/4 dos 246 novos títulos, destinavam-se a elementos representativos dos negócios e finanças. Em particular lorde Salisbury, que recuperara o cargo de premiê das mãos de Gladstone em 1886, entendeu a importância de unir as novas fortunas aos conservadores, de modo que não se convertessem num apoio aos liberais, nessa era de sufrágio masculino universal. Ele deu o exemplo, ao recomendar o enobrecimento de negociantes bem-sucedidos, como Edward Guinness, o cervejeiro que adquirira uma propriedade rural em Suffolk, Henry William Eaton, o fabricante de roupas que comprara 34 mil acres em Yorkshire e William Armstrong, o senhor do ferro e dos armamentos, para quem Norman Shaw construiu uma ostentosa mansão em sua imensa fazenda em Northumberland. O príncipe de Gales seguia essa mesma linha quando promoveu Julius Wernher, o magnata dos metais preciosos, Ernest Cassel, o banqueiro judeu, e Thomas Lipton, o pioneiro das cadeias de lojas varejistas. Nesse ínterim, os liberais tinham também adotado o jogo das homenagens, enobrecendo manufatureiros de linóleo, tabaco e algodão. Entre os negociantes, porém, eram os capitães da indústria pesada que detinham efetivamente a maior percentagem de dignidades. Também primavam em encontrar cônjuges com *status* agrário e profissional, pois o matrimônio era uma via mais rápida e segura de promoção social do que a educação. Mas, a despeito dessa ascensão um tanto acelerada dos magnatas auto-realizados das finanças e negócios, a classe agrária continuava a fornecer um número excessivo de recém-chegados ao pariato. Não é de admirar que os 35 pares negociantes não-agrários passassem totalmente despercebidos entre os 570 membros da Câmara do Lordes, que, mesmo depois do decreto parlamentar de 1911, continuava a ser uma fortaleza de influência e poder pré-burgueses. Uma das razões para o fato de se manterem tão invisíveis era a de que a maioria deles eram simples barões, numa câmara onde os duques e marqueses se destacavam pelo seu prestígio e riqueza. O último ducado foi conferido a um elemento não-real em 1899.

Um número maior ascendia ao pariato mais através da política e serviço público do que pelo comércio, indústria e finanças. Não só importantes ex-ministros e membros da Câmara dos Comuns, como também destacados pró-cônsules do império subiam à Câmara dos Lordes: o conde Roberts da África do Sul, o visconde Milner do Egito e da África do Sul, o visconde Kitchener do Egito e o lorde Elgin do Canadá. O extenso império e os serviços imperiais em expansão se tornaram canais particularmente úteis para a promoção e o enobrecimento de plebeus, até porque a aura de romance e luta do Império Britânico ultramarino recuperava em momento oportuno o espírito arcaico de heroísmo, glória e honra. Sendo a aristocracia incapaz de ocupar a burocracia imperial, civil e militar, a classe governante recrutava os filhos das classes médias, adequadamente educados e homogeneizados, para carreiras ultramarinas potencialmente honrosas. Com uma freqüência cada vez maior, os serviços superiores nas colônias, assim como serviços governamentais meritórios nas Ilhas Britânicas, eram recompensados com títulos pessoais de cavalaria ou baronato. Para acomodar o novo influxo, foi criada especialmente uma Ordem do Império Britânico.

Em 1914, as ordens vitalícias inferiores, de alta circulação e rápida expansão desde o final do século XIX, contavam com 1700 membros, entre os quais encontravam-se poucos e raros empresários. Enquanto perto de 70% tinha recebido a ordem de cavaleiro por serviço público relevante e cerca de 17% por distinção em suas profissões, incluindo artes e ciências, apenas 3,6% recebia a honra por realizações no mundo dos negócios — entre eles, sir Henry Bessemer, sir Hiram Maxim, sir Henry Oakley e sir James Inglis. É claro então que, mesmo que se considerassem exclusivamente como negociantes os 150 oficiais cavaleiros que eram manufatureiros e comerciantes locais, essa segunda ordem inferior, tal como o pariato, não se permitiria ser derrubada pelos novos plutocratas.

A elite agrária da Inglaterra cooptava novos membros proeminentes do mundo dos negócios, profissões liberais e serviços governamentais, não só elevando-os ao pariato ou à cavalaria, mas também recebendo-os socialmente. Desde que negassem suas origens com a assimilação do código social do patriciado, eram convidados, para não dizer convocados, a participar da alta sociedade. Embora as damas nobres da mais alta aristocracia se destacassem como anfitriãs brilhantes, principalmente em Londres, sua função básica era a de facilitar o contato social entre homens das novas e antigas famílias, como um prelúdio de seus laços econômicos e políticos em formação. Os jantares nas mansões da cidade e os fins-de-semana nas casas de campo facilitavam as vias para que os pares agrários se tornassem diretores associados e investissem em negócios, inclusive em empreendimentos ultramarinos, e os empresários se tornassem candidatos ao enobrecimento. Em suma, as recepções e convites dos membros de sangue azul — imitados pelos de sangue novo — serviam como catalisadores para a fusão que ocorria entre a antiga nobreza agrária e dos serviços públicos e os novos magnatas do capital e das profissões liberais, em termos que fossem favoráveis ao elemento aristocrático.

As instituições educacionais também fomentavam essa fusão. Desde meados do século XIX até o XX, as escolas públicas em rápida expansão, isoladas na Inglaterra rural e agrária, transmitiam as maneiras, os costumes e os valores da antiga sociedade aos filhos das classes médias que, com o auxílio dos clássicos, eram preparados para uma vida antes cavalheiresca que "produtiva". Como as universidades de prestígio — em especial Oxford e Cambridge — praticamente ignoravam as ciências, a matemática e as línguas modernas, os diretores das escolas não se viam motivados a modernizar os currículos das escolas públicas, tanto menos agora que o império precisava de administradores cujo senso de dever e serviço podia ser nutrido com os clássicos gregos e romanos. Profundamente vinculadas à inveterada sociedade agrária, as grandes escolas públicas e universidades de elite desviavam os filhos da burguesia sempre apóstata desse menosprezado mundo da indústria, do comércio e da engenharia mecânica, considerado indigno, para carreiras honrosas no serviço civil e colonial, na Igreja, no exército e na justiça.

Cabe repetir que a elite agrária mantinha a supremacia pelo fato de sua primazia social, cultural e política possuir alicerces materiais bastante sólidos. Até a virada do século, metade dos homens mais ricos da Inglaterra eram proprietários rurais, e até 1914 os proprietários rurais continuaram a ser, isolados, o maior grupo entre os homens e famílias mais ricas, com fortunas maiores que as dos mais ricos negociantes e manufatureiros. As propriedades londrinas do duque de Westminster, sozinhas, eram estimadas em 14 milhões de libras, e pelo menos outros sete pares eram quase tão ricos como ele. Respaldados por um estrato considerável de nobres rurais com fortunas menos extravagantes, esses riquíssimos aristocratas se concentravam em Londres, onde estavam no centro da sociedade civil e política.

O segundo grupo maior e mais rico provinha dos bancos, comércio e construção naval. Certamente, não antes de 1918, os negociantes começaram a legar fazendas na escala de gigantescos proprietários rurais. Contudo, as fortunas bancárias, mercantis e navais da Inglaterra eram grandes e numerosas, sendo mais ilustres as dos Baring, Harrison, Lipton, Montefiore, Rothschild, Sassoon, Selfridge e Whiteley. Como os magnatas agrários, esses grandes financistas e negociantes, muitos deles enobrecidos, estavam estabelecidos na capital, e a maioria na própria *City*.

Ambos os grupos ultrapassavam os grandes manufatureiros e industriais, tanto em número como em riqueza. Embora os manufatureiros de Manchester, Birmingham e Bradford fossem celebrados como pioneiros e realizadores da primeira Revolução Industrial, suas fortunas se mantinham relativamente modestas. Entre 1800 e 1914, apenas um manufatureiro de algodão de Manchester legou uma propriedade rural de mais de 1 milhão, e somente dois outros legaram fazendas valendo perto de 500 mil libras. Quando John Bright morreu em 1889, legou um patrimônio de 86 mil libras, ao passo que a propriedade rural de Joseph Chamberlain, com sua morte em 1914, foi avaliada em 125 mil libras. Embora os patrimônios dos gigantes do setor de bens de capital fossem de maior magnitude, estes ainda eram poucos.

Na verdade, no crepúsculo eduardino, havia menos e menores fortunas na manufatura e na indústria do que no setor agrário, comercial e financeiro privado, e sua maior parte se concentrava em vilas e cidades provinciais. Não só em termos de riqueza, mas também de rendimento, a burguesia "produtiva" da Inglaterra ocupava o terceiro lugar. Além disso, com raras exceções, não tinha ligações com a elite agrária vizinha, ao mesmo tempo em que tinha dificuldades em elevar seu projeto e sua ideologia do nível local e provincial ao nível nacional.

Entrementes, os detentores de grandes fortunas e rendas agrárias e comerciais mantinham-se mais próximos na capital. O fato de que a maioria dos negociantes de Londres fossem anglicanos, ou tivessem se convertido ao anglicanismo, facilitava seu contato social com a antiga aristocracia e os predispunha a colocar seus filhos nas escolas de elite. Ao mesmo tempo em que as novas famílias comerciais e bancárias pressionavam para ser assimiladas à alta sociedade, as grandes dinastias agrárias abrandavam seu desprezo pela *City*. Gradualmente, a geração mais jovem procurava ou aceitava posições em salas de conselhos que assumiam um ar aristocrático, acelerando assim o amálgama entre os notáveis da terra e do capital, não só na classe dominante, mas também na governante.

Os dois grandes partidos refletiam essa mescla em termos postos pela nobreza agrária e do serviço público tradicionais. Antes de liderar os *Tories*, Benjamin Disraeli assumira totalmente para si essa imagem. Lorde Rosebery, o futuro primeiro-ministro liberal, em 1878 tomou como esposa Hannah de Rothschild, quando era a única herdeira não só de 2 milhões de libras, mas também das Torres Mentmore, o imponente domínio senhorial de Buckinghamshire que dava provas do ilimitado zelo aristocratizante dela e de sua família. O terceiro marquês de Salisbury e o lorde Balfour de Burleigh, que juntos dirigiram por 26 anos o Partido Conservador e foram os premiês por 17 anos, tinham linhagem, educação, riqueza e posição absolutamente impecáveis. Só em 1911, depois de perder três eleições, o Partido Conservador escolheu um líder de talhe radicalmente diferente para recompor seus destinos com a prática de uma política menos refinada. Andrew Bonar Law, que afinal — em 1922 — também se tornou primeiro-ministro, era um negociante de ferro e aço que evitava a aristocratização, embora receasse que o *establishment* conservador pudesse abandoná-lo por carecer de sangue azul, relações escolares e imóveis rurais.

Não é que os decanos do Partido Liberal se libertassem fácil ou rapidamente do feitiço e engodo dos títulos, casas de campo, escolas públicas, Oxbridge* e império. Herbert Henry Asquith foi o primeiro chefe de governo que não era oriundo de uma família agrária, e isso em 1908. Liberal convicto, Asquith foi contaminado, porém, pela ambição aristocratizante que consumia sua segunda esposa, Margot Tennant. Ela era a filha de Charles Tennant, o industrial,

(*) Expressão sintética que diz respeito ao estilo aristocratizante da educação nas instituições tradicionais de Oxford e Cambridge. (N. C.)

comerciante e especulador de terras, de Glasgow, que, em 1885, após comprar uma propriedade rural de 4 mil acres, recebeu um baronato. Em todo caso, até 1914, os aristocratas rurais e os negociantes e profissionais liberais assimilados, principalmente advogados, ocupavam pelo menos metade dos cargos ministeriais, mesmo sob governos liberais. Além disso, a antiga elite não só detinha a posse quase exclusiva do Ministério de Negócios Estrangeiros e do corpo diplomático, como também ocupava a maioria dos cargos permanentes mais elevados da burocracia estatal e imperial.

Os reis da Prússia e imperadores da Alemanha, assim como seus primos ingleses, fizeram pleno uso do mecanismo de enobrecimento, exceto pelo fato de, como semi-autocratas, dependerem menos da consulta e aprovação de seus ministros. Entre 1871 e 1918, elevaram 1129 homens à nobreza e promoveram 186 nobres prussianos para níveis superiores. Enquanto 1094 noviços, ou mais de 98% do total, eram honrados com o nível de simples *von*, os Hohenzollern criaram também 151 barões, 54 condes, 15 príncipes (alguns com o direito de serem chamados de "Serena Alteza") e 1 duque, a maioria com imensa fortuna agrária. Guilherme I enobreceu os banqueiros Schickler, Friedrich Wilhelm Krause, Adolf Hansemann e — com menor entusiasmo — Gerson Bleichroeder, e seu sucessor Frederico III, em seu curto reinado, dignificou o banqueiro berlinense Ernst Mendelssohn e o industrial Karl Ferdinand Stumm.

Guilherme II concedeu 836 títulos, à média anual de 30 títulos, entre 1890 e 1918. Ele estava disposto a enobrecer proprietários rurais, generais e altos funcionáriois públicos, quase todos de religião protestante e em sua maioria oriundos da Prússia. Dos novos títulos, 65% foram para senhores rurais e oficiais do exército que, naqueles anos, sofreram um pequeno declínio em sua posição geral em favor de banqueiros, empresários e profissionais liberais, dos quais apenas poucos eram judeus não-batizados, sendo os mais notáveis dois membros do clã Goldschmidt-Rothschild. Certamente, em 1914 os nobres rurais, soldados e burocratas tradicionais dominavam maciçamente o pariato da Alemanha. Ficavam muito à frente, não só em número, mas também em nível, e os títulos superiores, como sempre, eram reservados para os descendentes de respeitáveis famílias da nobreza agrária e dos serviços públicos. De fato, das 221 concessões de baronato e outros títulos superiores, 205 se destinavam a filhos de famílias nobres e apenas 16 a filhos de pais burgueses. Enquanto os homens de tradição rural monopolizavam o ápice da pirâmide aristocrática, os de extração burguesa e de classe média alta tendiam a se concentrar na ampla base dessa pirâmide. Sem dúvida, a peneira do enobrecimento, na Alemanha, era ainda mais fina. Praticamente todos os 350 neófitos de origens simples, que constituíam 30% do nível inferior da nobreza, tinham uma mãe ou esposa aristocrática.

Até 1914, como na Inglaterra, a poderosa nobreza agrária da Alemanha detinha as fortunas e rendas mais numerosas e amplas. Essas grandes fortunas rurais eram geradas por aristocratas tradicionais que exploravam o carvão, os minérios e as madeiras de suas extensas propriedades. Em 1910, quatro desses magnatas figuravam entre os dez indivíduos mais ricos da Prússia: príncipe Henckel von Donnersmarck; príncipe Christian Kraft, de Hohenlohe-Oehringen (duque de Ujest), príncipe Hans-Heinrich XV, de Pless, conde Hans-Ulrich von Schaffgotsch. Embora Bertha Krupp von Bohlen und Halbach encabeçasse esse rol, aí também se incluíam os banqueiros barão Max von Goldschmidt-Rothschild e *Kommerzienrat* Eduard Beit von Speyer. A julgar pela lista das cem famílias mais ricas da Prússia — a Prússia que era o pivô demográfico, econômico e político do Segundo Império —, as fortunas dos nobres de sangue azul e dos magnatas financeiros e comerciais superavam as dos capitães da indústria. Embora Thyssen, Tiele-Winkler, Daniel, Stumm, Stinnes, Siemens, Borsig e Waldthausen figurassem com destaque nessa lista, estavam longe de dominá-la. Além disso, 90 desses 100 super-ricos, independentemente da *fonte* de sua riqueza e renda, pertenciam à antiga sociedade: 25 eram antigos aristocratas, 40 eram nobres mais recentes e 25 possuíam títulos oficiosos. Muito embora August Thyssen e Hugo Stinnes, que de maneira desdenhosa se abstiveram do enobrecimento, estivessem entre os 10 "plebeus", nem sua mentalidade nem sua política eram burguesas, e seus herdeiros escalaram avidamente o *establishment* pré-industrial.

Na verdade, não só na Prússia, mas em toda a Alemanha, as elites econômicas não-agrárias e seus aderentes das profissões liberais nunca procuraram ou encontraram um terreno social, cultural e político autônomo em que pudessem enfrentar a antiga sociedade. Os novos homens de riquezas e talentos excepcionais solicitavam ou aceitavam o selo nobre e imperial. Em particular durante o meio século anterior a 1914, os "burgueses enriquecidos" sistematicamente insistiram em sua procura de títulos que legitimassem "sua ligação com a classe dominante e [...] adaptaram as novas forças sociais ao antigo ambiente aristocrático", assim também "revigorando" a nobreza, de início hostil, com "sangue novo e nova energia econômica". Com igual eficiência e freqüência ainda maior, os novos capitalistas, após se apropriarem do estilo de vida aristocrático, impeliam seus filhos a se tornarem oficiais da reserva, a entrarem em confrarias de duelos e a se casarem dentro da antiga sociedade. Essa escalada social, incluídos os casamentos enobrecedores das filhas, nunca diminuiu realmente. Tampouco era menosprezada como ridícula ou excêntrica. De fato, pode-se dizer que se intensificou com a atrofia do liberalismo, antes de 1914.

Com poucas e notáveis exceções, as dinastias bancárias, comerciais e industriais judaicas, incluídas as do topo da pirâmide econômica em Berlim, eram atingidas por essa mesma febre de assimilação superior, que muitos expressaram com uma corrida à pia batismal, supostamente um pré-requisito para a admissão na classe dominante da Alemanha imperial. De acordo com isso, os Mendelssohn-Bartholdy, Friedländer-Fuld, Schwabach, Oppenheim e Weinberg solicitaram e conservaram seus títulos, muito embora a conversão não eliminasse o estigma judaico que lhes barrava o acesso à alta sociedade cristã.

Essa maciça, reverente e venal adaptação social e cultural ajudou a abrir canais de acesso à sociedade política, onde o elemento feudal continuava a dominar. Em outras palavras, os magnatas do capital barganhavam seus direitos e reivindicações políticas por vantagens econômicas, *status* social e privilégio civil. Em particular depois de terem percebido nos social-democratas um perigo claro e real, praticamente abandonaram o que restava de disputa por uma parcela de poder político, proporcional a suas posições materiais recentemente conseguidas. Em vez de exercer pressão por uma democratização política, a burguesia alemã agrupou-se em torno de partidos moldados à sua própria imagem subserviente, que se restringiam basicamente à defesa e promoção de seus interesses econômicos. A feudalização social e a renúncia de classe foram tanto causa como efeito da castração política.

Para os *Grosbürger* ambiciosos, deferentes e abastados, que não tinham sido enobrecidos — e compunham a imensa maioria —, havia outros símbolos de reconhecimento e aceitação. Entre todas as condecorações, as mais cobiçadas eram as ordens graduadas da Águia Vermelha, da Águia Negra e a Cruz de Cavaleiro da Casa de

Hohenzollern. Se os pais não fossem reconhecidos no setor público ou privado, sempre poderiam empurrar seus filhos para as confrarias arcaicas das grandes universidades, a fim de contraírem cicatrizes de duelo, propositadamente ostensivas, que cintilariam como um sinal de feudalidade. A seguir, podiam se tornar oficiais na ala reservista do exército, cujo código e valores de honra ajudavam a assimilar os ambiciosos elementos burgueses e de classe média dentro da sociedade civil e política aristocrática e prussianizada. Havia muitos degraus para as dignidades na nobreza do serviço público. A ânsia de nobreza era menos pronunciada nos estados do sul, mas estes dificilmente seriam típicos do espírito do Segundo Império.

Em comparação com a Inglaterra, havia menos ocasiões de socialização entre a antiga aristocracia e os plebeus proeminentes nos salões da cidade e mansões do campo, e a corte imperial estava quase totalmente vedada a eles. Mas, ao invés de incitar a formação de uma contra-elite, essa arrogante exclusão estimulava os empresários prósperos e profissionais liberais de relevo a redobrarem seus esforços para obter a aceitação por parte de seus superiores, através de grandes doações públicas e da simulação de uma sociedade de ordens entre eles mesmos. Sob os auspícios de oficiais locais, regionais e nacionais, criaram seu próprio "pariato" não-hereditário, destinado a proporcionar a aura social a que aspiravam. Enquanto esperavam na "antecâmara da nobreza", podiam obter e exibir títulos oficiosos como *Kommerzienrat, Justizrat, Baurat, Medizinalrat* e *Regierungsrat* — de primeiro e segundo graus. E não é de surpreender que o imperador prontamente outorgasse a distinção adicional de conselheiro privado (*wirklicher geheimer Rat*) a muitos desses pseudonobres, autorizando-os, com isso, a serem tratados por "Excelência". Guilherme II agiu assim em grande parte para compensar a virtual ausência de parlamentares em suas listas de enobrecimento, ausência esta calculada para desacreditar o Reichstag.

Os Hohenzollern e outras casas principescas cobriam de condecorações mesmo aqueles poucos gigantes industriais que declinavam ou recusavam o enobrecimento — de modo mais notável, Kirdorf, Klöckner, Stinnes, Thyssen, Werhahn, Wolff e Krupp. Somente August Thyssen resistiu resolutamente à cooptação social, ainda que ao custo de se malquistar com seus próprios filhos. Embora os dois primeiros Krupp, Alfred e Friedrich Alfred (Fritz), optassem por continuar plebeus, nada fizeram para rejeitar ou se afastar do *ancien régime* que fizera a sua fortuna. Em 1854, Alfred orgulhosamente aceitou suas primeiras condecorações. Após 1871, ao construir a pomposa e pretensiosa Villa Hügel (Vila da Colina), tendo entre duzentos e trezentos aposentos, assegurou-se de que haveria alas especiais dignas de Guilherme I de Hohenzollern, que o agraciava com uma visita anual.

Durante a vida de Alfred, em 1882, seu filho Fritz desposou a baronesa Margarete von Ende, de uma família de nobres prussianos do serviço público. Vivendo como um *grand seigneur*, com sua residência principal na Hügel, Fritz Krupp adquiriu duas outras mansões em Rheintal e Baden-Baden. Embora seguisse para o Mar Báltico durante a Kieler Woche, o grande acontecimento do iatismo, passava a temporada social em Berlim. Fritz Krupp também cultivava seus laços com Guilherme II, que providenciou para que se tornasse membro do Staatsrat e do Herrenhaus prussianos e o indicou como conselheiro privado de primeiro grau. Ele agora era "Sua Excelência" Krupp e, como tal, autorizado a ter grande precedência na corte.

Tendo ajudado a encontrar um marido adequado para Bertha, a filha mais velha e herdeira de Fritz Krupp, o *Kaiser* compareceu às núpcias em 15 de outubro de 1906, na Villa Hügel, acompanhado pelo príncipe Heinrich, pelo chanceler, príncipe Bernhard von Bülow, e por uma série de ministros, generais, almirantes e ajudantes-de-ordens. Além disso, em seu discurso de casamento, Guilherme II autorizou Gustav von Bohlen und Halbach, o noivo cuidadosamente escolhido, mas sem distinções, a assumir o nome de solteira de sua noiva, de modo que se tornou Krupp von Bohlen und Halbach. Mais tarde, o imperador presenciou o batismo do filho Alfried. Providenciou ainda para que Gustav se tornasse capitão da reserva no regimento de cavalaria dos hussardos Leib-Garde, vice-presidente do Kaiser Wilhelm Gesellschaft, embaixador extraordinário e ministro plenipotenciário da Prússia, um cavaleiro muito honorável da Ordem Protestante de Johanniter e da Ordem da Águia Vermelha (segunda classe, com folhas de carvalho e coroa real), comandante de primeira classe da Ordem Prussiana da Casa de Hohenzollern, etc. Para comemorar o centenário de Alfred Krupp, em 26 de abril de 1912, o imperador de todas as Alemanhas veio à Hügel com todos os príncipes Hohenzollern, o chanceler Theobald von Bethmann Hollweg e todo seu gabinete, o corpo de generais e todos os almirantes. Na ocasião, Gustav Krupp propôs realizar um torneio medieval de lanças entre cavaleiros a propósito da manufatura de material bélico mais moderna da Europa, mas que foi cancelado no último momento, em respeito pelas vítimas de um grande acidente mineiro.

Nenhum dos outros titãs industriais, que se mantiveram no terceiro estado, recebeu tantas distinções honrosas e relevantes. Mesmo assim, também estavam muito à vontade na órbita da antiga ordem e sociedade. Orgulhavam-se por serem os senhores em seus próprios domínios industriais, do mesmo modo que os *Junker* o eram em suas propriedades rurais. Nem é preciso dizer que nenhum dos grandes industriais jamais se uniu a algum dos trôpegos partidos progressistas burgueses. De fato, muitos deles se converteram em defensores excepcionalmente ferozes do papel dirigente, conservador e semi-autocrático, das nobrezas fundiárias e dos serviços públicos. Em todo caso, os que se recusavam a se integrar na alta sociedade e no serviço do Estado constituíam uma minoria microscópica.

Enquanto o banqueiro Gerson von Bleichroeder era enobrecido, o magnata naval Albert Ballin se mantinha plebeu. Mas, como ambos escolheram se manter judeus, a antiga aristocracia tratava a eles e sua espécie com um desdém ainda maior que o dedicado a seus parceiros cristãos ou a negociantes e banqueiros judeus batizados e enobrecidos, como Ernst von Mendelssohn-Bartholdy, Fritz von Friedländer-Fuld e Paul von Schwabach. Mesmo assim, com imperadores e chanceleres recrutando seus serviços econômicos, Bleichroeder e Ballin procuravam se tornar socialmente aceitáveis. Apesar de humilhados pelo anti-semitismo excludente dos aristocratas *junker*, tomavam esses mesmos aristocratas como seus modelos: Bleichroeder adquiriu a propriedade rural do marechal-de-campo Albrecht von Roon, e Ballin uma suntuosa mansão na Feldbrunnenstrasse de Hamburgo, para encenarem uma mostra ostensiva, adequada à ordem a que aspiravam, e para entreterem antigos notáveis, incluindo o *Kaiser*, no estilo de vida a que estavam acostumados.

O estilo externo e a decoração interna desses palácios burgueses repetiam, de preferência a desafiarem, as convenções e gostos culturais acadêmicos do seu tempo. É de notar, também, que os professores universitários não escapavam ao fascínio pela antiga sociedade. Também eles trocavam a emancipação política pela *Bildung und Besitz* (educação clássica e propriedade). De maneira característica, Otto Gierke, Gustav Schmoller e Adolf Harnack aceitaram com avidez o *von* enobrecedor entre o primeiro e último nomes.

Ainda mais do que na Inglaterra, onde os partidos políticos e a Câmara dos Comuns eram fulcros efetivos para a gradual contenção do elemento feudal, as elites tradicionais na Alemanha conservavam sua supremacia. Os Bentinck, Stolberg e Castell-Rüdenhausen ainda tinham uma presença principesca — e grandes propriedades — no que outrora constituíra "seus" principados. Havia, ademais, os príncipes criados pelos sucessivos monarcas prussianos, entre eles os Blücher, Bülow, Eulenburg, Hatzfel, Radolin, Pless e Bismarck. Quaisquer que fossem suas divisões e rivalidades internas, que eram mais do que compensadas pelo sistema de voto censitário em três categorias, os novos e antigos nobres retinham uma imensa riqueza e uma influência social e cultural que sustentavam sua primazia na sociedade política. Apoiados e respaldados pelo imperador, utilizavam o "parlamento" prussiano, o exército e a burocracia para conter o desafortunado Reichstag, que não estava em condições de se libertar desse domínio sufocante.

Após a Revolução, a nobreza titulada na França deixou de ter existência política e estatutária. Embora muitos nobres reaparecessem e retornassem do exílio após 1815, seu afastamento político se manteve, em grande parte devido à disputa enfraquecedora entre Luís XVIII, Carlos X, Luís-Filipe e seus respectivos descendentes e seguidores, que se prolongou até 1875. Por todo o século XIX, faltou à aristocracia francesa a garantia legitimadora de uma coroa hereditária consagrada pela Igreja, o teatro mistificador de uma corte real, o estímulo revigorante dos enobrecimentos periódicos e a força constritora do patrocínio político. O império de Luís Napoleão, com sua falsa nobreza imperial e sua corte fictícia em Saint-Cloud simplesmente manteve viva a esperança de que, com o tempo, voltaria a ser reinstalado um autêntico *establishment* real e aristocrático.

Mas, embora nunca recuperasse suas amarras políticas, a nobreza conseguia se perpetuar e se reproduzir. Mesmo sob a Terceira República, duques, marqueses, condes e barões ocupavam posições econômicas, sociais e culturais tão proeminentes que os *grands bourgeois* nunca deixaram de reverenciá-los e imitá-los. O mundo aristocrático continuou a ser tão sedutor que muitos banqueiros, empresários e profissionais liberais, ao não conseguirem matrimônios nessa esfera, tentavam se fazer passar por nobres com a simples adição da partícula *de* a seus nomes. A república, que ainda confiava altos postos diplomáticos e militares a nobres, não tinha nenhuma intenção de desautorizar esse alargamento espúrio da antiga elite, muito embora a lealdade política de tantos aristocratas vacilasse em épocas de crise. De fato, a república reconhecia oficialmente a qualidade honorífica dos títulos de nobreza, e seus detentores mantinham o direito legal de empregá-los.

A sobrevivência das famílias nobres importantes, com grandes propriedades e castelos, foi crucial para a permanência da nobreza. A riqueza e a renda desses notáveis que recuperaram seu patrimônio eram e continuavam a ser predominantemente rurais. Alguns retomaram o funcionamento e o arrendamento de suas fazendas, embora poucos se tornassem prósperos senhores rurais por sua própria conta. Outros venderam suas propriedades no todo ou em parte, com vistas a investir o dinheiro em imóveis urbanos. Ricos legitimistas, particularmente, se mudaram para cidades provinciais e, em especial, para Paris, mas mantiveram suas residências ou castelos rurais, como base política e para as temporadas de férias ou de caça. Era de suas elegantes mansões e apartamentos no Faubourg Saint-Germain, em Paris, que os grandes legitimistas dirigiam suas propriedades rurais e sua crescente participação nos setores não-agrários da economia. Inversamente, muitos dos orleanistas que tinham feito fortuna nas finanças, na manufatura e no comércio adquiriram grandes fazendas, para diversificar seus investimentos e realçar sua posição social. Por certo, em algumas províncias, numerosos *hobereaux* (pequenos nobres) com modestas propriedades agrárias perpetuavam sua influência social e política desproporcional, em geral com o auxílio da Igreja Católica. No conjunto, a propriedade imobiliária nunca deixou de ser o principal alicerce material, ainda que em lento declínio, dessa nobreza heterogênea.

Sobretudo, alguns dos maiores e mais prestigiosos notáveis se estenderam ao interior dos bancos, da indústria e do comércio. Em 1870, figuravam com destaque entre as duas dúzias de *conseillers généraux*, com renda anual de mais de 300 mil francos, que constituíam o vértice da plutocracia francesa. Não é preciso dizer que plebeus como os banqueiros Émile Péreire e Adolphe Fould e o senhor do ferro e do aço Eugène Schneider pertenciam a essa camada de ultra-ricos, da mesma forma que o banqueiro enobrecido barão Alphonse de Rothschild. Mas esse grupo seleto também incluía o duque de La Rochefoucauld-Doudeauville, o conde de La Rochefoucauld, o barão de Graffenried, o marquês d'Albon, o visconde

Aguado, o príncipe de Beauvau, o barão Gourgaud, o marquês de Talhouet, o marquês de Vogüé, o duque d'Audifret-Pasquier e o marquês de Chasseloup-Laubat. Desses onze nobres, os quatro últimos fizeram, se não a maior, pelo menos boa parte de suas fortunas em negócios bancários, industriais, comerciais e, provavelmente, também com imóveis urbanos. Embora não constassem desta lista, havia também uns poucos pioneiros da indústria e da manufatura entre as famílias aristocráticas: os Wendel no ferro, os Moët no champanha, o conde de Chardonnet na seda artificial e o marquês de Dion em motores. Quanto aos empresários plebeus que se autoenobreceram, marcaram sua presença através dos Decazes e dos Talabot no ferro e aço, e dos Davillier e dos Neuflize nas finanças bancárias.

Seu duradouro prestígio e relações sociais, além de sua riqueza, garantiram aos antigos aristocratas assento nas diretorias de grandes corporações. Por volta da virada do século, correspondiam a cerca de 1/3 de todos os diretores das companhias férreas e 1/4 dos de grandes siderúrgicas e bancos. Também estavam representados na diretoria da Compagnie Marocaine, uma das firmas de investimento e comércio ultramarino de Eugène Schneider, cuja busca de *grandeur* social era incansável: entre seus diretores contava com o conde Albert Armand, o marquês de Chasseloup-Laubat, o conde Robert de Vogüé, o conde Robert d'Agoult, o duque Decazes e o conde de Cherisey, ao passo que o marquês de Froudeville e o barão Henri de Freycinet tinham seus assentos no comitê executivo, ao lado de Schneider e Gaston de Caqueray. De modo similar, em 1914, cinco dos onze diretores do Comité des Forges eram nobres.

Embora os aristocratas, mesmo com todos seus investimentos e cargos de diretoria, não fossem parceiros econômicos à altura dos manufatureiros, comerciantes, banqueiros e industriais sem títulos, os novos gigantes dos negócios, não obstante, continuavam a estimular seus filhos e filhas a se casarem dentro da nobreza. Através de alianças matrimoniais, os *grands bourgeois* do champanha, açúcar, aço e bancos se uniram a dinastias célebres como os d'Uzès, de Mun, Poniatowsky, Polignac, Broglie, Brissac, Nervo e Breteuil. Entrementes, Eugène Schneider encaminhou suas quatro filhas a casamentos com nobres, e um de seus netos se casou com um membro da casa de Orleãs. Além disso, como Krupp em Essen, Schneider adotou um estilo de vida real em Le Creusot, onde estabeleceu seu lar no castelo da antiga manufatura real de cristais, que se converteu numa fortaleza de riqueza e luxo que não só se mantinha isolada, como também dominava os servos industriais do maior complexo de ferro e aço da França.

Na virada do século, as camadas mais altas da aristocracia e da burguesia formavam um amálgama cuja influência tinha grande alcance dentro da classe governante da Terceira República, extraída das *classes moyennes*. Embora uns poucos notáveis participassem da política, eram muito mais comuns os políticos de carreira, de modesta origem social, alçados ao *establishment* social por servirem aos seus interesses econômicos como advogados, diretores e lobistas. Principalmente depois do caso Dreyfus, os aristocratas da classe dominante aposentaram ou renunciaram a suas posições monarquistas e se reconciliaram com o regime republicano. Mas esse relutante *ralliement*, abençoado pela hierarquia católica, também significava que se uniam a seus associados burgueses numa campanha para tornar conservadora a república, o que em 1913 culminou na eleição de Poincaré para a presidência. Na época, a monarquista *Action Française* de Maurras inflamara o anti-republicanismo de uma *fronde* nobre.

Embora relegada às margens da política republicana, a aristocracia francesa manteve seu predomínio social e cultural. Como que para compensar seu absoluto descenso político e relativo declínio econômico, tornou-se ainda mais deliberadamente afetada e orgulhosa do que qualquer outra nobreza européia. Antigas famílias de elevado nascimento aprenderam a valorizar seus nomes e ancestrais famosos. Cerca de trinta grandes aristocratas se casaram com herdeiras americanas durante a Belle Époque, ao passo que muitos outros forjaram alianças de família com fortunas locais, inclusive judaicas. Mas essa estratégia matrimonial só deu certo porque a aristocracia como um todo continuava a seduzir a burguesia com tamanhas ilusões e aparências infladas. Ao invés de aparecer como decadente, corrupta, fútil e vazia, a nobreza francesa fascinava Paris e notáveis estrangeiros com seu encanto, elegância e *finesse*. Além disso, preocupada com o nivelamento e a insatisfação social, a burguesia apreciava a hierarquia, a continuidade e a estabilidade inquebrantáveis da aristocracia. De qualquer modo, não tanto inclinados a se vangloriarem, os burgueses ricos sentiam-se mais arrebatados que repelidos pelos presunçosos aristocratas. Por sua vez, a aristocracia exclusivista, ainda que com ares condescendentes, abria seus portões o suficiente para que entrassem burgueses apóstatas em seus clubes e salões.

Na esperança de ultrapassarem essas barreiras, os magnatas dos negócios não só se casavam nos níveis superiores e procuravam diretores de companhia entre a nobreza titulada, como também construíam ou compravam elegantes casas de campo. Na verdade, o campo francês abundava em *châteaux*. Muitos eram antigos e autênticos, em estilo medieval, renascentista e de Luís XIII até Luís XV. Mas milhares de imitações de castelos ou casas senhoriais imponentes foram construídas ao longo do século XIX. Em 1910, cerca de 4500 notáveis parisienses tinham *châteaux* construídos em parques rodeados por consideráveis extensões de terra. Essas residências secundárias eram marcas autênticas de *status* ou pretensão senhorial e ofereciam um espaço rarefeito de socialização durante as estações de veraneio e de caça. O clã Rothschild tinha seis palácios só na região de Paris. Embora poucas outras dinastias endinheiradas recentes tivessem tantas residências rurais, os novos notáveis, porém, devem ter sido os responsáveis pelas mansões rurais que, após 1848, cresciam como cogumelos.

Da mesma forma como a sociedade-*château* da França estava longe de ser um fóssil sem vida, sua análoga cultura de salão em Paris também mantinha uma certa vitalidade. Com poucas exceções, os salões eram mais aristocráticos que burgueses, principalmente porque a burguesia procurava *tout Paris* para demonstrar e realçar sua posição social. Em termos de riqueza e educação, os aristocratas e os burgueses estavam no mesmo nível, mas eram os primeiros que definiam os termos desse seu encontro. Os aristocratas apresentavam os gestos corporais, faciais e verbais que os burgueses não só se esforçavam em imitar como, sobretudo, analisavam minuciosamente em busca de chaves para entender sua própria posição insegura.

Nem todos os salões de recepção eram igualmente esnobes. Embora nenhum dispensasse uma marca aristocrática, os salões da nobreza modesta ou falsa eram nitidamente mais literários e artísticos do que os da *ancienne noblesse*, cuja fama não dependia do fermento intelectual. Em todo caso, embora Edmond Goncourt há muito tivesse declarado a morte dos salões e da alta sociedade, e Léon Daudet julgasse que os cafés tinham-nos superado em importância, eles continuavam a ter muita vitalidade no século XX. A cultura de salão de Paris era como uma corte substituta para o enxame de aristocratas sem rei nem aristocracia. A condessa de Greffulhe e o conde Boni de Castellane davam recepções majestáticas para as realezas em visita. Além disso, eles e outros luminares da mais alta sociedade — o príncipe de Sagan, o conde de Montesquiou, a princesa de Polignac — aplaudiam inovações culturais tão avançadas quanto socialmente inofensivas, como o festival de Bayreuth e os Balés Russos.

Os salões mais exclusivos, geralmente animados pelo sexo feminino, se encontravam nos elegantes *hôtels* do conde Aimery de La Rochefoucauld, conde Jean de Castellane, conde Robert de Montesquiou, marquês de Portes, marquês de Dion, marquês de Albufera e conde d'Haussonville. No conjunto, esse mundo pseudocortesão era monarquista, católico, nacionalista e fervorosamente antidreyfusista. Certamente, existiam também alguns genuínos salões republicanos, em especial os da condessa de Greffulhe, madame Arman de Caillavet, madame Émile Straus (*née* Geneviève Halévy, viúva de Georges Bizet), madame de Saint-Victor, madame de Pierrebourg, marquesa Arconati-Visconti e, em menor grau, madame Ménard-Dorian. Mas constituíam anomalias num *establishment* social que era, pelo contrário, politicamente não-leal. O caso Dreyfus apenas pôs à mostra as preferências reacionárias da maioria de *tout Paris*, e seu resultado acentuou o declínio da cultura de salão e a transformação de seus devotos em republicanos à força. Mas antes e depois desse grande divisor de águas, os salões literários, musicais e artísticos tinham uma aura de refinamento apolítico que era tudo, menos burguesa. Como Marcel Proust relata em *Le côté de Guermantes*, a aristocracia controlava os famosos clubes e salões de recepção que forjavam os grandes dos negócios, profissões liberais, artes e serviço público dentro de uma classe dirigente cuja têmpera era mais tradicional do que moderna.

Outro índice dessa marca distintiva pré-burguesa da classe dominante francesa era a sobrevivência do duelo como uma convenção vazia mas não inconseqüente. Na Alemanha, o duelo era restrito às confrarias estudantis — e militares — e se destinava a produzir uma cicatriz facial ostensiva, que alardeava lealdade à antiga ordem. Em Paris, em contraposição, ele florescia nos interstícios da alta sociedade, onde espadas ou pistolas revalidavam e desafiavam o antigo código de honra. Entre 1888 e 1895, tem-se notícia de pelo menos 150 duelos por "questões de honra" política, jornalística ou literária. A agitação em torno do capitão Dreyfus suscitou um movimento ascendente na prática de duelos durante os dez anos seguintes, e confrontos incruentos por *lèse-majesté* literária foram absolutamente freqüentes até 1914, sem que o governo fizesse qualquer tentativa de proscrevê-los. Jean Joseph-Renaud e Ronzier Dorcières, sozinhos, organizaram e arbitraram cerca de quatrocentos duelos ritualizados e, muitas vezes, divulgados.

Por volta de 1910 houve também uma revivescência do dandismo em Paris. Segundo Baudelaire, o dandismo tende a vir à tona "em períodos de transição em que a democracia ainda não se tornou onipotente e a aristocracia está apenas parcialmente enfraquecida ou desacreditada". Em sua essência, ele era, se não um remanescente, um anseio veemente pelo passado afetado e maneiroso. Os dândis, muitos dos quais eram espadachins e exibiam ostensivos monóculos, eram ociosos improdutivos. Constituíam uma elite auto-selecionada com trajes individuais elegantes, refinados mas simples, originalidade, ousadia e imprevisibilidade intelectuais. Numa revolta contra os aristocratas e os filisteus burgueses, mas com uma maior afinidade em relação aos primeiros, os janotas espirituosos de Paris colocavam a excentricidade intelectual, estética e sexual à frente do refinamento material ostentatório.

Evidentemente, mesmo em Paris, nem todos os magnatas não-agrários tentavam negar suas origens sociais humildes e obscuras. Mas, em particular nas cidades de província, os homens de negócios bem-sucedidos da região viviam confortável, mas não ostensivamente, em arredores elegantes. Embora se isolassem e fossem imunes à tentação aristocrática, esses capitalistas ricos não eram burgueses na sua concepção de mundo ou estilo de vida. Mas, ao contrário do tradicionalismo cosmopolita, refinado e pródigo de *tout Paris*, o seu era arcádico, sóbrio e sem afetação.

Após o *fin du siècle*, as antigas e novas notabilidades, com receio do desafio operário e socialista, vinham cada vez mais se unindo. Iam em busca da Igreja Católica, que deixara de ser um anátema para a burguesia, para que santificasse sua união. Na verdade, a burguesia, que outrora fora uma força para o "progresso democrático, secularização e resistência às pretensões aristocráticas fundadas no nascimento", se tornara tão descomprometida em sua resistência a favor da transformação social que até pensava em pôr a pique a república que ajudara a moldar.

A aristocracia mais elevada da metade austríaca do Império Austro-Húngaro bem pode ter se mostrado excepcionalmente refratária a novas idéias e sangue novo, até a queda dos Habsburgo. Mas, não obstante seu altivo desprezo pelos princípios e realizadores da sociedade em formação, essa arcaica "primeira sociedade" da Áustria não se reduzia a um vestígio moribundo fadado a uma morte iminente. Essa aristocracia de berço, com 300 a 400 famílias, gravitava em torno da corte do imperador Francisco José I e, depois de 1906, também da corte fantasmagórica de Francisco Ferdinando, o herdeiro presuntivo e arquétipo do ultraconservadorismo europeu. Basicamente austro-germânico e com imensas propriedades rurais, esse *Hofadel* unido pela casta exercia enorme influência em toda a sociedade política, exceto no impotente Reichsrat, e ocupava posições de comando na vida social, cultural e religiosa de toda a classe dirigente e governante.

Certamente, após o levante de 1848, boa parte dos altos aristocratas retirou-se de Viena para suas propriedades provinciais. Mas, embora transformassem seus castelos e casarões senhoriais em suas residências principais, também mantinham magníficas *villas* ou apartamentos nos bairros mais exclusivos da capital, em parte porque Viena era um ímã irresistível para seus filhos. Para a geração mais antiga que se autoperpetuava, as caçadas de fins de semana se tornaram alívios temporários, revigorantes e reanimadores, para a vida social rígida e pomposamente coreografada de Viena, através da qual a aristocracia continuava a mediar sua auto-reprodução. Essa vida social, ao mesmo tempo cosmopolita e austrocêntrica, girava em torno dos salões dos principescos Schönburg, Schwarzenberg, Metternich, Hohenlohe e Dietrichstein, e, no final do século XIX, em torno dos das condessas Larisch, Lanckoronska, Sternberg, Andrássy e Schlick. Ao contrário da cultura de salão mais elevada das outras capitais européias, a de Viena tendia a excluir não só a elite intelectual e artística, mas também a aristocracia dos novos-ricos.

Mas isso não significava que todo o *establishment*, consideravelmente mais amplo que esse círculo interno, fosse fechado e refratário à cooptação de novas elites e ao patrocínio de artistas inovadores. Pois havia ainda uma segunda sociedade aristocrática, e esta era muito mais numerosa, aberta e heterogênea. Embora os antigos feudais tratassem mal essa nobreza inferior e mais recente, estimada em mais de 250 mil homens, também a procuravam para consolidar e defender o *ancien régime* que garantia seus interesses e destinos comuns.

Mais do que em qualquer outro país, na Áustria o privilégio do duelo tornou-se um critério para a participação na classe dominante quase tão importante quanto o nascimento, a riqueza e a educação. Embora proscrito por lei, o duelo era tolerado, visto que as antigas elites consideravam-no tanto um direito quanto um dever, a ser recusado às classes mais baixas, minorias nacionais e judeus. Com o despontar do século XX, o duelo realmente se tornou mais freqüente, e os oficiais de carreira e da reserva eram os principais, mas de modo algum os únicos, entusiastas deste código e ritual social discricionário.

Em todo caso, as comportas do enobrecimento estavam em mãos seguras, pois eram manejadas pelo imperador e o conselho de seus cortesãos, ministros e burocratas de confiança. O resultado foi que todos os aspirantes absorveram e interiorizaram o código social da primeira sociedade, que dava o tom a todo o *establishment*. Com efeito, importantes banqueiros, grandes manufatureiros e comerciantes, industriais destacados e profissionais liberais proeminentes raramente, se não jamais, eram alçados ao pariato. Mas não era impossível que fossem condecorados com as ordens de Maria Teresa, a Coroa de Ferro, Santo Estêvão, Francisco José, Leopoldo ou Elisabeth, indicados para ingresso na nobreza rural, o que os autorizava a inserir o *von* em seus nomes; ou mesmo promovidos para o baronato não-hereditário (*Freiherr*) numa sociedade onde "ninguém abaixo de barão era considerado como homem". Para se mostrarem candidatos, esses *grands bourgeois*, concentrados em Viena, assimilavam as normas e valores da nobreza, adotando ostensivamente um estilo de vida aristocratizado que facilitava o seu trato com a burocracia imperial, da qual dependiam para concessões econômicas e avanços em geral. Antes de mais nada, os arrivistas mais ricos, incluídos os judeus, adquiriam mansões urbanas e casas de campo. Quanto ao estilo e decoração, essas residências eram moldadas segundo as da aristocracia próspera, na esperança de conseguirem entrar e se mesclar à cultura dominante. Os salões dos novos patrícios, como os de Josephine von Wertheimstein (outrora Wertheim) e Theodor von Hornbostel, eram réplicas fiéis de originais aristocráticos, embora alguns fossem menos discricionários em termos religiosos e étnicos, politicamente mais liberais e culturalmente mais arrojados.

Entre 1800 e 1914, houve cerca de 9 mil enobrecimentos na Áustria. Deles, pouco mais de mil títulos foram concedidos para banqueiros, comerciantes, manufatureiros e industriais de destaque; enquanto 460 foram agraciados com um simples *von* e 385 ingressaram na cavalaria, apenas cerca de 170 foram elevados ao baronato hereditário. Entre 1867 e 1914, num rol de enobrecimentos com a média anual de 95, uma média de 13,67 títulos foram concedidos a homens de negócios, mas essa cifra se reduziu para 8,64 entre 1885 e 1913. Houve também um acentuado decréscimo no número de barões e cavaleiros, a favor do nível inferior de simples *von*. Nenhum desses novos cooptados do mundo de negócios (um total de 630 entre 1867 e 1914) foi elevado ou promovido a conde ou príncipe, e a condição de par hereditário se manteve restrita à nobreza agrária e do serviço público.

É visível que a burocracia do funcionalismo civil e militar nunca deixou de constituir a imensa maioria das listas de homenagens, em parte devido às concessões automáticas a oficiais com longo tempo de carreira e participação ativa em campanhas militares. Tomando-se o período de 1700 a 1914, os funcionários públicos receberam 33% e os militares 50% de todos os títulos, contra 12% para homens de negócios e 5% para artistas e acadêmicos, cientistas inclusive. Entre 1885 e 1914, eram enobrecidos 14 burocratas e 44,14 oficiais ao ano, ou seja, 58,14 funcionários públicos civis e militares, em comparação com os 8,65 negociantes e 2,25 artistas e acadêmicos. Além disso, a cada ano 5,32 funcionários públicos se tornavam barões, contra 1,72 homens de negócios, e os 26 condes e 2 príncipes, investidos neste mesmo quarto de século, foram promoções oriundas da casta burocrática, militar e fundiária.

No conjunto, em seus últimos anos o regime Habsburgo economizava os títulos de nobreza, em especial os títulos mais altos, com exceção do ano de 1908, quando Francisco José assinalou o sexagésimo aniversário de seu reinado com 100 concessões não-hereditárias e 105 hereditárias. Sem dúvida, alguns plebeus — filhos de famílias burguesas e de classe média — abriram caminho para a "segunda" sociedade aristocrática através do serviço público. Mas, para tal, tiveram de interiorizar o espírito usual da ordem imperial, de modo muito semelhante aos negociantes e profissionais liberais com ambições de *status*, que tiveram de assimilar o código social e cultural da alta sociedade de Viena (e os judeus, evidentemente, tinham de se converter ao catolicismo). É claro que, apesar de um influxo significativo de sangue, riqueza e talento novos, a "segunda" sociedade, para nem falar da "primeira", permanecia solidamente nobiliárquica. Muito embora apenas uma pequena fração de empresários e profissionais liberais conseguisse obter o enobrecimento, nem por isso moderavam seu ímpeto aristocratizante. O esplendor, o caráter seletivo e o mistério arcaico da sociedade imperial continuavam a hipnotizá-los, ainda mais porque não possuíam uma concepção de mundo e um código social próprios. Além disso, sua espera interminável, mas submissamente respeitosa, na antecâmara do *establishment* se fazia suportável graças a favores econômicos e a uma participação, ainda que apenas periférica ou indireta, na vida social cintilante da elite da capital. O bairro Ringstrasse de Viena tinha o caráter de um imenso salão público onde as diferentes camadas da alta sociedade se encontravam sem se misturar. Certamente, a Schwarzenbergplatz e a Opernviertel permaneciam reservadas para a habitação da mais alta aristocracia e antiga fidalguia. Mas negociantes ricos, profissionais liberais de êxito e importantes funcionários do governo, enobrecidos e pretendentes à nobreza, mudavam-se em número cada vez maior para a Börsenviertel, a Textilviertel e a Rathhausviertel, onde muitos compravam ou alugavam suas dispendiosas casas e apartamentos de proprietários nobres que haviam investido em imóveis urbanos. Os que, dentre eles, não eram consagrados se misturavam avidamente aos seus superiores na escala social, ao passear pelas ruas, parques e praças do Ringstrasse, assistir à sua Opernhaus ou Burgtheater, visitar seu museu e prestigiar suas lojas e cafés.

Todavia as convenções dessa coabitação eram estabelecidas não pelos ambiciosos porém inseguros burgueses, mas pelos aristocratas autoconfiantes. Além disso, o espaço urbano onde as elites se fundiam num frágil amálgama favorecia a continuidade do predomínio da aristocracia. À parte o traçado das largas avenidas e a disposição dos quartéis-generais do exército e da polícia *à la* Haussmann, os bairros *Ring* eram circundados e entremeados de monumentais edifícios públicos e estátuas cujo estilo era implacavelmente histórico. As hesitantes agitações modernistas do *fin du siècle* foram esmagadas por uma revivescência do tradicionalismo nos anos imediatamente anteriores à guerra, sob a influência retrógrada de Francisco Ferdinando.

Como foi observado acima, mesmo a economia da metade cislitana do Império dos Habsburgo continuava a ser nitidamente pré-industrial. Assim, os magnatas do setor não-agrário eram banqueiros, comerciantes e manufatureiros de bens de consumo de preferência a capitães da indústria pesada.

Mas, na Áustria, são notáveis algumas características que marcaram o setor industrial a reboque, pois são responsáveis por uma peculiaridade na configuração da classe dominante e governante de Viena. Devido a um limitado mercado interno e à pressão da concorrência estrangeira, os empresários de ferro e aço, produtos metalúrgicos, equipamentos elétricos e, num menor grau, produtos químicos formaram associações comerciais (cartéis) para regular os preços e as vendas e pressionar o governo por tarifas protecionistas. Também estabeleceram íntimas ligações com os bancos, que passaram a se envolver cada vez mais profundamente com o financiamento das empresas e a promoção dos cartéis que dependiam do crescente sistema de proteção e subsídios. Em 1910, esse íntimo entrelaçamento entre os bancos, os negócios e o governo serviu a Rudolf Hilferding como um modelo para a sua concepção teórica e prognóstica do *Finanzkapital* (capital financeiro) num sistema de capitalismo organizado emergente. Mas Schumpeter viu nessa mesma realidade um modelo diferente. Para ele, os banqueiros da Áustria-Hungria eram uma encarnação típico-ideal da burguesia e do capitalismo, dos quais a *classe dirigente** pré-industrial se aproveitava a fim de perpetuar o seu próprio poder.

Schumpeter, de modo absolutamente correto, apresentou os banqueiros e industriais, que detinham a chave econômica do aparelhamento militar, como envolvidos em "uma simbiose ativa" com as antigas elites que monopolizavam o Estado. O fato de que mais de 80% dos banqueiros da Áustria eram judeus, mesmo que convertidos, tornava muito mais fácil que as antigas elites continuassem a subordinar seus indispensáveis aliados e auxiliares.

Esses financistas judeus nunca adquiriram um *status* social proporcional à sua importância econômica. Não eram *hoffähig* nem *salonfähig*, nem, tampouco, considerados dignos de duelos. Com uma ou duas exceções notáveis, não eram recebidos em Schönbrunn, e tampouco a nobreza de berço, agrária e dos serviços públicos os convidava a suas mansões urbanas ou propriedades no campo. Para compensar esse ostracismo social, e na esperança de elevar seu *sta-*

(*) Em italiano no original. (N. T.)

tus, essa nobreza judaica do dinheiro se converteu em patrocinadora notável das artes (óperas, sinfonias, teatro, pintura) e obras de caridade.

De modo similar, esses banqueiros e seus associados eram politicamente impotentes. Não tinham influência em partidos políticos nem no parlamento, e se mantinham como requerentes e suplicantes em seu trato com os ministérios das Finanças, da Indústria e dos Negócios Estrangeiros. Por conseguinte, eram incapazes de realizar alterações nas políticas comerciais, fiscais e diplomáticas, que eram elaboradas e implementadas pela tradicional classe governante em íntima colaboração com os agraristas austro-germânicos e magiares. Os financistas e negociantes judeus reprovavam esses agraristas pelas tarifas que, ao inflacionar os preços dos alimentos, estimulavam a insatisfação social. Além disso, acreditavam que, incitando as outras nações a tomar medidas de retaliação, essas tarifas repercutiam na exportação de manufaturas e na balança de pagamentos da Áustria-Hungria. Por seu lado, os negociantes e os banqueiros judeus queriam tratados comerciais que permitissem a entrada de alimentos baratos, em particular dos países bálticos, inclusive a Sérvia, em troca de mercados preferenciais para os bens manufaturados da Cislitânia.

Com efeito, essa *grande bourgeoisie* das finanças e dos negócios, maciçamente judaica, não dispunha de força política para ditar um rumo mais "liberal". Dando prioridade ao ganho e lucro econômico, ela nunca pensou realmente em renunciar à sua posição privilegiada, mas enfraquecida. Ainda que o *establishment*, em especial o vienense, aprovasse em silêncio ou estimulasse o anti-semitismo, os empresários judeus não apenas aceitavam, mas empenhavam-se e solicitavam ativamente favores, honras e títulos oficiais. Enquanto procuravam elevar seu baixo *status* social com o patrocínio das artes, esperavam demonstrar sua virtude cívica e gratidão pelas concessões econômicas sendo fervorosamente *kaisertreu*, principalmente em momentos de crise internacional. Não pretendiam romper com o sistema imperial e renunciar a seu lugar no bloco hegemônico (fiéis ao imperador), muito embora fossem tratados como párias sociais e encerrados dentro de políticas internas e estrangeiras ofensivas a sua dignidade e a seu bem-estar a longo prazo.

Como os judeus eram desproporcionalmente importantes, não só como banqueiros, mas também no comércio, na manufatura e na indústria, além das artes e profissões liberais, seus parceiros na alta sociedade austro-germânica e seus simpatizantes na classe dominante e governante teriam de aceitá-los plenamente para que um projeto burguês e liberal pudesse se tornar uma possibilidade histórica efetiva. Nessas circunstâncias, o anti-semitismo latente, mas também cada vez mais ativo, que permeava até mesmo as novas elites econômicas, profissionais e culturais, impedia seriamente a consolidação de uma massa crítica capaz de construir e sustentar uma alternativa burguesa sólida no e ao *ancien régime*. Em parte devido a essa falha fatal, a burguesia capitalista, as classes médias profissionais liberais e a *intelligentsia* cosmopolita se mantiveram demasiado fracas e covardes para desafiarem efetivamente a hegemonia da *classe dirigente*.* Na verdade, o elemento feudal se mantinha forte o suficiente para continuar a aproveitar a energia financeira e econômica dos capitalistas empresariais e as especializações dos quadros técnicos e intelectuais sem lhes dar acesso à sociedade política, em grande parte por estar em posição de usar as recompensas materiais e a isca da promoção social para neutralizar as aspirações políticas daqueles.

Na Hungria, a burguesia empresarial e profissional liberal era ainda menor do que na Áustria e, portanto, menos capaz de se medir com os magnatas agrários e a nobreza dos serviços públicos. Em parte devido ao desprezo que a arrogante classe dominante e governante magiar votava a atividades de negócios, o campo estava amplamente aberto a empreendimentos não-magiares. Empresários austríacos e alemães, em especial, conseguiram um lugar substancial para si nos setores não-agrários avançados da economia translitana. Porém, devido a seus laços econômicos externos e lealdades políticas, sua influência era circunscrita, em particular depois do início do movimento pela "independência" magiar. Em todo caso, qualquer que fosse a importância do capital estrangeiro, este se mantinha social e politicamente subordinado.

O mesmo se dava com os negócios e os bancos judaicos, que não tinham conexões externas. Em 1914, havia 1 milhão de judeus na Translitânia, ou seja, cerca de 5% de uma população de 18,3 milhões. A maioria deles viera do Oriente, para aproveitar as leis de emancipação de 1848-1849. Perto de 75% dos judeus trabalhadores se concentravam na indústria, no comércio e nos bancos, e outros

(*) Em italiano no original. (N. T.)

9% nas profissões liberais. Aproximadamente 25% da população judaica se encontrava em Budapeste. Na capital, os judeus respondiam por 200 mil dos 800 mil habitantes, e constituíam 65% da população ativa no comércio, 90% nas finanças e 25% na pequena manufatura. Dez famílias judaicas — entre elas os Ullman, Fellner, Kornfeld e Lánczy — eram proprietárias dos dez maiores bancos húngaros e, através deles, como na Áustria, controlavam também boa parte do comércio, da manufatura e da indústria em larga escala.

Gratos por contarem com tanto espaço civil e econômico, os judeus se converteram na mais leal de todas as nacionalidades submetidas da Translitânia. Embora a conversão e os casamentos com outros grupos fossem raros, os judeus aprendiam o húngaro com avidez e até se tornaram ardentes "magiarizantes" entre as outras minorias nacionais. Sob um restrito direito político, sua condição econômica e educacional relativamente privilegiada lhes proporcionava, ao lado da pequena nobreza, um peso desproporcional nas eleições. Principalmente em Budapeste, onde metade dos votantes autorizados eram judeus, forneciam uma ampla base eleitoral para o conservadorismo político.

Parece ser indubitável que, ao longo do século XIX, os judeus forneceram a maior parte dos membros da elite dos negócios e das profissões liberais da Hungria. A classe dominante e governante magiar reconhecia totalmente, e até apreciava, a contribuição vital dessa comunidade que valorizava seu isolamento religioso, cultural e social. Entre 1800 e 1918, ela enobreceu milhares de homens judeus de cerca de 350 famílias diferentes, dos quais 28 foram elevados ao pariato, na categoria de barões. Além disso, 17 judeus foram indicados para a câmara superior do parlamento e 10 se tornaram conselheiros privados. Essas ordenações tendiam a ser acompanhadas de títulos de nobreza e de conversão religiosa.

Esses nobres, em sua maioria, foram criados após o Compromisso de 1867, e praticamente metade deles entre 1900 e 1914, quando 25 judeus foram elevados ao baronato hereditário e 300 foram agraciados com títulos de nobreza pessoal. Cerca de 2/3 desses nobres viviam em Budapeste, onde a imensa maioria se concentrava nas finanças, no comércio e na indústria. Em 1913, os judeus dominavam os conselhos dos maiores bancos, o mercado de valores, a câmara de comércio e a associação dos industriais, e bem mais da metade desses diretores judeus eram enobrecidos.

Muitos dos milionários judeus da Hungria acumulavam seu capital "inicial" em transações agrícolas, comércio e manufatura, principalmente no comércio e moagem de cereais, em destilaria, refinação de açúcar e serrarias. Após essa acumulação inicial, Brüll, Lipót Popper, Hatvany-Deutsch, Manfréd Weisz, Károly Kohner e Mayer Krausz se diversificaram para as finanças, a corretagem e a indústria. Não é de surpreender que a imensa maioria dos nobres judeus que viviam em outras cidades que não Budapeste se dedicassem a esses mesmos negócios. Isso não significa que os judeus não possuíssem terras. Em 1893, 46 membros da nobreza judaica estavam entre os 1000 maiores proprietários rurais da Hungria, e 3 entre os 100 maiores magnatas rurais. De modo mais geral, em 1910, 20% dos proprietários de mais de 1250 acres e 19% dos de 100 a 500 acres eram judeus. Sem dúvida, a busca de posição e ascensão social era a grande responsável por esse interesse em propriedades rurais, numa época em que a maioria dos notáveis judeus adquiria casas de campo. Mas, mesmo os capitalistas judeus que tinham se convertido, comprado fazendas e estabelecido íntimas associações de negócios e profissões liberais com a grande aristocracia, os ministros do governo e os partidos políticos oficiosos, nunca foram realmente aceitos na alta sociedade.

Entrementes, em particular a pequena nobreza e a baixa classe média radicais vinham se tornando gritantemente anti-semitas, em grande parte porque os judeus tinham se tornado concorrentes formidáveis nas profissões liberais e pelos empregos públicos. Bem mais de 50% de todos os doutores e advogados de Budapeste eram judeus. Pretensos porta-vozes da fidalguia decadente e da *petite bourgeoisie* denunciavam os judeus como a vanguarda da modernização capitalista, que estava minando o antigo regime, e acusavam os círculos dominantes e governantes de tolerarem essa corrosão insidiosa. Mas Budapeste nunca conheceu o equivalente do Movimento Social Cristão de Viena e Karl Lueger. Sendo menor e menos industrial, a capital húngara tinha um reservatório mais estreito para a frustração e o descontentamento *petit-bourgeois*. Além disso, os próprios judeus ocupavam um grande espaço na classe intermediária de artesões independentes e pequenos lojistas, que, tipicamente, fornecia o exército de reserva para a política anti-semita e de extrema-direita, mantendo-se dependentes dos políticos e burocratas conservadores que os haviam patrocinado. Quanto aos rebeldes dentro da comunidade judaica, particularmente os jovens profissionais liberais e intelectuais, tornaram-se partidários de uma social-democracia radical, fornecendo assim mais um pretexto conveniente para os ultraconservadores que acusavam os judeus de uma subversão polimorfa.

O peso e o estigma dos judeus apenas se somavam à fraqueza natural da burguesia e da classe média diante da nobreza agrária e dos serviços públicos internamente dividida mas, afinal, unida. A *classe dirigente** pré-industrial da Hungria não tinha dificuldades em utilizar os chamados "mercantilistas" sem admiti-los no círculo interno de poder. Em particular aqueles círculos dominantes e governantes que defendiam ou aceitavam a modernização capitalista e burocrática gradual, como uma estratégia de defesa política e social, estavam prontos para conceder à burguesia subsídios, isenções e tarifas em troca de apoio político contra a *fronde* aristocrática e a fidalguia radical. Até o final do século XIX, esse arranjo funcionou muito bem: os magnatas rurais, burocratas fidalgos e burgueses "mercantilistas" colaboravam para manter o Compromisso e a ordem estabelecida essencialmente inalterados.

Mas, com o *fin du siècle*, essa síntese conservadora, que não era liberal nem liberalizante, sofreu uma investida. Uma extrema-direita composta de aristocratas, fidalgos e *petits bourgeois* acuados decidiram reduzir ou eliminar a influência e o poder da burguesia, que sistematicamente distorciam e exageravam. A despeito das alegações dessa *fronde* compósita, os "mercantilistas" não eram uma força liberal nem, tampouco, poderosa, embora fossem os promotores da progressiva industrialização, urbanização e burocratização que vinham desfigurando tão lentamente a antiga ordem.

Na Rússia, nem as reformas de 1861 nem as de 1905 alteraram significativamente as relações senhoriais e autocráticas de classe, *status* e poder. De modo muito semelhante à Alemanha e Áustria-Hungria, a modernização capitalista era empurrada para o interior do *ancien régime*. A nobreza do serviço público civil e militar desempenhava um papel importante na determinação da forma, extensão e velocidade da industrialização, cujos imperativos eram tanto nacionais quanto internacionais. As causas, intenções e resultados das guerras da Criméia e Russo-Japonesa demonstraram essa íntima in-

(*) Em italiano no original. (N. T.)

terpenetração dos assuntos internos e estrangeiros. Em todo caso, sem o desenvolvimento econômico alimentado e dirigido pelo governo, cujo principal motor e símbolo veio a ser a construção ferroviária, as mutações na estrutura de classe e *status* da Rússia teriam se dado a um ritmo ainda mais moroso. Ao mesmo tempo, nunca houve dúvidas quanto ao fato de que os três últimos czares e seus ministros, e em particular Nicolau II, atribuíam maior importância à manutenção da antiga ordem do que à sua reformulação, de modo a acomodar aquelas novas forças e idéias que sua própria modernização relutante estimulara.

A nobreza agrária era a classe dominante da Rússia, mas não a governante. A classe governante consistia em uma imensa camada burocrática que, apesar de seus íntimos laços com a terra, era totalmente independente dela. De fato, à sua maneira, as nobrezas agrária e dos serviços públicos estavam mais obrigadas para com a autocracia do que entre si próprias.

Com poucas e notáveis exceções, o *status* do pariato na Rússia não provinha de direitos territoriais ou bens ancestrais, mas do serviço leal e duradouro prestado à autocracia. Os czares, ao longo dos séculos, haviam concedido títulos pelo serviço civil e militar dedicado à coroa. Embora muitos dos títulos de nobreza incluíssem concessões de propriedades fundiárias, com o tempo isso deixou de ocorrer. Um número cada vez maior de nobres era total ou praticamente sem terras. Ao contrário dos sobrenomes das outras nobrezas européias, os da aristocracia russa não tinham partículas, prefixos ou títulos que os associassem ao local de seu nascimento, residência ou propriedade. Além disso, em 1914 a maioria dos funcionários de carreira enobrecidos viviam de seus salários governamentais, sem rendas suplementares advindas da terra. Contudo, a parcela restante e, provavelmente, também a mais influente do funcionalismo continuava a ter ligações com a terra: a vasta família imperial, encabeçada pelo czar reinante, tinha imensas propriedades rurais, e a nobreza fundiária da Rússia, apesar das divisões internas, continuava a ser, isoladamente, o grupo de pressão política mais poderoso e efetivo.

Em comparação com os Hohenzollern e Habsburgo, os Romanov concediam títulos com liberalidade. Existia um quadro de carreira com catorze graus paralelos para os funcionários públicos civis e militares, com ênfase antes sobre o tempo de serviço que sobre os méritos. Até 1896, os oficiais militares de proveniência não-nobre adquiriam *status* hereditário ao atingirem o 14º grau, isto é, o mais baixo, ao passo que os burocratas civis de origem humilde tinham de alcançar o 8º grau para obter tal distinção. Daí em diante, para evitar o inchamento do "pariato", apenas o alcance do sétimo e quinto graus, respectivamente, conferiam direitos e privilégios hereditários. Além dessas promoções automáticas para a nobreza, o czar detinha o poder discricionário de conceder títulos de nobreza hereditária e não-hereditária, através de sua lista pessoal de honras. Depois de 1882, os czares conferiam a maioria desses enobrecimentos não-automáticos a plebeus através das ordens de São Jorge, São Vladimir, Santa Ana e Santo Estanislau. O primeiro grau, ou seja, o grau hereditário, dessas ordens se mantinha relativamente raro.

Em 1858 havia cerca de 610 mil nobres hereditários nas 50 províncias da Rússia européia (uma cifra que ficaria reduzida à metade, se não se contassem as nove províncias bálticas, bielo-russas e lituanas, que contavam com um número desproporcionalmente elevado de nobres alemães e poloneses). Na época, havia também cerca de 277 mil nobres pessoais indicados pelo czar. Em 1897, essas cifras tinham subido para 886 mil e 487 mil, respectivamente, num total de 1 373 000 nobres de ambos os sexos, dos quais 55% possuíam terras. Embora à primeira vista esse aumento pareça extraordinário, é bom lembrar que, proporcionalmente, a população como um todo crescia a um ritmo ainda mais rápido e que aqueles foram anos de considerável expansão burocrática e militar. Ao longo de todo o século XIX, o peso relativo dos adventícios permaneceu estável entre 7 e 8%. Assim, embora um número crescente de plebeus ingressasse no primeiro estado através do quadro de carreira e das ordens honoríficas, não desafiavam ou diluíam o predomínio das famílias nobres mais antigas.

Uma importante hoste de nobres titulados com sangue azul remontava sua ascendência a antes de 1685. Em 1900, havia cerca de 800 dessas importantes famílias de príncipes, condes e barões, principalmente na Geórgia e na Polônia, e, entre elas, 40 famílias principescas afirmavam descender da casa dirigente da Rússia de Kiev. Além disso, na virada do século, mais de 45% da nobreza hereditária se concentrava em 9 *guberniya* ocidentais (Grodno, Kiev, Kovno, Minsk, Mogilev, Podolia, Vilna, Vitebsk, Volinia), e cerca de 15% nas *guberniya* em torno de São Petersburgo e Moscou, num total de pelo menos 60%. Em 1910, São Petersburgo contava com 75 mil nobres hereditários e 63 mil nobres pessoais. Esses 138 mil indivíduos, incluídos seus dependentes, respondiam por 7,2% da população da capital. Apenas cerca de 1/4 desses nobres vivia fora de suas terras, poucos deles estavam no mundo dos negócios e das finanças, e a maioria consistia de funcionários públicos. Mesmo assim, a antiga nobreza fundiária continuava a ter um poder desproporcional não só na sociedade de São Petersburgo, mas também junto à corte e à burocracia.

É provável que o fato de, até 1914, a nobreza responder por 1,5% e mais de 7%, respectivamente, da população rural e urbana tenha perpetuado a paixão enobrecedora dos arrivistas nos setores cultos e empreendedores da sociedade, ainda mais porque estes eram relativamente estreitos. (Incidentalmente, em 1789 havia cerca de 300 mil nobres de todos os tipos na França, ou seja, 1,5% da população.)

Evidentemente, essa nobreza era muitíssimo heterogênea: antigos-novos, cosmopolitas-provincianos, ricos-pobres, agrários-burocratas, negócios-profissões liberais. Havia distinções agudas de posição social, influência e poder. Quanto mais elevado o grau oficial, mais ornamentado o uniforme prescrito e o modo de tratamento (que variava de "Bem-Nascido" a "Alta Excelência"). E nem é preciso dizer que, no momento de atribuições e promoções funcionais e indicações para cargos elevados, os nobres hereditários tinham nítida vantagem. Em 1903, a maioria dos generais de todos os graus era de berço nobre (10 dos 140 generais mais graduados eram membros da família imperial), embora a grande maioria dos generais-de-exército e generais-de-divisão tivesse pouca ou nenhuma terra. Em outras palavras, os funcionários públicos civis e os oficiais militares nas posições hierárquicas mais altas continuavam a ser de origem nobre e a subir dentro das castas do funcionalismo que, apesar de estarem muitíssimo diluídas pelos plebeus, mantinham e reproduziam a mentalidade, a perspectiva e a rede de relações senhoriais. Como o czar retirava seus colaboradores mais íntimos quase que exclusivamente dessa mesma burocracia civil e militar, estavam certos de perpetuar o espírito autocrático imperial através da máquina do Estado. Reconhecidamente alguns dos ministros e conselheiros principais do último Romanov — Giers, Kornilov, Kuropatkin, Plehve, Pobedonostsev — provinham da classe média. Mas, como condição para serem chamados ao círculo interno do poder de Nicolau II, tais oficiais de origem plebéia não só adquiriram *status* nobre através do quadro automático de carreira, como também haviam demonstrado sua assimilação da visão de mundo consagrada. De fato, é provável que compensassem suas origens inferiores tornando-se paladinos excepcionalmente ciosos do *ancien régime*. De qualquer forma, não diluíram a situação do serviço público com atitudes burguesas ou liberais.

Por certo, até o *Risorgimento*, a grande nobreza fundiária, quase inseparável da hierarquia aristocrática da Igreja, praticamente presidiu a classe dominante da Itália. Daí em diante, os elementos profissionais e mercantis começaram a avançar, mas muito mais dentro da classe governante que da dominante. Não é certo que, após a unificação, a nobreza italiana, tanto do norte como do sul, tenha entrado em acelerada decomposição e pouco lhe restasse além de seu *status* social em rápida decadência. O que é mais importante é que os próprios líderes do *Risorgimento*, temerosos em relação às classes inferiores, tinham tido o cuidado de não afastar a nobreza fundiária, à qual eles e seus sucessores consideravam como força essencial para a ordem na sociedade maciçamente agrária da Itália.

O próprio conde Camilo Benso di Cavour encarnava uma relevante característica da classe dominante italiana desde o século XIV. Como o filho mais novo de uma família nobre, fez fortuna dedicando-se à agricultura e às finanças, sem de modo algum trair ou macular sua casta. A nobreza italiana fora, através dos séculos, um amálgama de famílias agrárias e comerciais. Enquanto os maiores nomes do capitalismo mercantil adquiriam títulos e propriedades rurais, as antigas famílias feudais se ramificavam para o comércio e os negócios. Mas a fusão gradual entre eles assumiu uma forma nobiliárquica. Os mercadores e banqueiros ricos negavam suas próprias origens sociais adquirindo vastas propriedades rurais e buscando títulos. O resultado foi que mesmo as cidades que extraíam sua vitalidade do capitalismo mercantil geravam um patriciado solidamente nobiliárquico.

É certo que a nobreza italiana nunca deteve as prerrogativas militares dos *Junker* ou os benefícios da arena nacional onde a nobreza inglesa forjava suas convenções e sua ascendência política. Mesmo assim, a elite era mais feudalista que burguesa. Não obstante a revogação do feudalismo, os camponeses continuavam enfeudados por seus senhores rurais, numa sociedade agrária onde ainda prevalecia o grande latifúndio. Os donos da terra mantinham seu controle excessivo em larga medida porque o crescimento demográfico exorbitante obrigava os pequenos rendeiros e diaristas rurais a aceitarem sua própria superexploração. Além do mais, no caso de levantes rurais, os grandes proprietários sempre podiam empregar sua autoridade ou influência política local e regional para fazer com que o Estado restaurasse a ordem.

Em todo caso, a nobreza italiana, inclusive seu componente aristocrático, pode ter sido proporcionalmente a maior da Europa. Ela estava oculta, em parte, pois, à exceção dos nomes principescos que figuravam no *Almanaque de Gotha*, pouca diferença havia entre os nomes nobres e plebeus. Mesmo levando em conta os que artificialmente alongavam seus nomes, a maioria da nobreza não podia ser reconhecida de pronto somente pelo nome. Contudo, havia grandes famílias conhecidas local, regional e até nacionalmente.

Embora dividida entre papistas "negros" e nacionalistas "brancos", a aristocracia da capital constituía um formidável *establishment* social. Os descendentes de papas e cardeais eram os nobres mais antigos e ricos. Não surpreende que, após 1870, os Barberini, Borghese e Chigi, bem como a maioria dos Colonna e Orsini, recusassem a transferir sua lealdade do Vaticano para o Palácio Quirinal. Mesmo entre os membros inferiores da antiga nobreza romana havia poucos nacionalistas declarados, embora essa nobreza inferior afinal se unisse à nobreza mais recente de comerciantes e banqueiros que estavam entre os primeiros a gravitar em torno da corte da Casa de Sabóia. Em suma, a aristocracia original de Roma, com poucas exceções, apoiava o Santo Papa em seu desafio à nação italiana secular, ao passo que o resto da nobreza sustentava as forças conservadoras da sociedade civil e política pós-unificação, agrupando-se em torno da coroa.

Mais para o sul, a nobreza era menos clerical e mais feudalista. Pode-se dizer que os antigos reinados de Nápoles e da Sicília pululavam de nobres. Havia montes de príncipes e duques, e incontáveis *marchesi* e barões. Enquanto os mais ricos eram senhores rurais ausentes que exibiam sua opressiva eminência em visitas periódicas, a ralé da nobreza permanecia em suas terras, ou nas proximidades, onde também exercia poder político e contava com um enorme peso social e cultural.

Enquanto muitos grandes senhores rurais do sul eram agraristas indolentes e desdenhavam todas as outras atividades profissionais, seus parceiros do norte dos Apeninos eram consideravelmente mais eficientes e empreendedores, e com maior razão por estarem sendo cada vez mais desafiados por capitalistas agrários agressivos e sem títulos. Na Emília e em especial no vale do Pó, havia postos avançados de agricultura comercial intensiva. Como se observou acima, Bolonha era, no norte, a capital da agricultura capitalista. Embora notáveis rurais em relativa decadência, os condes Cavazza, Isolani, Malvezzi, Mazzacorati e Salina continuavam a ser socialmente proeminentes, eclipsando proprietários rurais sem títulos como Enrico Pini. Não só em Bolonha, mas ainda nas cidades do Piemonte e da Toscana, a nobreza rural titulada mantinha seu primado nos patriciados locais.

Praticamente não existem estudos sobre a nobreza e o enobrecimento na Itália do século XIX, e não existem perfis das listas de honras da coroa após 1870. Mas isso não significa que, após 1848 ou 1870, a burguesia tenha ultrapassado totalmente a nobreza. A Itália da época herdara uma nobreza autêntica, com algumas famílias cuja linhagem remontava aos tempos romanos, medievais e ao início dos tempos modernos, outras, como a família Torlonia de Roma, ao relativamente breve interlúdio napoleônico, e outras, ainda, ao passado recente. Os títulos foram conferidos ou validados, ao longo das épocas, por reis, papas, repúblicas, cidades, ordens de cavalaria e antigas famílias dirigentes. Além disso, mais talvez do que qualquer outra sociedade européia, a sociedade italiana era consumida pela ânsia de nobreza, a julgar pela maciça usurpação e uso indevido de títulos. Títulos pessoais e não-hereditários eram irregularmente transmitidos aos descendentes, e muitas vezes títulos transmissíveis apenas para a primogenitura masculina eram estendidos às filhas e aos filhos mais novos. Mas, além dessas e outras manipulações indevidas de títulos autênticos, inúmeros plebeus simplesmente inventavam títulos para si próprios. Esse abuso atingiu dimensões suficientes para que o regime dele tomasse conhecimento oficial. Em junho de 1889, a coroa estabeleceu o registro da Instituição de Armas (*Consulta Araldica del Regno*), e em julho de 1896 incumbiu o Ministério do Interior de codificar as normas jurídicas para o uso de títulos e o processo dos usurpadores. Em fevereiro de 1903, Giolitti, como ministro do Interior, notificou a todos os prefeitos que a Instituição de Armas continuava a receber as queixas sobre "o abuso e a usurpação de títulos". Resolvido a pôr um fim "a esse intolerável estado de coisas", Giolitti instruiu os prefeitos para aplicarem os regulamentos de 1896 e processarem os "transgressores" nas instâncias judiciais adequadas.

A partir de 1906 eram publicados registros regionais, e em 1922, sem contar a página que listava os vinte príncipes e princesas da Casa de Sabóia, o *Elenco ufficiale nobiliare italiano* atualizado somava 1015 páginas, com uma média de pelo menos 12 registros por página. Apenas um estudo detalhado dos registros oficiais, regionais e nacionais, dos auto-enobrecimentos, da concessão de ordens inferiores e de condecorações pode revelar o grau em que os novos homens econômicos e profissionais da Itália unificada tentavam ascender dentro do antigo *establishment* social. Mas, *prima facie*, parece que, como seus predecessores dos primeiros tempos modernos, muitos se apressavam a se reunir à nobreza tradicional, reforçando assim seu reinado cultural e social. Reconhecidamente, essa antiga elite não desfrutava mais do mesmo predomínio na política e no governo. Mesmo assim, não se pode minimizar sua influência política sob pretexto de que, entre 1870 e 1914, o marquês Antonio di Rudinì, com seu monóculo, e o barão Sidney Sonnino foram os únicos nobres titulados a servirem como primeiros-ministros, ou que a nobreza, como tantas outras coisas na Itália, estava muito desconjuntada para poder constituir uma câmara superior hereditária coesa. Ao convergir para a monarquia, prover o Estado de altos oficiais militares e apoiar a Igreja, a nobreza sustentava o *ancien régime*. Significativamente, tanto Rudinì como Sonnino eram porta-vozes da conservadora *destra*, com a qual até a irreconciliável nobreza "negra" colaborava para preservar o *status quo* a nível local e nacional.

Assim, parece que, até 1914, as interligadas nobrezas agrária e dos serviços públicos continuaram a predominar nas classes dominantes em toda a Europa. À exceção da Inglaterra e da França, também mantiveram seu primado na sociedade política. Sua posição era sólida e terrível, e não precária e anacrônica, precisamente porque seu imenso capital era não apenas cultural e simbólico, mas também econômico. Decerto sua base material antiga e saliente vinha se debilitando devido ao relativo declínio do setor agrário. Mas as nobrezas, e em especial os magnatas nobres, sustentavam suas fortunas econômicas enfraquecidas com a obtenção de apoio governamental, investimentos no setor não-agrário e a adoção de hábeis estratégias matrimoniais.

Os *grands bourgeois* ascendentes e aspirantes pouco tinham além do seu capital econômico para poderem desafiar esse *establishment* superior abrangente, coeso e formidável. Estavam em desvantagem sob todos os aspectos importantes: sociais, culturais e políticos. Reconhecia-se que o futuro seria deles, mas, quanto ao presente, as nobrezas bloqueavam seu caminho. Duvidando de sua própria legitimidade e sem condições para subverter ou conquistar as antigas classes dominantes, os novos grandes negociantes e profissionais liberais decidiram imitá-las, bajulá-las e se juntar a elas.

CAPÍTULO 3

SOCIEDADE POLÍTICA E CLASSES GOVERNANTES

A BASE DO ANTIGO REGIME

Em 1914, a Europa era não só predominantemente agrária e nobiliárquica mas também monárquica. O republicanismo era tão incomum quanto o capitalismo financeiro. Havia, é claro, a inveterada Confederação Helvética e a recentíssima república portuguesa. Mas, entre as grandes potências, apenas a França tinha um regime republicano. Embora contestada por monarquistas e católicos irreconciliáveis, novos e antigos, a Terceira República resistiu como um país sem rei mas com aristocracia. As outras nações possuíam ambos, e as coroas e nobrezas necessitavam e recorriam umas às outras. As nobrezas combinavam seu predomínio social com uma imensa influência e poder políticos. Contavam com sua enorme força política para frear seu declínio econômico crônico, que, se continuasse desimpedido, ameaçaria solapar seu elevado *status*. Em particular do ponto de vista das nobrezas fundiárias, os sistemas de autoridade desproporcionalmente receptivos a elas constituíam baluartes essenciais de sua privilegiada posição econômica, social e cultural. É indubitável que, sem essa armadura política protetora, os *anciens régimes* teriam se contraído antes e mais rapidamente.

Importantes pensadores sociais trataram da intrincada relação entre o poder político, a força econômica e o *status* social. Longe de encararem a dominação de classe em termos puramente econômicos, Marx e Engels demonstraram a dependência recíproca entre os fatores econômicos, sociais e políticos, em diferentes épocas históricas, para se obter uma percepção política das configurações do poder de sua época. Embora superestimassem a velocidade e extensão do crescimento do capitalismo manufatureiro e industrial, nunca ignoraram de fato a persistência de formas anteriores de propriedade fundiária e capital. Além disso, ressaltaram que os governos que mediavam os conflitos entre os proprietários de diferentes tipos de bens e capitais dispunham de diversos graus de autonomia. De fato, Marx insistiu explicitamente em que o Estado era "uma entidade separada, além e fora da sociedade civil", e que "a independência do Estado só se encontra hoje em dia naqueles países onde os estamentos ainda não se desenvolveram completamente em classes, onde os estamentos, eliminados em países mais avançados, ainda têm um papel a desempenhar, e onde existe uma mescla, países [...] onde nenhuma parcela da população consegue uma dominância plena sobre as demais".

Por certo, Marx esperava que a burguesia capitalista desafiasse em todos os países o estamento agrário — cujos membros cada vez mais se comportavam como uma classe política —, até um momento em que as burguesias nacionais dominariam todos os governos, num sistema mundial de Estados concorrentes. Mas a julgar pelos seus escritos não-filosóficos e não-teóricos, Marx compreendeu inteiramente que a sociedade política não estava em vias de se converter num puro instrumento do domínio burguês, pois as frações de classe pré-burguesas e não-burguesas continuavam a exercer enorme influência e poder políticos. Da mesma forma, Engels reconheceu que os processos de desenvolvimento capitalista industrial "não [eram] acompanhados por nenhuma correspondente alteração imediata na estrutura política". A seu juízo, "a sociedade se tornava mais e mais burguesa, ao passo que a ordem política permanecia feudal". É inegável que, em sua concepção ideológica, Marx e Engels previram sociedades capitalistas onde a burguesia monopolizaria e utilizaria o Estado para subjugar o proletariado assalariado. Mas, em suas análises políticas históricas e práxis, nunca deixaram de tratar do papel das sociedades políticas autônomas, que estavam longe de ser neutras sempre que se tratava de atuarem para contrabalançar e conciliar os interesses da nobreza agrária em declínio e da burguesia capitalista em ascensão, em favor da primeira.

Na onda de 1848, Marx se concentrou sobre a economia do capitalismo em seus escritos teóricos, ao passo que abordava os desenvolvimentos políticos em seus artigos de jornal, cartas e panfletos de inspiração conceitual, particularmente em *O dezoito brumário de Luís Bonaparte*. Embora ele e Engels tentassem apreender e expor a dinâmica das inter-relações entre a sociedade civil e política que desembocou em repressão e guerra, fizeram-no mais com concretude histórica do que como uma aplicação ou busca de uma teoria política coerente, que de qualquer forma teriam recusado.

Max Weber seguiu numa direção praticamente oposta, em particular depois de sua palestra inaugural em Friburgo, em 1895, onde, como Engels, ressaltou a falta de congruência entre a sociedade e a política no Segundo Império alemão. Acentuando os desenvolvimentos sociais e econômicos em seus artigos sobre assuntos contemporâneos, Weber abordou a sociedade política em sua obra teórica. Especificamente, como parte de sua construção discursiva de conceitos e tipos ideais, elaborou uma tipologia de três formas de autoridade ou dominação pública: a carismática, a tradicional e a burocrática. Mas se dedicou pouco às estruturas e processos de sistemas políticos específicos, provavelmente com receio de descobrir que nenhum deles se adequava ao seu construto. Weber nunca enfrentou as complexidades estruturais de sistemas governamentais mesclados ao extremo e, portanto, perigosamente constringidos. Antes de tudo, recuou sobressaltado, sem propriamente investigá-los, ante os impulsos repressivos dos sistemas de autoridade modernos e contemporâneos. Em vez disso, Weber se concentrou sobre a pressão pela legitimação simbólica e ideológica por parte dos atores políticos em cena.

Thorstein Veblen trouxe ainda uma outra perspectiva para o estudo da estática social e política. Em seu esquema, as classes ociosas que eram superadas pelos desenvolvimentos econômicos se convertiam em obstáculos ao progresso e paladinos da obsolêscência. Embora os interesses materiais também alimentassem a resistência dessa elite rica, eram secundários em relação ao seu movimento "instintivo" de se opor à transformação do "esquema cultural" estabelecido. Veblen considerava esse tecido hegemônico como fundamental para os regimes estabelecidos. Para ele, esse tecido é constituído por hábitos de pensamento e ação, maneiras refinadas e antigos rituais públicos e intimamente entrelaçados que, por força do "exemplo prescritivo [...] endurecem a resistência de todas as outras classes contra a inovação, e fixam os sentimentos dos homens às boas instituições transmitidas pelas gerações anteriores". Em vez de definir esse "instinto" motriz e o "interesse de classe" da classe ociosa, Veblen delineou o funcionamento e os efeitos de sua direção. Sendo o sistema institucional de qualquer cultura "uma totalidade orgânica", a classe ociosa rejeita "qualquer alteração nos hábitos de pensamento dos homens" por medo de "abalar a estrutura social em sua base [...] reduzir a sociedade ao caos [...] e subverter os fundamentos da moralidade". De acordo com isso, a fração hereditária da classe dominante da Europa perpetuou os "traços, hábitos e ideais arcaicos [...] da antiga idade bárbara" em seu esquema cultural. Imprimiu-os também nas "ordens inferiores", graças à sua elevada posição social. Embora em tempos normais as classes médias e proletárias sejam pacíficas, em épocas de crise assumem o espírito bélico e predatório que a casta ancestral sempre exaltou como o componente mais honorável e essencial de sua herança bárbara.

Tanto a exibição cultural arcaica (espetáculo) da elite como a disposição de tantos públicos em se deixarem influenciar por ela se mantiveram implantadas com maior solidez naqueles setores das sociedades européias que eram "os mais distantes dos processos mecânicos da indústria e os mais conservadores também sob outros aspectos". Mas a tese central de Veblen é a de que os elementos hereditários do *establishment* da classe ociosa tinham um alcance prescritivo tão extraordinário entre esses setores pré-modernos exatamente por serem capazes de "conservar e até reabilitar aquele tipo arcaico de natureza humana e aqueles elementos da cultura arcaica que a evolução industrial da sociedade" afinal iria eliminar. Na medida em que tratou a classe ociosa hereditária como um grupo de *status* elevado cujas fontes e instrumentos de persuasão eram essencialmente psicológicos e ideológicos, Veblen estava mais próximo do interesse weberiano pela natureza e funcionamento dos credos legitimadores do que da preocupação marxiana com as interrelações entre o interesse material, a ideologia e o controle político.

Como se observou em capítulo anterior, para a análise das sociedades políticas da Europa, Schumpeter proporciona um arcabouço excepcionalmente útil. Foi além de Marx no esclarecimento da interpenetração dos interesses agrários e burgueses e das elites; além de Weber na especificação das estruturas de autoridade nos sistemas modernos de dominação; e além de Veblen na delimitação do aparelho de Estado como um centro aglutinador e operacional vital para a classe ociosa refratária. Schumpeter caracterizou a classe *dirigente* como uma "simbiose ativa" entre a nobreza agrária e a burguesia, mas ressaltou que a classe governante era maciça ou totalmente feudal. Na maior parte da Europa, todo o aparelho de Estado continuava a estar saturado com "o material humano da sociedade feudal, e esse material ainda se conduzia segundo padrões pré-capitalistas". Sob todos os aspectos importantes, as dinastias, cortes reais, conselhos mais representativos, burocracias e exércitos tinham uma consistência feudal. Decerto, a sociedade política atravessou mutações consideráveis ao acomodar os interesses econômicos burgueses e ao assimilar os talentos burgueses e de classe média, mas sem com isso afetar sua essência. Embora a aliança desigual entre os dois estratos sociais na sociedade civil não deixasse de ter conseqüências para o governo, as nobrezas fundiárias e dos serviços públicos, socialmente arcaicas, mantiveram sua primazia política, em parte por aceitarem a modernização burocrática e militar para promover seus próprios objetivos conservadores.

À sua maneira, cada um desses teóricos sociais é útil para os historiadores interessados em examinar as classes governantes e as instituições tradicionais da Europa. Marx e Engels proporcionam perspectivas críticas de classe sobre a autonomia, mas também a parcialidade, com que os Estados fizeram a mediação entre nobrezas declinantes e burguesias ascendentes. Desde que dessacralizado e historicizado, o construto de Weber serve para explorar a dependência recíproca entre as autoridades carismática, tradicional e burocrática nos Estados sincréticos dos *anciens régimes*. Quanto a Veblen e Schumpeter, dirigem a atenção para a vitalidade continuada das classes sociais supostamente atávicas e dos componentes políticos feudais da antiga ordem.

Ao tentar explicar por que os mortos continuavam a dominar os vivos, Marx observou que "antigos sistemas sobreviventes de produção [eram] transmitidos com todas as suas relações sociais e políticas anacrônicas". Acima de tudo, como vimos, era inegável a importância duradoura da agricultura e das elites agrárias. A Inglaterra foi mais além, subjugando o setor agrário e fragmentando e transformando a antiga nobreza. Mesmo assim, a classe superior agrária não abandonou a cena política. Nem, tampouco, subordinou-se ou adaptou-se à nova plutocracia, a julgar pela luta em torno da Câmara dos Lordes e da autonomia para a Irlanda depois de 1905.

Se o êxito da democracia dependia da eliminação da agricultura e da renda fundiária como as principais atividades sociais, então não surpreende que a maior parte da Europa ainda fosse governada por sistemas de autoridade não-democráticos. Certamente o feudalismo passara para a história. Servidão pessoal, justiça e prerrogativas senhoriais, impostos feudais, pedágios locais, cargos estatais venais e títulos eclesiásticos eram coisas do passado. Mas abolir direitos políticos, administrativos e jurídicos feudais não significa abolir toda a sociedade civil e política do antigo regime. Mesmo na França, após a Revolução, interesses materiais, forças sociais, costumes, tradições, cenários culturais e estruturas mentais que provinham do passado permaneceram poderosos. Em termos econômicos, sociais e psicológicos, o feudalismo sobreviveu ao seu desaparecimento jurídico, mais particularmente entre as elites da Europa. Isso em grande parte porque as nobrezas fundiárias e do serviço público, apoiadas pela Igreja, incorporaram e traduziram esses resíduos feudais em influência e poder político.

Apesar de conflitos mortais entre interesses e perspectivas, os elementos feudais detiveram um lugar extraordinário nos sistemas de autoridade da Europa. Suas origens e posições sociais sólidas e elevadas lhes proporcionou uma enorme potência política e um acesso privilegiado às posições institucionais de poder. Em virtude da prática e presunção históricas, as nobrezas agrária e do serviço público continuaram a reproduzir uma classe governante que não só fornecia os quadros para a burocracia de Estado como também continuava a reabastecer os escalões mais altos da liderança política. Essa manutenção ininterrupta da direção e equipe política, que tinha profundas amarras sociais, é a responsável pela sobrevivência do elemento feudal como mais que um simples revestimento do Estado.

Em 1914, os reis ainda eram "a peça central" da sociedade civil e política "pela graça de Deus, e a raiz de [sua] posição era feudal não só no sentido histórico mas também sociológico". Certamente é inegável que, após o "regicídio" preventivo em Sarajevo, os soberanos dos impérios Hohenzollern, Habsburgo e Romanov — Guilherme II, Francisco José I, Nicolau II — desempenharam um papel crucial para levar a Europa à beira da guerra. Como dirigentes autocráticos, os três dispunham de ministros e conselheiros que eram nobres de uma espécie ou outra e criaturas não de partidos, parlamentos ou capitais móveis, mas do estamento do serviço público. Quanto a Jorge V, da Inglaterra, e Vítor Emanuel III, da Itália, eram mais do que figuras decorativas reinantes, embora suas prerrogativas e poderes fossem rigorosa e constitucionalmente limitados. Nenhum deles se dedicou a apagar as fogueiras da guerra. Por certo, sendo uma república, a França não tinha rei, embora o presidente em exercício, Raymond Poincaré, cada vez mais agisse como tal. Apoiado por *notables* aristocratizados, adotou uma postura militar e belicosa consideravelmente à frente da Câmara dos Deputados e do gabinete ministerial.

Mas, entre 1848 e 1914, quaisquer que fossem as diferenças entre seus poderes e prerrogativas, todos os reis exerceram funções representativas e cerimoniais, circunspectas e impressionantes, que muito beneficiaram a classe ociosa hereditária e, inclusive, as próprias dinastias. O rei, o imperador e o czar continuavam a ser o foco de rituais públicos fascinantes e minuciosamente coreografados, que tornavam a inflamar sentimentos monarquistas com raízes profundas, ao mesmo tempo em que exaltavam e relegitimavam a antiga ordem como um todo. A coroação era o mais solene e resplandecente desses estudados espetáculos de poder, e vinha saturada de simbolismo histórico e religioso. Embora a relação entre o trono e o altar fosse mantida deliberadamente ambígua nessa cerimônia suprema, um alto eclesiástico — indicado ou aprovado pelo soberano — administrava solenemente o juramento do cargo e consagrava a coroa, o cetro e a espada do iniciado. Ao mesmo tempo, esse elaborado espetáculo cívico inaugural, embora centrado no rei, revelava e ratificava o mais alto nível de *status* e influência na sociedade civil e política em geral. Havia, decerto, outros ritos de passagem e reconsagração com pompa, exibição e mistério igualmente comparáveis: os batismos, os casamentos, os funerais e os jubileus das casas reinantes. Em todos esses sociodramas encenados com minúcia, os grandes das nobrezas de sangue, de terras, dos serviços públicos e da religião, vestidos a caráter e hierarquicamente alinhados, eclipsavam totalmente mesmo os plebeus não-uniformizados mais proeminentes. As realezas e nobrezas estrangeiras, que investiam essas ocasiões de uma aura e sanção cósmicas, também os obscureciam.

Tampouco os reis hesitavam em se apropriar dos maiores feriados religiosos e nacionais, em prol dos elementos feudais nos *anciens régimes*. Além disso, como encarnações da tradição guerreira, ostentavam seus poderes marciais em manobras navais e de infantaria, desfiles militares e troca das guardas de elite. Por fim, mas não menos importante, as coroas dominavam a cena social com suas grandes recepções, *soirées* e caçadas.

Todos esses rituais civis e sociais revigoravam a monarquia, cimentavam as nobrezas discordantes e anunciavam as últimas alterações na ordem de precedência. Essa rearticulação cerimonial da coesão reajustada no interior da classe superior era tão significativa quanto a promulgação institucional de leis e advertências para controlar as contra-elites e classes inferiores. A plebe, alta e baixa, devia ficar respeitosamente admirada mas não assustada com os uniformes, vestuários e condecorações refulgentes, que intensificavam a magia e o mistério dos ritos onde os reis dominavam a fusão entre o cetro, o altar, a espada e a bandeira nacional. Ademais, os reis encarnavam e sustentavam essa potência multiplicada durante as visitas de Estado que se faziam mutuamente.

Essas séries de cerimônias centradas em torno dos reis podem parecer empoladas e artificiais devido ao declínio dos rituais públicos nas últimas décadas. Na época, porém, ainda eram muito vivas e autênticas. Quando menos, o uso de vestes, transportes e esplendores do velho mundo intensificava o encanto dos espetáculos meticulosamente encenados em sociedades saturadas de tradição. À exceção da França, a família real e os notáveis nobiliárquicos dominavam a agenda cerimonial da nação, que se mantinha vinculada mais à alta que à baixa cultura. A sucessão de ritos cívicos espetaculares reforçava as idéias, valores e sentimentos hegemônicos que uniam as elites pré-burguesas. Esse ritual político também integrava as ordens inferiores, atendendo à sua ânsia por espetáculos fascinantes, equivalente à paixão pela hierarquia estrita entre as ordens superiores.

O funeral do rei Eduardo VII, em maio de 1910, confirmou a autenticidade e influência continuada da realeza européia. Mesmo antes que os dignitários estrangeiros e seus séquitos chegassem na Estação Vitória, em 18 de maio, de seis a oito filas de consternados cidadãos se estendiam lado a lado, por dez quilômetros, até a entrada de Westminster, onde jazia o corpo no Salão William Rufus. Assim como esta foi a maior congregação popular na capital britânica antes de 1914, da mesma forma a reunião de reis, imperadores, grão-duques e príncipes da coroa foi única na história européia recente, à exceção, talvez, do Jubileu de Diamante da Rainha Vitória em junho de 1897. Em 20 de maio, com um total estimado de 2 milhões de pessoas solenemente alinhadas nas ruas, um cortejo fúnebre verdadeiramente extraordinário acompanhou os restos mortais do rei Eduardo até a Estação Paddington, de onde um trem levou o caixão até o Castelo de Windsor, para ser enterrado na cripta sob a Capela de São Jorge.

É certo que não havia nada de incomum na escolta rutilante que acompanhava a carreta de canhão que transportava o corpo do rei morto, tampouco no cavalo de batalha preferido do rei-imperador que seguia o esquife real com botas viradas amarradas a ambos os lados da sela. Talvez não fosse nada excepcional que, conduzido por uma jovem montanhesa, outro acompanhante privilegiado fosse César, o amado *fox terrier* branco do rei morto. Mas o que vinha a seguir era assombroso e espetacular para qualquer padrão: o rei Jorge V, a cavalo, conduzia um séquito esplêndido de monarcas governantes, duques reais e príncipes hereditários, todos igualmente a cavalo. Havia nove monarcas, todos sem exceção descendentes de Guilherme, o Silencioso, segundo a ordem de precedência por parentesco. Na primeira fila, junto com o novo rei ainda não-investido, seguia o duque de Connaught e o imperador Guilherme II da Alemanha, respectivamente irmão e sobrinho de Eduardo. Como o déspota mais arrogante da Europa, o *Kaiser* Guilherme se destacava por "montar seu cavalo como um centauro, sua face rígida e impassível como uma efígie romana". Nas três filas seguintes vinham Haakon da Noruega, Jorge da Grécia, Afonso da Espanha, Ferdinando da Bulgária, Frederico da Dinamarca, Manuel de Portugal e Alberto da Bélgica. Nessa augusta procissão, Nicolau II estava representado pelo seu irmão, grã-duque Miguel, Francisco José da Áustria-Hungria pelo seu herdeiro presuntivo, arquiduque Francisco Ferdinando e Vítor Emanuel III da Itália por seu primo, o duque de Aosta. Entre os notáveis montados havia ainda representantes principescos e ducais da Holanda, Suécia, Romênia, Montenegro, Sérvia, Turquia, Egito, Japão, Sião, Estados alemães e da família real inglesa. O príncipe Tsai Tao da China e seu séquito seguiam na sétima entre as doze carruagens estatais, enquanto Theodore Roosevelt, representando o presidente William Howard Taft, dividia o oitavo coche com Pichon, o ministro dos Negócios Estrangeiros da França, representando o presidente Fallières. O ex-presidente americano, que outrora fora um *Rough Rider*,* se destacava como o único alto personagem a não trajar uniforme ou trazer condecorações. O plenipotenciário da Terceira República estava consideravelmente menos dissonante com sua sobrecasaca diplomática engalanada. O lado feminino das casas reais e principescas, liderado pela rainha-mãe Alexandra, pela viúva-imperatriz russa, Maria, e pela

(*) *Rough Rider*: regimento de voluntários da cavalaria norte-americana, organizado principalmente pelo próprio Theodore Roosevelt, para lutar na Guerra Hispano-Americana. (N. T.)

rainha Maria, da Inglaterra, juntamente com suas damas de companhia, ocupava as outras carruagens.

Não houve uma única nota falsa ou discordante. Embora 1910 marcasse não só o ponto mais alto da feroz batalha pela Câmara dos Lordes, como também um rápido aumento da agitação trabalhista, irlandesa e sufragista feminina, a polícia não precisou prevenir nenhum distúrbio.

Enquanto a coroação de Jorge V em Londres, em 22 de junho de 1910, seguiu um ritual antigo e majestoso, sua proclamação como rei-imperador em Delhi foi uma cerimônia de tipo totalmente novo, para a qual sir Edward Elgar compôs "A Coroa da Índia". Em 12 de dezembro de 1911, numa espetacular audiência pública em Delhi, cerca de 100 mil pessoas reuniram-se em torno de um anfiteatro, construído especialmente para a ocasião, contendo 10 mil convidados dispostos numa pitoresca formação de hussardos, artilharia montada real, cadetes imperiais, lanceiros Tiwana, trompeteiros em cavalos brancos e bandas reunidas. Com quase todos os oficiais uniformizados, essa reunião foi convocada para testemunhar e legitimar a exaltação de Jorge. Vestidos em trajes de coroação, com suas caudas carregadas por pajens de sangue principesco hindu, ricamente vestidos, Suas Majestades Imperiais subiram os degraus de um tablado extravagantemente alto no centro do anfiteatro. Sentados em dois resplandescentes tronos rodeados de cetros e emblemas, aceitaram a homenagem de seus servos e súditos. Lorde Hardinge, o governador-geral, em seu uniforme político e nos mantos flutuantes da Ordem da Estrela da Índia, galgou a elevada plataforma numa postura de reverência para se ajoelhar e beijar a mão do rei-imperador. Depois que os membros do conselho do vice-rei fizeram suas reverências ao pé do estrado do trono, foi a vez dos orgulhosos e admiráveis, mas submissos, marajás dirigentes da Índia e dos chefes tribais das áreas de fonteira prestarem homenagem ao seu soberano.

O jubileu de 25 anos do reinado do imperador Guilherme II foi celebrado em junho de 1913, e também se destinava a reafirmar a primazia persistente da antiga classe dominante e governante. Em 15 de junho, o chefe da Casa de Hohenzollern chegou de carro para uma missa solene na Garnisonkirche de Potsdam, vestido com o uniforme do primeiro Regimento de Guarda, ostentando a Ordem da Águia Negra e acompanhado de sua apagada imperatriz. Seguiram-se a princesa da coroa, o príncipe e herdeiro presuntivo, Guilherme da Prússia, com sua esposa e filhos, os príncipes Hohenzollern de Braunschweig, Sachsen-Meiningen, Hessen, Schaumburg-Lippe e Prússia. O séquito do imperador incluía o ministro da Guerra von Heering, o chefe do estado-maior conde von Moltke, lorde marechal conde zu Eulenburg, o ajudante-geral barão von Lyncker e o general von Plessen. Antes da chegada desse grupo imperial, praticamente todos os generais e comandantes de regimentos tinham tomado seus assentos indicados na igreja.

No dia seguinte, 16 de junho, não havia um único *Grossbürger*, progressista ou social-democrata entre os delegados de cerca de oitenta associações que tiveram o privilégio de cumprimentar pessoalmente o *Kaiser*. Naquela noite, os reis, os grã-duques, os príncipes e os grandes condes dos Estados-membros da Confederação Alemã chegaram à capital. Apenas Bremen e Hamburgo, cidades livres e hanseáticas, estavam representadas por não-nobres.

A lista especial de honras ofereceu mais uma prova de que o imperador pretendia utilizar seu jubileu para enaltecer o *ancien régime*. Aproveitando a inclinação de Bethmann Hollweg pelas fileiras militares, Guilherme II escolheu essa ocasião para promover o chanceler do império germânico e primeiro-ministro da Prússia de general-de-divisão a general-de-exército. Os três nobres promovidos a duque tinham graus militares honorários e eram proprietários de grandes bens vinculados no leste do Elba, sendo que dois deles também serviam como *Kammerherren*, ou camareiros: barão von Bodschwingh-Plettenberg (doravante conde von Plettenberg-Heeren), barão von Richthofen e Kleist-Retzow. Das 35 promoções para a nobreza hereditária, duas seguiam para *geheime Kommerzienräte* e três para médicos da corte, e todas as outras para grandes senhores rurais e oficiais do exército e da marinha. As catorze indicações para a Herrenhaus foram para nobres, altos funcionários públicos e conselheiros privados, mas incluíram Edward Arnhold, Franz von Mendelssohn e Bernhard Dernburg, três judeus convertidos, sendo o último o controverso ex-ministro das colônias. Quanto às condecorações, também se destinavam a recompensar ou estimular a lealdade e conformidade. Wilhelm von Siemens e Georg von Simson (um membro do conselho da Krupp) receberam a Ordem da Coroa, de 2ª e 3ª classe respectivamente, James Simon e Arnold Guilleaume a Águia Vermelha de 2ª classe, ao passo que Arthur von Weinberg era designado *geheimer Regierungsrat*. Membros das profissões liberais, incluindo acadêmicos e artistas — "os cavaleiros do espírito" (*die Ritter vom Geist*) — foram igualmente homenageados. Mas, outra vez, os níveis mais altos de todas as ordens ficaram reservados para o almirante da frota von Tirpitz, o capelão-mor da corte Dryander, lorde marechal conde zu Eulenburg, príncipe Fürstenberg, príncipe Solms-Baruth e uma série de generais importantes. Como Theodore Wolf observou no *Berliner Tageblatt*, o liberalismo foi mantido à distância das "mesas do banquete" e o imperador e seus ministros alegremente exploraram a impotência do *Bürgertum*.

Além disso, o imperador condecorou o doutor Bovenschen, presidente do Reichsverband gegen die Sozialdemokratie (Sociedade imperial *contra* a Social-Democracia) e o conde Ernst von Reventlow, o editor do arqui-reacionário *Deutsche Tageszeitung*, assim sublinhando o ostracismo dos social-democratas, que se ausentaram da reunião especial e do jantar de jubileu do Reichstag. Ademais, em vez de tomar conhecimento dos sindicatos livres de inspiração socialista, a principal entidade operária organizada, Guilherme II recebeu delegações das associações trabalhistas protestantes, católicas e nacionais — rivais, mas dóceis. Passou revista, também, no que pode ter sido o evento mais colorido do jubileu em Berlim: uma procissão de mestres e oficiais de guildas artesanais que variavam de padeiros, ferreiros, limpadores de chaminés, sopradores de vidro e cocheiros a forradores de paredes, sapateiros, ourives em prata, garçons e peruqueiros.

Extraordinário também foi o jubileu pelo sexagésimo aniversário do reinado aparentemente interminável do imperador Francisco José, investido em 1848. Ainda mais que o dirigente Hohenzollern, o principal Habsburgo, apresentou de forma ostensiva os membros de sua dinastia e ficou quase isolado entre eles e seus cortesãos. Nessa ocasião em particular, o imperador rodeou-se de inumeráveis arquiduques, grã-duques e duquesas Habsburgo, além dos oficiais militares. A noite de gala no Hofoper, em 2 de dezembro de 1908, foi um momento particularmente revelador. A mais alta sociedade de Viena foi convidada para uma apresentação de *O Sonho do Imperador* pela condessa Christiane Thun-Solm, ópera de um ato especialmente encomendada para a ocasião, que decorria na época de Rodolfo de Habsburgo e celebrava a fundação e as realizações da dinastia. Após um intervalo, a distinta audiência deleitou-se com *Aus der Heimat*, um musical de Joseph Hassreiter e Josef Bayer que invocava as danças e canções das principais nacionalidades e culminava num quadro alegórico onde todos os povos se uniam para glorificar o imperador. Os principais artistas da Staatsoper e do Burgtheater participaram ativamente dessa apoteose.

Os primeiros a chegarem para essa ocasião festiva foram os oficiais superiores do exército e do estado-maior que ficariam de pé na parte posterior da platéia, sob os balcões nobres. A eles se seguiu um imponente grupo de dignitários, todos em uniforme completo, que ocuparam os lugares seletos da platéia: ministros e ex-ministros, os generais mais graduados, funcionários públicos superiores, conselheiros privados, magnatas húngaros e, com trajes coloridos, os prelados católicos. Havia apenas alguns notáveis ocasionais, em trajes civis, em meio a um oceano de uniformes: dr. Weiskirchen e dr. Starzynski, presidente e vice-presidente da câmara baixa do parlamento, o embaixador barão Gali, o ex-ministro das Finanças dr. von Korytowski, e o barão Albert von Rothschild.

Os camarotes, evidentemente, ficaram reservados para as camadas superiores. Entre os que se encontravam nas frisas do terceiro andar estavam o chanceler barão von Bienerth, o prefeito de Viena, dr. Karl Lueger, e o chefe de polícia da capital, Brzesowsky. A aristocracia mais alta ocupava os camarotes do segundo andar, ao lado dos principais embaixadores. Enquanto os servidores da corte ocupavam as frisas da platéia, os arquiduques Friedrich, Eugen, Rainer, Leopold Salvator, Karl Stephan, Josef Ferdinand e Peter Ferdinand se encontravam nas frisas do primeiro andar. Após sua entrada triunfal, o imperador chegou à grande frisa imperial no mesmo andar, vestido em seu uniforme de marechal e ladeado pela duquesa Maria Theresa von Württemberg e sua filha mais velha, princesa Gisela von Bayern. Os outros membros próximos da família ocuparam os assentos atrás deles. Os 4020 enobrecimentos, promoções e condecorações que marcaram o jubileu confirmaram plenamente essa antiga hierarquia por *status* da Áustria germânica e, portanto, do Império dos Habsburgo.

Decorrido um ano de luto prescrito pela morte de Alexandre III, cujo reinado fora marcado por uma reação aristocrática, em maio de 1896 Moscou se tornou o cenário de uma coroação saturada de história, tradição e religião. Tendo passado vinte e quatro horas no distante Palácio Petrovsky, Nicolau II e Alexandra Feodorovna majestosamente seguiram antes para o Alexandria e, depois, para o Kremlin. A procissão até o Kremlin vinha encabeçada pelos guardas imperiais, pelos cossacos de elite e pelos nobres moscovitas a cavalo.

Seguiam-se, a pé, os lacaios da corte, os caçadores imperiais e os altos oficiais do governo. Após vinha Nicolau, em seu cavalo branco, completamente isolado, seguido a distância pelos grã-duques da Rússia e príncipes estrangeiros, todos a cavalo.

Embora colorida e imponente, essa longa procissão se eclipsava em comparação com a curta passagem da Escadaria Vermelha do Kremlin até a Catedral Dormition. Em 14 de maio, depois de o coro da corte ter apresentado *Fanfarra* de Tchaikovsky, a imperatriz-viúva Maria Feodorovna encabeçou o cortejo para a cerimônia de coroação no santuário mais sagrado da Rússia. Ela seguiu sob um pálio carregado por 16 grandes notáveis, com sua cauda de púrpura transportada por quatro camareiros e dois chefes do grupo de caçadores. Tão logo a viúva se sentou na catedral, 32 oficiais superiores trouxeram um magnífico pálio, sustentado por 16 postes, para o pé da Escadaria Vermelha, onde foram revezados por 32 generais. Mas, só depois que o protopresbítero Yanyshev espargiu água benta pelo caminho da procissão e dois membros da sede episcopal metropolitana incensaram as insígnias imperiais na entrada da catedral, é que Nicolau e Alexandra surgiram para tomar seus lugares sob o pálio e para a marcha até o grande ofício. O imperador vestia o uniforme da Guarda Preobrajensky, condecorado com as ordens de Alexandre e Santo André; sua consorte trajava um vestido de brocado de prata, bordado pelas irmãs do Convento de Ivanovsky, encimado pela Ordem de Santa Catarina. Uma vez chegados à igreja, foram escoltados a dois preciosos tronos consagrados, datados dos séculos XV e XVII, para que se iniciasse o ofício religioso. Tendo beijado a cruz erguida pelo Paládio Metropolitano de São Petersburgo, Suas Majestades foram espargidas com água benta, e o czar recitou em voz alta a profissão de fé ortodoxa. Depois que Nicolau se levantou e se persignou três vezes, o conde Miliutin levou a coroa imperial, com 4,5 quilos, ao arcebispo metropolitano de Petersburgo, que por sua vez entregou-a ao czar da Rússia para que este coroasse a si mesmo. Agora portando a coroa e segurando o cetro e o orbe nas mãos, o imperador reocupou o trono. Imediatamente a seguir, liberou as mãos para colocar uma pequena coroa na cabeça da imperatriz, que se ajoelhou numa almofada frente a ele. Encerrada a coroação, a Rússia explodiu num paroxismo de alegres recepções oficiais e festivais populares, desfigurados apenas por uma debandada atrás de cerveja grátis no Campo Khodynskoe, onde muita gente ficou ferida ou foi pisoteada até a morte.

Treze anos depois, em fevereiro de 1913, a Rússia comemorou o tricentenário do governo Romanov. Primeiro em São Petersburgo e a seguir em Moscou, Nicolau e Alexandra novamente desempenharam o papel central no teatro do poder imperial. Não obstante o grande crescimento industrial e urbano desde o último grandioso espetáculo cívico em 1896, os antigos rituais, símbolos e sacramentos ainda sobrecarregavam os principais espetáculos cerimoniais. A grandiosa e brilhante procissão desde o Palácio de Inverno até à Catedral de Kazan, para o solene *Te Deum*, arrematou um calendário completo de festividades. No ofício de ação de graças, a reunião de dignitários era constituída, como antes, de altos nobres, burocratas, oficiais e diplomatas, em sua maioria com espadas cintilantes e uniformes resplandecentes cobertos de medalhas e condecorações. Caracteristicamente, o autocrata russo escolheu essa ocasião notável para promover a conde o barão V. B. Fredericks, ministro da Corte Imperial; presentear com um retrato de si mesmo o seu premiê, conde V. N. Kokovtsev; conferir ordens especiais aos seus ministros da Guerra, Marinha e Negócios Estrangeiros; oferecer uma cruz cerimonial ao arcebispo de São Petersburgo; e confirmar N. A. Maklakov, o reacionário proeminente e cruel, como ministro dos Negócios Internos. Ainda mais que seus parceiros em Berlim e Viena, o czar, de modo intencional, praticamente ignorou os representantes eleitos da nação. Mikhail Rodzianko, o presidente ultra-leal da câmara baixa, obteve com enorme dificuldade uns poucos lugares para os membros da Duma na catedral, e nenhum deles, como também nenhum dos novos homens da Rússia, foi convidado aos jantares de gala no Palácio de Inverno e à apresentação, na Ópera Imperial, de *Uma Vida pelo Czar*, de Glinka. A peregrinação da família imperial até Kostroma, sede do primeiro Romanov, e as comemorações em Moscou, capital real da Rússia, foram igualmente rígidas. O mesmo se verificou quanto às exposições de ícones restaurados, promovidas em caráter oficial por ocasião do tricentenário, e às encomendas de estátuas e edifícios públicos.

Em 4 de junho de 1911, Roma celebrou o qüinquagésimo aniversário da unificação da Itália. A cerimônia principal girou em torno da inauguração do monstruoso monumento a Vítor Emaneul II, o primeiro rei da nova nação. A idéia e os fundos públicos para esse monumento já tinham sido aprovados desde 1878, e o conde Giuseppe Sacconi, cujo projeto venceu a concorrência, foi indicado como arquiteto-chefe em 1885. Significativamente, decidiu-se colocar o monumento no Monte Capitolino, o prestigioso ponto culminante da cidade. As fundações afinal foram terminadas em 1892, quando se iniciou o trabalho acima do solo.

No dia do jubileu, Vítor Emanuel III e a rainha Helena seguiram a caráter do Quirinal até o local da cerimônia. Retirados os véus da estátua dourada, a comitiva real ocupou a plataforma central logo abaixo da imponente estátua eqüestre maciça de Vítor Emanuel II e do altar da Pátria, acima do nível da Piazza Venezia. O rei e a rainha estavam rodeados pela rainha Margherita, pelo duque e duquesa de Gênova, pelos duques de Aosta e Abruzzi, pela princesa Letitia e pelo príncipe de Udine. Como grupo, eclipsavam os membros presidentes das duas casas do parlamento e Giolitti, o primeiro-ministro, que os acompanhavam. Também tornavam diminutos os senadores e deputados reunidos numa plataforma menos destacada das múltiplas fileiras dispostas no santuário real, abarrotado e superdecorado com estátuas de bronze, colunas, vestíbulos e fontes.

Mas as coroas não reinavam somente com símbolos e cerimônias. De fato, sua influência muito devia aos recursos e poderes efetivos, que nunca hesitavam em empregar. Vale a pena repetir que as dinastias eram os maiores proprietários rurais da Europa e, como tal, sentiam-se como *primus inter pares* no estamento agrário. As terras da coroa inglesa estendiam-se por mais de 300 mil acres e incluíam valiosas propriedades em Londres. Era inteiramente coerente que uma família real com propriedades tão imensas tivesse quatro imponentes residências campestres, além do Palácio de Buckingham. Enquanto os soberanos britânicos eram discretos em relação a seus bens rurais e outras propriedades, Guilherme II, em contraposição, tranqüilizou pessoalmente uma reunião de proprietários rurais *junker* em Königsberg, em 1894, afirmando que, como "o maior proprietário de terras" da Alemanha, partilhava de suas preocupações em tempos que sabia serem difíceis para a agricultura. Quanto a Nicolau II, visto que suas propriedades eram de longe as maiores da Rússia, não levantou nenhuma objeção ao ser registrado como "proprietário rural" no censo de 1897.

As imensas terras da coroa proporcionavam não só a renda, mas sobretudo a aura apropriada para os soberanos que, além de serem os principais aristocratas, eram as únicas fontes de honras. Além dessa prerrogativa tácita para criar e promover nobres, os reis-imperadores da Alemanha, Áustria-Hungria e Rússia estavam investidos do poder de indicar e demitir ministros, emitir regulamentos, convocar, suspender e dissolver corpos eletivos, promulgar e decretar leis, conceder perdões, comandar as forças armadas, fazer tratados e decretar lei marcial. Em teoria, um sistema parlamentar restrito estava em vigência nos três impérios — na Rússia a partir de 1905. Na prática efetiva, os ministros se mantinham responsáveis exclusivamente perante a coroa, e não perante a câmara popular. É certo que as câmaras baixas, aqui e ali, moderavam o arbítrio e a arbitrariedade dos monarcas, mas faltava-lhes não só o poder jurídico como também o critério político para controlá-los de modo eficaz e coerente. Como último recurso, os soberanos imperiais sempre podiam ignorar as legislaturas rebeldes: armados com poderes de emergência, podiam suspendê-las ou dissolvê-las, ou convocar novas eleições, após alterar, se necessário, os direitos políticos vigentes. Os imperadores da Alemanha, da Áustria-Hungria e da Rússia primavam pelo uso dessa tática, e o herdeiro do trono austríaco até prometeu superá-los em autoritarismo.

Evidentemente havia diferenças entre os três impérios, no que concerne à constituição, costume e prática do absolutismo monárquico. O chefe da Casa de Hohenzollern extraía sua panóplia de poderes menos pelo fato de ser o imperador alemão (ele nem sequer era "imperador da Alemanha") do que pelo de ser rei da Prússia, o posto avançado senhorial e feudal mais concentrado e famoso da Europa. Não havia nenhum texto constitucional que dissesse onde terminava sua autoridade como rei e onde começava seu poder como imperador. De qualquer modo, por exercer um poder praticamente ilimitado na Prússia, o maior Estado da Confederação Alemã e o único com poder de veto, Guilherme I e Guilherme II dirigiam a nação mais poderosa do continente.

Francisco José I, que ocupou o trono até a idade de 86 anos — mais do que qualquer outro monarca —, possuía cerca de vinte títulos, mas era primeiro e acima de tudo "Imperador da Áustria e Rei Apostólico da Hungria". Na virada do século, importantes elementos agrários da classe dirigente e governante magiar tentaram defender seu próprio poder, reivindicando uma maior autonomia para a Translitânia sob o Compromisso dualista de 1867. Quando Francisco José não conseguiu refreá-los com seus poderes imperiais, interveio em Budapeste como detentor de direito da Coroa de Santo Estêvão, confiante de que os exércitos *unidos* estavam prontos e dispostos a cumprir sua vontade.

Não havia tais ambigüidades sobre o lugar constitucional e territorial da coroa Romanov. É certo que Alexandre III e Nicolau II se gabavam de seu domínio sobre cerca de cinqüenta reinos, principados e províncias, que gradualmente foram se amoldando num Estado centralizado. Mas a cláusula de seu interminável título que concedia força total a sua mão de ferro era a de "Imperador e Autocrata de todas as Rússias".

Quanto aos poderes do rei da Inglaterra, com o tempo, evidentemente, tinham sido aparados de modo drástico tanto pela lei como pela prática costumeira. Mesmo assim não eram inexistentes. Benjamin Disraeli — o único e mais cabal adepto efetivo do elemento feudal no século XIX — proclamando a rainha Vitória imperadora da Índia, na realidade voltou a atribuir peso ao cargo dinástico. Daí por diante, no juramento administrado pelo arcebispo de Canterbury, os imperadores-reis — mais do que reis-imperadores — juravam governar legalmente os povos não só do Reino Unido da Grã-Bretanha e da Irlanda, mas também dos domínios, das colônias e do "Império da Índia". O rei jurava defender a Igreja Protestante Reformada e ser a fonte nominal da justiça. Eduardo VII e Jorge V prometiam tudo isso e muito mais, naquelas que eram, mesmo para os extravagantes padrões da época, as coroações mais gloriosas, bombásticas e estilizadas da Europa. Os elementos agrários e aristocráticos nunca duvidaram que o bruxuleante e místico esplendor da monarquia, realçado pelo brilho imperial — para não dizer imperialista — recém-descoberto, ajudava a compensar a sua diminuição na Câmara dos Comuns, perante a qual eram responsáveis os ministros do rei.

Mas mesmo os soberanos britânicos detinham responsabilidades executivas e prerrogativas de consultas, além de suas funções cerimoniais, espetaculares e legitimadoras. Devido ao apreço sacralizado em que eram mantidos, podiam, e o faziam realmente, criticar, favorecer e até, às vezes, obstruir certas políticas de seus gabinetes ministeriais. A rainha Vitória apoiava seus ministérios conservadores, ao passo que restringia seus governos liberais, e Jorge V exigiu uma segunda eleição geral em 1910, durante a crise da Câmara dos Lordes, como pré-requisito para concordar — ou concordar ameaçando — em entulhar a câmara superior com pares dóceis. Em julho de 1914, quando estava em íntimo contato com o primeiro-ministro Asquith, o rei Jorge, presume-se, favoreceu mais a intervenção que a neutralidade na guerra continental, embora insistisse numa excessiva clemência para com os abusos dos rebeldes do Ulster e seus patrocinadores *Tory*.

A coroa também tinha voz ativa na seleção dos primeiros-ministros e membros do gabinete. A rainha Vitória escolheu Rosebery contra Harcourt, ao passo que Eduardo VII influenciou Arthur Balfour e Henry Campbell-Bannerman na escolha de alguns dos seus ministros. Ambos, além de Jorge V, como é sabido, indicaram o secretário dos Negócios Estrangeiros, o ministro da Guerra e alguns embaixadores e pró-cônsules. Previsivelmente, os corpos dos serviços diplomáticos, militares, imperiais e coloniais eram feudos específicos da nobreza e dos aspirantes à posição e ao poder aristocráticos. A monarquia inglesa não empregava a caneta e por certo, tampouco, a mão armada. Do Palácio de Buckingham, onde os corredores do poder eram relativamente retos e iluminados, a coroa reinava de acordo com o espírito e a letra da lei, com sutileza e integridade, mas também sem acelerar a contração do elemento feudal na sociedade política, elemento do qual fazia parte como um componente benigno, mas vital.

A julgar pelo texto do *Statuto*, o trono italiano se moldara originalmente pelo inglês. Mas depois de 1870 a instabilidade do governo e o divisionismo, expressos e agravados pelas altercações entre políticos e partidos dominantes, deram ao rei da Itália muito mais espaço de manobra do que dispunha seu parceiro inglês. Com a queda e a freqüente reformulação dos gabinetes de coalizão, a coroa podia utilizar com grande vantagem sua prerrogativa de designar os novos primeiros-ministros e sancionar as novas eleições. Embora a Igreja e o Vaticano mantivessem sua reserva política e a aristocracia "negra" se aglomerasse em torno da corte papal, boa parte do *establishment* católico se reuniu, silenciosa mas solidamente, em torno do Quirinal, aos aristocratas da facção "branca", aos magnatas ilustres das cidades e aos notáveis do funcionalismo público. Assim agiram por considerar a monarquia indispensável para a sobrevivência de uma ordem social estável, num regime político assombrado pelo espectro do republicanismo mazzinista. Assim, Humberto I (1878-1900) e, em especial, Vítor Emanuel III (1900-1946) da casa de Sabóia — a mais antiga família reinante da Europa — sempre podiam contar com um considerável apoio ao manobrarem, nos interstícios de um sistema constitucional frágil, para consolidar e ampliar as prerrogativas reais. Pela virada do século, mesmo "liberal"-conservadores importantes, como o barão Sonnino, defendiam o refortalecimento do poder da coroa e do Senado, em detrimento da Câmara, para aumentar a estabilidade do gabinete de ministros e restringir a reforma social.

Historicamente, os reis subjugaram e ao mesmo tempo sustentaram as nobrezas. As nobiliarquias agrárias e dos serviços públicos precisavam dos reis, da mesma forma que os reis precisavam das nobiliarquias, mas sua dependência recíproca não era simétrica. É certo que, na segunda metade do século XIX, os reis tinham se convertido em aliados indispensáveis em vez de rivais perigosos para a nobreza. Por necessidade, tinham continuado a patrocinar políticas de modernização econômica, militar e burocrática que aceleravam a erosão dos privilégios aristocráticos. Mas a coroa também se tornara um ponto de união essencial para o elemento feudal no governo, que resistia ao sacrifício das nobrezas agrárias aos interesses capitalistas ou burocráticos, ou a uma combinação de ambos. O Estado era agora o principal instrumento da defesa aristocrática: além de proteger os bens da nobreza e fidalguia, garantia postos governamentais respeitáveis para seus filhos e para seus próprios fracassos pessoais. Mesmo na França, o Estado sem rei continuava a desempenhar essa função. Assim, a sociedade política servia à perpetuação da alta sociedade nobiliárquica da Europa, cuja presunção e estilo de vida ostentatório, que atravessavam as fronteiras nacionais, exigiam castelos de campo e caçadas, *villas* urbanas e salões.

Não é surpreendente que as nobrezas participassem com avidez da vida da corte, que não só glorificava o soberano mas também fortalecia sua influência sobre seus acólitos, tanto atuais como potenciais. Além de ser o principal lugar da autoridade e pompa monárquicas, a corte constituía o espaço cultural e social, isolado e reverenciado, onde os membros da mais alta nobreza agrária, do serviço público e do dinheiro se rivalizavam para estabelecer, manter e aumentar sua posição junto ao rei e umas em relação às outras. Assim agiam pela mescla usual de razões: poder, riqueza, prestígio. O *status* e as ligações com a corte eram a chave para sinecuras cobiçadas na casa real e posições de comando no governo, na burocracia, nas forças armadas, na Igreja e no *establishment* cultural. Para alguns cargos, a concorrência ficava restrita aos descendentes das famílias aristocráticas mais antigas, puras e ricas; para outros, abria-se a nobres menores e mais recentes, desde que tivessem ingressado, por si sós ou através de ligações, na sociedade da corte, geralmente após terem feito grandes doações públicas.

Embora algumas cortes fossem mais exclusivas do que outras — Viena era muito mais seleta e esnobe do que Berlim —, a intriga e a rivalidade marcavam-nas igualmente. Mas esse engalfinhamento entre cortesãos e diversas facções da corte de modo algum diminuía a aura e brilho dessa instituição exemplar da classe ociosa. Essa integridade se mantinha, em parte, através da atribuição dos cargos reais ou imperiais mais elevados e distintos a pares ilustres e opulentos que se mostrassem tão autocráticos quanto incorruptíveis. Dessa forma, homens da mais fina linhagem de sangue e terras eram indicados como primeiros-camareiros, primeiros-mordomos, escanções-mores, ou ainda mestres-de-cerimônias, dos cães de caça, das cavalariças e comandantes dos regimentos de guarda. Decerto, as nobres eminentes consideravam um privilégio único servirem como damas de honra, damas de companhia ou camareiras.

Esse núcleo mais interior da sociedade cortesã ao mesmo tempo montava e encenava o repertório real das recepções, jantares de gala, bailes de caridade e ofícios religiosos, sociais e diplomáticos. Embora os cortesãos não se prostrassem perante Suas Majestades em nenhuma dessas ocasiões, seguiam, porém, um rígido protocolo de vênias, trajes e linguagens. Por sua vez, iniciavam e treinavam os nobres inferiores e os simples mortais nesse elaborado código de etiqueta e precedências.

Em todas as monarquias, todos os nobres, antigos, novos e aspirantes, desejavam ser *hoffähig*, convidados e reconvidados à corte e — *mirabile dictu* — agraciados com uma visita real em sua mansão da cidade ou propriedade rural. Por mais afetado que fosse, esse jogo aristocrático, ritualizado e exclusivo, não era absolutamente vazio. Quem quer que o jogasse tinha de possuir riquezas e dispor de ócio. Embora as convenções fossem semelhantes em todos os países, havia também diversas variações nacionais ou dinásticas. A corte austríaca era excepcionalmente rígida. Além da ampla família dos Habsburgo, apenas os nobres com linhagem direta de catorze gerações eram admitidos às funções mais elevadas, que incluíam a extraordinária cerimônia de lava-pés, quando Suas Majestades se ajoelhavam para lavar os pés de doze homens e doze mulheres de idade avançada. Em São Petersburgo, as barreiras foram diminuídas a ponto de permitir que os oficiais de Estado dos cinco níveis superiores — depois de 1908, os quatro níveis mais altos — estivessem presentes às ocasiões mais grandiosas. Incidentalmente, entre meados e fim do século XIX, o número de oficiais nos quatro níveis superiores aumentou de 850 para 1850, ao passo que os mestres encarregados da corte, da caça e das cavalariças dos Romanov aumentaram de 24 para 213. A coroa e a nobreza continuavam a mutuamente se concederem poder simbólico e real.

Nas capitais, as cortes reais e imperiais também eram os centros de controle da cultura oficial. Acolhiam e patrocinavam óperas, concertos e peças teatrais; compravam, encomendavam e expunham pinturas, esculturas e peças de mobiliário; faziam construir edifícios, monumentos e jardins públicos. Reis e nobres desempenhavam um papel-chave na promoção e reprodução das artes visuais, plásticas e cênicas que — como veremos no capítulo 4 — perpetuavam uma persuasiva ideologia corroboradora do *ancien régime*.

Evidentemente, a sociedade e a cultura da corte fortaleciam a posição do trono como a peça central não só da classe ociosa, como também do sistema hegemônico de autoridade. Mesmo a nobreza e a fidalguia reacionárias, que vituperavam a promoção da modernização capitalista e burocrática por parte do Estado, com finalidades conservadoras, não tinham outra alternativa senão permanecerem leais à coroa. Enquanto o soberano real personificava e defendia o elemento feudal na sociedade política, sua corte encarnava e validava a mentalidade e o estilo de vida arcaicos que constituíam seu patrimônio comum.

Além dos monarcas e suas cortes, as câmaras "altas" eram formidáveis postos avançados do elemento feudal ou, como no caso da França, dos *grands notables*, entre os quais se destacavam os nobres e senhores rurais. Como seus fundadores as tinham projetado como bastiões de interesses e privilégios adquiridos contra os reivindicantes em ascensão, essas casas seletas, conselhos e senados nunca perderam as marcas de sua origem.

Com a exceção do Senado francês, que na virada do século era inteiramente escolhido por eleição indireta, essas segundas câmaras eram não-eletivas. A indicação dos membros se baseava no nascimento, riqueza e grau no serviço público, com um nítido viés a favor de homens de idade avançada. Com as costumeiras exceções, os membros dessas assembléias de notáveis eram senhores feudais ou nomeados pelo monarca, em contraposição às câmaras baixas eleitas pelo povo, e que eram constantemente violadas por aqueles. Praticamente em todos os lugares havia uma mescla de hereditariedade e nomeações reais.

Apenas a Inglaterra tinha uma câmara superior com membros que, à exceção de alguns bispos e juízes, eram inteiramente hereditários, embora a coroa alterasse sua composição com as listas de honras anuais. Em 1911, apenas 60 a 65% dos 570 pares hereditários da Câmara dos Lordes eram notáveis homens de negócios. Muito embora cerca de 100 fossem pares de primeira geração e de origem não-agrária — principalmente recrutados entre funcionários do governo —, os Lordes continuavam a constituir uma cidadela de aristocracia fundiária. Apenas 104 pares se declaravam liberais, e 59 dentre eles tinham sido investidos ao longo dos últimos vinte anos.

Não admira que, após a Segunda Lei de Reforma de 1867, a Câmara dos Lordes com maioria conservadora cada vez mais atuasse visando a emendar e rejeitar os projetos de lei progressistas dos governos liberais. Com períodos de menor intensidade durante os governos conservadores, esse confronto entre Lordes e Comuns continuou até 1914, de modo particularmente agudo depois de 1890.

Entre 1892 e 1895, a câmara superior derrotou medidas referentes à autonomia irlandesa, ao governo local escocês, à transmissão de imóveis e à flexibilidade dos empregadores. Mesmo naquela época, os líderes liberais requeriam restrições em relação aos Lordes, cujos direitos e responsabilidades estavam consagrados pela prática consuetudinária e não por estatutos. Em 1906, os liberais voltaram ao poder para formar o primeiro gabinete na história da Inglaterra onde a maioria dos ministros, inclusive o primeiro-ministro, não provinha da aristocracia. Começando com emendas a um projeto sobre educação, os Lordes retomaram sua arrogante obstrução até afinal, em 1909, vetarem o orçamento financeiro por maioria esmagadora. Com isso, desafiaram intencionalmente a Câmara dos Comuns, cujas prerrogativas fiscais tinham se convertido, não sem ambigüidades, em prática estabelecida ao longo de três séculos. Por sua vez, os liberais encaminharam um projeto sobre o parlamento, de modo a reduzir formalmente a proporção entre os pares hereditários e ordenados e os representantes eleitos.

O estopim que disparou a atitude audaciosa dos Lordes foi um inofensivo imposto sobre a terra que Lloyd George, o chanceler "liberal-radical" do Tesouro Nacional, colocara no orçamento, presumivelmente como uma provocação zombeteira contra os Lordes. Ele acusava o governo da Inglaterra de continuar a ser monopolizado pelas "classes ociosas que não tinham nada para fazer além de governar as outras" e que derivavam seu poder de "dez mil pessoas [que eram os] proprietários do solo e do restante de nós, e invasores de nossa terra natal". Não é de surpreender que o imposto proposto e a retórica irreverente tenham enfurecido o pariato usualmente ponderado. Na Câmara dos Lordes, 112 pares seculares e 2 bispos insistiram numa demonstração de força contra os Comuns, que, com sua mentalidade de sitiados, temiam estar para sempre perdidos para a elite inglesa há longo tempo reinante. Quem eram esses reacionários que, além de mobilizar a câmara superior, esperavam galvanizar o rei, o exército e o Partido Unionista,* tomando uma posição desesperada? Não eram nem aristocratas empobrecidos nem caipiras políticos. A imensa maioria dos que escavavam fossos para sitiar os Comuns eram grandes proprietários rurais, e em suas fileiras havia não poucos conselheiros privados, ex-ministros, pró-cônsules imperiais, altos membros do Partido Unionista e líderes das novas alianças sociais imperialistas. Sua agressiva defesa do antigo regime imperial era liderada por notáveis tão destacados quanto os duques de Bedford, Norfolk, Somerset e Westminster, o quarto marquês de Salisbury, os condes de Halsbury, Selborne e Plymouth, o visconde Llandaff e os lordes Milner e Roberts.

Foram necessários dois anos para persuadir os pares a abandonarem suas posições intransigentes e a votarem o projeto que reduzia o veto dos Lordes a um poder limitado de protelação. Esse resultado só foi obtido após o governo ter convocado uma eleição geral extraordinária, o rei ter insinuado que os Lordes poderiam se consolidar com pares obedientes e sir Arthur Balfour, o augusto líder conservador dos Comuns, ter jogado todo o peso de sua influência a favor de uma acomodação.

Tendo perdido o que consideravam como apenas a primeira escaramuça em sua campanha para reobter o poder político essencial à sua sobrevivência econômica, social e cultural, os ultras passaram a explorar a resistência do Ulster a favor de seus próprios interesses. Para se revigorarem com vistas a essa contra-ofensiva, maquinaram a remoção do conciliatório Balfour em favor do intransigente Bonar Law, que veio a ser o primeiro plebeu sem paixões aristocratizantes a dirigir o Partido Conservador.

(*) *Unionist party*: facção política inglesa que defendia a união legislativa entre a Inglaterra e a Irlanda. (N. T.)

Enquanto os conservadores na Câmara dos Lordes usavam seus poderes constitucionais restantes para de maneira desafiadora votar o adiamento da nova lei sobre a autonomia da Irlanda, em 1912 e 1913 (junto com três outras medidas), Bonar Law praticamente sustentava a oposição extraparlamentar de sir Edward Carson. Após endossar o acordo do Ulster, Carson e seus lugar-tenentes passaram a treinar voluntários paramilitares e a organizar o contrabando de armas. Encorajado por importantes *Tories* e não refreado pela coroa, o líder da oposição e futuro primeiro-ministro da Inglaterra defendeu a ação direta em contravenção à lei e afrontando o parlamento. Em 1912, Bonar Law denunciou o governo liberal como "um comitê revolucionário que, pela fraude, se apossou do poder despótico", e declarou que havia "coisas mais fortes do que maiorias parlamentares". Também sustentou que, se a autonomia fosse imposta aos homens do Ulster, estes "estariam justificados ao resistir por todos os meios em seu poder", acrescentando finalmente que não conseguia "imaginar a que limite de resistência o Ulster [poderia] chegar no qual [ele] não mais se dispusesse a apoiá-los". No final de 1913, num discurso em Dublin, Bonar Law incitou até mesmo as tropas britânicas no Ulster a se recusarem a impor a autonomia irlandesa, se recebessem ordens para isso. Esses e outros pronunciamentos semelhantes, por parte de conservadores proeminentes na Inglaterra, encorajaram o amotinamento dos oficiais no Curáculo em março de 1914, que contou com a cumplicidade aberta do general sir Henry Wilson, chefe do estado-maior e natural do Ulster.

Nesse ínterim, Jorge V inclinou sua neutralidade a favor dos ulsteristas insurgentes, que em voz alta lhe declaravam obediência enquanto violavam as leis que ele jurara defender. Incertos quanto ao apoio do rei e à lealdade do exército, Asquith e seus conselheiros mais próximos hesitaram em pedir a renúncia de sir Henry. Ao invés disso, procuraram apaziguar os extremistas do Ulster e seus coadjuvantes na Inglaterra. De fato, o gabinete liberal estava num impasse, e o mesmo ocorria com o sistema parlamentar do país: para processar ou prender os orangistas reacionários, seria necessário prender Carson, e um processo contra Carson levaria a um processo contra Bonar Law, o líder da oposição. A eclosão da guerra em julho-agosto de 1914 ajudou o governo liberal e o sistema parlamentar a escaparem de um impasse explosivo. Essa situação política foi uma conseqüência direta da recusa dos pares agraristas intempestivos na câmara alta e seus agressivos aliados no Partido Unionista em aceitarem uma restrição severa do seu poder privilegiado não-representativo.

Se a câmara superior da Inglaterra era tão intratável nesses já entrados anos do novo século, dificilmente se poderia esperar que seu equivalente germânico fosse menos refratário. Como na prática a Prússia controlava a Confederação Germânica, suas próprias instituições parlamentares eram tão importantes quanto as da Dieta Imperial. A Herrenhaus prussiana, ou casa dos pares, era de inteira criação do rei, que era livre para fazer tantas indicações quantas quisesse, desde que fossem hereditárias ou vitalícias. Em 1913, essa câmara tinha 412 assentos, divididos em três categorias. A primeira categoria era constituída de 117 príncipes hereditários de sangue real (*erbliche Berechtigungen*): 1 chefe da Casa de Hohenzollern, 22 chefes das casas principescas do outrora Sacro Império Romano, 51 pares (*Fürstein, Grafen und Herren*) e 43 membros de famílias nobres às quais havia sido concedida por ordem real a vinculação hereditária dos bens de raiz. A segunda categoria incluía 105 membros vitalícios, entre os quais 4 ocupavam os mais altos cargos estatais da Prússia, e outras personalidades de destaque excepcionalmente fiéis à coroa. Os restantes 190 assentos vitalícios eram ocupados por indivíduos que, indicados por entidades associadas, eram designados pelo rei: 3 por entidades religiosas, 126 por associações de proprietários rurais nobres, 10 pelas universidades e 51 pelas cidades.

Em termos sócio-profissionais, 3/4 dos membros da câmara superior da Prússia eram nobres. Sem contar nenhum dos 117 membros hereditários, sozinhos os agraristas somavam 71 e os oficiais militares 106 (59 da reserva e 47 da ativa). Tal reunião de grandes pares, proprietários rurais e notáveis do Estado era com certeza intensamente leal ao rei e à tradição autoritária da Prússia.

Essa câmara dos pares prussiana dividia seu poder com um Landtag, ou seja, câmara representativa, que, dado o modo de eleição e composição, na realidade constituía uma segunda câmara superior. Embora o princípio do voto popular fosse reconhecido, o direito de voto prussiano, estabelecido em 1849-1853, era obviamente desigual, indireto e não-secreto. Em outras palavras, enquanto o exangue Reichstag federal que tanto inquietava o elemento feudal era eleito pelo voto masculino universal, a câmara baixa da Prússia, que gozava de um poder consideravelmente maior, era composta por uma lei eleitoral que até Bismarck uma vez caracterizou como singularmente "insensata e detestável". Mas nem o Chanceler de Ferro nem seus quatro sucessores, que, à exceção do interregno sob Caprivi, também ocupavam o cargo de ministros-presidentes da Prússia, jamais propuseram uma reforma radical dessa extravagante estrutura eleitoral, justamente por lhes assegurar uma segunda câmara superior sob o disfarce de assembléia popular.

Esse sistema de voto era sobretudo desigual, pois em cada distrito eleitoral todos os eleitores qualificados — eleitores primários — eram divididos em três classes segundo o montante de impostos que pagavam: a primeira categoria se constituía dos eleitores que pagavam o primeiro terço da lista conjunta de impostos, a segunda dos que pagavam o segundo terço, e a terceira dos que pagavam o terço final, incluindo os que não pagavam nenhum imposto. Os eleitores de cada um desses três grupos votavam separadamente, por maioria absoluta e voto aberto, em 1/3 dos eleitores a que o distrito estava autorizado (um eleitor para cada 250 mil habitantes). Por sua vez, estes eleitores escolhiam os representantes.

Independentemente do número real de votantes primários em cada uma das três classes eleitorais, cada classe votava no mesmo número de eleitores. O resultado era uma imensa desproporção a favor da classe dominante rica, em detrimento das ordens inferiores. Tomando o conjunto da Prússia em 1908, de cada 10 mil eleitores qualificados, 382 votavam na primeira categoria, 1386 na segunda e 8232 na terceira (em 1914: 3 a 5%, 10 a 12%, 85%). Num total de 29 mil distritos eleitorais, havia 2200 distritos onde um único votante constituía toda a primeira categoria, como no caso de Krupp em Essen. Desde 1848, evidentemente, a Prússia passara por grandes alterações e mudanças populacionais, a favor das cidades e distritos industriais. Mesmo assim, houve apenas alterações mínimas nas proporções e divisões dos distritos, com a conseqüência de que a câmara inferior da Prússia se manteve predominantemente rural e agrária. Em 1913, 140 dos 440 representantes, ou seja, pouco mais de 31%, eram proprietários rurais, contra 28 industriais e 9 comerciantes. A representação dos partidos refletia essa mesma desproporção entre o campo e a cidade: enquanto os 16,6% dos eleitores primários que votavam nos conservadores asseguravam 48,2% da representação total, os 23,8% que votavam nos socialistas asseguravam escassos 1,4%. Ao fim e ao cabo, os principais beneficiários desse sufrágio em três níveis eram os nobres *junker* da Prússia oriental, pois nas eleições de 1913 os partidos Conservador e Conservador

Livre, que constituíam seus principais veículos políticos, ainda obtiveram 148 e 54 cadeiras, isto é, 202 num total de 443 cadeiras. Além disso, eles tinham interesses comuns com os centristas católicos, que eram substancialmente agraristas e obtiveram 103 cadeiras, e com os liberais nacionais "industrialistas", com quem tinham acordos de apoio mútuo, e que obtiveram 73 cadeiras. Quanto aos social-democratas, conseguiram apenas 10 cadeiras, embora obtivessem quase a mesma votação popular que os católicos.

Em virtude desse sistema eleitoral de três categorias e da proporção e divisão distritais congeladas, o elemento feudal controlava a câmara prussiana de representantes, além de dominar a Herrenhaus, o conselho de ministros, a burocracia e o exército da Prússia, bem como o trono e a corte Hohenzollern. Por sua vez, essa sociedade política essencialmente coerente formava a delegação prussiana ao Bundesrat, ou câmara superior do parlamento bicameral do Segundo Império, cuja câmara inferior era o Reichstag. Ao invés de representar o povo dos Estados-membros da confederação, as delegações ao Bundesrat representavam os governos desses Estados. A constituição imperial atribuía a cada Estado um número fixo de votos numa proporção aproximada que levava em conta o tamanho, a população e a importância geral. Por exemplo, as três cidades livres tinham uma cota de 1 voto para cada uma, Brunswick tinha 2, Baden 3, a Saxônia 4 e a Baviera 6. Embora não fossem proporcionais ao seu peso econômico e demográfico global, os 17 votos da Prússia lhe garantiam de longe a voz mais ativa e decisiva no Bundesrat. Segundo a constituição, o estado principal tinha absoluto poder de veto em assuntos militares e fiscais e um número de votos suficiente para bloquear emendas constitucionais. Além disso, visto que a Prússia praticamente controlava os 3 votos de Waldeck e Brunswick, bastava-lhe conquistar apenas mais dez votos para dispor de maioria absoluta.

O Bundesrat, onde a Prússia tinha supremacia, não era uma assembléia deliberativa, mas um conselho de embaixadores dos Estados-membros. Cada Estado-membro era previamente representado por uma delegação de oficiais de Estado indicados — em geral incluindo um ministro ou até o ministro-presidente —, que depositavam seus votos num único bloco, a partir de instruções explícitas do seu governo local. Além de contar com a delegação mais poderosa, a Prússia gozava de um poder ainda maior, pois o rei-imperador indicava o chanceler imperial, que presidia ao Bundesrat e, ao mesmo tempo, era membro da delegação prussiana. Além disso, a Prússia dominava os doze comitês pelos quais essa câmara superior despachava, a portas fechadas, todos os trabalhos importantes.

Na medida em que a Alemanha dispunha de um parlamento bicameral, o poder efetivo estava investido mais neste conselho federal do que no Reichstag. Pois o rei-imperador indicava o chanceler, que utilizava sua posição de comando no Bundesrat para levar aquela câmara superior a adotar os projetos que, a seguir, apresentava perante a câmara inferior. Embora fosse altamente desejável obter a aprovação do Reichstag eleito por voto popular, ela não era essencial. Afinal, o chanceler e seus ministros eram responsáveis apenas perante a coroa, que, junto com eles e o Bundesrat, governava em nome da sociedade civil e política feudalista da Prússia.

No Império Austro-Húngaro, as câmaras superiores eram igualmente arcaicas. A Herrenhaus do Reichsrat, ou parlamento da Áustria, era composta por príncipes da família imperial, arcebispos e outros altos prelados, chefes de grandes famílias rurais nobres que possuíam cadeiras hereditárias concedidas pelo imperador, e de 150 a 170 notáveis com mandatos vitalícios. De modo similar, a Mesa dos Grandes (*Förendihaz*), ou câmara superior do parlamento húngaro, era uma assembléia com cerca de 300 magnatas nobres eminentes, que possuíam assento hereditário ao lado dos dignitários mais elevados das igrejas católica, protestante e greco-ortodoxa, assim como de 50 magnatas menores e outras 50 personalidades com mandato vitalício. Embora o rei-imperador enobrecesse negociantes, profissionais liberais e acadêmicos para as câmaras altas de Viena e Budapeste, estes passavam despercebidos nesses espaços reservados da aristocracia agrária.

A Rússia também contava com um Conselho de Estado, ou câmara superior. O czar designava metade dos conselheiros dentre altos funcionários públicos, civis e militares. Os grandes proprietários rurais, a nobreza, o clero e os *zemstvos* provinciais, dominados por uma fidalguia não-progressista, elegiam a outra metade. No total, apenas 18 assentos eram atribuídos a notáveis oriundos da indústria, comércio e magistério.

O Senado italiano partilhava muitos laços de parentesco com todas essas câmaras superiores. Lá estavam, inevitavelmente, os príncipes da Casa de Sabóia que, sendo membros privilegiados, davam a essa assembléia sua marca real. Todos os outros membros eram nomeados vitalícios do rei, guiado pelas indicações do primeiro-ministro. Dos 360 a 400 senadores, 100 eram altos oficiais civis, militares e jurídicos; 100, ex-deputados (que tivessem servido pelo menos por 6 anos); e 100, notáveis ricos que pagavam mais de 3 mil liras de impostos. Os restantes 60 a 100 senadores eram escolhidos entre membros proeminentes de sociedades acadêmicas, incluindo as universidades, e outros indivíduos que tivessem prestado serviços de excepcional distinção à nação. Como não havia limite para o número de membros, pelo menos 40 novos senadores foram nomeados ao mesmo tempo em três ocasiões diferentes — 1886, 1890, 1892 —, a fim de romper o veto ou adiamento do Senado quanto a matérias de legislação votadas pela Camera (câmara dos deputados). Nitidamente, entre as duas casas, a câmara superior era de longe a mais conservadora, e ainda mais por contar com um consistente elemento feudal.

Mesmo a câmara superior da Terceira República francesa continha vestígios desse legado. Após a queda de Luís Napoleão e o esmagamento da Comuna, sobretudo os divididos monarquistas fizeram pressão a favor do estabelecimento de um senado. Pretendiam uma câmara superior capaz de refrear os impulsos radicais da câmara inferior e de servir como um cavalo de Tróia para subverter o regime nascente, no interesse de uma restauração monárquica. Reconhecidamente, os ultramonarquistas se tornaram totalmente irreconciliáveis. Mas, impressionada pela influência estabilizadora dos notáveis e dos camponeses da França rural, a centro-direita em particular, liderada pelo duque de Broglie, decidiu apoiar a república de Thiers, com a condição de que esta fosse moderada por um senado seguro. É desnecessário dizer que tal câmara e compromisso constituíram um anátema para os ultra-republicanos. Mas, apesar dessa oposição radical — ou devido a ela —, a centro-esquerda de republicanos pragmáticos decidiu aceitar esse senado, em troca da aquiescência da centro-direita quanto a uma república que as duas estavam igualmente determinadas em manter como conservadora.

A lei de fevereiro de 1875, que definia a composição do Senado, foi uma das principais transações constitucionais da recente república, e também um de seus pontos de sustentação. Dos 300 senadores, 75 eram escolhidos em caráter vitalício pelas duas câmaras em conjunto (como Assembléia Nacional). Em cada departamento, colégios eleitorais especiais selecionariam os outros 225, por um prazo de nove anos, com a substituição de 1/3 dos senadores a cada 3 anos. O colégio eleitoral de cada departamento era composto por funcionários públicos anteriormente eleitos para outros cargos públicos: os membros da Câmara dos Deputados, os membros do Conselho Geral, os vereadores dos *arrondissements* e um delegado de cada um dos conselhos comunais. No conjunto, esse arranjo eleitoral se destinava a garantir a representação injustificável e excessiva das aldeias e vilas em comparação a Paris e outras grandes cidades. O Senado se converteu numa câmara de funcionários políticos e administrativos com raízes em pequenas vilas com 600 a 5 mil habitantes, que, até 1914, sempre se transformaram com grande lentidão e cuja moderação econômica, social e cultural era sustentada pelos grandes fazendeiros e pequenos camponeses das redondezas.

Tampouco o Senado era puramente decorativo e impotente. Um de seus poderes era o de se sentar em conjunto com a câmara inferior para eleger o presidente da república, e, decerto, os impulsos conservadores do Senado auxiliaram de modo significativo a eleição de Poincaré para o cargo em janeiro de 1913. Ademais, à parte o seu poder de iniciativa em quase todos os assuntos fiscais, a câmara superior tinha de aprovar os projetos de lei que passavam na câmara inferior. Sob esse aspecto, ela demonstrou uma notável capacidade de protelar, para não dizer obstruir, o processo legislativo. Especialmente a partir de 1907, o Senado bloqueava de modo sistemático reformas sociais, fiscais e eleitorais, e se opunha à redução do tempo de serviço militar de três para dois anos, como parte de um movimento abrangente para a defesa social, orquestrado por Poincaré. Nitidamente, o Senado não só cimentava, como também agia visando a preservar a França rural e estagnante contra a França urbana dinâmica e, como tal, contribuía para o impasse político, o rochedo contra o qual os gabinetes incipientes continuavam a soçobrar.

De todas as instituições da sociedade política, a câmara baixa do parlamento era a única a registrar e promover as pulsações da indústria e do comércio, centrados nas cidades, nas zonas industriais e nas bacias de mineração em franco crescimento. Entretanto, numa perspectiva européia, essas câmaras populares eram não só seriamente divididas como também assediadas e sitiadas. Fosse o direito de voto universal ou limitado, os arranjos eleitorais em todos os países concediam um peso desproporcional às áreas rurais nas câmaras baixas. Na Inglaterra e na França, embora contassem com o sufrágio masculino universal, esse viés rural pode ter atenuado o intenso choque entre suas câmaras alta e baixa entre 1910 e 1914. De todo modo, nas câmaras inferiores da Alemanha e da Áustria, também eleitas por sufrágio universal, o mesmo viés tornou muito mais difícil organizar um desafio efetivo contra o absolutismo. O resultado foi que, em meados de 1914, o Reichstag alemão vivia num limbo gangrenoso, ao passo que o Reichsrat austríaco, também sobrecarregado por conflitos étnicos, foi suspenso por tempo indeterminado. Na Hungria e na Rússia, o direito de voto estava montado de modo deliberado para tornar as câmaras baixas seguras para o estamento agrário. Mesmo assim, em 1914, a Mesa dos Deputados (*Képriselöhaz*) foi suspensa em Budapeste, ao passo que em São Petersburgo a Duma funcionava com mandatos já vencidos. Em Roma, entrementes, a adoção precipitada, de inspiração política, do sufrágio masculino universal em meados de 1912, que da noite para o dia quadruplicou o eleitorado, desequilibrou uma Câmara congenitamente frágil.

O sufrágio masculino universal para as câmaras populares abriu seu caminho aos poucos. Enquanto a França o reconfirmou em 1875, a Inglaterra o efetivou em três etapas entre 1867 e 1918, a Alemanha em 1871, a Áustria em 1907 e a Itália em 1912. Na Rússia, a revolta de 1905 deu inesperadamente ao voto universal uma vida efêmera e abortada. Na Hungria, nesse ínterim, a classe governante magiar se opôs de forma resoluta ao voto democrático, mesmo ao preço de prolongar a subordinação de Budapeste a Viena. Apenas a Inglaterra, França e Alemanha prescindiam, antes da virada do século, das qualificações eleitorais segundo bens, impostos e instrução. Mas mesmo nesses três países, como em todos os outros, a proporção, a divisão por distritos e a delimitação injusta e arbitrária dos territórios eleitorais continuavam a inclinar as eleições para as câmaras baixas a favor das aldeias e vilas em detrimento das cidades, a favor da agricultura contra a indústria. A força da deferência e da religião também aumentava desproporcionalmente o voto rural. As atitudes de dependência pessoal forjadas nas relações sociais extravasavam para o comportamento político. Como a predisposição das pessoas de origem humilde para venerar e seguir os bem-nascidos se mostrava mais pronunciada nas antigas comunidades provinciais rurais, pequenas e de lenta transformação, do que nas agitadas cidades, que cresciam e se espraiavam com rapidez, os notáveis locais eram os principais beneficiários da conversão dessa deferência social em submissão política.

Como membros destacados das nobrezas locais, os clérigos — padres, pastores, ministros, rabinos — estavam numa boa posição para mobilizar e canalizar as preferências políticas de seu rebanho, geralmente a favor de porta-vozes dos elementos feudais, agrários e pré-industriais. De fato, com a ampliação do direito de voto e o surgimento de partidos políticos que arrebanhariam os votos da classe média, da *petite bourgeoisie* e do proletariado urbanos, os representantes de Deus colocaram seu prestígio e suas congregações a serviço dos conservadores em geral e dos elementos feudais em particular. À exceção da França, os paladinos políticos do antigo regime podiam se aproveitar do domínio derivado da inclinação submissa em relação ao altar e, ainda, à coroa, à espada e à bandeira. E mesmo na França, a despeito do anticlericalismo da sociedade política, a Igreja Católica, ao lado do exército, do pavilhão tricolor e do império, tornou-se uma força moderadora cada vez mais importante entre os republicanos.

A ampliação do direito de voto e as reformas eleitorais das últimas três décadas do século XIX certamente aceleraram a contração política das elites agrárias na Inglaterra. Em 1868, os senhores rurais, em especial os mais ricos e aristocráticos, ainda ocupavam 2/3 dos assentos na Câmara dos Comuns, em especial nas bancadas conservadoras. Em 1886, tinham se reduzido à metade das cadeiras, e após 1906, quando o direito ampliado de voto começou a ter expressão, foram reduzidos a pouco mais de 1/10 dos membros da Câmara. Por certo, esse declínio se acentuou ainda mais com as vitórias do Partido Liberal, ao qual a pequena nobreza rural há muito abandonara, passando-se para os conservadores. De fato, o Partido Unionista Conservador veio a constituir o ponto de encontro preferido entre a velha nobreza agrária e a nova nobreza das finanças, da indústria e do comércio. Embora os interesses agrários perdessem sua primazia numérica neste sólido amálgama, mantiveram boa parte de sua influência e poder, em parte devido à sua força política no campo. Contando com a dependência dos seus arrendatários, os senhores rurais aristocráticos mantinham seu predomínio nos condados "podres", que continuavam a ultrapassar a votação dos burgos para o parlamento, permitindo aos conservadores, em particular, obterem uma parte excessivamente grande de suas cadeiras. Em 1902, 50% de todos os membros conservadores do parlamento eram proprietários rurais, e em 1910, 26%, contra 7% de todos os liberais.

Mas as classes fundiárias não tinham um controle político equivalente a esse declínio no número de seus candidatos e membros dos Comuns. Acima de tudo, elas e seus aliados conservavam o comando dos gabinetes conservadores. A aristocracia e fidalguia agrárias forneceram mais da metade dos membros de todos os gabinetes até 1905, quando os liberais, liderados por Campbell-Bannerman, começaram a governar sob a permissão dos irlandeses e dos trabalhistas. Os antigos aristocratas agora haviam sido superados numericamente no governo. Em 1908, afinal, foram também afastados do cargo de primeiro-ministro, e Asquith foi o primeiro "plebeu", desde Disraeli, a atingir esse topo.

O Partido Liberal e seus gabinetes eram significativamente menos aristocráticos, uma vez que muitos dos notáveis *Whig* tinham se passado para os *Tories*. Em 1910, apenas 7% dos membros liberais do parlamento eram senhores rurais, enquanto 66% provinham do comércio e da indústria e 23% das profissões liberais e eruditas. O partido contava com uma ampla base entre a classe média das municipalidades e muitos de seus líderes tinham essa mesma proveniência social.

Mesmo assim, os liberais estavam longe de pertencer exclusiva ou majoritariamente à classe média. Enquanto Campbell-Bannerman era filho de um rico negociante que, após adquirir uma fazenda na Escócia, obtivera o título de James Campbell of Strathcaro, Asquith era um advogado com pretensões aristocráticas. Embora os plebeus estivessem em maioria em ambos os governos, de 1906 a 1916, 49% dos ministros (25 em 51) provinham de famílias com títulos hereditários, e, numa definição mais precisa, 34% descendiam de famílias com títulos hereditários que remontavam pelo menos a duas gerações anteriores. Além disso, dos 51 ministros das três administrações liberais, 20 tinham estudado em Oxford e 16 em Cambridge, e 25 tinham seguido para escolas públicas seletas, sendo 12 para Eton e 5 para Harrow. Essas instituições educacionais especializavam-se em integrar os filhos de plebeus bem-sucedidos numa classe dominante e governante cujo espírito continuava a ser marcadamente mais aristocrático do que os seus próprios membros. Ademais, apesar do relevo de alguns políticos de classe média e recursos modestos, em especial no governo de Asquith, a maioria dos membros do gabinete ministerial possuía riquezas herdadas ou adquiridas pelo casamento, o que os convertia em classe média alta e significava que tinham ligações mais íntimas com o *establishment* tradicional do que com sua base de classe média.

Na França, a preocupação com a moderação e a ordem social que moldou o Senado em 1875 também deixou sua marca sobre os arranjos eleitorais para a Câmara dos Deputados. Mesmo os republicanos, para não falar dos centro-direitistas e monarquistas, encaravam as cidades maiores com cuidado ou, até, apreensão. Como é sabido, no final do Segundo Império e após a queda de Sedan, os republicanos conseguiram seu cabedal político nas regiões dinâmicas da França, em especial nas grandes cidades e principalmente em Paris. Mas a seguir os *communaux* surgiram não só na capital, mas também em Lião, Marselha e Bordéus, daí resultando o temor e a repugnância dos republicanos pelas massas urbanas. Sem dúvida, Thiers e seus defensores direitistas tiveram uma deliberada reação violenta contra a Comuna de Paris, denunciando como insurreição socialista selvagem e incontrolável o que sabiam ser uma explosão patriótica inspirada no republicanismo jacobino. Mesmo assim, à exceção de poucos, os republicanos se uniram aos *versaillais* e aprovaram até mesmo seus piores excessos durante e após a infame *semaine sanglante* do final de maio de 1871.

Em todo caso, presos na lógica da contra-revolução preventiva, incapazes de prescindirem de Thiers e com receio das plebes urbanas, os próprios republicanos estavam ansiosos por cercar as cidades, desequilibrando a câmara baixa em favor da sociedade rural, inclusive da *petite bourgeoisie* das vilas provinciais. Assim, o sistema eleitoral se destinava a aumentar o peso da França imóvel sobre a França dinâmica em *ambas* as casas parlamentares.

Efetivamente, o número dos grandes e médios proprietários rurais na câmara baixa declinou de 141 num total de 576 em 1889 (25%) para 90 num total de 597 em 1910 (15%). Mas, embora esses delegados do setor comercial da agricultura francesa perdessem muito terreno, não se pode dizer o mesmo em relação aos representantes dos pequenos proprietários rurais, dos arrendatários das aldeias e da classe média baixa, intimamente relacionada a eles, das vilas provinciais. Pois o sistema eleitoral dividia a nação em *arrondissements*, cada um com o direito de apresentar um deputado. Se os habitantes desses distritos eleitorais originários ultrapassassem o total de 100 mil, poderiam reivindicar mais um representante para cada 100 mil habitantes adicionais ou fração, sendo que os distritos estavam divididos num número correspondente de *arrondissements*. Essa distribuição proporcional e respectiva divisão distrital favoreciam, como é evidente, o excesso de representação rural, visto que o campo tinha muitos *arrondissements* com uma população bastante inferior a 100 mil habitantes, e vários tinham apenas poucos milhares de eleitores. Em 1875, o norte da França recebeu apenas 220 deputados, embora contasse com uma população de 19 milhões, ao passo que os 16 milhões do sul mais agrário e rural foram aquinhoados com 280. Por ter três milhões de habitantes a menos, o sul recebeu um bônus de 60 deputados.

Além disso, o *scrutin d'arrondissement*, que, à exceção da eleição de 1885, sobreviveu até 1919, favorecia os notáveis locais. Não é preciso dizer que os antigos senhores rurais continuavam a reinar em virtude da dependência pessoal, lealdade e mentalidade arraigadas das populações rurais, contando muitas vezes com a colaboração do clero, que ocupava a invejável posição de ser capaz de influenciar e salvar votos. Mas, com o tempo, os "novos" notáveis do descentralizado Partido Radical ultrapassaram-nos em importância. Esses políticos radicais estendiam seu controle sobre o campo e as aldeias acessíveis graças a suas posições de prestígio nas vilas provinciais, onde eram profissionais liberais — advogados, notários, médicos, veterinários — ou negociantes de cereais, vinho e gado. Esses "burgueses" de província, à semelhança dos tradicionais padres e senhores rurais, ocupavam um lugar excepcionalmente favorecido para entender a mentalidade e os interesses camponeses. Na assembléia, esses senhores rurais, em sua maioria monarquistas latentes ou declarados, e esses burgueses não-urbanos, em sua maioria republicanos oportunistas, formavam um bloco rural que variava de 300 deputados por volta de 1890 a 200 em torno de 1910.

Em face do que se percebia como um crescente desafio urbano e industrial, em particular depois do caso Dreyfus, os monarquistas se reuniram a contragosto à república, ao passo que os radicais moderavam o seu anticlericalismo. Em tempos normais, esses elementos rurais concediam um apoio fundamental para os governos de centro, que aperfeiçoavam o *status quo* com políticas econômicas e sociais flexivelmente conservadoras. Mas em épocas de instabilidade, quando a política se polarizava, a aliança agrária se convertia numa força de inflexível conservadorismo, para não dizer de reação. Decerto, a geografia eleitoral da França não-urbana era muito diferenciada, havendo imensas diversidades quanto a estrutura econômica, padrões de povoamento, prática religiosa e tradição política: enquanto o oeste, o *massif central* e o leste eram nitidamente direitistas e clericais, o sul, o centro, o norte e a área em torno de Paris eram republicanos e, quanto à religião, moderados. Além disso, mesmo as regiões rurais mais "esquerdistas" eram relativamente moderadas em termos econômicos, sociais e culturais, tendência que se acentuou ainda mais depois da virada do século.

Muito embora o Reichstag na Alemanha vivesse sob rígido agrilhoamento, seus direitos políticos eram, além disso, cuidadosamente regulamentados de modo a reduzir a voz ativa dos distritos industriais e urbanos. Desde o início, em 1871, os 397 distritos eleitorais, com direito a apenas 1 membro, eram desiguais. Como regra geral, cada distrito devia ter 100 mil habitantes, ou seja, cerca de 20 mil votantes. Na prática, muitos distritos eleitorais tinham populações consideravelmente maiores ou menores, e esses desvios da norma aumentavam com o decorrer do tempo. Embora a população da Alemanha pulasse de 40 para 65 milhões de habitantes entre 1870 e 1914, os distritos eleitorais se mantiveram inalterados durante toda a existência do Segundo Império. Com sólida implantação nos campos, os conservadores e centristas católicos se opunham com firmeza à redistribuição proporcional e à reorganização distrital, no receio de perder sua privilegiada força eleitoral para as cidades, que constituíam não só os principais centros dessa explosão demográfica, como também os ímãs da migração interna.

É bastante natural que, sob o princípio federativo, mesmo Estados minúsculos como Schaumburg-Lippe e Waldeck, que contavam com cerca de apenas 10 mil eleitores cada um, tivessem o direito de eleger seus deputados. Mas sua contribuição para a representação rural excessiva era menor que a da Prússia oriental, da Pomerânia, da Silésia e do Posnan. Os distritos eleitorais dessas províncias predominantemente agrícolas mantinham suas cadeiras apesar da estagnação ou declínio de suas populações. Não surpreende que, em 1907, os conservadores tivessem assegurado 45 das suas 60 cadeiras graças a esses territórios, e que em 1912 apenas 4 de suas 43 cadeiras proviessem de fora da Prússia. Por sua vez, os elementos feudalistas e agrários desses e outros distritos rurais resistiam a qualquer aumento na representação das províncias industriais, em rápido crescimento, da Prússia central e ocidental e da Saxônia, de cidades como Hamburgo, Bremen e, evidentemente, Berlim. Dessa forma, enquanto o número de votantes qualificados se manteve, durante todo o período, basicamente inalterado e abaixo da média nacional (15 500 em 1912) nas províncias agrárias, ele aumentou para mais de 100 mil em Bochum no Ruhr, e para mais de 200 mil numa das circunscrições da capital imperial prussiana. De outro lado, mesmo com perto de 1 milhão de eleitores qualificados, a Grande Berlim continuava com o seu limite inicial de 8 deputados intacto.

Ao fim e ao cabo, esse congelamento do sistema eleitoral favorecia muitíssimo a base de representação da antiga ordem. Em 1907, os conservadores ganharam cada uma de suas 60 cadeiras no Reichstag com uma média de cerca de 26 mil votos, embora precisassem de apenas 10 500 votos para obter cada uma de suas 20 cadeiras na Prússia. Os social-democratas não estavam de forma alguma tão bem colocados. Embora obtivessem mais que o dobro da votação, em comparação com os conservadores, na Prússia, fizeram apenas 6 deputados, cada qual com uma média de 77 500 votos, ou seja, o sétuplo da média dos conservadores. Em termos nacionais, sua desvantagem era significativamente menor, mas não irrelevante. Cada um dos 43 deputados socialistas era porta-voz de uma média de 69 mil eleitores, ou seja, 43 mil a mais do que a média conservadora. Incidentalmetne, graças aos seus bastiões rurais, os centristas católicos registraram um resultado melhor em comparação com o dos social-democratas: quase com a mesma votação popular, elegeram 2,5 vezes mais deputados, cada qual representando 29 600 eleitores, numa média próxima à dos conservadores.

É certo que os socialistas reduziram sua desvantagem ao elegerem 110 deputados, com 4,25 milhões de votos, em 1912. Mesmo assim, com 34,8% de todos os votos, ficaram com apenas 28% dos deputados, e cada deputado ainda representava a média elevada de 40 mil votantes. Compreensivelmente, os líderes da social-democracia ficaram desalentados com o que entenderam ser uma vitória vazia: não só o Reichstag era impotente, mas, mesmo agora que contavam com a maior bancada parlamentar, os socialistas seriam incapazes de efetuar uma mudança nos arranjos eleitorais do império e no sistema de voto por três categorias da Prússia, que favoreciam de forma desproporcional o *ancien régime*.

Nos outros países europeus, que eram esmagadoramente rurais e onde o sufrágio se ampliava de forma lenta ou se mantinha muitíssimo restrito, o viéis feudalista e agrário dificilmente seria menos acentuado. De início, menos de 2,5% da população estava apta para votar na Itália pós-unificação. A primeira reforma, com o voto masculino universal, chegou em janeiro de 1882. A redução na exigência de impostos pagos de 40 para 19 liras e a diminuição da idade mínima dos votantes de 25 para 21 anos triplicaram o eleitorado para 2 milhões, ou 6,9% da população, dos quais apenas cerca de 60%, ou 1,2 milhão, exerciam seu direito de voto. Enquanto a exigência de alfabetização se mantinha em plena vigência, para uma população com 62% de analfabetos — sendo o índice de analfabetismo muito maior no sul e na zona rural —, a qualificação por imposto pago não se estendia aos que pagavam arrendamentos, aluguéis ou hipotecas relativamente substanciais, nem, tampouco, aos membros de academias, professores universitários e altos funcionários, que, em todo caso, tinham boa situação financeira. De qualquer modo, todo o sistema favorecia os notáveis locais, que empregavam a força da dependência pessoal e do prestígio, além de dinheiro para os currais eleitorais, para ganhar e manter pequenos eleitorados em distritos com um só deputado, em sua maioria rurais e confiáveis. Visto que a burguesia industrial quase inexistia até a virada do século — mesmo no norte —, as antigas elites urbanas continuavam a dominar as cidades. Numa mescla de latifundiários, capitalistas comerciais e altos funcionários públicos, essas classes dominantes e governantes municipais controlavam com facilidade a *petite bourgeoisie*, cuja participação política era modesta e moderada.

Quando o número de votantes qualificados atingiu cerca de 9,5% da população em 1892, cerca de 900 mil foram riscados das listas eleitorais por alfabetização insuficiente, daí resultando que em 1895 e 1897 o rol esteve novamente abaixo de 7%. Nesse ínterim, em particular os socialistas e democratas avançados pressionavam a favor do sufrágio masculino irrestrito. Afinal, em junho de 1912, quando o índice de analfabetismo se reduzira a menos de 38% e continuava a baixar rapidamente, Giolitti decretou o voto universal, como parte de sua estratégia preventiva de integração das ordens urbanas e rurais inferiores na ordem civil e política existente. O perigo de desestabilização pareceu se esvanecer quando o papa Pio X autorizou que a Igreja abandonasse o *non-expedit* para participar das disputas eleitorais a favor das forças da ordem. Decerto, os líderes socialistas, sindicalistas e anarquistas faziam todos os esforços para unir o proletariado rural e urbano e setores do artesanato. Mas os líderes católicos, leigos e religiosos, conseguiram contrabalançá-los reunindo o pequeno e médio campesinato, ainda maciçamente analfabeto, e a classe média baixa das vilas e cidades, daí resultando uma classe governante moderadamente reformista a dirigir a sociedade política.

Em todo caso, sob o novo direito de voto, o eleitorado aumentou de 2,9 milhões em 1909 para 8,4 milhões em 1913. Com o pacto de Gentilone, a Igreja obrigava os católicos a votarem não só nos conservadores, mas até nos liberais, nos distritos eleitorais onde uma disputa entre três partidos poderia provocar a perda da cadeira para as forças rebeldes da transformação, que eram também anticlericais. O fato de não se proceder a uma redistribuição proporcional e, tampouco, a uma redivisão dos distritos constituía uma garantia adicional de que a Camera não cairia nas mãos da indústria, dos novos centros urbanos e do proletariado.

Durante 40 anos, a câmara inferior do Reichsrat austríaco foi eleita por um direito de voto singularmente restritivo e complexo. Todos os votantes masculinos eram divididos em quatro categorias que tendiam a votar em bloco para o representante de seu distrito, com a exceção dos grandes proprietários rurais que, salvo os da Boêmia e da Galícia, elegiam seus representantes em votações separadas. A câmara se constituía de 353 cadeiras, com um número fixo de assentos para cada categoria. Em 1873, numa população de 20,5 milhões, 1,2 milhão, ou seja, 17%, davam seus votos desiguais da seguinte forma: os 4930 grandes proprietários rurais (nobres) elegiam 85 deputados, isto é, 1 para cada 59 votantes; os 1,1 milhão de votantes nas comunas rurais elegiam (indiretamente) 129 deputados, isto é, 1 para 8400 votantes; os 500 membros das câmaras de comércio, 21 deputados, ou seja, 1 para 23 votantes; e 186 300 votantes urbanos, 118 deputados, ou seja, 1 para 1 580 votantes. Essa forma de eleição era nitidamente talhada para convir em especial às grandes famílias nobres e camponeses prósperos — ocupavam mais de 60% das cadeiras —, mas também aos negociantes ricos, em particular os comerciantes.

Foi somente em 1896 que o regime imperial, sob o conde Casimir Badeni, concedeu voz irrestrita, mas minoritária, às ordens inferiores. Ele criou uma quinta categoria de votantes gerais e aumentou o número de membros da câmara para 425. Agora cerca de 3,1 milhões elegiam os 72 deputados adicionais, isto é, 1 para 69 500 votantes. Embora o direito de voto não tenha sido significativamente democratizado, a quinta categoria ofereceu uma maior representação para as minorias nacionais.

Por fim, em 1907, enfrentando outra vez a inflexível oposição da nobreza fundiária austro-germânica, Max Vladimir von Beck conseguiu aprovar o sufrágio masculino universal. Na verdade, nas eleições de 1911, os grandes nobres foram quase eliminados da câmara popular, que ficou com apenas um duque, um príncipe e quatro condes. Mas, ao invés de expirarem pacificamente, os conservadores germânicos lançaram seu peso em apoio dos social-cristãos, que mobilizaram a classe média baixa das grandes cidades, para destruir o que restava dos liberais. Com 96 deputados, os social-cristãos se tornaram o maior grupo parlamentar, seguidos por 87 social-democratas. Mas essas cifras não eram muito significativas, pois o número de assentos se elevara para 516, dos quais 45% cabiam aos austro-germânicos, 21% aos checos, 16% aos poloneses e 18% às outras minorias nacionais.

Enquanto o antigo sistema eleitoral tinha estimulado a representação por classe e *status*, com uma consideração apenas restrita pelos ímpetos nacionais, as novas frações nacionais inverteram o processo. Assim, o Reichsrat de 1911 estava preenchido com 36 facções essencialmente nacionais. Muito embora essas três dúzias de minigrupos tendessem a se aglomerar numa dúzia de "clubes" ou delegações nacionais, não se conseguia formar nenhuma maioria efetiva, e isto porque havia excessivas e irreconciliáveis pressões cruzadas, não só entre como também dentro dos grandes grupos nacionais. Com poucas exceções, estavam solidamente comprometidos com interesses agrários e distritos eleitorais rurais, e esse era o caso até mesmo entre os checos. De qualquer maneira, a câmara constitucionalmente tolhida se tornou ainda mais dividida, caótica e acuada até que, afinal, em 1914, o imperador a prorrogou, adiando as eleições e obtendo os aplausos da classe dominante e governante austro-germânica, em sua arrogância inconfundível.

Em comparação com o sistema eleitoral austríaco pré-Beck, o húngaro era mais simples e restritivo. Todos os nobres podiam votar, e o mesmo valia para todos os plebeus que pagassem impostos, cujo montante variava regionalmente, segundo as propriedades ou rendas declaradas. Além disso, para serem qualificados, os votantes tinham de saber falar húngaro, visto que a votação era pública e em voz alta. Os 6% da população que eram qualificados contavam com a certeza de ocupar uma câmara predominantemente agrária e magiar. Em 1910, dos 413 membros — a dieta croata elegia mais 40 deputados —, cerca de 42% eram fidalgos e 16% aristocratas rurais. Escassos 5% tinham origens e atividades econômicas plebéias. Quaisquer que fossem as dissensões na câmara — e eram agudas —, elas refletiam mais as divisões dentro da estreita classe dominante e governante magiar do que as clivagens entre ela e a burguesia ou as minorias nacionais.

Sendo os socialistas muito mais fracos na Translitânia do que na Cislitânia, havia pouca pressão por uma reforma radical do direito de voto, mesmo depois da virada do século. Ainda assim, para acalmar a má consciência dos pequenos mas respeitados círculos de intelectuais e aristocratas esclarecidos, em 1913 o conde István Tisza introduziu duas alterações para atenuar a aparência não-democrática do sistema eleitoral: a votação se tornou secreta nas cidades, e os pré-requisitos para os votantes passaram a ser educacionais, em vez de fiscais. Embora houvesse, evidentemente, uma alta correlação entre riqueza e instrução, o eleitorado aumentou de 6% para 10% da população. Mesmo assim, os magnatas e nobres do funcionalismo público magiares mantiveram seu predomínio na câmara, até porque a velha divisão distrital os beneficiava indevidamente.

Como a de Viena, a câmara inferior de Budapeste foi suspensa em 1914: o conde Tisza interrompeu o funcionamento da Mesa dos Deputados não para silenciar as nacionalidades subalternas, mas para sufocar magnatas magiares rebeldes e seus aliados da pequena nobreza. Quase ao mesmo tempo, fechou a dieta da Croácia semiautônoma em Zagreb, em parte para aplacar esses mesmos ruralistas que se mostravam inclinados a compensar seu próprio declínio impondo rigidamente, para não dizer intensificando, a hegemonia magiar sobre todos os povos minoritários.

A derrota na guerra contra o Japão em 1904-1905 por um momento desestabilizou o *ancien régime* da Rússia, a um ponto tal que Nicolau II se viu obrigado a ceder parte do seu poder absoluto. Com extrema relutância, o czar afinal decretou a instituição de uma Duma, ou câmara baixa, com poderes exclusivamente consultivos, a ser eleita por voto restrito e vias indiretas, através de quatro categorias. Além disso, contava com o Conselho de Estado, ou câmara superior, reduto da antiga ordem, para agir como freio da câmara popular. Da mesma forma como ocorria nos dois outros impérios semi-absolutistas ou semiparlamentares, não só o premiê, mas todos os ministros respondiam apenas perante a coroa, e não ante a câmara inferior. Além disso, embora a Duma fosse eleita por cinco anos, o czar se reservava o direito de dissolvê-la ou suspendê-la à sua vontade e de governar por decreto executivo, sob o artigo 87 das leis fundamentais de 1906, que declarava que todos os poderes não especificamente delegados a terceiros permaneciam como prerrogativa da coroa.

Apesar de um direito de voto que favorecia os elementos confiáveis da sociedade civil, devido à inquietude potencialmente explosiva após o esmagamento da revolta de 1905, as primeiras duas Dumas de abril de 1906 e fevereiro de 1907 se mostraram excessivamente contenciosas para com o czar, a nobreza rural e a burocracia de Estado. Cerca de cem deputados camponeses da facção Trudoviki uniram-se aos democratas constitucionais, aos socialistas e às minorias nacionais para exigir não só um parlamentarismo autêntico, como também a reforma agrária. Cada vez mais autoconfiante e pressionado pela nobreza agrária, pela fidalguia *zemstvo* e pela extrema-direita, Nicolau dissolveu sumariamente as duas primeiras Dumas (9 de julho de 1906 e 3 de junho de 1907), instruindo Piotr Stolypin para restringir o direito de voto antes da eleição da terceira Duma, marcada para setembro de 1907.

O novo primeiro-ministro, que continuava a ser seu próprio ministro do Interior, era um perfeito exemplar da nobreza rural e do serviço público. Membro da fidalguia provincial, Stolypin, que tinha grau universitário, possuía 5 mil acres em Kovno e Penza, casara-se dentro de uma família nobre que possuía uma fazenda com mais de 14 mil acres em Kazan, tinha laços íntimos com a casa imperial e serviu como mestre de cerimônias da nobreza, antes de se transferir para a burocracia de Estado. Muito embora setores de sua própria "classe" finalmente impedissem suas moderadas reformas agrária e do governo local, o voto restrito de Stolypin beneficiou os grandes senhores rurais, em particular os proprietários nobres, que ainda detinham mais de 50% de todas as terras particulares da Rússia européia e tinham acesso privilegiado à corte e à mais alta burocracia. A reforma eleitoral, divulgada por um ucasse imperial, elevou o número de eleitores atribuídos aos proprietários rurais de 32% para 51%. O resultado foi que, na terceira e quarta Dumas, cada deputado da pequena nobreza representava 16 mil votantes, em vez dos anteriores 28 mil. Simultaneamente, o número de eleitores atribuídos aos camponeses foi reduzido de 42% para 23%, o que significava que cada deputado dos camponeses representava 1 700 000 votantes, em vez dos 800 mil anteriores. Além disso, as cidades, excetuadas as cinco maiores, que até então tinham votado em separado, foram incluídas em distritos rurais dominados pela pequena nobreza, e o pequeno núcleo de cidadãos ricos dispôs de tantos votos quanto o restante da população urbana.

Nas duas Dumas "negras" de 1907 e 1912, cerca de 220 ou 50% dos deputados eram proprietários rurais. Metade possuía mais de 2 mil acres, 195 eram nobres e cerca de 30 eram marechais da nobreza. Não menos significavamente, entre os 150 deputados outubristas, que constituíam o bloco isolado mais numeroso da Duma, havia cerca de 110 proprietários fidalgos, 70 com fazendas acima de 2700 acres. Entrementes, o número de deputados camponeses foi reduzido a quase metade, isto é, por volta de 20% dos membros.

Em suma, muito embora a pequena nobreza provincial respondesse por apenas 1,5% da população, graças ao seu controle sobre os *zemstvos* e à reforma eleitoral, ela dominou a terceira e quarta Dumas. A partir do outono de 1907, os grandes nobres rurais em particular, secundados por 46 a 48 clérigos totalmente conservadores, passaram a desempenhar um papel tão relevante na impotente câmara baixa quanto o já desempenhado na corte, no Conselho de Estado e na burocracia. Após o assassinato de Stolypin em 1911, a Duma passou a estorvar cada vez mais a burocracia central, empregando seus poderes orçamentários incipientes para obstruir políticas prejudiciais aos interesses vitais da pequena nobreza provincial, em especial a reforma do governo local. O impasse daí resultante incitou os ministros do conde Kokovtsev e de Ivan Goremykin a pensar na subjugação da câmara inferior em 1913-1914. Como nos outros países da Europa, esse impasse foi provocado mais por divisões dentro da classe dominante e governante do que por pressões crescentes da parte do campesinato, do proletariado e, mesmo, da classe média.

O elemento feudal também estava presente nas burocracias civis e militares, que constituíam as "estruturas de aço" das sociedades políticas européias. Sem dúvida, o influxo de filhos educados oriundos de famílias burguesas e de classe média diluíram o núcleo pré-burguês dessas burocracias. Mas esse influxo se devia menos à abertura da antiga classe governante do que à sua incapacidade em montar equipes para o aparelho de Estado em rápida expansão. Além de ser relativamente pequena em termos numéricos, a nobreza carecia das habilitações para ocupar os escalões mais altos dos ministérios da Guerra, Finanças, Agricultura e Justiça. Dessa forma, o recrutamento era realizado de modo a facilitar o acesso de plebeus qualificados, e a promoção cada vez mais se baseava no desempenho e na qualificação, em vez de no nascimento e nas ligações sociais. Por certo, quanto ao recrutamento e à promoção, a classe social estava perdendo um terreno importante em favor da instrução e das realizações profissionais.

Mas isso não significa que o funcionalismo público tivesse se convertido numa carreira aberta ao talento. Certos ramos do serviço público — exército, negócios estrangeiros, corpo diplomático — continuavam a ser uma área reservada às antigas nobrezas, com seu pretenso direito à autoridade. Além disso, em todo o aparelho de Estado, os nobres continuavam a gozar de precedência quanto à indicações e promoções. Sobretudo, as posições mais elevadas ainda eram reservadas a eles, o que não significa negar um nível crescente de instrução e treinamento entre seus filhos. Ademais, à medida que a fidalguia contava com menos propriedades, tornava-se cada vez mais ávida em sua busca de cargos públicos e respectivos benefícios.

Ao mesmo tempo, os funcionários públicos de origens modestas escondiam seu passado e interiorizavam o código da nobreza, a fim de seguir avante. Essa tendência conformista era estimulada pelo quadro de níveis da carreira, fosse ele automático ou arbitrário. À parte o fato de demonstrarem, para não dizer ostentarem, sua fidelidade social e política, os aspirantes com passado humilde assimilavam o velho espírito e mentalidade do serviço público. À imitação de seus superiores e modelos, assumiam uma postura aristocrática, que incluía o desdém à ética profissional e à motivação pelo lucro. Divididos entre o arquétipo nobre e o imperativo do desempenho, os funcionários arrivistas, seja por pressões ou ostentação, forçavam essa sua pose adquirida até o ponto da incongruência e de uma contradição social e psicológica.

É inegável que o *establishment* burocrático da classe governante vinha sendo permeado pela burguesia e pela classe média. Mas esses novos homens eram portadores de valores, mentalidades e concepções de mundo burguesas? O serviço em ministérios estatais convertia-os em agentes do racionalismo e profissionalismo burocrático, tal como definidos por Max Weber? Ou, como a classe dominante, não teria a nobreza do serviço público da antiga classe governante aristocratizado os plebeus dispostos a galgar os degraus do funcionalismo? Embora ambos os processos ocorressem simultaneamente, o impulso aristocrático era o mais forte. Mais do que promover a paridade entre o novo e o antigo, a burocracia continuava a ser uma aristocracia funcionária, tanto civil como militar, cujo espírito predominante e código operacional eram nobres. Por certo, alguns ramos do funcionalismo eram mais tradicionais do que outros. Enquanto o serviço diplomático resistia como um bastião aristocrático, o Ministério das Finanças se tornava o posto avançado da tecnocracia. Havia ainda imensas diferenças nacionais. Na França, o serviço público civil tinha origem, espírito e comportamento fundamentalmente de classe média; na Hungria, era nitidamente fidalgo.

As burocracias não eram instituições politicamente neutras, mas instrumentos para a manutenção do sistema, mesmo ao promoverem a modernização. Essa tendência congênita favorecia o elemento feudal no aparelho de Estado. Além de serem conservadores por origem e prática, os burocratas se tornavam conservadores pela sua própria função, e sua mentalidade e interesse profissionais predispunham-nos à rotina e à cautela. Além disso, sempre, mas principalmente em épocas de crise, o conservadorismo reflexo — não a neutralidade — era um pré-requisito para a promoção, em particular para os escalões administrativos e executivos mais elevados. Por sua vez, a coerência política da burocracia cimentava a coesão social da antiga classe dominante e governante, dando-lhe uma aura de serviço desinteressado, eficiente e austero em prol do bem comum.

O militar ainda ocupava o centro da estrutura de aço burocrática também em termos simbólicos, ainda mais porque o crescimento desmedido dos exércitos permanentes e da reserva exigia sempre um número maior de oficiais. As forças armadas eram necessárias para a guerra, constituíam a reserva estratégica das forças de segurança interna, formavam uma entidade formidável de integração social, encarnavam a idéia de nação e desempenhavam um papel de destaque nos cerimoniais de Estado. Os generais uniformizados eram membros não só decorativos e conspícuos mas também poderosos das sociedades civis e políticas da Europa. Com poucas exceções, os generais máximos tinham origem elevada, e os que provinham de linhagem plebéia há muito haviam adotado o espírito, a mentalidade e a postura do mundo enaltecido a que tinham ascendido. Isso valia tanto para Conrad von Hötzendorff, que foi sagrado cavaleiro, quanto para Erich Ludendorff, que recusou o enobrecimento. Dentro dessas instituições militares duradouras, todos os oficiais, independentemente de sua origem social e identidade de classe, comungavam da mesma perspectiva social, religiosa e cultural tradicional. À medida que subiam na hierarquia, os oficiais também reconheciam seus valores políticos conservadores ou reacionários, de modo mais explícito em épocas de tensão. Pouca oportunidade havia, se é que havia alguma, para que os funcionários de convicções liberais ou democráticas declaradas alcançassem um grau elevado, visto que os desviantes da norma conservadora eram discretamente afastados.

Na Grã-Bretanha, as posições centrais dos negócios estrangeiros, do corpo diplomático, das forças armadas, do serviço imperial e do judiciário continuavam como fortalezas especiais da nobiliarquia. Contando com escolas públicas e universidades de elite que reforçavam seu menosprezo visceral pelos negócios econômicos e pelas ciências, os jovens de origem nobre buscavam carreiras governamentais que fossem honoríficas, realizassem sua vocação para o serviço público e fossem compatíveis com a vida cavalheiresca e fidalga. Muito freqüentemente, as posições iniciais adequadas eram obtidas através de influências, patrocínios ou, até mesmo, compra.

No papel, a compra de postos e promoções militares fora abolida em 1871, e o ingresso no corpo de oficiais era feito por concorrência aberta. Na prática, o corpo de oficiais se mantinha altamente exclusivo e seletivo. A carreira militar continuava a ser uma ocupação aristocrática e ociosa, com pouco interesse pela competência técnica. Embora ocorresse um declínio geral no papel dos grandes aristocratas no exército, o seu lugar foi ocupado pelos filhos da pequena nobreza agrária e, sobretudo, por diplomados em escolas públicas com respeitáveis riquezas. Muitos oficiais vinham de condados rurais do sul e de regiões de fronteira, em particular da Irlanda. Woolwich e Sandhurst eram as principais fontes de novos oficiais. Até 1914, 50% dos cadetes dessas duas academias militares eram filhos de oficiais, 2/3 dos quais eram filhos de tenentes-coronéis para cima. Cerca de 14% tinham origem nobre, e pelo menos o mesmo número eram filhos de fidalgos da classe ociosa. Como na maioria dos países continentais, a aristocracia agrária continuava a monopolizar os níveis mais altos do oficialato e, muito especialmente, os comandos superiores. À medida que os nobres perdiam terreno em termos absolutos, vinham buscar refúgio em regimentos de elite para uso reservado do monarca, como o *First Life Guards* e o *Royal Horse Guards*. No conjunto, a democratização e o aburguesamento dos graus superiores das forças armadas ocorreram de maneira muito lenta até 1914, embora o ritmo fosse um pouco mais acelerado na artilharia e na engenharia.

De modo similar, a base social de recrutamento e promoção no serviço público continuava a ser estreita. Com a gradual introdução de exames oficiais, as chances de reprodução consangüínea da burocracia diminuíram. Os candidatos a posições mais elevadas agora precisavam de cursos avançados, luxo a que poucos ingleses podiam se permitir. Entre 1905 e 1914, 75% dos 283 ingressantes na categoria administrativa do serviço interno provinham de escolas públicas e praticamente todos eram formados em Oxford e Cambridge. Além disso, depois de aprovados no exame escrito, os candidatos eram submetidos a uma entrevista pessoal onde o porte, as maneiras, a pronúncia e a aparência nobres tinham peso grande, se não decisivo. Após a instituição de um conselho de seleção profissional para o serviço diplomático em 1907, os candidatos, antes de seguirem para a entrevista, eram pré-selecionados conforme a linhagem social. Desnecessário é dizer que, como os salários nas forças armadas, cargos internos e exteriores eram nominais, os altos funcionários estatais precisavam de uma renda privada para se entregarem ao seu passatempo nos serviços públicos.

Os governadores-gerais dos domínios da coroa e os vice-reis da Índia eram pares, em geral com linhagem comprovada e distinguida. Mas os governadores coloniais, em especial na África, eram de extração mais modesta, em sua maioria filhos de funcionários civis e militares de médio escalão e profissionais liberais medianos. O serviço no ultramar facilitava o avanço social para posições enobrecedoras. Principalmente os pró-cônsules assumiam ares de corte. Do alto de majestosas casas governamentais, presidiam a cerimônias espetaculares destinadas a integrar as notabilidades locais, intimidar os "nativos" e enfatizar a idéia imperial de uma sede distante. Como parte desse mesmo teatro político, esses sátrapas mantinham uma corte ostentosa para a sociedade colonial branca, incluídos os seus nababos. Tanto em suas pseudocortes como em suas viagens, vestiam uniformes esplendidamente condecorados e seguiam um protocolo rígido e ostensivo, pontuado por guardas de honra e salvas de armas. Como representantes da coroa, os pró-cônsules concediam medalhas e ordens nos territórios que dominavam. Por sua vez, contavam com seu próprio enobrecimento e, até mesmo, com sua possível elevação ao pariato, ao término de sua missão.

O elemento feudal praticamente dominava a burocracia civil e militar do Segundo Império germânico. Sem dúvida, os *junker* e antigos nobres perderam espaço em todo o aparelho de Estado, havendo uma proporção crescente de indivíduos recém-enobrecidos e sem títulos nos serviços civis, diplomáticos e militares. Mesmo assim, a força do prestígio e do protótipo da nobiliarquia tradicional permanecia intacta, tanto mais porque os nobres continuavam a monopolizar os postos mais elevados na Prússia e a ter um predomínio apenas insignificantemente menor na administração imperial.

De 1871 a 1914, cerca de 25% dos ministros do governo da Prússia em Berlim eram *junker*, enquanto cerca de 75% eram nobres. Essas percentagens eram ainda mais elevadas no topo da administração local prussiana. Em 1907, apenas um dos doze governadores provinciais da Prússia não tinha título. O quadro não era muito diferente na Bavária, Württemberg e nos outros Estados. Tomando o império em conjunto, 25 dos 36 *Regierungspräsidenten* eram nobres, 6 dos 12 *Oberpräsidialräte*; 35 dos 131 *Oberregierungsräte*, 140 dos 69 *étatsmässige Regierungsmitglieder* (incluídos os 131 *Oberregierungsräte* e 36 *Verwaltungsdirektoren*), 217 dos 540 *ausseretatsmässige Regierungsmitglieder*, 121 dos 278 *Regierungsassessoren* e 271 dos 467 *Landräte*. Essa nobreza do serviço público incluía dois príncipes, 63 condes e 148 barões.

Os plebeus constituíam uma verdadeira exceção nos níveis mais altos do governo nacional. Todos os chanceleres eram grandes nobres, e o mesmo acontecia em relação à maioria dos ministros e secretários de Estado. Em 1914, 8 dos 10 funcionários mais graduados do serviço diplomático e quase todos os embaixadores da Alemanha eram nobres titulares. Muitos desses altos funcionários imperiais tinham originalmente se destacado na burocracia prussiana, e todos demonstravam seu conservadorismo político à medida que subiam ao topo de uma classe governante que excluía progressistas, socialistas e judeus.

No exército, os oficiais prussianos continuavam a ser predominantes, apesar de sua diminuição numérica, em parte porque os imperadores Hohenzollern encarnavam e enalteciam sua conduta autocrática. Entre 1860 e 1913, a percentagem de nobres no oficialato diminuiu de 65% para 30%. Na verdade, a diluição era mais marcada entre os níveis inferiores. Em 1913, 73% de todos os capitães e subalternos eram de origem não-nobre. A diminuição do número de oficiais bem-nascidos era muito menor nos níveis mais altos: ao longo de um período de cinqüenta anos, a percentagem de nobres de nascimento entre os generais e coronéis caiu de 86% para 52%, ou apenas 56%, se contarmos os enobrecimentos em serviço. Além disso, no século XX, praticamente todos os generais e marechais-de-campo eram nobres, 1/3 dos quais oriundos de antigas famílias *junker*. A nobreza do Elba oriental fornecia os altos oficiais para o estado-maior geral, o Ministério da Guerra, os regimentos de cavalaria de elite e, em menor medida, as unidades de infantaria e artilharia.

Ainda assim, existiam aqueles oficiais prussianos e seus aliados políticos reacionários que queriam refeudalizar as forças armadas, reforçando seu domínio sobre os regimentos seletos de guarda e cavalaria e as guarnições de elite. Mais importante ainda, apesar de seu nacionalismo acerbo e belicosidade, até 1914 opuseram-se a qualquer expansão do exército, temendo que outros oficiais de origem não-nobre pudessem minar a ascendência *junker*. Na verdade, esses ultras exageravam desmedidamente o *embourgeoisement* do *establishment* militar da Alemanha, pois, embora a extração social dos oficiais fosse cada vez mais de classe média, o espírito militar *junker* continuava a permear a estrutura de comando e as academias militares do exército.

A Áustria contava com uma nobreza do serviço público um pouco menos exclusiva que a da Alemanha. No exército, havia espaço para um número relativamente grande de oficiais da reserva judeus e checos, embora os regimentos de elite continuassem fechados a eles. Por certo, nem os judeus nem as outras minorias se faziam presentes nos níveis superiores do serviço civil e militar, solidamente mantidos nas mãos da aristocracia austro-germânica. Reconhecidamente, Conrad von Hötzendorff, o chefe do estado-maior de excepcional talento mas também beligerante, tinha origem não-nobre. Mas, à parte o fato de ser uma exceção, fora recentemente enobrecido. No conjunto, ele partilhava da concepção arquinobiliária e retrógrada de Francisco Ferdinando. Além dos primeiros escalões das forças armadas, os do Ministério dos Negócios Estrangeiros e do corpo diplomático constituíam reserva exclusiva da alta nobreza austro-germânica.

Principalmente na Hungria, onde os magnatas se tornaram menos numerosos mas mais ricos e maiores, a fidalguia em declínio econômico procurava posições governamentais por razões de segurança material, *status* social e influência política. Entre 1867 e 1914, cerca de 90 mil pequenos nobres encontraram emprego numa burocracia de Estado que, durante esse meio século, aumentara de 30 mil para 233 mil funcionários públicos civis, sem contar o pessoal dos serviços postais e ferroviários. Sem corte nem cargos exteriores, e com apenas uma pequena polícia militar autônoma, essa nobreza do serviço público era singularmente apagada, com escassos símbolos e cerimônias de legitimação. Como que para defender suas magras atribuições, esses burocratas-fidalgos se apropriavam infatigavelmente do capital ideológico e social da classe e meio de onde provinham. Embora afastados do domínio senhorial, mesmo os funcionários que viviam em Budapeste afetavam mais do que nunca o espírito e o estilo de vida do estamento rural. Além disso, declarando ser a legítima herdeira e encarregada da missão nacional da Hungria, essa barulhenta nobreza do serviço público exigia a total magiarização dos povos submetidos e a independência final em relação a Viena. Não que os não-magiares e não-fidalgos fossem impedidos de ingressar na burocracia. Mas, para serem admitidos, tinham primeiro de negar suas origens, dominar a língua húngara e assumir modos aristocráticos. Tendo os judeus como concorrentes no funcionalismo civil e nas profissões liberais, a fidalguia do serviço público se tornou crescentemente anti-semita. Ao mesmo tempo, uniu-se à pequena e à média fidalguias rurais acossadas, em oposição aos grandes magnatas, dentro e fora do governo, que colaborava com os barões do capital, em sua maioria judeus, acusando esses ricaços de profanarem a herança nacional e cultural da Hungria.

Também na Rússia, os filhos dos proprietários nobres procuravam cargos na burocracia civil e militar, para compensar a deterioração de suas fortunas agrárias. Principalmente após a abolição da servidão em 1861, houve um influxo de fidalgos decadentes para o serviço do Estado. Em 1890, apenas cerca de 30% dos funcionários no segundo e terceiro graus mais elevados do funcionalismo público possuíam bens de família, em sua maioria herdados, dos quais cerca de 35%, isto é, 180, possuíam grandes propriedades rurais com mais de mil dessiatinas, ou seja, 2700 acres. É mais do que provável que essas percentagens não tenham se alterado de modo significativo ao longo dos 25 anos seguintes. Contudo, durante todo esse período, funcionários com bens rurais ocupavam um largo espaço no topo mesmo da pirâmide política da Rússia, o que incluía o *entourage* do czar.

Evidentemente, o quadro automático de carreira integrava todos os altos burocratas, inclusive ou em especial os funcionários sem terras, numa nobreza do serviço público cujo espírito social e encargo político se referem à manutenção do *ancien régime*, inextricavelmente entrelaçado com o estamento rural. Por sua vez, os filhos desses nobres funcionários contavam com uma garantia de preferência quanto ao ingresso e à promoção na administração civil. Embora no final do século XIX os funcionários de origem nobre ocupassem apenas cerca de 1/3 de todos os cargos, continuavam a predominar nos quatro níveis superiores. Mesmo depois de outubro de 1906, quando o estamento nobre se viu despojado de todas as vantagens legais na burocracia de Estado, os descendentes da nobreza continuaram favorecidos nas promoções. Uma razão importante dessa sua permanência era o acesso privilegiado dos filhos da nobreza às escolas de elite para burocratas. A princípio destinados apenas aos rebentos das mais altas famílias tituladas, a partir de 1890 o Liceu Imperial Alexandre e o Instituto Jurídico Imperial passaram a admitir nobres, sem levar em consideração sua proveniência. Os graduados dessas *grandes écoles* optavam por seguir carreira nos importantíssimos ministérios do Interior e da Justiça. Nestes eram postos à disposição nos dois níveis mais baixos, e os mais capazes até podiam ser escolhidos para começar no nono nível. Quando essas escolas de elite não tinham mais vagas, os nobres enviavam seus filhos para os ginásios, onde tomavam o cuidado de se manterem separados dos estudantes de classe média, que constituíam a maioria.

Com efeito, após 1905, funcionários de estirpe nobre e rural perderam um certo espaço entre o pessoal mais graduado do Ministério do Interior, a favor de homens com origens não-nobres, que tinham progredido basicamente em função de sua instrução, talento e desempenho. No entanto, em 1914, nesse nível elevado os elementos nobres tradicionais continuavam a ocupar 77% de todos os postos, contra 88% em 1905. Além disso, no Ministério do Interior, como em outras pastas, os nobres rurais e, em particular, os proprietários de grandes fazendas continuavam a ter uma representação excessiva nos postos mais elevados e prestigiados. Evidentemente, apesar de alterações na sociedade em geral e na condição da classe dominante e governante tradicional, a nobiliarquia retinha uma posição de comando em toda a burocracia civil mais elevada.

O mesmo valia, em grande parte, para os escalões militares mais graduados. Aqui, novamente, a entrada de não-nobres no corpo de oficiais se acelerou após 1905 — a 3% em 1911-1912 —, ao mesmo tempo em que o quadro de carreira era abrandado, permitindo a concessão de honras pessoais a oficiais recém-comissionados e honras hereditárias a qualquer um que atingisse o grau de coronel. Contudo, a preferência por filhos de nobre estirpe não se atenuou de forma significativa. Os bem-nascidos ainda eram promovidos com muito maior facilidade do que os não-nobres, e obtinham a parte do leão nos postos máximos. Quanto mais excelsa fosse a linhagem de um militar, mais rápida seria sua ascensão na carreira, e qualquer príncipe ou conde quase certamente seria promovido ao generalato maior.

No exército imperial em rápido crescimento, o oficialato da Rússia expandiu de 19 500 em 1860 para 42 800 em 1900 e, em 1914, para aproximadamente 46 mil, entre os quais apenas 50% eram nobres de nascimento. Mas, na virada do século, 10 dos 140 generais de maior graduação eram membros da família imperial e 78 tinham ancestrais nobres, entre os quais 47 tinham pouca ou nenhuma terra. A percentagem de nobres hereditários era no mínimo tão alta entre os generais-de-exército e os generais-de-divisão, embora em sua grande maioria não possuíssem terras.

Não surpreende que a cavalaria e a artilharia fossem muito mais seletas do que a infantaria. Os oficiais de cavalaria eram quase todos nobres, e mesmo em 1911 todos os seus generais eram de ascendência nobre. Quanto à extração social, os regimentos da guarda montada eram ainda mais exclusivos, visto que só podiam ser escolhidos nobres hereditários. Após freqüentarem as mesmas escolas militares de prestígio, em especial a Escola do Corpo de Escudeiros e a Escola de Cavalaria Nicolau, os oficiais de guarda progrediam rapidamente e, ainda em 1912, forneciam ao exército imperial bem mais de 50% de seus generais. Pode-se ter uma medida da natureza feudal do regime czarista no fato de que a cavalaria, incluídas as guardas, correspondia a 12% do oficialato, embora respondesse por apenas 6% dos efetivos militares da Rússia. A artilharia, em comparação, correspondia a 16% do exército permanente e a 13% dos oficiais, em sua maioria com preparação e inteligência acima da média. Quanto à infantaria, seus oficiais eram inferiores aos dos dois outros ramos em termos de posição social, instrução e influência extramilitar. Assim, uma grande proporção dos oficiais subalternos da soldadesca da Rússia era de origem camponesa e não tinha instrução secundária. Na melhor das hipóteses, não mais de 40% dos oficiais das unidades de infantaria eram de origem nobre, embora os 60% com origem humilde recebessem evidentemente, no mínimo, um certo enobrecimento pessoal. Em última análise, a classe política da Rússia preservou o caráter nobiliárquico de suas forças militares, que constituíam também sua guarda pretoriana, mantendo as escolas militares socialmente exclusivas como caminho obrigatório para os escalões superiores do oficialato.

Até 1914, a "estrutura de aço" das sociedades políticas da Europa continuou a ser maciçamente feudal e nobiliárquica. A despeito das enormes variações nacionais e constitucionais, havia uma significativa semelhança de família entre todos os regimes. Talvez essa afinidade estivesse arraigada, sobretudo, na importância duradoura dos interesses agrários e da sociedade rural por toda a Europa. Enquanto na Inglaterra a terra era uma fonte de *status* social e ascendência política, mais do que de poder econômico e financeiro, na França ela proporcionava a principal infra-estrutura material da Terceira República, em especial de sua classe dominante e governante. Embora a Revolução de 1789-1794 tivesse eliminado a monarquia, ela revigorou o estamento agrário: à parte o fato de manter intocados os notáveis agrários e a Igreja Católica, imobiliária e rural, expandiu e fortaleceu as pequenas e médias propriedades camponesas. Por toda a Europa, as câmaras altas, legislaturas, burocracias e exércitos retiravam seu sangue antes das aldeias, vilas e províncias ligadas ao campo do que das cidades ou regiões em industrialização. Além disso, exceto na França, o rei e a corte, além das nobrezas, seriam inconcebíveis sem a riqueza, a renda e a aura geradas pela grande propriedade rural.

Na medida em que essa sociedade agrária estava em relativa decadência econômica, a sociedade política lá estava para sustentá-la. O rei e a corte desempenhavam uma função aglutinadora global na política de defesa econômica, social e cultural, sendo a França a exceção que confirmou a regra. Em virtude de antigo costume ou de convenção constitucional, ou de ambos, a força da antiga classe dominante se ampliou não só nos conselhos locais e provinciais, mas, sobretudo, no governo central. As duas casas do parlamento e as nobrezas do serviço público trabalhavam visando preservar ou reforçar a sociedade civil pré-industrial. Em todos os países, à exceção da Inglaterra, aprovaram tarifas protecionistas para a agricultura e a manufatura não-competitivas e concederam posições governamentais de prestígio para os nobres na defensiva e os plebeus aspirantes à nobreza. E, não menos importante, bloquearam reformas fiscais, eleitorais, educacionais e sociais que ameaçassem acelerar a erosão da antiga ordem.

CAPÍTULO 4

CULTURAS OFICIAIS E VANGUARDAS

As culturas oficiais da Europa espelhavam nitidamente a perseverança tenaz das sociedades civis e políticas pré-industriais. Na forma, conteúdo e estilo, os artesanatos da alta cultura continuavam ancorados e envolvidos em convenções que transmitiam e celebravam tradições defensoras da antiga ordem. A revivescência e a reprodução ecléticas de estilos antigos e tradicionais predominavam não só na arquitetura e estatuária, como também na pintura, escultura e artes cênicas. Museus, academias, igrejas e universidades promoviam ativamente esse historicismo acadêmico congruente, o mesmo fazendo o Estado, que utilizava o historicismo para articular projetos nacionais e regionais. Acima de tudo, as artes e instituições hegemônicas mantinham suficiente vitalidade interna e coerência sintética para revigorar os *anciens régimes*.

Evidentemente, entre 1848 e 1914 as culturas oficiais da Europa conheceram movimentos modernistas dissidentes nas artes, assim como nas igrejas e escolas superiores. Mas essas defecções eram facilmente controladas, sobretudo por não constituírem páreo para os centros culturais reinantes. Com efeito, a maioria dos desertores eram experimentalistas e jovens inovadores, espirituosos e agressivos, e muitos deles afinal obtiveram reconhecimento. Mesmo assim, ondas sucessivas da vanguarda se chocaram contra as culturas oficiais que, como quebra-mares, sobreviveram intactas. A longo prazo, a vitória dos modernistas pode ter se mostrado inevitável. A curto prazo, porém, os modernistas foram refreados e isolados de forma efetiva, se necessário com medidas jurídicas e administrativas de controle. Apesar de, ou devido aos incessantes desafios e escárnios por parte das vanguardas, os produtores e guardiães das tradições acadêmicas oficiais se mantiveram ao mesmo tempo autoritários e flexíveis. Como os reis e nobres, aprenderam a neutralizar os rivais em ascensão através da assimilação e cooptação adequadas. E assim como os velhos interesses econômicos empregavam o máximo de sua força política para assegurar tarifas protecionistas e preferências fiscais, da mesma forma artistas eminentes utilizaram sua influência em instituições hegemônicas centrais — academias, salões, museus, ministérios da cultura — para obter apoio a suas linguagens gastas.

Comparados à vanguarda, o *establishment* cultural e sua retaguarda eram sobretudo protetores. Mas, embora o legado historicista pelo qual e com o qual lutavam estivesse esteticamente empobrecido, de modo algum tinha se esgotado. O historicismo não era um apêndice arcaico, inerte e sem vida que se arrastava atrás dos desenvolvimentos econômicos e sociais do século XIX. De fato, entre 1848 e 1914, o academicismo histórico não decaiu de forma mais rápida que o restante da sociedade civil pré-industrial. Certamente, perdeu vitalidade quando a forma estabelecida prevaleceu sobre a idéia, a imitação sobre a autenticidade, o ornamento sobre a simplicidade e a pompa sobre a sobriedade. Mas, sendo empolado e artificioso, nem por isso o historicismo se tornou menos útil e eficaz.

Os grandes estilos históricos — clássico, medieval, renascentista, barroco, rococó — faziam parte do depósito de símbolos e imagens que serviam para bloquear, dignificar e mascarar o presente. O historicismo fornecia críticos da modernidade com um reservatório inesgotável de representações com as quais não só glorificavam e revigoravam seu próprio mundo privilegiado, ainda que sitiado, mas também censuravam e vilipendiavam a nova sociedade rival. As nobrezas fundiárias e funcionárias, os "catonianos" políticos* e os críticos sociais arcadistas tinham, cada qual, suas razões pessoais para retornar a metáforas e símbolos antigos.

Mas os bardos e fautores da modernidade também recorriam a antigos tropos quando se tratava de justificar seu projeto e torná-lo compreensível. Enquanto os empreendedores capitalistas se des-

(*) *Political catonists*, no original. Referência ao político e orador romano Catão (234-149 a.C.), conhecido por suas funções de censor, que desempenhou com austeridade e moralismo exemplares, sendo ultraconservador e imperialista no plano político interno e externo. (N. C.)

tacavam pela destruição criativa na esfera econômica, eles cuidavam de não romper o tecido cultural herdado. Na verdade, em sua busca de sanção divina e reconhecimento social, envolviam a si e suas pesquisas em mantos históricos protetores. Esse emprego da cultura histórica, e essa solicitude em relação a ela, encobriram e mitigaram substancialmente o desgaste de adequar a modernidade à sociedade civil e política preexistente.

Para as classes políticas, a alta cultura era um importante instrumento ideológico. Não só os edifícios, estátuas e espaços públicos, mas também as artes pictóricas, plásticas e cênicas deveriam exaltar os antigos regimes e relegitimar suas pretensões morais. As classes dominantes tinham uma concepção igualmente funcional das artes. Enquanto os novos homens ricos as apoiavam para ostentar sua riqueza, gostos e aspirações, as famílias bem-estabelecidas usavam-nas para reiterar sua fortuna e *status*. Para ambas as facções, o consumo da alta arte e cultura constituía o símbolo e a consagração de posições de classe adquiridas ou cobiçadas, prestígio e influência em sociedades que se mantinham nitidamente tradicionais. Tendo atribuído tais funções práticas à arte, as classes governantes e dirigentes não se sentiam inclinadas a patrocinar vanguardas que evitavam ratificar e exaltar os *anciens régimes* e suas elites com as mesmas formas habituais.

Numa época em que a antiga ordem em declínio controlava a nova sociedade emergente com facilidade, as convenções, gostos e estilos tradicionais apenas lentamente se renderam a visões e representações de ruptura. Ao contrário dos da Renascença, a maioria dos novos-ricos não se tornou patrocinadora do modernismo; sem dúvida porque a vanguarda se mostrava desatenta à sua sede de retratos lisonjeiros em torno de sua influência, missão e posição. No *Quattrocento*, os artistas haviam adaptado motivos e temas da antigüidade clássica para ratificar e celebrar a ascensão dos habitantes dos burgos a posições de comando nas classes rurais e governantes, predominantemente nobres, das cidades senhoriais e republicanas da Itália. Esforçando-se em apreender e expressar a consciência expansionista de seus patronos, esses artistas deram início a um movimento de gosto que, por fim, adquiriu vida e impulso próprios.

Da Idade Média até o século XIX, as classes dominantes e governantes da Europa utilizaram a arte tanto para finalidades práticas como para deleite estético. A função da arte era a de celebrar Deus, o mecenas, a dinastia, o regime, a classe e a nação. Até o século XVIII, os artistas dependeram do patronato real, aristocrático, patrício e eclesiástico para sua fama e renda. A partir de então, quando os *anciens régimes* começaram a viver do seu capital cultural acumulado, os artistas perderam seus patronos tradicionais. Obrigados a perseguir a arte pela arte, e para seu próprio bem, tiveram de angariar clientes e públicos para sustentar sua busca irreverente. Duramente pressionados a encontrar benfeitores individuais e encomendas públicas, os dissidentes procuravam em especial consumidores privados e institucionais que comprassem a arte moderna, juntamente com a tradicional. Com raras, ainda que notáveis, exceções, os novos barões do capital, porém, movidos pela ânsia de nobreza, restringiam-se a colecionar pinturas e objetos de arte "clássicos", comprar ou construir casas senhoriais rurais ou mansões urbanas "históricas", e patrocinar as artes cênicas tradicionais. Ao invés de encorajar e se apropriar da pesquisa moderna, investiram no legado historicista, que permanecia demasiado extenso e alheio a eles para que conseguissem torná-lo seu. A burguesia economicamente radical era tão subserviente na vida cultural quanto nas relações sociais e na conduta política. Ao esposar e consumir as artes convencionais, a burguesia reforçava as classes dominantes e as culturas oficiais voltadas de modo desproporcional para o mundo pré-industrial e pré-burguês.

Em seu conjunto, as altas culturas reinantes continuaram a encarnar e divulgar o realismo oficioso, a conformidade rígida com o passado, a retidão moral e religiosa, e o orgulho nacional. A época era de hábitos, não de modas, onde a arte e a cultura eram "o espelho mágico e vivo de um passado que ainda estava ativo [...] e plenamente confiante em seu próprio futuro". Era uma época de "paixão pelo seu país, mais do que pelos seus tempos", estimulada pelos cultos patrióticos. A exigência era a de reproduzir e difundir o que era "não só conhecido, como também apreciado, admirado ou adorado". Isso significava retratar lendas religiosas e santos, épicos históricos e heróis, a vida e os costumes cotidianos com referências estudadas à morte de Prometeu, à aflição de Édipo, ao drama da criação e à cultura das fábulas populares. Mais do que demandar às artes visuais, plásticas e musicais "novas impressões, [os artistas] eram solicitados a expressar e reproduzir intensamente as impressões e crenças já experimentadas e comprovadas".

Mas havia também um movimento modernista, uma vanguarda de artistas radicalmente críticos e opositores da perspectiva histórica. O termo "vanguarda" fora na realidade extraído do discurso militar. Para amigos e inimigos, invocava visões de patrulhas avançadas de artistas liderando os simpatizantes, que avançavam contra a fortaleza da cultura oficial. Em cada país, a vanguarda era constituída de vários círculos que se agrupavam e reagrupavam em relação recíproca e em reação a suas batalhas perdidas contra o *establishment* cultural.

Alguns grupos mesclavam arte avançada com política radical, pelo menos até ficar claro que a campanha modernista seria difícil, lenta e fatigante. Outros se limitavam a levantar desafios estéticos que, em geral, também contestavam a missão social e política da arte. Mas, quaisquer que fossem as divisões entre e dentro das várias formações da vanguarda, todas eram movidas pela mesma exasperação contra a postura histórica enrijecida dos ramos principais da alta cultura. Individual e coletivamente, os vanguardistas se rebelavam não contra as instituições hegemônicas enquanto tais, mas contra seu torniquete asfixiante. Com seus assaltos incessantes, pretendiam forçar uma abertura desse ponto de estrangulamento, a fim de criar um maior espaço público e privado para a experimentação técnica, estilística e temática.

A segunda metade do século XIX, porém, foi uma estação difícil para os artistas. Embora as fileiras artísticas se expandissem rapidamente, as antigas classes dominantes e as igrejas retrocederam em seu patrocínio. A burguesia invertebrada, nesse ínterim, investia na arte "clássica" garantida, em vez de patrocinar os experimentos modernistas da arte e dos artistas contemporâneos. O resultado foi que os subsídios do governo assumiram uma importância crescente, no exato momento em que os artistas valorizavam sua autonomia recém-descoberta e denunciavam a contínua subserviência da alta cultura ao Estado e à sociedade.

Com o crescimento das cidades, a produção da arte oficialmente financiada se ampliou de modo significativo entre os meados do século XIX e 1914, sem se interromper com a depressão econômica de 1873 a 1896. As autoridades públicas construíam edifícios governamentais, prefeituras, museus, bibliotecas e universidades; encomendavam murais, monumentos e estátuas; organizavam exposições internacionais e festivais públicos; e fundavam institutos de pesquisa. Políticos e burocratas planejavam e administravam essas atividades em íntimo contato com artistas, intelectuais e acadêmicos dedicados à reprodução e difusão da cultura tradicional. Na verdade, a maioria desses colaboradores eram produtos de sóbrias academias e conservatórios, que obrigavam os artistas jovens, em busca de reconhecimento e patrocínio, a sustentarem os cânones convencionais. Os diretores e professores dessas academias definiam os currículos, montavam os júris e concediam os prêmios que perpetuavam os gêneros tradicionais, controlavam o acesso a carreiras assalariadas e regulavam o progresso profissional e social em círculos oficiais de prestígio.

A vanguarda fora derrotada por todos os lados. Sustentadas pelas velhas elites, as instituições hegemônicas mantinham seu terreno, recusando compromissos e patrocínios. De modo similar, ofendidos pela acusação de filisteísmo, os novos plutocratas resolutamente desprezavam ou ignoravam os modernistas. A vanguarda tampouco encontrava estímulo entre a *petite bourgeoisie*, o proletariado ou o campesinato. O quarto estado era totalmente indiferente, se não hostil, à pesquisa modernista.

Incapazes de imprimirem uma marca na cultura histórica, os círculos de vanguarda se tornaram cada vez mais alienados, em primeiro lugar, da burguesia e, a seguir, da sociedade como um todo. Em vez de colaborar com a vanguarda política, a vanguarda artística se retirou para o que se converteu numa subcultura espraiada. Insistindo sobre a nobreza de sua atividade e declarando que não responderiam a ninguém, além de si mesmos, os dissidentes se converteram nos paladinos da arte pela arte e de um esteticismo extremado. Atribuíram valor absoluto à arte e converteram-na em objeto de culto, para não dizer religião, fundamentalmente desconectado da vida cotidiana. Embora se resignassem a ter apenas seus próprios colegas como espectadores, ouvintes e críticos, esperavam, não obstante, mesmo que de modo inconsciente, que suas inovações desafiantes viessem, com o tempo, a desacreditar e derrubar os estilos predominantes e seus curadores em sentido amplo. Em suma, os vanguardistas interiorizaram seu protesto social e abandonaram os confrontos diretos com a ordem e a cultura oficial, optando por permeá-las e subvertê-las. Com a exceção dos futuristas e dos expressionistas de esquerda, converteram-se nos fabianos* do movimento modernista.

(*) Referência à corrente do movimento sindical britânico organizada na Sociedade Fabiana (1884), cujo reformismo bem moderado evoluiu, no século XX, para

Entrementes, excluída dos circuitos oficiais, a vanguarda gerou e recorreu a redes alternativas. Em particular os pintores passaram a organizar suas próprias exposições sem júris nem prêmios, ao mesmo tempo em que críticos e comerciantes de arte simpáticos e empreendedores se puseram a criar público e mercado para obras contemporâneas heterodoxas. Esporadicamente, grandes orquestras e teatros apresentavam peças e composições de vanguarda. Mas, com freqüência muito maior, eram os círculos amadores e os cabarés fora do tom que representavam obras modernistas. Paradoxalmente, ao invés de reivindicarem sua autonomia, os artistas de vanguarda trocavam os grilhões da cultura oficial pelos do mercado concorrencial e especulativo.

Antes de 1914, esses novos canais de promoção e reconhecimento da arte experimental eram no máximo incipientes, em grande medida porque a burguesia, mais inclinada a usar o mercado, mantinha-se antipática em relação ao modernismo. Até então, não se esperava ainda que o consumo conspícuo ou o mecenato de uma arte contemporânea não-experimentada respondesse às ambições sociais dos *nouveaux riches*. É certo que, aqui e ali, uns poucos *grands bourgeois* se tornaram clientes dos artistas modernos, além de alguns aristocratas dispersos pelo mundo. Mas esse patronato incidental não atenuou o peso da mão de ferro da antiga hegemonia cultural, da mesma forma que a modernização da agricultura, da burocracia e do exército não suavizou o das nobrezas agrárias e do serviço público.

Sem dúvida, a arquitetura era o espelho cultural mais exemplar. Ao lado da estatuária pública e do espaço urbano, refletia e enaltecia, ao mesmo tempo, a ordem cultural e social estabelecida. A julgar pelo estilo da arquitetura oficial no século XIX e início do século XX, o período foi de um rígido historicismo. Embora o capitalismo pós-mercantil continuasse a avançar aos poucos e com dificuldade, nunca encontrou ou inspirou uma linguagem arquitetônica própria. Como nas outras artes, exceto a literatura, as revoluções industriais compactas não conseguiram incitar novas visões, símbolos e cânones. Em particular nas cidades maiores, inclusive as de

---

uma adaptação crescente ao discurso e práticas do progressismo gradualista burguês. (N. C.)

rápido crescimento econômico, os edifícios públicos continuavam a assumir uma variedade de estilos históricos, puros ou ecléticos. Tendo abandonado a busca de um estilo unitário distinto para a sociedade emergente, os arquitetos se orgulhavam de dominar a arte de imitar os grandes estilos do passado europeu — grego, romano, bizantino, românico, gótico, renascentista, barroco. Dependendo do país, algumas décadas eram entregues ao neo-helenismo, outras ao neogótico e, outras ainda, ao estilo renascentista francês. Mas havia também anos em que arquitetos ganhavam fama com edifícios que combinavam dois ou mais estilos antigos. Em todas as épocas, as estruturas das construções religiosas e civis eram concebidas para despertar ou reforçar sentimentos e atitudes de apoio ao *ancien régime*. Certamente, as dimensões crescentes dos edifícios públicos serviam a esse propósito representacional.

Numa atmosfera de pluralismo restrito, as igrejas eram construídas, no mais das vezes, em estilo gótico, e o mesmo ocorria com as prefeituras que evocavam o renascimento da vida municipal ao fim da Idade das Trevas. Os edifícios parlamentares recebiam uma aparência clássica ou gótica, as casernas militares assumiam a forma de fortalezas ou castelos medievais, as universidades eram projetadas para transmitir o espírito da Atenas de Péricles, da Idade Média com seus claustros ou do humanismo renascentista italiano, e os museus freqüentemente deviam passar por templos gregos. Enquanto os bancos seguiam o padrão de palácios florentinos, as mansões urbanas dos novos-ricos recebiam ostentosas fachadas barrocas. Ao empregar esse vocabulário histórico aprovado, os arquitetos faziam com que cidades em crescimento e transformação mantivessem ou adquirissem uma aura pré-moderna.

Embora a Inglaterra estivesse à frente em industrialização e urbanização, arquitetonicamente se mantinha ancorada com firmeza no passado. Em Londres, depois de 1840, não só as Casas do Parlamento e numerosas igrejas, mas também muitos edifícios de escritórios e serviços públicos eram construídos em estilo neogótico. De fato, na virada do século, o centro nervoso do capitalismo britânico e mundial tinha uma fisionomia histórica, principalmente gótica, mais grandiosa do que nunca. O mesmo valia para Manchester, a capital da primeira Revolução Industrial. A revivescência do gótico, em particular, dotou essa e outras cidades de um legado cultural calculado para reconciliar as realizações e devastações do capitalismo com a antiga ordem.

Embora idealizado como fórum de expressão democrática, o Reichstag alemão recebeu um semblante severo, com seus pesados muros barrocos a unir suas quatro torres laterais. Além disso, situado na Königsplatz de Berlim, ficava em frente dos quartéis-generais do estado-maior, um dos centros de comando da Prússia-Alemanha feudal. Sob esse aspecto, assim como em seu projeto estatuário, os Hohenzollern eram mais rígidos que os Habsburgo. O Reichsrat de Viena ficava de frente para o bem menos aterrorizante Hofburg, residência barroca do imperador, e seu vestíbulo central era construído como um dignificante templo grego, proeminentemente colocado sobre um antigo terreno de desfile militar. Essa casa parlamentar era apenas uma dentre uma série de edifícios monumentais, para não dizer mastodônticos, erigidos ao longo da nova Ringstrasse, concebida durante a efêmera época "liberal" da Áustria, onde uma prefeitura gótica (Rathaus), um teatro barroco (Burgtheater) e uma universidade renascentista exibiam os grandes estilos históricos e os motivos alegóricos da Europa. Além de situar os limites para a expressão visual, a Ringstrasse era um reflexo microscópico da paixão da burguesia pelo empréstimo histórico que incessantemente ajudava a relegitimar a antiga ordem a que estava subordinada.

Como que para dissimular seu obstinado autoritarismo tradicional, a classe governante da Hungria construiu um imenso edifício parlamentar em Budapeste, que era, talvez, a mais colossal das estruturas neogóticas da Europa. Em Roma, entrementes, a classe política evitou o trabalho de forjar uma imitação para a Câmara e o Senado da Itália, comprando, simplesmente, o Palazzo Montecitorio, num estilo barroco discreto, e o Palazzo Madama, da alta Renascença. Havia uma compreensível relutância em praticar a arte da imitação na construção civil, pois arquitetos de toda a Europa vinham a Roma para estudar as obras-primas "originais" da antiga cidade. Como que para compensar o fato de não utilizarem os artistas como eram utilizados em todos os lugares, os governantes da Itália encarregaram uma grande quantidade deles de criar o enorme Monumento Vítor Emanuel II. Esse monumento de mármore branco aos ideais e lutas da unificação italiana ocupou pelo menos cinco dos principais arquitetos da Itália e inúmeros escultores. Encimada por uma estátua eqüestre em bronze do primeiro rei da Itália unificada, essa grandiosa estrutura construída em estilo grego clássico invocava a tendência da Roma imperial para colunas, baixos-relevos, monumentos e estátuas, troféus e emblemas pesadamente esplêndidos. A classe governante, apesar de seu passado republicano, confirmava, desse modo, sua aliança com a Casa de Sabóia, que se atrevia a controlar o parlamento.

Por toda a Europa, a moldagem de elos diretos e vivos com o passado prosseguia aceleradamente. Como parte dessa ligação com o passado, uma fachada onde se misturavam o gótico do norte e o clássico foi afinal afixada à grande catedral de Milão, e a catedral gótica de Colônia foi por fim concluída. Simultaneamente nas grandes cidades, inclusive Milão e Colônia, as fachadas externas de grandiosas estações ferroviárias ostentavam arcos, colunas, torres e domos históricos típicos, projetados para dissimular a estranha novidade das plataformas em ferro e vidro, concebidas e construídas por engenheiros. Os terminais ferroviários bem podem ter se tornado para a Europa pós-1848 o que foram os mosteiros e catedrais para o século XIII, mas suas edificações em arcos e colunas dificilmente expressariam a era industrial emergente. Embora esses templos glorificassem, segundo formas aceitas, os novos meios de transportes, assinalavam, ao mesmo tempo, uma reação contra o acelerado ritmo de vida e a velocidade desses mesmos meios, e aludiam a tempos pré-industriais que se moviam mais lentamente.

Por certo, nem todas as construções recém-erigidas eram mascaradas por fachadas arcaicas. Os arquitetos e engenheiros começaram a trabalhar juntos na utilização de ferro fundido e vidro, e a seguir de aço e concreto. O Palácio de Cristal de 1851, em Londres, correspondeu à primeira utilização ruidosa de uma nova linguagem arquitetônica que nada evocava do passado. A próxima grande tentativa foi a Torre Eiffel, construída em 1889 em Paris. Mas ambas as construções, ousadas e impetuosas, faziam parte de exposições mundiais que eram expressões temporárias do emergente capitalismo manufatureiro e industrial. Esses "panteões da arte e indústria", marginais e efêmeros, consistiam em pavilhões de exposição que exaltavam os potenciais dos materiais modernos e do *design*. Em contraste com as igrejas góticas, o Palácio de Cristal, de Joseph Paxton, e o Palácio das Máquinas, de Victor Contamin, maximizavam a amplidão, o espaço ininterrupto, a penetração da luz natural — e o despojamento. Sob a suspeita de profanarem as antigas capitais que permaneciam relativamente intocadas pelo novo industrialismo, essas "catedrais seculares de vidro e aço" foram afinal expulsas: o Palácio de Cristal foi transferido do Hyde Park para

Sydenham, ao passo que o Palácio das Máquinas foi totalmente desmontado. A Torre Eiffel pôde ser deixada em seu lugar, pois, apesar de suas vigas de aço, seu caráter não-utilitário era tão evidente que, portanto, ela constituía um ponto de referência inofensivo, espacialmente desconectado da azáfama manufatureira e urbana de Paris.

O Grand e o Petit Palais da Exposição Universal de 1900 sobreviveram num local mais central, mas na época seus pavilhões foram decorados de modo a se fundirem na paisagem urbana histórica. Ademais, em todas as exposições universais em Paris, os palácios de vidro e metal eram consideravelmente mais modernos do que os objetos expostos em seus interiores, os quais representavam atividades antes manufatureiras do que industriais. Esse também era o caso em Milão, onde o telhado de vidro e metal sobre a Galleria Vittorio Emanuele II, em forma de cruz e semelhante a uma catedral, com sua entrada em arco triunfal, abrigava lojas chiques e cafés.

É certo que, entre 1900 e 1914, uns poucos arquitetos lutaram para se libertar dos grilhões da tradição e das armadilhas do ornamento. Na época, os arquitetos não só enfrentavam grandes desafios científicos, técnicos e sociais, como também se deparavam com novos conceitos estéticos, visuais e espaciais, em especial os de tendência cubista. Em outras palavras, a disponibilidade de aço e concreto armado por si só não bastaria para inspirar Otto Wagner, Joseph Olbrich, Josef Hoffman e Adolf Loos "a sair do historicismo para um novo estilo de um novo século". Os novos materiais apenas facilitaram uma deserção alimentada por um ideal quase-místico de pureza austera, que culminou na cruzada contra o ornamento, incluindo o evanescente Art Nouveau. Convencido de que "apenas o que era prático poderia ser belo", Wagner concebeu não só uma fachada lisa e sem adornos, mas também um interior funcional para sua Caixa Econômica Postal na Ringstrasse de Viena (1904-1906), edifício projetado para servir a uma função viva. Sem dúvida, Wagner e seus colegas austríacos estavam entre os principais arautos de um "novo estilo não-maculado pelo historicismo". Mas eram manifestações isoladas com tão pouco impacto quanto os edifícios de H. P. Berlage na Holanda, de Henry van de Velde na Alemanha ou, ainda, as plantas de Tony Garnier. De fato, fora da vanguarda entrincheirada, o novo estilo devia sua notoriedade basicamente às reações hostis dos defensores da imitação historicista. As linguagens arquitetônicas tradicionais mantinham ainda uma relação de concordância demasiado real e efetiva com a sociedade civil e política existente, para que pudessem ser dispensadas como mero *kitsch*.

No *fin du siècle*, os pintores estavam tão ligados à tradição quanto os arquitetos. Ambos provinham de academias que ensinavam e impunham uma concepção linear da cultura européia e treinavam seus estudantes nos grandes estilos e obras-primas do passado, a ponto de asfixiar sua originalidade. Os pintores ficavam embebidos de mitologia clássica, Bíblia e baladas populares, da mesma forma que seus prósperos clientes. Nenhum deles questionava a "grande cadeia do ser" na arte pictórica, onde as pinturas históricas, mitológicas e de retratos individuais em exaltação à ordem social vinham acima das pinturas de gênero, paisagens e naturezas-mortas. Os grandes salões de pintura, montados em edifícios públicos importantes sob auspícios políticos superiores, perpetuavam esse ordenamento geral. Chefes de Estado ou altos ministros presidiam à cerimônia de distribuição de prêmios prestigiosos, concedidos por júris compostos por acadêmicos de confiança que se moviam entre a alta sociedade. As medalhas de ouro e atribuições "acadêmicas" eram apenas os primeiros degraus para os pintores promissores, a que se seguiam condecorações oficiais e, com exceção da França, enobrecimentos. A par disso, os artistas de sucesso exaltavam a classe dominante com retratos lisonjeiros de seus membros e suas posições sociais. Embora esse amálgama entre arte, política e alta sociedade tivesse suas origens num passado remoto, não era arcaico nem estéril, a julgar pela eficácia com que os dissidentes eram excomungandos ou denunciados pelo *establishment* cultural.

Essa eficiência prolongada se devia, em parte, ao crescimento de certas instituições hegemônicas. Enquanto coleções privadas estavam sendo fechadas, os museus públicos proliferaram e se expandiram, em particular depois de meados do século XIX. Sem dúvida havia aspectos progressistas nesse desenvolvimento. Os museus públicos, da mesma forma que as bibliotecas públicas, ampliaram o acesso à grande arte e se tornaram símbolos da tolerância, graças à diversidade de seus bens. Mas os museus também tinham aspectos elitistas e obscurantistas. Desde seu início na era napoleônica, estavam intimamente vinculados, sobretudo, aos projetos sociais e políticos dos regimes que os criavam e mantinham em funcionamento. Embora declarassem ser agentes do esclarecimento democrático, na prática as grandes instituições museológicas se converteram em igrejas estéticas exclusivistas, devotadas à glorificação de um passado que era a fonte do presente.

Para começar, as fachadas gregas, renascentistas e românicas desses templos de arte suscitavam reverência e temor respeitoso mesmo entre os iniciados. Uma vez atravessado o pórtico, os visitantes intimidavam-se ainda mais pela austeridade do salão principal, onde se reuniam antes de entrar no santuário para adorar os objetos de arte santificados, que recebiam sua autenticação das mãos da classe sacerdotal composta por curadores, historiadores da arte e *connaisseurs*. Reverentes, os visitantes contemplavam as relíquias expostas e deslocadas do contexto social e artístico em que haviam sido concebidas e realizadas.

Pela própria natureza de seus bens, os museus apresentavam e glorificavam a magnificência sedutora e constrangedora da sociedade ociosa. Até 1914, os grandes sacerdotes dos museus sentiam pouca, se não nenhuma, obrigação de democratizar ou popularizar suas exposições. Embora sua disciplina intelectual e refinamento estético tivessem uma certa autonomia, os diretores dos museus eram elitistas culturais pela sua origem, prática e osmose sociais. Dessa forma, apresentavam visões do passado que favoreciam as classes dominantes, as quais aliás constituíam a maioria do público e do mecenato dos museus da Europa. De fato, a principal função social do museu era a de aumentar a integração da burguesia aspirante nessas classes dominantes em termos que fossem favoráveis às antigas elites. Os grandes museus tampouco eram politicamente inocentes. A partir do final do século XIX, eram denominados Alexandre III, Frederico Guilherme III, Vitória e Alberto. Raramente, se não nunca, ocorria às classes médias e baixas entrarem nesses panteões proibitivos da grande arte, que consideravam como territórios reservados da classe dominante e governante.

Evidentemente, as capitais e grandes cidades dos principais países europeus, à exceção da Itália, passaram a ter seus museus durante a época da Revolução Francesa. Londres teve um ponto de partida tardio, pois a Galeria Nacional, de estilo coríntio, só foi concluída em 1838 e o Museu Britânico, construído como um templo jônico, só foi inaugurado em 1847. Mas, afinal, a Inglaterra recuperou o tempo perdido, aumentando o número de seus museus de 59 em 1850 para 295 em 1914. Em particular, o Museu de História Natural abertamente românico (1871-1881), o Museu Vitória e Alberto ecleticamente renascentista e românico (1891-1909) e a Galeria Tate bombasticamente neoclássica (1897) ampliaram a monumentalização historicista da capital inglesa.

Na Alemanha, Munique, Dresden e Darmstadt estavam na vanguarda, tendo os seus museus se originado a partir das esplêndidas coleções dinásticas de suas casas dirigentes. Para não ficarem atrás, os Hohenzollern da Prússia construíram o Antigo e o Novo Museus (1823-1828, 1843-1855) numa ilha especial de museus em Berlim, para rivalizar não só com as ricas *pinakothekai* das casas de Wittelsbach, Wettiner e Hessen, mas também com o Louvre de Paris. Por razões de poder e prestígio, Guilherme I e Guilherme II se empenharam em superar seus antepassados, com a construção da Galeria Nacional como um templo coríntio (1876) e o Museu Imperador Frederico, projetados por Ernst von Ihne, em estilo barroco do século XVII (1897-1903), em Berlim. Na Alemanha como um todo, apenas entre 1900 e 1914 foram construídos cerca de 180 museus. É certo que, tanto na Alemanha como em todos os outros lugares, muitíssimos museus se dedicavam à etnologia, arqueologia e artes aplicadas, ao passo que, em Praga e Budapeste, estavam carregados de ardorosos sentimentos nacionalistas. Mas, em todas as partes, os grandes museus das artes visuais e plásticas superiores se mantinham como os principais centros de adoração cultural. Por certo era esse o caso de Viena, onde o Museu de História da Arte superava o de História Natural, embora ambos alardeassem a mesma grandiloqüência barroca.

Mas São Petersburgo era talvez a cidade que apresentava a face museológica mais arcaica e reveladora. Tanto o antigo como o novo Hermitage, construído nos anos 1840, faziam parte integral do Palácio de Inverno imperial. Os Romanov foram os últimos a "nacionalizar" suas coleções dinásticas. Até meados dos anos 60, o Hermitage era usado para grandes recepções. Como visitar o museu significava visitar a família imperial, os visitantes tinham de obedecer a um código indumentário e se fazer anunciar. Mesmo depois da nacionalização dos suntuosos interiores do Hermitage e das majestáticas coleções dos senhores da Europa oriental, o Ministério da Corte Imperial continuou a administrá-los e financiá-los, ao lado de outros museus, teatros óperas e balés.

Não seria surpresa que as vanguardas sentissem dificuldade em ingressar nesses formidáveis bastiões museológicos. Não que se mantivessem totalmente fechados. De modo paradoxal, em 1914, museus alemães abrigavam cerca de 200 quadros franceses desde Ingres aos cubistas, embora essas obras não ficassem necessariamente expostas em lugar de destaque. A despeito da recusa de Hugo von Tschudi em adquirir quadros impressionistas para a Galeria Nacional de Berlim, os museus do férreo Segundo Império eram relativamente abertos à vanguarda. Isso, em parte, porque o sistema descentralizado dos museus permitia que Darmstadt, Dresden e Munique — onde Tschudi era bem-vindo — seguissem um curso independente em desafio à pomposidade prussiana. Em contraposição, os museus centralizados da Terceira República presumivelmente não-repressiva, para não dizer licenciosa, contavam com menos de 100 modernos franceses. Em 1890, Monet, Degas e Rodin encabeçaram uma subscrição nacional de 20 mil francos para doar a pioneira *Olympia* de Manet ao Luxemburgo, onde se manteve em relativa obscuridade até que Georges Clemenceau ajudou a lhe assegurar um maior destaque. Foi consagrada, afinal, em 1907, ao ser transferida para o Louvre. Entrementes, o peso das tradições e preferências complicava a aceitação do legado testamentário de Gustave Caillebotte, o pintor realista que, ao morrer em 1894, doou 65 quadros ao Estado, em sua maioria impressionistas, sob a condição de não ficarem escondidos no Luxemburgo ou em museus de província. Finalmente, os responsáveis pelo setor de belas-artes aceitaram 38 deles, até porque, assim fazendo, integravam os impressionistas ainda polêmicos ao Luxemburgo sem gastar nada de seus escassos recursos para aquisição e sem se arriscarem a disputas orçamentárias. Além disso, em especial depois do caso Dreyfus, os guardiães da cultura encaravam de maneira um pouco mais favorável os impressionistas, em parte como uma *ruse de guerre* contra os pós-impressionistas socialmente mais perigosos, e em 1914 havia 9 Monets, 7 Renoirs e 7 Pissarros no Luxemburgo, que também aceitou uma pequena *nature morte* de Gauguin. Além do mais, em 1911, o legado de Isaac de Camondo levou ao Louvre obras de Cézanne, Degas, Renoir e Toulouse-Lautrec, e, em 1914, a doação de Pierre Goujon acrescentou um Van Gogh. No entanto, até 1900 Jean-Léon Gérôme, Adolphe-William Bouguereau e Carolus Duran, e depois da virada do século Joseph-Léon Bonnat e Paul-Albert Besnard obscureciam seus adversários modernistas. Os cinco eram membros da Academia de Belas-Artes do Instituto de França.

Comparada à arquitetura e à maioria das artes cênicas, a pintura era uma forma de arte individual e pessoal, o que em parte é responsável pelo seu papel como a locomotiva do movimento moderno. Os pintores de vanguarda eram livres para experimentar, e quando se rebeleram, primeiro, contra o classicismo e, a seguir, contra o realismo, desafiaram as convenções acadêmicas e sociais do mundo das artes. O impressionismo foi o início de uma sucessão ainda mais rápida de modernismos descontínuos, mas não desconectados entre si. Mas, como sempre, os contemporâneos exageraram o radicalismo dessa ruptura com os cânones reinantes e as culturas oficiais. Numa visão retrospectiva, a experiência modernista parece seguir uma trajetória linear do figurativismo à arte não-representacional.

Na verdade, os impressionistas foram radicais apenas na medida em que se levantaram contra as convenções acadêmicas fossilizadas, abandonando a imitação e a reprodução estéril do passado, em favor de representações vigorosas da vida moderna. Foi Manet, seu *avant-courier*, o primeiro a declarar que queria pertencer "ao seu tempo" e pintar "o que via". Em outras palavras, inspirados por Courbet, os impressionistas foram antes e acima de tudo realistas que romperam com as lendas cristãs, a lisonja social e a estética acadêmica, a fim de revelar, e não de interpretar, o mundo a seu redor. Ao rejeitarem a concepção antiquada de que a pintura era uma atividade cerebral, os impressionistas, em suas experiências óticas, confiavam no olho humano como um transmissor da realidade, sem mediações mentais. De acordo com isso, saíram de seus ateliês sombrios para a luz aberta da sociedade, da cidade e do campo. Embora contemporâneos de Zola e do naturalismo, tendiam, com a exceção de Degas, a registrar uma realidade de preferência serena. A julgar pela temática, mais do que pela concepção, técnica e cor de suas telas, os olhos dos impressionistas negligenciaram grande parte do mundo moderno. Embora etérea, a extraordinária *Gare Saint-Lazare* de Monet não era representativa, e muito antes ele também descera aos bancos de areia e afluentes do Sena para capturar as paisagens banhadas de sol que se converteram no símbolo emblemático do impressionismo.

No seu conjunto, ao contrário de realistas como Alfred-Philippe Roll e Jean-François Raffaëlli, os impressionistas se fixaram antes no campo e nos camponeses que nas cidades e nos proletários. Quando as paisagens urbanas entravam em seu campo de visão, eles registravam oficinas artesanais, mercados de aves e as diversões da classe média e *petite bourgeoisie* de Paris. Na verdade, era uma versão fugidia da vida urbana, esvaziada da turbulência das fábricas e multidões, e com relances apenas ocasionais do *haut monde*. Ademais, sempre se empenhando em obter e na expectativa de reconhecimento oficial, os impressionistas se abstinham de difamar seus oponentes. A aceitação por parte de Manet de uma medalha por uma obra menor em 1881 e sua condecoração com a Legião de Honra eram presságios da declaração posterior de Cézanne de que "ele queria tornar o impressionismo algo tão estável e duradouro quanto a arte dos museus".

A resolução de se libertarem da "mão morta do passado" continuou a ser o principal motor das vanguardas até 1914. Assim, os neo-impressionistas Seurat, Signac e Luce foram levados a representar uma realidade social menos idílica, elegíaca e dócil que a do corpo principal de pintores do movimento impressionista, de quem eram companheiros de viagem mas não adeptos. Enquanto os expressionistas e cubistas desprezavam tacitamente a cultura oficial, os futuristas, do alto, despejavam sua animosidade contra ela.

Em contraposição, os criadores do Art Nouveau — Jugendstil, Liberty Style, Sezession Stil — aplacavam o academicismo moderando mais do que execrando seu excesso de ornamentação. Sem saber se o ano 1900 marcaria a aurora de uma nova era ou o crepúsculo da antiga ordem, esperavam utilizar a arte para revitalizar os ofícios manuais, numa época de mecanização crescente. Embora procurassem uma reconciliação entre a arte e a indústria, seu estranhamento em relação às máquinas reforçou sua tendência artesanal. Em particular na França, mas também por toda a parte, o Art Nouveau deixou sua marca basicamente nas artes aplicadas e decorativas. Ele enxertou seus motivos anistóricos em tradições artesanais preexistentes, de maneira acentuada em cidades que, como Paris, eram centros de produção de bens de luxo em mobiliário, roupas, ourivesaria e vidraçaria.

Com poucas exceções, o Art Nouveau não foi arquitetônico. Em vez de se aventurar no *design* estrutural e desprezar o monumentalismo, abrandava fachadas decorativas e suavizava interiores espargindo-os com *objets d'art* refinados e trabalhados individualmente. É certo que seus temas florais, vegetais e animais constituíam declarações contra o tradicionalismo, mas, incapazes de escolher entre o passado e o futuro, os artistas Art Nouveau pintavam e modelavam linhas sinuosas, encaracoladas e fluidas, criando assim a ilusão mais do que a realidade do movimento. Esse esforço de simular o movimento e miniaturizar o real numa época de transformações crescentes estava fadado a fracassar, e o Art Nouveau desapareceu em brevíssimo espaço de tempo, como um meteoro cultural. Incapaz de reconciliar sua atividade estética com os ditames da produção fabril, esses pretensos artesãos-artistas se tornaram artífices e retratistas que trabalhavam por encomenda para clientes ricos. A maior parte de seus mecenas eram aristocratas ou estetas *grands bourgeois* que, como eles, reprovavam a excessiva rigidez da cultura oficial. Em todo caso, o Art Nouveau foi imediatamente superado por uma reação clássica, de um lado, e pelas irreprimíveis correntes modernistas, de outro. Talvez a fantasia obcecante do movimento animado, mas circular, de algumas partituras de Debussy e Ravel possa ser considerada como parte da herança Art Nouveau, que incluía a Fonte Shaftsbury de Alfred Guibert, as entradas de metrô de Hector Guimard, os vasos Nancy de Émile Gallé, os retratos de sociedade de Gustav Klimt e os manifestos de Henry van de Velde.

Entrementes, os artistas Art Nouveau concordavam com os pós-impressionistas, excetuando-se os cubistas e futuristas, sobre dois pontos importantes. Desconfiando das sensações visuais, todos igualmente abandonaram o realismo e o naturalismo, em favor da expressão de emoções internas e estímulos sensitivos. Além disso, com a exceção dos expressionistas de esquerda, estavam separados da cidade, da fábrica, do proletariado e das massas. Em particular o espaço urbano em crescimento deslocava e afastava mesmo aqueles dentre eles que eram cosmopolitas. Enquanto os artistas Art Nouveau tentavam encobrir esse fermento invasor, a maioria dos pós-impressionistas tentava escapar a ele ou eliminá-lo, mesmo que indiretamente. Sob esse aspecto, Cézanne, Van Gogh, Gauguin e Munch concordavam não só com Kirchner, Kokoschka e Schiele, mas também com Kandinsky. Na verdade, a Babilônia e o Moloc urbanos — que eram ainda mais espectrais do que reais — nutriam a frustração, ansiedade, medo, angústia e horror de quase toda essa vanguarda do modernismo. Ao mesmo tempo decadente e dinâmica, repulsiva e magnética, a cidade ameaçava destruir a alta cultura e a alta sociedade que eles próprios atacavam sob outra forma. Sem saber para onde se voltar, alguns vanguardistas exteriorizavam sua angústia interna não-resolvida com a distorção de formas naturais e humanas, ao passo que outros cuidadosamente avançavam para além de objetos, situações e pessoas reconhecíveis, para procederem a experiências com construções abstratas e não-representacionais.

Após 1905, o expressionismo alemão, que será discutido adiante, foi o movimento que de modo mais extraordinário revelou essa dualidade.

Nem o cubismo nem o futurismo partilhavam desse tormento e pessimismo. Apesar das enormes diferenças entre eles, ambos pretendiam conceber uma arte que desse conta da investida sobre um mundo de cidades e máquinas desenfreadas, que encaravam com desconfiança.

Voltando-se para objetos comuns feitos à mão e à máquina, os pintores cubistas experimentaram não só novos materiais — papel, madeira, metal, serragem —, como também novos conceitos visuais. Em vez de revelarem o mundo, tal como haviam feito os impressionistas, exploraram as interações da estrutura, do espaço e da representação, com ênfase sobre a forma e não sobre o conteúdo. Recusando figuras pictóricas inertes, os cubistas apresentavam suas formas geométricas interativas e sincronizadas num vácuo hermético, sem referências à natureza, à economia ou à sociedade. Mesmo a cidade, com a qual Braque e Picasso haviam se reconciliado, estava eliminada de suas telas projetadas para penetrar nos processos dinâmicos do mundo e psique modernos.

Os futuristas, por seu turno, energizavam figuras pictóricas contra o pano de fundo do espaço urbano por eles glorificado. Sua retórica verbal e escrita era muito mais militante do que seu vocabulário visual, em boa parte devido ao público a que se dirigiam. Enquanto os cubistas moldavam uma linguagem estética que falaria à subcultura artística da Europa, os futuristas deliberadamente dela se afastaram, inclusive de seu ramo boêmio, para, de maneira descarada, cortejar ou discursar para as massas. Assim, o manifesto de Filippo Tommaso Marinetti de fevereiro de 1909 apareceu pela primeira vez na página de rosto de *Le Figaro*. Paradoxalmente, embora sendo um meio "moderno", esse jornal era elitista, conservador e católico, e como tal representava todos os valores desprezados pelos futuristas.

Em sucessivos panfletos volantes e *happenings*, os futuristas italianos iniciaram um assalto singularmente abrangente e virulento contra a cultura oficial da Europa. Para eles, a Itália era "uma terra dos mortos [...] uma gigantesca Pompéia", coroada por um "abcesso canceroso de professores, arqueólogos, guias turísticos e antiquários". Filhos do norte industrial, em particular de Milão, os futuristas invectivavam furiosamente contra Nápoles, Roma, Florença e Veneza, como purulentas "chagas do passadismo". Enquanto Veneza, na mesma época, cativava os estetas da Europa, satirizavam-na por ser um "mercado de falsas antiqualhas [...] um ímã para tolos e esnobes [...] um bidê cravejado de jóias para cortesãos cosmopolitas [...] e o maior bordel de todos os tempos". Em suma, Veneza estava infectada com a "sífilis do sentimentalismo" e com gôndolas que eram "vaivéns para idiotas". Mas o brado dos futuristas se destinava a reverberar para além de Veneza e da Itália. Clamando contra a tradição e a história, eles se apresentavam como um comando que lideraria a vanguarda da Europa para a ruptura com o passado de uma vez por todas, se necessário queimando bibliotecas, bombardeando academias e inundando os museus.

Sem dúvida, como poeta e dramaturgo, Marinetti deixava que sua retórica ultrapassasse o ímpeto insurgente dos pintores, escultores e arquitetos futuristas. Contudo, todos se uniam para desafiar o culto à cultura oficial com um contraculto à juventude, irreverência, ciência, tecnologia, movimento e velocidade. Assim, num nível, os futuristas eram paladinos da indústria, da inovação e do progresso, na medida em que enalteciam os ritmos dinâmicos das fábricas, automóveis, aviões e turbinas elétricas, tanto com palavras quanto com pinceladas. Em outro nível, aliavam-se às forças conservadoras. É certo que atacavam a monarquia, a Igreja e o Vaticano. Mas também denegriam o parlamento, as eleições e a burguesia filistina, e distanciavam-se dos socialistas e dos operários, a vanguarda política do progresso social. Pelo contrário, confiavam no nacionalismo italiano extremista, no imperialismo e na guerra para limpar o terreno em prol da era e da cultura da máquina, sem consideração pelo custo humano, social e político. Inspirados por Nietzsche, cuja ode a uma ilusória antigüidade haviam transformado numa ode à etérea modernidade, os futuristas recusavam a igualdade, opunham-se ao nivelamento da sociedade e acreditavam numa aristocracia do espírito e das artes.

Poucas, se não nenhuma, das pinturas futuristas correspondiam ao espírito interno de seus manifestos impressos e declamações verbais. Deixando para trás as paisagens urbanas tranqüilas da sociedade respeitável, Umberto Boccioni, Carlo Carrà, Ardengo Soffici e Gino Severini retratavam ruas, fábricas e transportes mecanizados a pulsar com os movimentos, tensões e conflitos de trabalhadores, desempregados e marginais. Embora elaborassem rapsódias convincentes sobre o dinamismo urbano da Itália do norte — que, como vimos, era um enclave numa sociedade esmagadoramente pré-industrial —, eram incapazes de eliminar a questão social de seus quadros, para dar espaço ao frenesi patriótico e ao conflito externo com a Áustria ou a Líbia. De fato, Boccioni, Severini e Carrà, em vez de se entregarem ao protesto social ou à aprovação do pesadelo modernista de Marinetti, se aproximaram da psicológica e socialmente menos frenética procura do cubismo por um estilo moderno. Mas, em 1914, tanto o futurismo como o cubismo tinham atingido seu ápice e dificilmente poderiam ser considerados alarmantes para os *chiens de garde* da cultura oficial.

Enquanto a pintura acadêmica e os museus proporcionavam a gravidade contemplativa da adoração e reprodução artística, o teatro, a ópera e o balé forneciam seu fermento emotivo. Em meio à aglomeração de estilos, as artes dramáticas se mantinham suficientemente autênticas para que as classes dominantes reconhecessem a si mesmas nas produções barrocas das peças de corte na Comédia Francesa de Paris e no Burgtheater de Viena.

Mas entre 1848 e 1914 a ópera se tornou a rainha das formas e dos cultos artísticos dionisíacos. De origem barroca, tal como o museu, ela se deslocou de seu ambiente cortesão para a esfera pública, trazendo consigo a maior parte do seu dote arquitetônico e repertorial. De fato, a ópera nunca deixou de ser cortesã, e depois de 1840, mudando-se para novas casas e adquirindo um novo repertório, tornou-se cada vez mais imponente. Por trás de pomposas fachadas históricas, as grandes escadarias, os camarotes enfileirados e os vestíbulos afetados eram ideais para os ritos de imitação que promoviam e refletiam a aristocratização da burguesia. Embebidos de cultura histórica e construções musicais herdadas, *librettos*, partituras e produções operísticas levaram igualmente a essa renobilização duradoura das classes dominantes da Europa. Muito adequadamente, as coroas da Alemanha, Áustria e Rússia demonstravam um interesse especial pelos teatros operísticos de suas capitais, e todos os governos, incluídos os da Terceira República, alocavam uma parcela desproporcionalmente grande de seus magros orçamentos para as artes nessa atividade cultural exclusivista e sacramental.

Até depois da virada do século, Richard Wagner foi o único autêntico inovador, dando um tremendo impulso à apoteose da grande ópera. Ele próprio escritor, compositor e maestro, além de estudioso do antigo teatro grego, Wagner decidiu forjar uma *Gesamtkunstwerk* (obra de arte total). Em suas mãos, a ópera se tornou o veículo para a integração das grandes artes numa forma artística total e coletiva: arquitetura, pintura, teatro, poesia, música, canção e dança. Todos esses meios foram sintetizados de modo a formar uma totalidade harmônica, qualitativamente mais grandiosa e diversa de seus elementos constitutivos. Em vez de criar novas linguagens musicais e teatrais, Wagner reuniu engenhosamente unidades pré-fabricadas, para gerar um efeito teatral máximo. A principal ambigüidade de sua superópera era se a música servia ou comandava o teatro. Mas essa própria ambigüidade era central para o propósito de Wagner. Cada vez menos interessado em entreter ou atingir algum ideal de pureza estilística, voltou-se para a celebração e reconsagração da ordem social do Segundo Império germânico. Como seu amigo íntimo Gottfried Semper, o importante arquiteto do monumentalismo barroco da Europa central, Wagner construiu dramas musicais de pompa e segurança colossais, calculados para mistificar e espiritualizar a vida dentro e fora do templo operístico.

Esse templo, sob a forma do Festspielhaus, foi construído em Bayreuth de 1872 a 1876, quando foi inaugurado com uma apresentação completa do *Ciclo dos Anéis*, com a presença do imperador Guilherme I, do rei Luís da Bavária e de um grupo de príncipes alemães. Logo ficou claro que Wagner divergia de seu modelo trágico grego em dois pontos: ele se dirigia muito mais a uma audiência de elite do que a um setor representativo do conjunto de cidadãos, bem como suas aspirações eram germanocêntricas e não universais. Em todo caso, os visitantes que seguiam aos magotes para Bayreuth, para participar do incipiente culto wagneriano, eram ricos e educados, o que significava que podiam se permitir uma viagem luxuosa e eram capazes de ler os mitos e lendas wagnerianos. Além disso, apesar do forte sabor alemão do culto e do ritual, os aristocratas e *grands bourgeois* de toda a Europa participavam da peregrinação anual, mesmo em épocas de antagonismos nacionais nascentes. Mais tarde Thomas Mann iria declarar que Bayreuth se convertera "numa Lourdes musical [...] uma gruta milagrosa para a credulidade voraz de um mundo decadente".

Também era essa a opinião de Max Nordau, autor do altamente polêmico *Degeneration*, publicado pela primeira vez em 1893 e, em poucos anos, traduzido para cerca de vinte idiomas. Segundo Nordau, era "um sinal de aristocracia [...] entre os esnobes" ricos e educados ir a Bayreuth assistir a óperas que eram um "eco balbuciante de um passado remoto [...] e o último cogumelo na esterqueira do romantismo [mais do que] a obra de arte do futuro". Nordau julgava que, como dramaturgo, Wagner era "um pintor histórico do mais alto nível", com talento para imaginar e recriar "festas, espetáculos, triunfos e jogos alegóricos [...] cujos encantos pictóricos eram visíveis até para os olhos do mais crasso filisteu". Ele também via Wagner como um compositor "atávico" que rebaixou a música "ao símbolo fonético convencional", empregou o "vago recitativo dos selvagens", subordinou "a música instrumental altamente diferenciada ao drama musical" e evitou "a polifonia vocal e que mais de uma pessoa cantasse no palco".

De modo geral, o culto e a difusão de Wagner, como os de Nietzsche, cresceram aceleradamente após sua morte, e, em particular, depois da virada do século até 1914. Sua *oeuvre* pode ser vista como reflexo, profecia e instrumento da persistência da antiga ordem, não só na Alemanha, mas na Europa como um todo. Certamente não significou a marcha fúnebre nem, tampouco, o arauto da era burguesa. Após repudiar seu limitado entusiasmo pela primavera revolucionária de 1848, Wagner cada vez mais aplaudiu o reinado heróico contra o império da lei, favoreceu a emoção em detrimento da razão e defendeu o nacionalismo romântico contra o cosmopolitismo sóbrio e equilibrado.

Richard Strauss, e não Claude Debussy, foi o primeiro a romper com o modo operístico tradicional e, também, com a ascendência e voga wagnerianas. Considerando-se um expressionista, Strauss voltou-se para a dissonância vocal e um psicologismo veemente, de modo hesitante em *Salomé* (1905) e com plena força em *Electra* (1909). Mas a recepção foi tão hostil, em Viena e em toda a parte, que recuou para o gênero operístico pré-wagneriano. Completamente mozartiana e entrelaçada com ritmos de valsa vienense, *Der Rosenkavalier* (1911) foi uma "capitulação e adaptação" ao público freqüentador de óperas musicalmente conservador da Europa.

A vanguarda musical não removeu nem acuou a grande ópera, da mesma forma como não radicalizou o renascimento do balé, estimulado por Serge Diaghilev. Um mero criador de gostos e empresário, Diaghilev contudo se tornou o Wagner do balé, remodelando-o numa *Gesamtkunstwerk* sem efetuar grandes alterações estilísticas. Não surpreende que o balé tenha se alastrado a partir do *ancien régime* mais obstinado da Europa. Como forma artística aristocrática e aperfeiçoada no século XVII, o balé continuou a florescer na Rússia sob a proteção dos Romanov. Durante o século XIX, motivos populares e patrióticos foram assimilados à tradição coreográfica e à indumentária clássica do balé. Começando com Glinka, os grandes compositores russos — Borodin, Tchaikovsky, Rimsky-Korsakov — escreveram partituras musicais que faziam do balé o pioneiro da redescoberta e celebração da herança cultural nativa da Rússia, que viria animar a vanguarda russa após a virada do século.

Sintonizado com as dissidências artísticas do Ocidente, Diaghilev tornou-se uma força motriz na abertura da Rússia ao impressionismo. A seguir, voltou-se para a revitalização do passado do seu país. Com ancestrais nobres e um apoio imperial intermitente, promoveu uma renascença russa através de revistas, apresentações e círculos artísticos no país, antes de se tornar seu plenipotenciário no exterior.

Na esteira da Revolução de 1905, Diaghilev passou três anos apresentando a Paris os ícones, a música orquestral e a ópera russas. A seguir, a partir de maio de 1909, fascinou a capital francesa com os Ballets Russes. Público e crítica se viam assoberbados, não pela novidade dessa dança musical, mas pela vida e esplendor ressuscitados desta que era uma velha forma artística. Foi sobretudo Nijinsky quem mostrou a vitalidade recém-descoberta dos passos lineares, frontais, cíclicos, mas rigorosamente clássicos. Além disso, ele e o corpo de bailarinos transmitiam uma enorme variedade de estados de ânimo e sentimentos tranqüilizadores através de gestos e movimentos corporais convencionais.

A pitada de gênio de Diaghilev foi introduzir nessa coreografia definida costumes e cenários coloridos e flamejantes. Desenhada por Bakst, Benois e Larionov — e eventualmente também por Derain, Matisse e Picasso —, essa *mise en scène* tingia toda a produção com uma luminosidade maravilhosa. Nesse ínterim, Diaghilev também convidou Stravinsky a compor partituras para seu balé, cujo repertório era profundamente russo-"antigo". Bem nessa época, Stravinsky fora também tomado pela revivescência cada vez mais intensa da cultura popular — contos, música, dança e canção. *O Pássaro de Fogo* (1910) e *Petrushka* (1911) carregavam visivelmente essa marca, da mesma forma que *A Sagração da Primavera* (1913), que evocava "cenas da Rússia pagã" numa linguagem musical que marcou uma ruptura revolucionária.

Fosse em seu país ou no exterior, os Ballets Russes se apresentavam sob auspícios augustos e perante públicos altamente elitistas que não eram, em absoluto, paladinos da vanguarda cultural. É certo que, em 1913, a dissonante mas rítmica *Sagração da Primavera* chocou o público parisiense da estréia, e tanto *Petrushka* como *Tarde de um Fauno* de Debussy foram friamente recebidos em Viena. Mas em 1911 os Ballets Russes apresentaram com êxito uma noite de gala com dança e ópera no Covent Garden, como parte do programa de festividades que marcou a coroação de Jorge V. Além disso, no mesmo ano, o imperador Guilherme II, o supremo anti-modernista da Europa, estava entre o rutilante público da estréia no Kroll Theater em Berlim. Após a apresentação, mandou chamar Diaghilev para cumprimentá-lo, especialmente por *Cleópatra*.

"Enquanto em São Petersburgo a música popular renovava a tradição do balé através de grandes compositores, em Viena ela era destruída pela valsa, semelhante à opereta, e portanto nem balé nem arte popular." Em suas operetas comercializadas, Franz Léhar (*A Viúva Alegre*) e Johann Strauss (*Die Fledermaus*) projetavam um mundo que era tão aristocrático, sensual e frívolo quanto o de *Vida Parisiense* de Jacques Offenbach, sob Napoleão III. Mas, comparados aos *tableaux vivants* da sociedade imperial francesa, tingidos de cinismo, os da alta esfera dos Habsburgo eram ingenuamente róseos e titilantes.

A maioria dos grandes palácios para as artes cênicas seguia o mesmo molde arquitetônico imponente dos museus. Mas, em comparação com as visitas a um museu, ir ao teatro, à ópera ou ao balé constituía uma atitude muito mais pública e ostentatória. O preço e a localização das poltronas, principalmente nas apresentações de gala, tinham o caráter de uma ordem e código de precedências. De fato, a assistência pomposa das artes cênicas espelhava as mudanças nas fileiras dentro da classe dominante de forma mais clara e rápida do que a sociedade de corte ou de salões. A presença maciça de prósperos judeus assimilados entre os patronos das artes cênicas, em particular na Europa central, expressava não só seu apreço tradicional pela vida do espírito e pelas artes não-figurativas, mas também uma tendência para a cultura como forma de compensação pelo seu ostracismo social e político continuado. Em todo caso, esses judeus, em sua maioria, eram antes de classe média do que burgueses, e junto com a *Bildungsbürgertum* (burguesia educada e cultivada), participavam com avidez de uma vida cultural que permanecia incrustada na antiga sociedade.

As roupas da época, em especial os trajes usados nas grandes ocasiões sociais, ecoavam e fomentavam essa adaptação. Sem dúvida, durante o século XIX, a aristocracia moderou sua ostentação e diferenciação, e os homens deixaram às mulheres a tarefa de ditar a moda. Mas, em seu conjunto, a moda se mantinha subordinada ao costume, e as roupas eram talhadas segundo o hábito e não concebidas imaginativamente. Sobretudo, enquanto os nobres se vestiam de modo menos grandioso, os *grands bourgeois* assumiam a predileção visceral da aristocracia pela distinção discriminatória. Dessa forma, o vestuário continuou a assinalar os níveis de *status*. Porém, para os prósperos, ser elegante não era ser original, vistoso ou extravagante. Ao lado do porte e das maneiras, as roupas eram talhadas e vestidas de modo a se adequar ao *establishment* nobre.

Afinal, as convenções quanto ao vestuário serviam não só para demarcar a classe dominante, mas também para cimentar sua coesão interna. Como em tantas outras esferas de vida da classe superior, o costume era a moda, e era o costume que ditava um código indumentário cujo espírito e caracterização eram anteriores a meados do século XIX. Se as modas eram conservadoras e avessas a mudanças, isso em grande parte se devia ao fato de que a burguesia se dispunha antes a se reunir com do que a desafiar as antigas elites. Estas periodicamente reafirmavam sua primazia, desfilando suas condecorações ou uniformes em recepções oficiais e ocasiões sociais e culturais pomposas. Entre Luís Filipe, o rei-cidadão que deixou de lado seu uniforme e medalhas para honrar os fraques e trajes a rigor escuros, e Paul Poiret, o costureiro que em 1910 começava penosamente a libertar as mulheres da alta sociedade de seus espartilhos apertados, as modas seguiram o compasso refinado da antiga sociedade.

Até 1914, mesmo a nação mais industrial, urbanizada e imperialista da Europa contava com uma cultura oficial singularmente tradicional. Nas edificações públicas, à exceção da arquitetura religiosa, a revivescência gótica da era vitoriana da Inglaterra recuou gradualmente, abrindo caminho para o renascimento barroco dos anos eduardianos e o do neoclassicismo da década anterior a 1914. A partir de 1890, os arquitetos adotaram o estilo barroco (ou renascimento inglês) para expressar o auge das proezas econômicas e da hegemonia mundial da Grã-Bretanha. Como era de prever, o pretensioso barroco eduardiano irrompeu nos edifícios governamentais de Londres, nas prefeituras de Belfast e Cardiff e no monumento à rainha Vitória em Calcutá. Mas foi também o estilo em que John Belcher projetou o Instituto dos Contabilistas Licenciados em Londres, Matear e Simon o Cotton Exchange em Liverpool, e os irmãos Skipper e J. J. Burnett as sedes de companhias de seguros em Norwich e Glasgow. Além disso, a julgar pelo Monumento Ashton de Belcher (1905-1909), encomendado por lorde Ashton em homenagem à empresa de linóleo de sua família em Lancaster, os magnatas locais se apropriaram do alto barroco eduardiano para proclamar a sua assimilação à antiga sociedade.

Em parte como reação contra sua ostentação pesada, que o "movimento das artes e ofícios" na realidade nunca conseguiu moderar, os arquitetos ingleses, depois da virada do século, passaram a se abrir cuidadosamente à influência das *Beaux-Arts* francesas. Buscando a simplicidade e o refinamento das proporções clássicas, adaptaram um estilo neomaneirista para as construções públicas e comerciais. Mas, embora despojados de decorações exuberantes, por trás de seus exteriores clássicos despidos, o Hotel Ritz (1903-1906) e o Automobile Club (1908-1911) em Londres abrigavam a mesma atmosfera de polidez e refinamento que envolvia o sensível Proust no Ritz de Paris.

O mundo das artes visuais era dominado pela totalmente consangüínea Academia Real, que monopolizava o ensino artístico e as prestigiosas exposições de verão, onde o Conselho das Artes fazia suas aquisições regulares. Sob a presidência de Frederick Leighton, que depois de ser enobrecido (1886) foi elevado ao pariato (1896), e John Everett Millais, também sagrado cavaleiro (1885), a Academia promoveu uma pintura severamente tradicional sob todos os aspectos. Nesses mesmos anos, George Frederic Watts pintou afrescos na recém-construída Câmara dos Lordes e retratos empolados de notáveis, que afinal lhe valeram a Ordem do Mérito. Havia um lado nacionalista, para não dizer nativista, nesse conservadorismo estético. O impressionismo era desprezado não só por ser novo e ímpio, mas também por ser o portador das bactérias mortais da degenerescência, *légèreté* e radicalismo franceses. Apenas pequenos segmentos da esnobe classe média alta da Inglaterra se mostravam abertos a influências do outro lado do Canal da Mancha. Desgastados pela limitante atmosfera cultural e aristocrática da Inglaterra eduardiana e pós-eduardiana, patrocinavam exposições de arte moderna em galerias privadas de Londres.

A Galeria Nacional, que em 1904 recusara a doação de um Degas, era um depósito de tesouros de mestres italianos, flamengos e holandeses, ao passo que as obras de pintores ingleses ficavam relegadas ao Museu de South Kensington. Impulsos nacionais e sociais levaram Henry Tate, um rico refinador de açúcar, a pressionar por um equivalente londrino do Luxemburgo de Paris. Ele doou não só sua coleção particular, nitidamente academicista, de quadros ingleses, como também os fundos para a construção de um grande museu num lugar oferecido pelo governo. Em meados de 1897, o príncipe de Gales inaugurou solenemente essa nova Galeria da Arte Moderna Britânica, construída num pretensioso estilo neoclássico. Um ano depois, Tate foi agraciado com um baronato, que sem dúvida induziu-o a fazer novas doações de quadros e fundos para ampliar as salas de exposição.

Não é preciso dizer que a palavra "moderno" no nome do museu era entendida em sentido puramente temporal, visto que a Galeria Tate viria a adquirir obras "acadêmicas" recentes e corriqueiras. Daí por diante, o Tesouro passou a subsidiar o crescimento dessa coleção de arte nacional. Ele também recompensava os doadores particulares que ajudavam a Galeria Nacional a comprar antigos mestres continentais, que estavam sendo vendidos por alguns dos maiores pares da Inglaterra (*e.g.*, o duque de Marlborough, o conde de Radnor do Castelo Landorf, o duque de Norfolk) e corriam o risco de serem perdidos para museus ou coleções particulares do estrangeiro. Os modernos, tanto ingleses quanto estrangeiros, continuaram totalmente excluídos da Academia Real e dos museus.

A resistência à modernidade era igualmente visível no teatro e literatura. Peças de Ibsen, Maeterlinck e Sudermann, além da *Salomé* de Strauss e dos livros de Zola, estavam proibidos. Embora essa resistência à nova arte e ao novo pensamento não se mostrasse isenta de implicações xenófobas, o chefe da censura também proibiu a *Salomé* (escrita em francês) de Oscar Wilde e duas peças curtas de George Bernard Shaw.

Afinal, em 1907, embora apenas quatro entre 536 pedidos de autorização tivessem sido recusados, cerca de setenta escritores de renome encaminharam uma petição ao governo para rever os poderes do censor em relação a peças teatrais. Depois que uma série de membros do parlamento assumiu a causa em 1909, Asquith por fim designou uma comissão parlamentar conjunta de investigação. Após quatro meses de interrogatórios, esse comitê, mais sensível a produtores e públicos do que a escritores, recomendou que as prerrogativas gênero "lord chamberlain" se mantivessem basicamente inalteradas.

Embora algumas das idéias e atitudes dos vanguardistas do continente começassem a ressoar na Inglaterra em 1914, esse eco permanecia antes de tudo débil. Asquith e seus aliados liberais mantinham sua distância em relação aos modernos, por receio de afastar sua base de classe média e alimentar ainda mais o cisma entre a classe dominante britânica. Ademais, o gabinete liberal não era composto propriamente por radicais da cultura. Ele nutria tantas suspeitas em relação aos "decadentes" e "estetas" quanto aos artistas em busca de uma revivescência artesanal.

Como a única república entre as grandes potências da Europa, a França estava na dianteira da desmonarquização, desaristocratização e descristianização. Os elementos anti-republicanos recessivos tentaram usar os casos Boulanger e Dreyfus para estreitar ou vedar a fissura histórica que remontava a 1789. Embora malograssem seus esforços para uma restauração monárquica, a sociedade política francesa permanecia seriamente fraturada, em grande parte porque a sociedade civil em muitos aspectos se mantivera inalterada. Em suas investidas frustradas e também durante a irrupção nacionalista após 1905, os "catonianos" demonstraram sua capacidade de reunir uma grande adesão popular em Paris. Evidentemente, a capital não estava menos dilacerada que a França rural e provincial. O resultado foi que Paris se manteve como um bastião formidável do academicismo nacional, ao mesmo tempo em que se sobressaía como a Meca não só da vanguarda francesa, como também da vanguarda européia. A arrogante cultura oficial alimentava e explorava o impasse crônico da Terceira República, beneficiando de modo desmesurado a antiga ordem.

Embora, a partir do primeiro governo de Jules Ferry em 1881, o regime em crise impulsionasse vigorosamente a secularização, democratização e nacionalização da educação, em particular nos níveis primário e secundário, hesitava em empregar o poder de Estado para promover um projeto cultural e artístico próprio. De fato, ao invés de estimular as novas experiências, sucessivas administrações adotaram uma política de negligência benevolente, que resultou na assimilação e reprodução oficial do academicismo clássico herdado dos regimes passados. A fragilidade do governo e do regime e a timidez cultural da nova classe política, mais *petite* do que *grande bourgeoise*, impunham essa circunspecção.

A instabilidade ministerial endêmica da Terceira República fortaleceu as subsecretarias semipermanentes dos principais ministérios, inclusive os relacionados com as artes. Educada e socializada nas *grandes écoles* e academias, essa elite estatal, independentemente de sua origem social, estava programada para considerar a alta cultura clássica como subestrutura indispensável da ordem estabelecida, a cuja defesa se dedicara pela prática e juramento. Henry Roujon dirigiu a administração estatal das belas-artes durante 12 anos, de 1891 a 1903, sendo ainda membro e, posteriormente, secretário permanente da Academia de Belas-Artes. Mas H. Dujardin-Beaumetz, que entre 1905 e 1912 servira como subsecretário de Estado para as belas-artes em seis governos diferentes, encarnava essa continuidade. Pintor de formação acadêmica e sólido republicano oportunista, inicialmente deputado e depois senador, Dujardin-Beaumetz era um conservador cultural. Até foi necessária uma pressão considerável da parte dos premiês Clemenceau e Briand para que ele indicasse André Antoine para a direção do Odéon e Gabriel Fauré para a do Conservatório. Após escolher Bonnat, pintor histórico e cavaleiro da Legião de Honra, para dirigir a Escola Nacional Superior de Belas-Artes, Dujardin-Beaumetz encomendou numerosas esculturas ortodoxas para lugares públicos conspícuos e recusou-se a comprar uma única pintura de Cézanne. Seu sucessor, Léon Bérard, não foi menos retrógrado.

Além dos frágeis gabinetes ministeriais e burocratas com longo tempo de serviço, havia as quatro academias soberanas com seus membros vitalícios ou imortais. Através de sua influência sobre as principais instituições de ensino, em especial as Belas-Artes e o Conservatório, esses acadêmicos eram os guardiães e apóstolos da doutrina e estilo, se não dogma, cultural reinantes. Controlavam as comissões que concediam os prêmios aos pintores, compositores e arquitetos, prêmios esses que consistiam em prestigiosas bolsas de estudo para a Villa Medici em Roma, a cidade que representava o principal museu pedagógico da Europa. Vencer e se destacar com essas outorgas de prêmios significava ser favorecido não só em exposições ou repertórios oficiais, como também em encomendas do governo, condecorações e cargos acadêmicos.

O autoconfinamento do regime republicano dentro da matriz cultural de seus predecessores se refletia de modo proeminente na arquitetura pública e monumental vazia, cujos exemplares típicos eram o novo Hôtel de Ville e o Sacré-Coeur. Em vez de se aventurarem a manifestações autênticas mas incertas, os governantes da França se limitavam a obras de restauração, decoração e preservação. Por razões óbvias, o primeiro passo foi reconstruir escrupulosamente os edifícios históricos danificados durante a semana sangrenta da Comuna. A seguir, os interiores do Théâtre Français e o Opéra-Comique foram renovados em vez de modernizados, e em 1887 e 1913 foram aprovadas leis de proteção à herança arquitetônica da capital, e o número de *édifices classés* aumentou de 1072 em 1902 para 3560 em 1913.

Visivelmente, a Terceira República instalou-se num ambiente público construído e "mobiliado" por regimes anteriores. Ela se comportava, não como um orgulhoso senhor encomendando seus próprios edifícios e homenagens, mas como o curador e arrendatário devedor de um antigo patrimônio. Apenas em parte por razões econômicas, o regime evitava novas construções, preferindo transferir as instituições civis e políticas principais para os grandiosos palácios do passado real e imperial da França. Embora os engenheiros franceses fossem destros com estruturas metálicas e concreto armado, seu *génie* permanecia em grande parte travado. Eram instados ao trabalho apenas para as exposições universais, entendidas como ocasião de mostrar a resolução e a capacidade do regime em tratar do futuro. Assim, o Palácio das Máquinas e a Torre Eiffel deram um selo nitidamente modernista à exposição de 1889, que celebrou o centenário da Revolução. Em contraposição, o Grand e o Petit Palais, da exposição *fin-de-siècle* de 1900, foram realizações menos ousadas, na medida em que ambos tinham exteriores barrocos.

De modo similar, a pintura e a escultura acadêmicas se mantiveram tranqüilamente estáveis até 1914, com ênfase sobre a repetição e imitação de formas, motivos e mestres artísticos do passado. Os neoclassicistas dominavam a École des Beaux-Arts e os salões. Também se asseguravam de todas as encomendas públicas, nacionais e locais, e eram sustentados por patronos ricos. Além disso, com facilidade mantinham os impressionistas e seus sucessores à margem. Com poucas exceções sem destaque, o *haut monde* permanecia hostil aos pós-impressionistas, em particular aos fovistas e aos cubistas. Por sua vez, a maioria dos dissidentes franceses voluntariamente se recolheu a seitas artísticas fechadas em si mesmas, indiferentes às lutas sociais e políticas do seu tempo. Desprezavam mais do que atacavam o *establishment* e continuavam a suspirar pelo reconhecimento oficial e por mecenas particulares, em particular depois que *marchands* como Kahnweiler, Durand-Ruel e Vollard tinham apenas começado a desenvolver galerias e mercados alternativos.

O caso Dreyfus se converteu de modo inesperado numa campanha de intelectuais e artistas marginais para impedir que a França ficasse totalmente atrasada em relação aos tempos europeus. O confronto que polarizou quase toda a nação revelou a que ponto o conservadorismo integral permeava as instituições culturais da Terceira República. Os anti-Dreyfus encontraram apoio maciço e prestigioso nas academias, no Conservatoire, nas Beaux-Arts, no teatro, na universidade e na Igreja, e ainda entre romancistas, dramaturgos e jornalistas de sucesso. Os pró-Dreyfus, por sua vez, provinham basicamente das vanguardas intelectuais e artísticas, mas também de sociólogos, historiadores e filósofos profissionais, que se esforçavam em prover a frágil república com uma ideologia legitimadora tão agudamente necessária. Se os pró-Dreyfus de primeira hora conseguiram deter uma possível restauração monarquista, foi em grande parte por terem mobilizado os independentes e os dissidentes da *intelligentsia* e dos artistas inovadores, que tendiam a ser apolíticos, levantando assim um desafio que a sociedade política não poderia ignorar. Embora muitos dos novos adeptos desprezassem Zola pelo seu naturalismo prosaico e sua popularidade, foi a voz deste escritor, divulgada pela imprensa republicana, que lhes deu tão extraordinária força. Barrès e os jornais anti-Dreyfus, assim como seus partidários aristocráticos e acadêmicos, foram apanhados de surpresa.

A república enfrentou a tempestade. Com o premiê Émile Combes a indicar o caminho, gabinetes ministeriais sucessivos reduziram, se não eliminaram por completo, as influências monárquicas e clericais em setores vitais do serviço público. Mas essa *épuration* do aparelho de Estado não foi acompanhada nem seguida por uma liberalização do *establishment* cultural, quanto mais de *tout Paris*. Embora os vanguardistas retornassem apressados para seus guetos culturais, continuavam a ser mais suspeitos do que nunca. Por terem se unido aos socialistas e republicanos avançados, justificaram a concepção das antigas elites culturais e intelectuais de que o modernismo artístico e o radicalismo social e político estavam inextricavelmente ligados. A agitação operária de 1906 a 1910 endureceu ainda mais o antiliberalismo e conservadorismo de setores importantes não só da classe dominante e governante, como também do *establishment* cultural. A crítica ao movimento moderno se tornou cada vez mais moral e política. Ao mesmo tempo, uma virulenta *arrière-garde* exigia uma revivescência neoclássica para defender a ordem artística e cultural arcaica contra a vanguarda e seus companheiros de viagem socialistas e anarquistas.

A reação conservadora se manifestou com a penetração do ultrapatriotismo na universidade e com o silenciamento dos "modernistas" na Igreja Católica. Em 1913, *A Sagração da Primavera* de Stravinsky foi ridicularizada por ex-simpatizantes do moderno, e *Jogos* de Debussy não se deu muito melhor, muito embora ambos os compositores não tivessem nenhuma relação de simpatia com a esquerda e o seu internacionalismo. Talvez compreensivelmente, a despeito de intensos sentimentos antigermânicos, a pietista *Parsifal* de Wagner teve uma recepção mais calorosa, quando afinal foi apresentada no ainda imperial Opéra, o qual absorvia mais de 1/3 do orçamento do Estado para as artes cênicas. Entrementes, a pressão para impedir a participação dos cubistas no próximo Salon d'Automne suscitou uma interpelação na Câmara dos Deputados em 3 de dezembro de 1912. De maneira significativa, até um deputado socialista considerou "absolutamente inadmissível que os palácios nacionais da França fossem usados para propósitos antiartísticos e antinacionais tão evidentes". Mas outro socialista, Marcel Sembat, prontamente retorquiu que, embora os espectadores tivessem todo o direito de preferir uns quadros a outros, não tinham o direito "de chamar a polícia". Embora o debate não tivesse prosseguimento, o simples fato de sua ocorrência era um sinal dos tempos. Certamente a França de Poincaré, que tramara a sua própria eleição para a Academia em 1909, não estava disposta a afrouxar uma cultura oficial cujo menestrel-mor era Maurice Barrès. Tanto Poincaré como Barrès eram naturais da Lorraine e membros da Academia, mas apenas o autor de *Les Déracinés* desempenhava um papel ativo na monarquista Action Française e no incipiente culto a Joana d'Arc.

A cultura do Segundo Império germânico era manifesta e infatigavelmente tradicional. Mesmo, ou em particular, depois de 1890, a ênfase continuou a recair sobre a imitação e reprodução de uma arte convencional esquecida da rápida transformação econômica, demográfica e urbana do país. O Estado e o governo, em especial na Prússia, fomentavam essa venerável *Kultur*, que também gerava a iconografia glorificadora da nova nação alemã.

Mais do que qualquer outro soberano, Guilherme II se pronunciava sobre as funções da arte, até o extremo de denunciar a arte que violava "as leis e limites" postos por ele mesmo como os da antiarte. Além disso, considerava as artes plásticas e cênicas, ao lado das escolas e das universidades, como tantas outras "armas" e "instrumentos" de seu arsenal político.

O *Kaiser* fez seu pronunciamento cultural mais completo e revelador em 18 de dezembro de 1901, logo após retirar os véus e inaugurar 32 estátuas de dirigentes antigos do Brandenburg-Prússia, ao longo de ambos os lados de uma *Siegesallee* que se estendia da Siegessäule até a Rolandplatz, através do Tiergarten. Dirigindo-se aos artistas que haviam executado esse monumento extravagante à dinastia Hohenzollern, Guilherme II se jactou de sua íntima ligação com eles. Acentuou que, com o apoio consultivo do professor Reinhold Koser, seu historiador da corte, e do professor Reinhold Begas, seu escultor da corte, pessoalmente tinha dado aos artistas reunidos suas diretrizes gerais sem, de forma alguma, restringir sua "absoluta liberdade" de execução. Com certeza, o imperador pressupunha um amplo acordo quanto às virtudes dos modelos clássicos e às leis eternas de beleza e harmonia. Fez aos seus artistas o que era o seu mais alto elogio, ao declarar que sua estatuária de mármore branco era "quase tão perfeita quanto a de mil e novecentos anos atrás". Felizmente, a escultura alemã se mantinha imune às "chamadas correntes e tendências modernas", em sua maioria estrangeiras, que pervertiam a palavra "liberdade" com seu "descuido, falta de limites e arrogância". Segundo a concepção do *Kaiser*, a alta cultura tinha como única grande tarefa a de educar o público, em especial as classes baixas, retratando obrigatoriamente a virtude, a beleza e a honra. Enquanto projetar esses sublimes ideais clássicos era elevar moral e espiritualmente o povo germânico, pintar e exagerar a miséria humana era "pecar contra ele".

Mesmo antes de legar à posteridade essa *Siegesallee* em Berlim, o imperador encomendara a construção da Igreja em Memória do Kaiser Guilherme, em estilo neo-romântico, próxima à Kurfürstendam. Dedicado ao vigésimo quinto aniversário da vitória em Sedan, com título em homenagem ao avô do atual imperador, esse santuário fora projetado para unificar e glorificar o trono, o altar e a nação, trazendo ainda inscritos os nomes de Roon, Bismarck e Moltke entre dois portais. Visto que batizar edifícios religiosos com figuras políticas constituía uma nova concepção, esse audacioso templo foi considerado como a fixação de um estilo imperial que, por longo tempo, foi reproduzido em incontáveis estátuas de Guilherme I e retratos oficiais de Guilherme II, em poses militares e com uniformes pomposos e bombásticos.

Embora Guilherme II fosse demasiado impetuoso e inflexível para os sóbrios conservadores e liberais, a classe dominante e governante, em seu conjunto, aprovava totalmente ou, ao menos, tolerava esse seu papel ativo na cultura oficial. Ele não só aplaudia ostensivamente autores obscuros como Ludwig Ganghofer e Ludwig Pietsch, como também indicou Anton von Werner, seu pintor da corte, para a presidência da Academia Prussiana de Belas-Artes, incluindo a sua escola de arte. Conhecido pelas suas evocações da história da Prússia, podia-se confiar em Werner por sua oposição à experimentação, ao naturalismo e ao impressionismo. Tais atitudes e referências se destinavam a incentivar os funcionários de instituições culturais de toda a Alemanha a bloquear e importunar inconformistas, críticos e dissidentes. Embora muitíssimo homenageado no exterior, Gerhart Hauptmann era sistematicamente rejeitado por seu tratamento naturalista da miséria dos tecelões da Silésia em *Die Weber* e sua ridicularização das tendências autoritárias da Prússia em *Der Biberpelz*. A partir de 1890, a polícia e a censura impediam e adiantavam a apresentação das peças de Hauptmann — ao lado das de Ibsen e de Sudermann —, e o próprio Guilherme II, em pessoa, revogou a ordem do júri que concedera o Prêmio Schiller a Hauptmann.

Frank Wedekind não se deu muito melhor. Devido à sua sátira corrosiva em *Simplicissimus* e sua profanação dos códigos morais — em particular sexuais —, via-se constantemente em dificuldades com a censura e até mesmo foi condenado a sete meses de um honroso confinamento na fortaleza de Königsstein. Embora Wedekind concluísse seu *Frühlings Erwachen* em 1890, foi só em 1906 que Max Reinhardt afinal o encenou, em Berlim, numa versão censurada. A máxima do *Kaiser*, segundo a qual o teatro deveria elevar a alma e nutrir o patriotismo, alimentava essa chicana oficial. Enquanto ele providenciava para que o Teatro Real apresentasse peças morais apropriadas, a imperatriz utilizava sua influência para retardar a produção de *Salomé* e *Rosenkavalier* de Richard Strauss na

Ópera de Berlim, coisa em que Guilherme II tinha interesse especial. O imperador também intervinha nas artes gráficas e visuais. Em 1898, vetou a concessão de uma medalha de ouro a Käthe Kollwitz pelos seus desenhos de *Os Tecelões*, inspirados pela peça naturalista de Hauptmann, e onze anos depois despediu Hugo von Tschudi, o diretor da Galeria Nacional de Berlim, por adquirir quadros impressionistas, excessivamente não-convencionais para o seu gosto.

As diversas dissidências constituíram um protesto ou revolta contra essa imposição canhestra e politicamente dirigida de uma arte acadêmica e uma cultura imperial antiiluministas. Com certeza, a dissidência de Berlim de 1898, como a de Viena do ano anterior, pretendia antes afrouxar do que romper as restrições acadêmicas. Max Liebermann, membro da Academia de Berlim, e Julius Meier-Graefe, o respeitado crítico de arte, simplesmente solicitaram que fosse incluído um *salon de réfusés*, com júri separado, na exposição anual da Academia Prussiana em Berlim. Quando Anton von Werner, respaldado pelo imperador, recusou, Lieberman liderou a organização de um salão próprio dos dissidentes, em que modernos franceses serviam para legitimar a mostra de impressionistas alemães, como Lovis Corinth e Max Slevogt. Na realidade, esses desertores não eram totalmente radicais em termos artísticos, pois seu objetivo era o de se emparelhar com o impressionismo. Com poucas exceções, repudiavam a política e a crítica social. É certo que, durante vinte anos, Liebermann se dedicara a pintar retratos realisticamente naturais dos problemas sociais da Alemanha contemporânea, com os quais obteve aplausos oficiais, inclusive prêmios e o ingresso como membro na Academia. Mesmo assim, sentindo-se tolhido, voltou-se para versões impressionistas do mundo ocioso da *grande bourgeoisie*, a que pertencia. Finalmente o imperador desqualificou Liebermann e seus aliados como artistas "de sarjeta", mas menos por serem experimentalistas do que por não reproduzirem mais o estilo imperial. Esse mesmo conservadorismo levou Max Pechstein e os "novos" dissidentes a romperem com Liebermann em 1910.

Mas, enquanto a velha e a nova dissidências de Berlim permaneciam como oposições locais, o expressionismo tinha os predicados de um movimento contracultural. De início, os expressionistas contestavam muito mais o tradicionalismo sufocante da Alemanha do que articulavam uma nova estética. Como Rudolf Kurtz declarou no primeiro número de *Der Sturm* (3 de março de 1910), os jovens rebeldes pretendiam expor a pomposidade, autocomplacência e impostura opressivas da sociedade imperial. Ao mesmo tempo em que se rebelavam contra pais, professores, militares e governantes, identificavam-se com indigentes, prostitutas, psicóticos, jovens e mulheres. Mas os expressionistas não chegavam ao ponto de denunciar a burguesia e seus aliados da classe média por explorarem os trabalhadores e defenderem o ultrapatriotismo. Em lugar disso, enfurecidos pelo fato de os pioneiros do progresso econômico terem abraçado uma cultura arcaica em vez de promoverem o movimento moderno, os expressionistas os desprezavam como filisteus abjetos.

Os expressionistas admiravam os impressionistas mais por terem rompido com o academicismo do que pela sua concepção serena da sociedade, seu registro ótico do mundo exterior, sua paixão indiscriminada pela cor e sua obsessão com a perspectiva. Movidos pelas pinceladas torturadas e a solidão angustiada de Van Gogh e Edvard Munch, e desconfiados das percepções sensoriais, procuravam auxílio em Rouault, Rousseau e Delaunay, a fim de projetarem para o mundo exterior seus próprios sentimentos interiores. Os expressionistas experimentaram dar forma à interpenetração de suas disposições psíquicas com o mundo real exterior. Embora desprezassem a sociedade imperial, artificiosa e repressora, permaneciam perplexos para imaginar uma alternativa a ela.

Exceto pelo seu desencantamento comum em relação ao mundo e sua ânsia em escapar a todas as convenções artísticas, os expressionistas alemães tinham tantas divisões internas quanto qualquer vanguarda. Alguns eram irracionalistas radicais, outros místicos, e outros, ainda, humanitários. Outra linha divisória separava os estetas ativos e os ativistas políticos, havendo apenas alguns reclusos e solitários entre eles. Além de lhes faltar coerência interna, estavam temporalmente defasados. Os elementos estéticos e sociais mais radicais entre eles na realidade não se aglutinaram até 1910-1911, quando a Alemanha estava nas garras de um ressurgimento ultraconservador.

Ademais, *Die Brücke* (A Ponte), lançado em Dresden em 1905, era apenas marginalmente expressionista. Ernst Kirchner e seus parceiros (Emil Nolde, Erich Heckel, Karl Schmidt-Rottluff, Max Pechstein) nunca realmente romperam de modo radical com a arte figurativa. É certo que suas paisagens espasmódicas, corpos retorcidos e cores de uma melancolia violenta articulavam seu mal-estar espiritual, sua sensualidade vibrante e seu repúdio da arte como meio artificial e sacralizante. Mesmo assim, embora o grupo *Brücke* violasse as normas do *Kaiser*, não se aprofundou em busca de um novo paradigma estético. Quando a revista e o grupo se extinguiram em 1913, Kirchner ocupava um lugar intermediário entre a cautelosa dissidência de Berlim e os mais recentes ultramodernos da vanguarda.

Desde seu início em 1911, o *Blaue Reiter* (Cavaleiro Azul), em Munique, desaprovou o *Brücke* por ser excessivamente impulsivo, espontâneo e egocêntrico, e insuficientemente experimental e reflexivo. Em vez de expressar impulsos vitais primários e sacrificar o meio à mensagem, Wassily Kandinsky e Franz Marc reivindicavam uma expressão intelectualizada da sensibilidade espiritual e mística. Queriam que os quadros do futuro, inclusive seu colorido, se tornassem manifestações simbólicas especulativas do estado psíquico e espiritual dos artistas liberados das cadeias estéticas do passado. Assumindo esses critérios, Kandinsky sustentava que as obras do *Brücke* não estavam qualificadas para a inclusão no *Almanach*, onde ele e Marc apresentavam quadros que davam uma "contribuição decisiva para a elaboração da arte contemporânea". A primeira exposição do *Blaue Reiter*, em 1911, também os excluiu.

Nesse ínterim, Herwarth Walden começou a publicar *Der Sturm* (A Tempestade), que se converteu no principal órgão da vanguarda estética de todas as artes. Eclético em sua sensibilidade e gosto modernistas, Walden abriu sua revista e também sua galeria — inaugurada em 1913 — a todas as exposições autenticamente experimentais, nacionais e estrangeiras, inclusive para o futurismo e abstracionismo nascentes. Mas, juntamente com Kandinsky, que julgava de importância central, Walden foi um defensor aguerrido da nova estética essencialmente apolítica que procurava obter um lugar para si no interior do *ancien régime*. Os "cavaleiros azuis" foram mais profetas da ansiedade e do desespero do que revolucionários ousados. Ao se distanciarem da sociedade, e ainda mais do socialismo, e ao isolarem a arte da política, tinham uma premonição da catástrofe mundial. Na medida em que Kandinsky e Marc esperavam que emergisse uma *vita nuova* de um cataclismo iminente, previram e ansiaram por um renascimento antes espiritual do que econômico, social e político. A um exame acurado, o cavalo e o cavaleiro na capa de seu *Almanach*, ainda desenhados figurativamente, transmitiam uma visão sobrenatural: o cavaleiro azul era uma representação superposta de São Jorge e São Miguel, o Cavaleiro do Apocalipse a matar o dragão do materialismo. Ademais, o cavaleiro era um símbolo da nobreza européia, e o azul evocava a fidelidade e uma aspiração romântica pela salvação espiritual.

Tendo voltado as costas ao materialismo e ao empirismo, Kandinsky e Marc procuravam guia e consolo no que quer que não tivesse sido maculado pela civilização industrial e comercial. Buscaram inspiração na arte de um passado distante e idealizado e na arte popular, infantil e "primitiva" do mundo contemporâneo. Certamente pretendiam romper a "crosta da convenção" e lançar fora as "muletas do hábito". Mas sua rejeição da "herança de segunda mão" seguia ao lado do seu repúdio ao progresso científico. Além disso, em vez de adotarem uma postura social crítica ou construtiva, Marc e Kandinsky aspiravam a ser como "os discípulos do cristianismo primitivo, que encontravam a força da paz interior entre o barulho ensurdecedor de sua época". E mais, jactanciosa e intencionalmente trilhavam uma via elitista que era "íngreme demais" para as massas, cuja "cupidez e desonestidade" necessariamente destruiriam ou degradariam qualquer cruzada "pelas idéias puras".

Coube ao movimento *Aktion*, conduzido por Franz Pfemfert, afirmar que a luta por uma nova estética era inseparável da luta por uma nova sociedade. Não que o grupo *Aktion* fosse marxista ou tivesse ligações com os social-democratas, modelos exemplares do convencionalismo cultural. De maneira paradoxal, a pintura e a literatura de revolta procuraram estímulo no anarquismo, quase totalmente estranho à Alemanha, exceto sob uma aparência dostoievskiana ou nietzschiana.

Na verdade, poucos expressionistas enfrentaram abertamente as novas tensões geradas pela implantação forçada da indústria moderna dentro da sociedade tradicional da Alemanha. Ao contrário dos impressionistas franceses, não se sentiam atraídos pelo campo nem, tampouco, fascinados pela polidez comedida da vida citadina. Preferiam cidades em processo de urbanização que aumentassem sua inquietação e angústia. Muitos vanguardistas podem ter começado em Dresden (população em 1880: 221 mil; em 1914: 550 mil) e Munique (população em 1880: 230 mil; em 1914: 600 mil), mas poucos resistiram à atração gravitacional de Berlim. Comparada a Paris, a capital alemã era um grande centro industrial cuja população cresceu de 800 mil em 1870 para mais de 2 milhões em 1914, ou 3,75 milhões contando seus subúrbios. Berlim era uma personificação do espírito do mal e das riquezas, que encarnava e aumentava as contradições explosivas da sociedade e do Estado imperiais. Para quase todos os expressionistas, a cidade moderna se tornou uma obsessão contagiante e um enigma insolúvel: um crisol de riqueza e miséria, esperança e frustração, novidade e tradição atávica, emancipação e alienação, luxúria e entorpecimento — mas também, e sobretudo, uma fonte de alta cultura. Embora fosse uma de suas preocupações centrais, o espaço urbano se manteve periférico ou embaciado na visão artística dos expressionistas.

Afinal, Ludwig Meidner — pintor, dramaturgo e poeta ativista — lamentou a excessiva preocupação da vanguarda com os povos primitivos e os cristãos do início da Idade Média. Convocou os expressionistas a admitirem "que estavam vivendo em Berlim, no ano 1913, que iam a cafés, discutiam constantemente e liam muito". Sendo este o caso, chegara o momento de "pintar a cidade, que era o seu país [...] e universo que amavam profundamente". Ao contrário de seus mentores impressionistas, os expressionistas "não podiam montar seus cavaletes nas ruas agitadas", pois estas turvariam o registro não-mediado da "monstruosidade e drama dos cais, estações ferroviárias, fábricas e chaminés [...] a elegância das pontes de ferro [...] as cores gritantes dos ônibus e locomotivas expressas, os ondulantes fios telefônicos [...] e a noite [...] a noite da grande cidade". Para reproduzirem as pulsações da cidade, os artistas precisavam de meios "apropriados" e totalmente novos de observação e expressão. Depois de andar pelas calçadas para "se empanturrar com impressões óticas", teriam de se recolher aos seus estúdios para "traduzi-las corajosa e deliberadamente em composições [...] que penetrem em níveis mais profundos da realidade [...] do que as tramas ornamentais, decorativas e superficiais" de Kandinsky ou Matisse. Como se presumisse que a natureza "não tivesse linhas retas e não fosse matemática [...] desde Ruysdael as linhas retas foram banidas das paisagens, e os artistas evitavam colocar em seus quadros novos edifícios, novas igrejas e novos castelos", preferindo o caráter pictórico de casas, ruínas e árvores "irregulares". Mas enquanto contemporâneos dos engenheiros, os artistas expressionistas precisavam "sentir a beleza das linhas retas e formas geométricas", que tinham um "sentido mais profundo" ainda para os cubistas. Acima de tudo, uma linha reta não pode ser "nem fria nem dura". Se traçada com "excitação" e cuidadosa atenção à sua trajetória, poderia se ver e demonstrar que ela variava alternadamente, sendo "fina e grossa [...] e animada por vibrações ligeiras e nervosas". Segundo

Meidner, as paisagens urbanas eram "batalhas matemáticas", e agora era o momento de chegar a um acordo com "os triângulos, quadrados, polígonos e círculos que nos atacam nas ruas".

Em 1914, as dissidências berlinenses de 1898 e 1910 e o *Brücke*, de 1905, tinham se extinguido, enquanto o *Sturm* e o *Aktion* ainda teriam de demonstrar sua capacidade de permanência, principalmente sob um clima político cada vez mais antiliberal, também em Munique. Como é de presumir, um regime que soubera como curvar os social-democratas e cooptar a burguesia também saberia como reprimir e neutralizar esse desafio cultural. Essa tarefa seria facilitada pelos cismas dentro da vanguarda e também pelo seu afastamento da política e da sociedade.

A Secessão de Viena, que iniciara formalmente em abril de 1897, também foi um brado contra uma cultura oficial sufocante. Até 1905, Gustav Klimt atuou como "presidente" de um círculo de jovens arquitetos, pintores e gravuristas resolvidos a abrir Viena aos modernismos culturais do resto da Europa, de modo a legitimar seu próprio furor experimental. Nessa metrópole do historicismo ultraornamentado, encomendaram ao arquiteto Joseph Maria Olbrich, secessionista de primeira hora, o projeto de um palácio de exposições, inaugurado em 1899, em perpendicular à estupidificante Academia de Belas-Artes, que os induzira à sua rebelião. Nos anos seguintes, no edifício que Olbrich projetara como um templo pagão anistórico, expuseram seus quadros e esculturas ao lado dos impressionistas, naturalistas e simbolistas europeus.

Nesse ínterim, em 1897, lançaram *Ver sacrum* (Primavera Sagrada), revista por onde difundiam sua visão dissidente, ao mesmo tempo em que também estabeleciam vínculos com as artes literárias. Geralmente ilustrada por Klimt e Koloman Moser, *Ver sacrum* apresentou, entre outros, Hugo von Hofmannsthal, Rainer Maria Rilke e Peter Altenberg, até desaparecer em 1903. Convencidos da unidade orgânica de todas as artes, Joseph Hoffman e Moser, em especial, inspirados por Klimt, também fundaram a *Wiener Werkstätte* (Ateliê Vienense), para infundir às artes aplicadas o espírito e estilo do Art Nouveau.

Desde o início, a secessão estava internamente dividida entre estetas moderados e radicais. Os primeiros, em particular Klimt e Hoffmann, tendiam a enxertar suas inovações conceituais, formais e técnicas na matriz artística e cultural existente. Mas havia também os puristas intransigentes, sobretudo Adolf Loos, o modernista funcionalista, e Oskar Kokoschka, o expressionista instintivo e niilista. Afinal, em 1905, essa secessão heterogênea sofreu múltiplas fraturas.

Entrementes, a relação difícil de Klimt com o *establishment* cultural não deixava dúvidas de que a secessão estava com seus dias contados. Klimt obteve fama inicialmente como pintor-decorador da Viena da Ringstrasse. Suas principais encomendas incluíam murais históricos para o Burgtheater e o Museu de História da Arte, que lhe valeram o Prêmio do Imperador em 1890. Tendo demonstrado sua ortodoxia e lealdade, Klimt foi encarregado pelo ministro da Cultura em 1894 de desenhar três grandes painéis para o teto da *Aula* (grande anfiteatro) da Universidade de Viena. Enquanto Klimt ficou responsável pela execução das alegorias da filosofia, medicina e jurisprudência, para representar três das quatro faculdades da universidade, Franz Matsch foi chamado para fazer o painel da teologia. Na verdade, somente em 1898 é que o contrato foi assinado, foram pagos os honorários de 30 mil coroas e Klimt se pôs a trabalhar. Embora Klimt já tivesse se tornado um secessionista, tanto ele como as autoridades procederam como se a experimentação artística e a prestação de serviços à cultura oficial não fossem necessariamente incompatíveis.

Entretanto, cerca de dois anos depois, quando Klimt apresentou seus esboços preliminares para o painel da filosofia, aquele pressuposto mostrou-se infundado. Tendo repudiado os cânones do classicismo, Klimt não ofereceu uma representação simbólica do "triunfo da luz sobre as trevas" de acordo com o estilo renascentista e o espírito tradicional da nova-velha universidade da Ringstrasse. Em vez disso, movido pela sua recente descoberta dos sobressaltos instintivos mais profundos do ser humano, Klimt vasou suas próprias inquietudes psicológicas e sociais numa interpretação simbólica e esteticamente informe e arcana da busca filosófica.

Compreensivelmente, o mundo acadêmico se enfureceu com essa afronta à linguagem e ao espírito tradicionais da auto-representação simbólica. O reitor, professor Wilhelm von Neumann, reuniu 87 membros da faculdade para protestar contra o painel e exigir que o ministério da cultura não o aceitasse. Essa oposição se intensificou com a apresentação dos esboços também não-ortodoxos e desafiadores de Klimt para a medicina e jurisprudência no palácio secessionista, respectivamente em 1901 e 1903. Apenas dez membros do poder universitário ficaram a favor de Klimt, mas não poderiam enfrentar os guardiães conservadores e liberais nem, tampouco, a retaguarda da tradição clássica.

Na época, o governo também se envolveu na controvérsia. O conselho consultor das artes e a comissão artística permanente do Ministério da Cultura se sentiam menos inclinados a difamar Klimt, em grande parte porque sua obra era tecnicamente muito superior à criação clássica de Matsch. Ainda assim, o governo achou difícil fazer frente aos seus críticos, que incluíam não só direitistas e clericalistas extremados como também conservadores importantes. Em 1901, o painel da medicina fez com que Wilhelm von Hartel, o esclarecido ministro da Cultura, fosse interrogado no Reichsrat sobre se o seu patronato de Klimt significaria que um estilo "que violava de modo grosseiro os sentimentos estéticos da maioria das pessoas estava em vias de se tornar a arte oficial da Áustria". Von Hartel não só negou solenemente qualquer intenção semelhante, como também negou a existência de qualquer "arte oficial", declarando que seu ministério estava comprometido com "a liberdade completa de criação artística". Apesar disso, von Hartel afinal renunciou em setembro de 1905, provavelmente por não poder ou não querer defender Klimt, a quem também foi recusada uma cátedra na Academia de Belas-Artes.

Antes disso, em 25 de maio de 1905, Klimt solicitara que o governo devolvesse seus três painéis. Convencido de ter se tornado um agudo "incômodo" para von Hartel, Klimt decidiu se desobrigar: "Basta de censura. Contarei só com meus próprios recursos. Quero me libertar. Declino de todo auxílio do Estado, e renuncio a tudo". Três meses mais tarde, o governo permitiu que Klimt recuperasse seus três painéis, com a devolução das 30 mil coroas, que Klimt obteve junto a August Lederer, um rico negociante judeu. Em dezembro, Matsch foi encarregado de refazer os três afrescos, seguro de que seriam adequados.

Entrementes, Klimt se retirara da esfera pública para a privacidade. Agora se dedicava a pintar mulheres ricas da alta sociedade, em sua maioria judias, retratando-as como figuras altamente refinadas e placidamente eróticas da classe dominante de Viena. Em contraposição, os nus de Egon Schiele eram radicalmente mais violentos, com fortes sugestões satíricas. Como conseqüência, as autoridades deram uma batida no estúdio de Schiele. Além de cumprir uma curta pena de prisão, Schiele presenciou a destruição de um de seus esboços pelas mãos de um magistrado imperial.

Mas os retratos dilacerantes de Kokoschka eram os mais radicais de todos. Rejeitou a tradição, a representação pictórica e o Jugendstil, e portanto também o seu mestre Klimt. Ademais, transmitia seu desespero intenso e recusa furiosa através de peças, poemas e pronunciamentos programáticos iconoclastas, que antecipavam o expressionismo esteticamente radical que ajudou a formar em Berlim, a partir de 1910. Caracteristicamente, o irascível Francisco Ferdinando julgava que Kokoschka "merecia que fossem quebrados todos os ossos do seu corpo" e, para uma maior ênfase, desferiu um golpe em um dos seus quadros com seu chicote de montaria. Quase ao mesmo tempo, Adolf Loos, amigo íntimo de Kokoschka, passou a ser atacado pelo seu edifício descomprometidamente moderno na Michaelerplatz, defronte dos portões barrocos do Hofburg, que o idoso Francisco José jurou dali por diante evitar, após essa profanação.

De fato, a Secessão vienense também foi a pique contra os rochedos da resistência oficial nas artes arquitetônicas, principalmente na Ringstrasse. Entre 1860 e 1890, a construção de doze sólidos edifícios públicos segundo os grandes estilos históricos tinha convertido a *via triumphalis* da Áustria numa manifestação hegemônica inequívoca. Mas de 1890 a 1905 os projetistas-mestres abrandaram suas plantas convencionais de modo a aceitar e assimilar elementos novos. Foram os anos de instabilidade e mistura indiscriminada de estilos, que viram não só a impressão de ornamentos Art Nouveau sobre fachadas e monumentos tradicionais, como também a edificação do palácio secessionista, de Olbrich (1899), e a Caixa Econômica Postal, de Wagner (1904).

Isso não significa que os secessionistas tivessem algum dia conseguido romper de modo significativo com a tradição arquitetônica. Mesmo durante esses últimos dias da Belle Époque vienense, a Ringstrasse continuou a ser o local da construção clássica. Além disso, as concessões aos rebeldes arquitetônicos provocaram o mesmo recuo tradicionalista que afinal derrotou Klimt.

Na verdade, os anos de 1905 a 1914 presenciaram uma revivescência do historicismo na Ringstrasse, promovida ou até teleguiada pelo herdeiro presuntivo e seus partidários ultraconservadores. Imobilizados na tradição barroca, contavam com o monumentalismo neoclássico para negar o estilo moderno e reafirmar o poder e a vontade indômita da antiga ordem. Essa "arte retrospectiva" orientou Ludwig Baumann, o arquiteto favorito de Francisco Ferdinando, no término do Neue Hofburg e na construção de um novo Ministério da Guerra. Afinado com essa contra-ofensiva oficialmente orquestrada, o espírito histórico da Ringstrasse se fortaleceu com duas construções particulares, encomendadas por patronos de quem se poderia esperar uma linguagem menos arcaica: a associação dos comerciantes e a associação da indústria instruíram seus arquitetos para darem a suas novas sedes um ar palaciano e monumental, com fachadas barrocas.

Essa reafirmação sistemática do historicismo na Ringstrasse teve uma força política e simbólica infinitamente maior do que as manifestações modernistas dispersas que Viena suportava, mas não absorvia. De qualquer modo, os últimos acréscimos barrocos eclipsaram as duas casas pioneiras que Loos construíra para clientes particulares em 1910 e os projetos não-executados de Wagner, que não dispunha de outro público além dos próprios arquitetos vanguardistas.

As artes cênicas, em especial a música e a ópera, permaneciam igualmente congruentes com o *ancien régime*. Embora Arnold Schönberg e seu devotado discípulo Alban Berg criassem os primeiros lampejos de uma nova linguagem, mal eram conhecidos fora de círculos musicais rarefeitos. Ademais, as primeiras composições de Schönberg, principalmente *Verklärte Nacht* (1899) e *Gurrelieder* (estreada em 1913) ainda eram obras tonais influenciadas por Hugo Wolf, Debussy e Richard Strauss, e sobretudo por Wagner e Brahms. Embora concluísse uma primeira obra atonal (*Peças para Piano Opus 11*) em 1908, Schönberg precisou de mais quinze anos para completar sua emancipação da "tirania da tonalidade" e aperfeiçoar sua técnica dodecafônica. É certo que *Pierrot Lunaire* provocou controvérsia quando foi apresentado pela primeira vez em 1912. É de se notar, contudo, que a estréia foi em Berlim, não em Viena, e chocou menos pela sua atonalidade do que por seu *Sprechgesang*, a nova expressão vocal criada por Schönberg, e que ficava a meio caminho entre a canção e a declamação. Berg irrompeu na atonalidade apenas em 1913-1914, quando compôs *Três Peças para Orquestra Opus 6*, que só mais tarde foram executadas.

Em todo caso, embora Schönberg e Berg (e Anton von Webern) fossem inovadores geniais, estavam isolados. O tom musical de Viena era dado, não por eles, mas por Gustav Mahler, Hugo von Hofmannsthal e Richard Strauss. Mahler deixou sua marca menos com suas próprias composições e mais como diretor e maestro do Hofoper entre 1897 e 1907. Ao longo desses dez anos, aplicou a maior parte de sua imensa energia criativa e talento na produção de obras operísticas de Wagner, alimentando, com isso, o frenesi e o culto wagnerianos que tinham se apossado da alta e baixa sociedade musical. Na época em que Mahler se retirou, o *corpus* wagneriano dominava o repertório da Ópera Imperial. Entre 1907 e 1914, o majestoso Hofoper apresentava anualmente cerca de 55 execuções das grandes obras de Wagner. Por então, o teatro musical wagneriano era também um gênero corriqueiro na Volksoper.

Com certeza, tanto Hofmannsthal como Strauss foram profundamente influenciados, para não dizer cativados, pela "música do passado" de Wagner. Ambos tinham a mesma visão funcional da arte que Wagner partilhara com as classes dominantes e governantes da Europa. Em particular Hofmannsthal pretendia que suas obras revitalizassem os valores tradicionais da Áustria e Europa. Não surpreende, pois, que se mostrasse fechado ou mesmo hostil a tudo que fosse radicalmente novo em literatura, poesia, pintura e música. Assim como tantos vienenses do *fin du siècle*, Hofmannsthal desconfiava do movimento moderno por subverter e dissolver o *ancien régime* que ele tanto adorava. Sua associação com Richard Strauss, o Wagner da época, se iniciou em 1907 e renderia seis óperas. É certo que *Electra*, da autoria de ambos, estreada em março de 1909, era demasiado sóbria, complexa e estranha, mesmo para o sofisticado público operístico de Viena. Mas *Rosenkavalier*, de ambos, apresentada em Viena pela primeira vez em abril de 1913, tocou instantaneamente numa corda mais sensível. Decerto, mesmo depois de moderarem o primeiro ato para apaziguar a censura, a cena de abertura do quarto de dormir e a descrição das escapadas amorosas de Ochs eram lascivas demais para alguns setores do público. Todavia, *Rosenkavalier* espelhava acuradamente as vidas, os amores e as pretensões do *haut monde* de Viena. Situada na época de Maria Teresa, celebrava o sólido mundo aristocrático de barões, nobres, princesas e seus servidores, permeado por lindas melodias e graciosas valsas. Nessa ópera cômica, não havia nenhum Fígaro para satirizar o fútil recém-enobrecido Herr von Faninal, que fez sua imensa fortuna como fornecedor do exército. É certo que a luxúria do barão de sangue azul Ochs auf Lerchenau era ridicularizada. Mas ao final as virtudes e convenções tradicionais da velha sociedade triunfavam através do Feldmarschallin Fürstin Werdenberg, que envelhecia relutante mas graciosamente, do jovem e encantador nobre Otaviano e da ainda mais jovem Sophie von Faninal, que consultava o *Almanaque de Gotha* da Áustria enquanto perseguia a ascensão social de sua família.

O academicismo e o historicismo eram pelo menos tão arrogantes na Rússia quanto nos outros grandes países europeus, deixando apenas um limitado espaço de respiração para as vanguardas. Após uma pequena lufada de Art Nouveau, que escandalizou o *establishment* cultural, as vanguardas artísticas da Rússia lançaram-se na busca obsessiva de raízes e autenticidade nacionais, que marcou sua experimentação artística até 1914. Em vez de procurar uma renovação entre as culturas primitivas além dos mares, os pintores russos investigavam as profundezas de seu próprio passado nacional pluricultural. Seguindo os rastros dos grandes compositores russos que, desde meados do século, tinham procurado inspiração nas canções e lendas populares, esses pintores infatigáveis exploraram as técnicas, cores e motivos dos ícones russo-bizantinos, dos entalhes camponeses e da arte popular em geral. Essa compulsão levou até os artistas muitíssimo sintonizados com as dissidências de Viena, Berlim, Munique e Paris a afirmar o caráter especificamente russo de sua busca. Ao beberem de águas tão profundas do poço da herança cultural do seu próprio país, os vanguardistas embotaram a agudeza subversiva de seu anti-historicismo e antiacademicismo, a tal ponto que até mesmo o czar Nicolau II, uma ou outra vez, os patrocinava e estimulava.

A Revolução de 1905-1906 radicalizou momentaneamente muitos membros da vanguarda, levando-os a politizar tanto sua rebelião contra a cultura oficial como suas buscas artísticas não-ortodoxas. Mas, depois que o regime czarista recuperou seu equilíbrio e reimpôs, política e culturalmente, sua garra absolutista, uma mescla de desilusão, desespero e impotência fez com que os dissidentes da Rússia despolitizassem sua revolta contra o historicismo e se refugiassem no puro subjetivismo e na busca da arte pela arte. Ao contrário dos "Itinerantes" dos anos 1880, cuja crítica à tradicional Academia de Artes tinha uma dimensão populista, os rebeldes pós-1905 intensificaram seu repúdio à função social da arte, que datava do *fin du siècle*.

O mercado de arte privado era subdesenvolvido, em comparação ao da Europa central e ocidental, e o espaço público para a deserção artística era restrito. Isso explica, em parte, a importância central para a vanguarda de seis patronos ricos, um de São Petersburgo e os outros de Moscou. Além disso, Savya Mamontov era o único "industrial" moderno entre eles, e o patrocínio artístico desse magnata das ferrovias interrompeu-se com seu indiciamento, afinal abortado, por fraude. Os outros cinco pertenciam ao estamento comercial dos manufatureiros e negociantes de bens de consumo, conforme a tradição dos príncipes mercadores, cujos horizontes se estendiam para além da Rússia. Sergei Shchukin, o primeiro e mais audaz deles, era um importador de produtos têxteis. Em 1914, sua coleção de arte incluía 221 quadros impressionistas e pós-impressionistas franceses, incluindo 54 obras de Picasso, 37 de Matisse, 19 de Monet, 13 de Renoir e 26 de Cézanne. Shchukin pendurava esses quadros em sua grande casa de Moscou, um decorado palácio Trubetskoy que se abria ao "público" nas tardes de sábado. Enquanto Shchukin se concentrou em pós-impressionistas depois de 1905, Ivan Morosov, o maior fabricante de produtos têxteis da Rússia e ele mesmo um pintor, nunca se arriscou a ir tão longe. Sua coleção era mais convencional. À exceção de um Picasso, restringia suas compras de quadros contemporâneos aos impressionistas, os quais também expunha numa suntuosa mansão. De maneira muito significativa, Shchukin e Morosov compravam e expunham os modernistas franceses, mas não os russos. Ofereciam a pintores locais, em sua maioria de condições modestas e que dificilmente poderiam viajar para o exterior, uma janela cômoda e acessível sobre Paris, a capital não só da inovação artística, como também do principal aliado do império czarista, que encorajava os intercâmbios culturais franco-russos.

Os outros três patronos sustentavam artistas nativos. Embora Shemshurin pessoalmente adquirisse poucos quadros, expunha as telas de jovens pintores russos em sua casa, onde recebia artistas para jantares. Quanto a Nikolai Ryabushinsky, editava *O Tosão de Ouro*, e os artistas do grupo de vanguarda de mesmo nome fizeram uma de suas principais exposições em sua opulenta *villa* em Moscou.

Como no restante da Europa, os dissidentes na Rússia eram divididos e sem coesão interna, exceto pela sua resolução comum de expor a hipocrisia, o formalismo e o ecletismo bestificadores da arte oficial. Serge Diaghilev era o principal espírito agitador de *O Mundo da Arte*, os *frondeurs* pioneiros da Rússia, que realizaram a primeira de uma série de exposições em Moscou em 1897. Mais atentos às dissidências do mundo de língua alemã do que às de Paris, proclamavam a inter-relação de todas as artes de criação e cênicas, manifesta na fusão entre música, teatro e dança do balé russo renovado por Diaghilev. Tipicamente, os experimentalistas discutiam sobre a missão cívica da arte ao mesmo tempo em que procuravam um enriquecimento na herança nacional da Rússia. Mais do que rejeitarem o historicismo em bloco, exigiam versões autênticas e estimulantes dos antigos estilos e tradições. Em particular os desenhos de Mikhail Vrubel refletiam sua orientação pelo estilo bizantino medieval bidimensional, enquanto restaurava os afrescos das igrejas de Kiev. Leon Bakst e Alexander Benon deixaram sua marca acima e antes de tudo com cenários misteriosos, eróticos e com coloridos brilhantes para peças e balés russos totalmente clássicos.

Com um subsídio de Mamontov em 1899, Diaghilev fundou e editou *O Mundo da Arte*, uma revista que serviu como ponto central para os círculos russos de vanguarda. Exatamente pelo tom dessa revista ser tão impecavelmente nacional é que Nicolau II se tornou um de seus patronos, quando Mamontov, mais tarde e no mesmo ano, retirou seu apoio. O czar sabia que não correria nenhum risco, pois, além de se deleitar com a cultura russa, *O Mundo da Arte* denunciava como decadente tudo o que apontasse para direções não-figurativas e abstratas.

O círculo de *O Mundo da Arte* também incluía arquitetos tão fixados no passado da Rússia quanto os pintores. Juntos, insistiam numa "revivescência da São Petersburgo imperial e aristocrática", que consideravam como um tesouro de imagens visuais e disposições espaciais que "preenchiam suas inclinações estéticas e sociais". Os arquitetos, dentre esses restauradores culturais, também "serviam de maneira vil às ambições sociais de um número considerável de príncipes mercadores, equipando-os com mansões no estilo do classicismo russo, que proclamavam sua igualdade com a antiga nobreza". Esses arquitetos foram os precursores da renovação pós-1905 do classicismo romântico que caracterizava "os monumentos e edifícios erigidos para o tricentenário" da dinastia Romanov em 1913.

Embora *O Mundo da Arte* servisse como veículo para a ruptura entre o impressionismo e o historicismo inanimado, "no fundo ele permanecia aristocrático e conservador" e nunca deixou de se mover dentro da órbita da cultura oficial. Afinal, à época da Exposição do Palácio Táurida, Diaghilev reconheceu pessoalmente que, como ele e seus aliados tinham "mergulhado nas profundezas da história das imagens artísticas", estavam imunes às "censuras de um radicalismo artístico extremado". Antecipando um cataclismo onde a "cultura nova e desconhecida poria de lado os que foram seus parteiros", levantava um brinde "tanto às paredes arruinadas dos belos palácios como às novas injunções da nova estética". Embora se declarasse "um sensualista incorrigível", desejava, ao modo nietzscheano, que a "luta iminente não violasse a estética da vida e que a morte fosse tão bela e radiante como a Renascença".

Mas antes de assumir essa postura catastrófica, no final de 1906 Diaghilev ajudou a formar o círculo *Rosa Azul*, plenamente confiante quanto ao futuro no interior da sociedade imperial. Os quadros de Pavel Kusnetsov, cuja residência em Moscou se transformara no salão de exposições do grupo, produziam um efeito apaziguador, alegre e místico, com cores quentes, pinceladas curvas e linhas flutuantes. Natalia Goncharova e Mikhail Larionov estavam no centro desse círculo *Rosa Azul* na época em que a revista e as exposições de *O Tosão de Ouro*, subsidiadas por Ryabushinsky, passaram a existir. Os dois primeiros salões de *O Tosão de Ouro*, em 1908 e 1909, revelaram a importância crescente da conexão franco-russa. Apresentando com destaque pós-impressionistas e fovistas franceses, essas exposições ajudaram as coleções Shchukin e Morosov a redirecionar a atenção da comunidade artística de Berlim e Munique para Paris. Certamente, os quadros franceses não-ortodoxos reforçavam e legitimavam o anti-historicismo e antiacademicismo dos artistas russos. Com a terceira exposição de *O Tosão de Ouro*, em dezembro de 1909-janeiro de 1910, porém, a reação russificante usual estava a todo vapor. Nessa época, Larionov e Goncharova praticamente monopolizaram a exibição com obras que revelavam sua assimilação da arte popular e icônica russa.

As duas primeiras exposições do *Valete de Diamantes* do final de 1910 e 1912, em Moscou, era constituída maciçamente de assuntos russos, embora as salas de membros do *Brücke* e *Blaue Reiter* restabelecessem o contato com as vanguardas alemãs. Dada a importância da contribuição da Kandinsky, pode-se dizer que a principal sala estrangeira também fazia parte do bom repertório russo. Em todo caso, tendo estabelecido seu predomínio em Moscou, Larionov e Goncharova, intensamente nacionalistas, desprezavam os degenerados de Munique e Paris, bem como seus companheiros de viagem russos, e romperam abertamente com o eclético círculo *Valete de Diamantes*.

Em breve se uniram a Kasimir Malevich e Vladimir Tatlin para o que veio a ser a exposição totalmente russa do ano seguinte, *O Rabo de Burro*. Embora *O Rabo de Burro* pretendesse afirmar a independência da autêntica vanguarda russa em relação aos centros de experimentação militante da Europa central e ocidental, eles tinham uma série de traços em comum. Acima de tudo, *O Rabo de Burro* se assemelhava muito ao *Cavaleiro Azul* de Munique quanto ao seu interesse pela arte popular e pelo campesinato. Além disso, Larionov escolheu a exposição *O Alvo* para lançar seu "Manifesto Raionista", com isso se afastando mais um passo da arte de vocação cívica. Ele agora proclamava: "Não pedimos a atenção do público, mas [por nossa vez] solicitamos que ele não peça a nossa atenção". Ao mesmo tempo, Larionov e Goncharova desenvolviam afinidades momentâneas com o futurismo italiano. Em seu manifesto, não em sua pintura, Larionov aplaudia "bondes, ônibus, aviões, estradas de ferro, magníficos navios", ao passo que Goncharova, abandonando sua aversão pelas cidades, pintava ciclistas, fábricas, estações ferroviárias e dínamos, para transmitir uma sensação de velocidade e movimento mecanizado. Afinal, em 1914, ambos seguiram para o exterior como desenhistas do corpo de baile itinerante de Diaghilev, sem dúvida para servir ao seu país, ajudando a divulgar o que era uma das formas artísticas mais autênticas e tradicionais da antiga Rússia.

Sozinhos, Malevich e Tatlin, embora profundamente arraigados em tradições nativas, tateavam em direções que coincidiam com a experimentação mais ousada do continente, em particular da França. Embora tomasse como tema a vida rural e camponesa, em 1910-1912 Malevich apreendeu figuras e movimentos em composições geométricas, mecânicas e cubistas que se aproximavam da obra de Fernand Léger daqueles mesmos anos. A partir do final de 1913, porém, sob a influência de Braque e Picasso, abandonou o cubofuturismo por composições abstratas e fantasistas.

Tatlin teve uma evolução semelhante. Depois de trabalhar intimamente com Larionov e Goncharova entre 1910 e 1913, rompeu com os grilhões do passado russo. Cativado pelas construções cubistas de Picasso, seguiu para Paris, não para carregar a tocha da cultura russa, mas para aprender em primeira mão. A partir do final de 1913, quando voltou a Moscou, aplicou-se à concepção e construção de espaços tridimensionais, usando outros materiais que não a tela e a tinta. Mas nem o construtivista *Pintando Relevos* de Tatlin (1913-1914), nem o abstracionista *Cabeça de uma Jovem Camponesa* de Malevich (1913) conseguiriam solapar os alicerces da cultura oficial dos Romanov. Tampouco eclipsariam o núcleo da vanguarda, envolta pela herança histórica da Rússia.

Não obstante uma prolongada secularização e um declínio da devoção religiosa em grande parte da Europa, a Igreja continuava a ser um apoio centrípeto da antiga ordem. Na verdade, a descristianização não fora muito longe entre os camponeses das aldeias, as classes médias baixas das vilas provinciais e os ex-camponeses nas cidades. Tampouco as classes dirigentes tinham abandonado a Igreja. Embora praticantes irregulares, mesmo os trabalhadores inscritos em partidos e sindicatos socialistas recebiam os sacramentos, basicamente porque procuravam se casar, ser batizados e enterrados na fé de seus pais.

Mas, acima de tudo, o altar permanecia intimamente vinculado tanto ao Estado como à nação. Sem dúvida, esse vínculo era menos direto e transparente na França, onde, contudo, o catolicismo permeava a sociedade política. Nos outros principais países, os soberanos coroados presidiam descaradamente às instituições religiosas que constituíam os órgãos eclesiásticos de seus regimes. Constitucionalmente subordinadas ao Estado, essas instituições sagradas hegemônicas utilizavam seu prestígio, a influência pelo medo e a magia para legitimar o *status quo* político e social.

Rei, imperador e czar indicavam ou pré-selecionavam o chefe da igreja nacional. Onde houvesse um sínodo geral, a coroa sabia como influir nos seus procedimentos. Além disso, existiam íntimos laços entre a nobreza e a hierarquia eclesiástica. Muitos dos altos dignitários da Igreja, e também na Cúria Romana, eram de origem superior, educados em escolas de elite e, se não eram católicos, casados dentro de famílias nobres, o que lhes dava o acesso à alta sociedade. De fato, ao lado dos altos burocratas e generais, importantes eclesiásticos faziam parte integral das classes superiores solidamente enraizadas na terra e no serviço público. O baixo clero atendia ao campesinato e à classe média baixa provincial, de onde se originavam. Esses pequenos clérigos eram influentes confessores, confidentes, conselheiros e pregadores para o seu aprisco, tanto mais porque, uma vez designados para uma paróquia ou congregação, tendiam a servi-la por toda a vida.

As igrejas desempenhavam um amplo leque de funções, a começar pelas estritamente religiosas: ofícios santos e sacramentos, ritos de passagem (nascimento, comunhão, matrimônio, funeral), grandes dias santos, peregrinações. Em todo esse ministério, a iconografia, o simbolismo e o ritual cerimonial tinham maior peso do que a palavra dita e reproduziam e reforçavam antigas crenças e observâncias. Principalmente nos países ou regiões católicos e ortodoxos, as procissões religiosas constituíam espetáculos grandiosos, e muitos teatralizavam visualmente a interligação do altar, trono, classe dominante e nação, como no caso das coroações e funerais reais.

Além de sua missão religiosa e moral, as igrejas, mesmo na França, mostravam-se ativas no trabalho e na educação da comunidade. À exceção da Rússia, ainda dirigiam muitos hospitais, orfanatos, casas para idosos, asilos e associações de caridade. Principalmente em países católicos, a prestação de serviços sociais e de saúde, onde as freiras desempenhavam um papel decisivo, criava um vasto reservatório de boa vontade para com a instituição eclesiástica.

As igrejas eram ainda mais importantes na esfera da educação. Evidentemente, tinham seus próprios seminários e conventos. Em termos cívicos, porém, era da maior importância que as igrejas mantivessem um profundo envolvimento no magistério, sobretudo no nível primário. Elas possuíam e dirigiam a maioria das escolas elementares e secundárias, ou ainda eram pagas para enviar clérigos como professores a instituições públicas. À parte o fato de darem educação religiosa, os homens de Deus estavam habilitados a ensinar um currículo pleno, incluindo ciências naturais de nível básico. Principalmente em aldeias e vilas de província, mas também nas cidades, os mestres-escolas, fossem paroquiais ou públicos, eram muitíssimo respeitados, em grande medida por poderem enviar alunos dotados e ambiciosos para escolas superiores que praticamente garantiam uma ascensão social. Se em 1914 até a França ainda contava com metade de professores leigos e metade de religiosos, sem dúvida havia muitos lugares onde, na realidade, os clérigos ultrapassavam os mestres-escolas civis no ensino público. Eles também desfrutavam de um maior prestígio.

Tampouco as convicções políticas dos religiosos eram negligenciáveis. Embora inclinadas a uma política autoritária e deferente, as igrejas eventualmente forneciam aos partidos conservadores um corpo de pregadores para ajudar em suas batalhas eleitorais. Para defender a causa conservadora, os clérigos utilizavam seus púlpitos e sua influência pastoral. Também se tornavam ativistas partidários, concorriam a cargos eletivos e ocupavam assentos nas câmaras superiores.

Não é que as igrejas fossem monolíticas. Havia tensões entre os doutrinários dogmáticos e os revisionistas, bem como entre conservadores e reformadores sociais. Mas, segundo qualquer padrão, as igrejas se mantinham inflexíveis e hierárquicas. Além disso, temerosas em relação aos centros urbanos, à indústria e aos trabalhadores, as elites eclesiásticas desenvolveram a mesma mentalidade conspiratória das nobrezas agrária e do serviço público. Embora exagerassem o enfraquecimento da religião organizada, não é possível negá-lo inteiramente. O comparecimento às igrejas diminuía, em especial, nas cidades em rápido crescimento, onde predominava o anticlericalismo politicamente motivado e orquestrado. Em termos de um futuro imediato, apenas as aldeias e vilas provinciais da Europa pareciam seguras em relação à religiosidade formal, e mesmo elas vinham sofrendo um recuo com o crescimento da indústria. Entrementes, como as igrejas concentravam grande parte de sua riqueza nas propriedades rurais, o declínio das rendas e dos lucros com o arrendamento da terra reduziam suas finanças, ao mesmo tempo em que suas despesas aumentavam. As novas paróquias urbanas planejadas, que eram encomendadas a arquitetos e artistas de estilos religiosos clássicos, não eram auto-suficientes só com as doações e os legados testamentários. Ademais, como em todas as outras instituições de serviço público burocratizadas, os custos de treinamento e os salários aumentavam agudamente na medida em que as igrejas lutavam para se manter como órgãos pedagógicos e culturais eficientes numa sociedade em modernização.

De modo paradoxal, as dificuldades internas das igrejas aumentavam sua dependência em relação àqueles segmentos da classe dominante e governante que se propunham a defender o papel hegemônico da ordem clerical. Mais do que nunca, os líderes da igreja procuravam o governo para que os mantivesse em seus antigos privilégios e funções, dando-lhes créditos e subsídios adicionais. As igrejas mostravam-se particularmente ansiosas em proteger e expandir sua missão educacional nas sociedades em desenvolvimento, com crescente necessidade de trabalhadores instruídos e qualificados.

A partir da virada do século, as forças conservadoras, apavoradas com o socialismo, passaram a favorecer um aumento do apoio público às igrejas. Continuando a consagrar o trono, a espada, a bandeira e a ordem social estabelecida, as igrejas recebiam em troca um auxílio governamental que as ajudava a superar a voracidade fiscal conjuntural e a modernizar seus serviços sociais. Uma das conseqüências dessa reciprocidade ou cumplicidade intensa de interesses entre o *ancien régime* e o altar foi uma intolerância crescente em relação a modernistas e reformistas *dentro* das igrejas. De fato, entre 1900 e 1914, os ciosos integrantes das igrejas eram parceiros dos ultraconservadores nas sociedades políticas e culturas oficiais da Europa. Além disso, os eclesiásticos passaram a ter cuidado em não criticar as políticas internas e externas de governos ou forças políticas que eram seus aliados naturais.

Na Igreja Católica, o severo pontificado de Pio X (1903-1914) sucedeu ao reinado relativamente aberto de Leão XIII (1878-1903). Como um tradicionalista tolerante, o papa Leão XIII condenava o erro exegético e tentava chegar a um acordo com a nova ordem, que, segundo esperava, traria "imensos benefícios" a toda a humanidade e não só aos "povos civilizados". Em 1891, na encíclica *Rerum Novarum*, Leão XIII esboçou a atitude do Vaticano diante dos processos sociais e econômicos que estavam criando a *rerum ordo in terris futurus*. Reconhecidamente, essa celebrada encíclica papal censurava a intemperança do liberalismo econômico e social — de modo específico a usura, os lucros e as fortunas desmedidas dos capitalistas —, e lamentava, ao mesmo tempo, a miséria e superexploração dos trabalhadores. Mas o pontífice romano também, ou principalmente, denunciava o socialismo e os sindicatos como irreligiosos e aproveitadores da situação difícil do proletariado. Além disso, tendo declarado a propriedade privada inviolável e componente da ordem natural de Deus, voltava-se para o Estado para "proteger os proprietários legais da espoliação" e defender os trabalhadores das "artes sediciosas dos perturbadores", os quais deviam ser reprimidos. Em suma, a multidão precisava se manter dentro da "linha do dever". O quinhão da humanidade era "sofrer e suportar". Assim Leão XIII exortava os trabalhadores a não entrarem em greve, a desprezarem o socialismo e a revitalizarem as corporações artesanais, para controlar os abusos piores do capitalismo. Essa declaração de política social cristã era tudo, menos imparcial: enquanto aprovava o capitalismo industrial, pressionava os trabalhadores a confiarem em formas pré-industriais de autodefesa. A inclinação não-progressista do papa Leão XIII se tornou ainda mais evidente em sua denúncia da crítica bíblica contemporânea, nos últimos anos de seu pontificado.

Mas o assédio contra o modernismo ficou a cargo de Pio X, que tendia a tratá-lo como uma heresia a ser subjugada. Convencido de que, ao fazer concessões exegéticas e sociais, seu antecessor fizera um convite ao descuido e à rebeldia, propôs-se a reforçar as rédeas da disciplina. É certo que, em sua eleição, Pio X reconheceu que uma volta ao passado era tão impossível quanto inevitável uma transformação. Ainda assim, devotou todo seu pontificado à reconsolidação da Igreja que, conforme julgava, estava em perigo de desintegração. Dessa forma, ressacralizou os valores, costumes e práticas tradicionais, antecipou a idade da primeira comunhão e aumentou a importância dos cantos gregorianos na liturgia. Mas, sobretudo, reafirmou a verdade literal das Escrituras e defendeu uma regeneração interna e espiritual como a chave do futuro.

Pio X, evidentemente, estava reagindo contra agitações revisionistas que tinham se iniciado, por volta de 1890, numa série de igrejas nacionais. Tocados pelos ventos *fin-de-siècle* e preocupados com a crescente discordância entre a fé cristã e o pensamento científico corrente, alguns clérigos e teólogos encabeçaram a nova crítica bíblica e histórica para harmonizar a doutrina e prática católicas com os novos tempos. Nas palavras de Alfred Loisy, a vanguarda queria "adaptar a teoria católica aos fatos da história e a prática católica às realidades da vida contemporânea". Havia uma preocupação semelhante com a reconciliação entre a teologia e a ciência nas igrejas protestantes e ortodoxas, onde também se manteve restrita a uma vanguarda de exegetas. Em todo caso, em seus textos críticos, os inquietos pensadores católicos questionavam a interpretação literal da revelação, argumentavam a favor de uma leitura mais simbólica das Escrituras e acentuavam as origens antes históricas do que divinas de Cristo. De fato, ao contrário da vanguarda artística, que tentava romper com a história, a vanguarda religiosa pretendia renovar a Igreja chegando a um acordo sobre sua historicidade. Seguindo a liderança de Adolf von Harnack, o historiador da igreja e animador do protestantismo liberal na Alemanha, os católicos Loisy, na França, e George Tyrrell, na Inglaterra, aproveitavam a história da religião, incluindo a leitura crítica dos textos sagrados, para sustentar que muitos milagres registrados nas Escrituras no próprio dogma da Igreja eram acréscimos tardios e nocivos. Por isso defendiam um retorno à pureza e à simplicidade de uma igreja primitiva com sacramentos, hierarquias e rituais menos aparatosos. Também ressaltavam os aspectos "deste mundo" do reino de Deus, apontando, com isso, para a mensagem social dos Evangelhos.

Como as academias, as igrejas tinham seus guardiães da ortodoxia. Não só o Vigário de Cristo mas, sobretudo, a Cúria Romana e as hierarquias nacionais, dominadas por elementos contrários à transigência, estavam determinados a não tolerar esse desafio ao dogma e à autoridade. Poucos meses após sua eleição, Pio X colocou as obras de Loisy no *Index*, e cinco anos depois, em 1908, até o excomungou. A Tyrrell foi negado um enterro católico.

Nesse ínterim, em 1907, o Santo Padre lançara duas encíclicas condenatórias: *Lamentabili* (17 de julho) e *Pascendi Dominici Gregis* (8 de setembro). Foram essas circulares papais que afixaram o rótulo "modernista" às idéias dos que agora eram tratados como infiéis. O papa Pio X denunciava "os postulados absurdos dos modernistas" numa linguagem excepcionalmente violenta. Esses postulados eram "novidades profanas [...] balbucios tolos [e] delírios [...] e doutrinas venenosas ensinadas pelos inimigos da Igreja [que tinham] perdido todo o senso de modéstia". Realmente, segundo admitiu o próprio papa, as idéias dos descrentes eram assistemáticas. Além disso, essa vanguarda, como a maioria das outras, era teórica demais para conseguir alguma adesão imediata entre o baixo clero e os fiéis. Mesmo assim, como que para justificar sua reação extremada, o pontífice apresentava a heresia modernista como um perigoso movimento bastante difundido. À moda inquisitorial, o Vaticano chegou a ordenar a instituição de conselhos de vigilância em cada diocese e, a partir de 1910, exigia um voto antimodernista de todos os clérigos.

Essa reação feroz e incessante do Vigário de Cristo e da Cúria Romana incentivou os integristas e os inflexíveis em todas as igrejas nacionais. Sentiram-se autorizados a se opor à transformação, a denunciar os erros e a colaborar com forças políticas empenhadas em combater o modernismo na sociedade em geral. Em 1914, nada restara do desafio intelectual do *fin du siècle*.

Mas a exigência de reforma ainda tinha uma outra dimensão. Foi o início de um movimento social católico, dedicado a ampliar a *Rerum Novarum* de Leão XIII. Não surpreende que a Sé Apostólica e as hierarquias estivessem determinadas a conter o modernismo, tanto social quanto intelectual. Porém, e isto é curioso, enquanto as encíclicas de 1907 atacavam os desvios da doutrina, ignoravam discretamente erros sociais e políticos. Alguns dos revisionistas apelavam para a Igreja a fim de que liderasse os trabalhadores para a revivescência das antigas corporações que defenderiam seu bem-estar, ao mesmo tempo intimando os capitalistas a agirem com um espírito de paternalismo responsável. Outros pensavam numa reorganização da indústria, de modo a permitir a cogestão dos trabalhadores, a responsabilidade social dos empregadores e a humanização do processo de trabalho. Mas, além de permanecerem vagas, estas e outras prescrições reformistas semelhantes suscitaram pouca reação entre trabalhadores ou patrões. Mesmo assim, o episcopado francês censurou severamente Albert de Mun e Marc Sangnier. Sangnier, em particular, causara alarme, pois, através de sua revista *Le Sillon*, defendia a autogestão democrática e a redução das diferenças de classe, com isso sendo difamado como cripto-socialista. Num clima de intolerância eclesiástica, os bipos da França intensificaram sua campanha contra o modernismo social, e em agosto de 1910 Pio X emitiu sua reprovação pessoal a Sangnier e aliados. O papa os atacou pela indisciplina e transgressões da doutrina, e também os acusou de "não trabalharem pela Igreja, mas pela humanidade". Sangnier pronta e obedientemente se retratou e abrandou a palavra escrita e falada de *Le Sillon*. O fato de tal acusação e execução não suscitarem praticamente nenhum protesto popular era um índice da evanescência do catolicismo social.

Ao contrário da Alemanha e Áustria, a França da Terceira República não contava com nenhum movimento político e sindical católico. Na Alemanha, o Partido do Centro, ao lado dos sindicatos católicos, lutavam para melhorar o quinhão dos trabalhadores católicos sem incorrer na ira do Vaticano. Mas o movimento social católico da Alemanha não tinha nenhum luminar a defender um evangelho democrático e humanitário. Em certas regiões, os patrões cooperavam com os sindicatos católicos moderados para fazer uma frente contra os sindicatos livres e seus patrocinadores social-democratas. Ademais, em 1910, o Deutsche Protestantenverein, paladino do modernismo social e político dentro do protestantismo, principalmente no sudoeste da Alemanha, também estava em refluxo.

Mas mesmo na Alemanha, que contava com um setor e uma força de trabalho industriais relativamente grandes, a Igreja Católica continuava a se apoiar em bases intrinsecamente pré-industriais: os fiéis eram, em sua esmagadora maioria, camponeses e classe média baixa, o clero se originava desses mesmos estratos sociais, a base material da Igreja era a terra e a agricultura, e a imensa maioria das paróquias se concentrava em aldeias e vilas provinciais. Estranhos a esse ambiente pré-industrial, os modernistas, tanto intelectuais como sociais, estavam ligados à cultura das universidades urbanas e aos problemas sociais dos trabalhadores das cidades. Acreditavam que o mundo religioso podia e devia se adaptar ao que consideravam uma sociedade civil em rápida transformação. Embebidos de textos sagrados, os modernistas queriam que a Igreja santificasse e guiasse, ao invés de difamar, ignorar ou obstruir, a nova ordem.

Mas, enquanto a minoria microscópica de dissidentes tentava se proteger contra a nova ordem do futuro, os líderes do catolicismo se tornaram totalmente inflexíveis. Mesmo com o risco de alienar a vanguarda intelectual e social da Igreja, e inclusive seus elementos laicos, decidiram manter e reproduzir crenças e práticas antigas, tão inatas a suas paróquias tradicionais quanto a eles próprios. Sem dúvida, a Santa Sé e as hierarquias nacionais tentavam proteger os credos e costumes religiosos de seu aprisco pré-industrial, que constituía a base sólida da Igreja. Mas sua própria mentalidade arcaica também as levava a defender e recuperar estruturas e práticas antigas, com o receio de que a adaptação ao mundo contemporâneo significasse a capitulação diante dele. Além do mais, os interesses da Igreja dispunham seus líderes a se manterem ao lado da classe dominante e governante, que buscava na Igreja a consagração e o suporte de sua própria manutenção.

Embora na Rússia o movimento reformista religioso fosse tão embrionário quanto no resto da Europa, a revolta de 1905 lhe deu um grande impulso. Mas, uma vez esmagada a rebelião e subjugada a Duma, os bispos e diretores escolares reformistas foram ou removidos de seus cargos, ou postos sob estrita vigilância. A Igreja Oriental reassumiu seu lugar central dentro da tríade oficial russa da Ortodoxia, Autocracia e Nacionalidade. Como uma extensão e braço do poder de Estado, ela espelhava e alimentava a reação que dominou o império dos Romanov até 1914. O Sacro Sínodo e o clero superior se tornaram cada vez mais inflexíveis e ideologicamente agressivos. Importantes religiosos ortodoxos abençoaram estandartes de *pogroms*, fecharam os olhos ao julgamento de Mendel Beilis por assassinato ritual e encabeçaram a União do Povo Russo, entidade populista de direita. O fato de o Sacro Sínodo e o czar nunca terem desautorizado, disciplinado ou demovido nenhum desses fanáticos significava que encorajavam-nos ou, de qualquer forma, toleravam-nos.

Em particular depois do *coup d'état* de Stolypin em junho de 1907, o clero participou ativamente da política partidária, eleitoral e parlamentar. Não é preciso dizer que militavam exclusivamente em entidades reacionárias e conservadoras. Havia cerca de 46 padres ortodoxos na terceira e quarta Dumas, ou seja, 10% do número total de membros. Embora apenas 16 deles estivessem com os ultraconservadores, todos se punham de maneira enfática à direita dos outubristas. Certamente, esses deputados-padres, junto com o Sacro Sínodo, apoiavam o czar e os conselheiros que se empenhavam em castrar a Duma, embora esta tivesse quase duplicado os subsídios eclesiásticos entre 1908 e 1914.

Todavia, esse manifesto apoio político ao regime autocrático tinha menor importância que a influência controladora que o *establishment* ortodoxo exercia, através da pompa e do ritual, numa sociedade de camponeses e trabalhadores rurais pobres, analfabetos e supersticiosos. Disciplinada e endurecida com a convulsão de 1905, a Igreja se assegurou de que não abrigaria mais nenhum padre Gapon.

O ensino superior estava alinhado com as outras instituições hegemônicas e, como elas, constituía um pilar sólido dos *anciens régimes*. Além de serem bastiões da alta cultura tradicional, as escolas superiores estavam encarregadas de mediar a adaptação da sociedade ao presente e o seu avanço para o futuro. No conjunto, porém, as escolas secundárias e as universidades eram menos as locomotivas do progresso que as regeneradoras e transmissoras da herança cultural pré-industrial e pré-burguesa que sustentava a ordem estabelecida. Mas isso não significa que fossem obstáculos enormes à transformação, responsáveis por um abismo desmesurado entre idéias, sentidos e valores arcaicos residuais e novas realidades econômicas e sociais. Como vimos, as antigas elites, que encarnavam aqueles valores, ainda eram mais poderosas do que a burguesia e a classe média alta. Ademais, a aspiração obsessiva dos estratos sociais mais recentes pela assimilação à antiga sociedade e cultura os predispunha a procurar escolas de elite famosas para facilitar a ascensão social dos seus filhos.

De qualquer forma, as *public schools* na Inglaterra, os *lycées* na França, os *ginnasi-licei* na Itália e os *Gymnasien* na Alemanha, Âustria-Hungria e Rússia eram veículos de reprodução da concepção de mundo e erudição dos antigos notáveis, e as universidades desempenhavam o mesmo papel. Entre 1848 e 1914, os estudos clássicos foram fundamentais para esse empreendimento em todos os países europeus, independentemente do seu nível e ritmo de modernização capitalista. Esse currículo predominava no ensino superior, fosse em escolas públicas, particulares ou religiosas. Os administradores e professores das instituições educacionais eram, eles mesmos, paladinos fervorosos do ensino clássico. Contudo, seu conservadorismo pedagógico estava radicado não só na vida interna de suas instituições e disciplinas, mas também em seus próprios valores sociais, políticos e pessoais.

Em si mesmos, esses fatores internos não eram suficientes para explicar a persistência tão firme do ensino superior em seu curso clássico. Incrustada em sociedades civis predominantemente pré-industriais e, à exceção da França, em sistemas nobiliárquicos de autoridade, ele servia antes e acima de tudo para formar quadros superiores do serviço público civil, clero e profissões cultas. Ao dar ênfase à educação geral como adequada a todos esses campos, exceto a medicina, as escolas superiores reforçavam o estigma negativo vinculado às atividades comerciais, industriais e técnicas. De fato, uma de suas principais missões era a de fundir os filhos das famílias burguesas e de classe média dentro da antiga classe dominante em termos aceitáveis para esta última. O professorado cumpria essa tarefa formando homens com maneiras polidas e vasta cultura geral, de preferência a conhecimentos práticos e especializados.

Os pais burgueses e de classe média, que instintivamente adotavam o espírito e o estilo de vida das nobrezas fundiárias e do serviço público, desejavam que seus filhos formalizassem e interiorizassem essa conversão. Para isso, matriculavam-nos em escolas superiores que os iniciavam numa cultura humanística e num grupo de iguais que elevavam o seu *status*. Ao longo do século XIX, as disciplinas clássicas realmente assumiram um espaço ainda maior no currículo dessas escolas. O domínio do latim, em particular, se converteu no pré-requisito para a participação numa classe superior que se dedicava a dirigir a cultura estatal e oficial, incluindo igrejas e escolas superiores, mais do que a fazer dinheiro. A concepção dominante era a de que apenas o estudo dos textos clássicos poderia fornecer a essa elite as normas e os modelos de ação heróica, serviço público civil e perspectiva nobre.

Qualquer que fosse sua mescla social, sucessivas coortes etárias partilhavam de um mesmo patrimônio intelectual, cultural e moral, ao concluir sua educação superior. Na Inglaterra e no continente, os noviços das classes superiores, inclusive os de origem humilde, eram ou pretendiam ser cavalheiros de *Bildung* ou *culture générale* clássica. Além disso, as escolas superiores, e em particular as mais elevadas, purificavam a linguagem falada de seus estudantes de todos os traços sociais e dialetos regionais distintivos. Uma vez formados, sua linguagem homogeneizada aparecia não só como um código de reconhecimento mútuo fechado, mas também como um símbolo de distinção e influência pública que ultrapassava até mesmo as fronteiras nacionais. Onde a dispersão geográfica das escolas superiores dificultava essa purificação lingüística, seu código e símbolo conspículos assumiam a força da *Tonsur* (cicatriz de duelo) ou de convenções indumentárias.

As marcas alcançadas no percurso eram o principal modo de seleção e segregação. Especialmente para os plebeus, uma universidade ou um grau de nível universitário constituía um pré-requisito absoluto para o ingresso ou o avanço dentro da classe superior. Por sua vez, o acesso a uma universidade dependia da conclusão de um aprendizado em nível secundário onde as línguas clássicas e a literatura ocupavam pelo menos metade da carga horária curricular. Dessa forma, havia duas vias que formalmente se iniciavam na idade dos onze ou doze anos, mas de fato remontavam à riqueza e ao ambiente familiar e, portanto, também ao aprendizado em nível primário. A via clássica rigidamente estreita canalizava estudantes pré-selecionados para universidades de prestígio e instituições famosas de nível universitário, enquanto as avenidas cada vez mais largas da instrução não-clássica preparavam os filhos de famílias com chances mais modestas para institutos vocacionais ou treinamento profissional.

De modo bastante curioso, o enxerto subordinado da modernidade em estruturas preexistentes que funcionava tão bem na economia, na sociedade política e no exército era consideravelmente mais difícil e obtinha menor êxito na educação superior. Ao invés de incorporar novas disciplinas em seus currículos clássicos e novos elementos sociais em seu seleto corpo discente, as escolas superiores se mantinham fechadas a ambos, levando com isso ao estabelecimento de uma rede educacional separada e iníqua. No nível secundário, as *grammar schools* inglesas, os *collèges municipaux* franceses e as *Realschulen* alemãs foram criadas para reduzir o peso dos estudos clássicos em favor dos modernos. Embora essas escolas secundárias, essencialmente deslatinizadas e desclassicizadas, em geral impedissem o acesso às antigas universidades de prestígio, aos poucos abriam caminhos alternativos para novas instituições de nível universitário. Como as escolas secundárias de elite, as grandes universidades tinham quase congelado seus currículos tradicionais, daí resultando que tiveram de ser fundadas novas universidades e institutos que dessem espaço para as ciências teóricas e aplicadas, inclusive a engenharia. Com exceção da Escócia, e depois da fundação da Universidade de Londres no início do século XIX, o Reino Unido assistiu ao desenvolvimento de universidades "de tijolo vermelho".* A Alemanha expandiu suas *technische Hochschule* e fundou os institutos Imperador Guilherme de física e química, quase independentes das universidades. Na França, entrementes, a École Supérieure des Mines, a École des Ponts e Chaussées e a École Polytechnique não só formavam especialistas para uma burocracia de Estado altamente centralizada, como também elevavam o *status* de alguns estudos e profissões práticas, embora em parte alguma se aproximassem do nível de prestígio das ocupações nobres tradicionais.

Pode ser que, realmente, na virada do século a revivescência clássica tenha atingido seu ápice nas escolas secundárias. Mesmo assim, os estudos clássicos continuaram a ser o principal mecanismo de controle de um sistema de seleção com um crivo muito fino até 1914, e mesmo depois. A finalidade dessa seleção não era bloquear a mobilidade vertical dos filhos de camponeses, operários e *petits bourgeois*. Como o ensino superior continuasse a ser um assunto das elites mais que das massas, ele estabelecia as condições e os atrativos para a integração e a cooptação dos filhos dos magnatas dos negócios e profissões liberais dentro da classe dominante. Com isso, impedia a formação de uma contra-elite e uma contra-hegemonia. Em

(*) *Red-brick*, no original. Associação entre o caráter técnico e aplicado das novas escolas superiores britâncias do século XIX e o aspecto exterior das fachadas das fábricas antigas na Inglaterra, construídas com tijolo aparente, e que se tornaram verdadeiros signos da primeira Revolução Industrial. (N. C.)

suma, as escolas superiores clássicas promoviam a incorporação subordinada dos estratos sociais recém-surgidos nas classes superiores dominadas pelos antigos nobres. Ao fornecerem aos filhos da burguesia a educação geral que constituía o pré-requisito para posições mais elevadas no funcionalismo público civil e nas profissões liberais, essas escolas ratificavam e realçavam o *status* dos recém-chegados na antiga sociedade mais do que sua capacidade de enriquecimento na nova economia.

A nação industrial e capitalista pioneira da Europa era singularmente retrógrada em matéria de educação. Em particular ao nível do ensino primário, as elites da Inglaterra se mostravam lentas em cumprir suas pretensões cívicas. Foi só nos anos 1890 que afinal a instrução primária se tornou obrigatória. Mas, mesmo em 1914, ainda não era gratuita, e a idade de deixar a escola ainda era inferior a 14 anos. Além disso, o nível de instrução nas escolas primárias inglesas era demasiado baixo para que os alunos pudessem se qualificar para uma educação em nível superior.

De modo similar, até a virada do século o setor público do ensino secundário era praticamente inexistente. Embora a Lei da Educação de 1902 pretendesse corrigir essa situação, as instituições particulares continuaram a dominar essa via principal de ensino e promoção social por bastante tempo, ainda, no século XX.

A burguesia manufatureira e comercial que surgiu com a industrialização e urbanização do século XIX nunca desenvolveu um projeto educacional próprio. Certamente, de início, os empresários e profissionais das cidades manufatureiras evitavam as escolas públicas de elite que os tratavam de modo ofensivo. Mas não tardaram em reconhecer, apesar disso, que não havia outro canal disponível de ascensão na sociedade. Os novos homens ricos decidiram colocar seus filhos nas escolas públicas, embora as antigas elites e mestres-escola, em sua maioria clérigos, utilizassem seu monopólio educacional para finalidades cooptativas.

Embora o século XIX presenciasse o rápido crescimento de escolas "secundárias" e "particulares", elas permaneceram à sombra das onerosas escolas públicas de prestígio que lhes tinham servido de modelo. Em sua maioria anglicanas, as escolas públicas da Inglaterra estavam perfeitamente montadas para favorecer a supremacia duradoura do elemento aristocrático na sociedade civil e política. Mas mesmo dentro desse universo rarefeito havia apenas nove escolas que realmente importavam: Eton e Harrow, seguidas por

Charterhouse, Merchant Taylors, Rugby, Shrewsbury, St. Paul's, Westminster e Winchester.

Ao contrário das escolas secundárias do continente, onde as mais ilustres se concentravam nas capitais e cidades antigas, as do outro lado do Canal da Mancha estavam isoladas no campo. De fato, as escolas públicas, inclusive as mais recentes, recebiam internos entre 13 e 19 anos em casas de campo simuladas. Geograficamente isoladas, essas instituições de ensino se destinavam a afirmar a supremacia do estilo de vida senhorial dos aristocratas. Tocados pela nostalgia pastoral, em particular, os citadinos prósperos entregavam seus filhos, para que fossem iniciados e envoltos pela tradição rural inglesa.

Não menos relevante era o fato de que, até bem depois de meados do século, os estudos clássicos ocupavam cerca de 3/4 do currículo e quase 2/3 do corpo docente. É certo que, nos últimos trinta anos do século XIX, a maioria das escolas públicas tinha montado currículos com cadeiras "modernas" e "militares", com mais atenção às ciências, às línguas modernas, à literatura inglesa e à história. Até 1914, porém, esses novos programas não só se desenvolveram com muita lentidão, como também eram desvalorizados por atrair estudantes com intelectos e linhagens de segunda categoria.

Os esportes constituíam a quarta característica distintiva das escolas públicas, após o isolamento rural, o regime de internato e a ênfase nos clássicos. Esportes como o *rugby*, inventado em Oxbridge, treinavam os membros dos grupos a combinar o esforço individual com o trabalho de equipe. Ademais, assim como as instalações campestres exaltavam a idéia de vida rural, do mesmo modo os esportes ao ar livre condiziam com as caçadas e corridas de cavalos da sociedade aristocrática. Embora muitas escolas secundárias, incluídas as que depois de 1902 eram financiadas pelos poderes públicos, viessem a se localizar nas cidades e a atenuar os esportes, mantiveram, não obstante, o currículo clássico e sua ênfase aristocrática sobre cultura geral de preferência à educação prática.

Não surpreende que, nas escolas públicas mais importantes, os filhos da aristocracia e da fidalguia compusessem o maior grupo específico dos estudantes. Embora a prole das famílias empresariais e comerciais ocupasse uma proporção crescente das matrículas, continuavam atrás dos filhos de clérigos, profissionais liberais e oficiais militares.

A situação era muito semelhante em Oxford e Cambridge, os prolongamentos universitários das nove escolas públicas. Em ambas as universidades, a ênfase continuava a recair sobre estudos clássicos e humanísticos. Exceto quanto à teologia, o treinamento profissional estava praticamente excluído. É certo que a University College, em Londres, fora fundada já em 1826, em grande parte para romper com o molde anglicano, clássico e de elite de Oxbridge. Além disso, em torno de 1860, a Universidade de Londres inaugurou seu programa externo, que não exigia a conclusão do ensino secundário nas escolas públicas. O crescimento de universidades "de tijolo vermelho" em Birmingham, Bristol, Leeds, Liverpool, Manchester e Sheffield também se concentrou entre 1880 e 1914. Embora os currículos de todas essas instituições de ensino superior incorporassem a tradição universalista clássica, as novas universidades, ao contrário de Oxbridge, abriam e alargavam as vias profissionais, principalmente em ciências, medicina e tecnologia. Mas a Universidade de Londres, incluindo sua Academia Imperial de Ciência e Tecnologia, não formou um número apreciável de estudantes até depois da virada do século. Além do mais, embora em 1900 a universidade londrina e as de "tijolo vermelho" tivessem mais estudantes do que as duas instituições de elite dominantes, sua posição acadêmica e social não cresceu proporcionalmente. Um cientista ou matemático puro ocasionalmente obtinha um reconhecimento relutante no *haut monde* da Inglaterra, mas no geral a ciência e a tecnologia continuavam a ser vistas como impróprias para o verdadeiro cavalheiro. Em Cambridge e Oxford, exigia-se o grego ainda depois de 1914. Embora Cambridge fosse um pouco mais flexível, ambas as universidades desde 1880 continuavam a negligenciar a química, a física e a engenharia, em grande parte porque seus vínculos sociais e financeiros com a indústria e o comércio eram muito tênues.

Em meados do século, cerca de 60% dos estudantes de Cambridge eram filhos de proprietários ruais e membros do clero. Mais de 50% dos graduados ainda seguiam para o sacerdócio anglicano, 15% para as propriedades rurais, 10% para as profissões liberais e o serviço público, e outros 10% para o magistério. Embora modestos 5 a 10% dos estudantes de Cambridge proviessem de famílias de banqueiros e industriais, praticamente todos abandonavam as ocupações não-apreciadas de seus pais e seguiam carreiras mais nobres. Entre 1850 e 1914, e em particular a partir de 1900, tanto a proveniência social como a escolha de carreira dos estudantes de Cambridge se alteraram consideravelmente, sem, no entanto, fazer da universidade um feudo de industriais, comerciantes e engenheiros. É certo que, durante a segunda metade do século XIX, os filhos da classe agrária diminuíram de 31% para 19% do corpo discente e foram abandonando propósitos senhoriais. Mas os filhos de clérigos se mantiveram tão numerosos como antes, e mais de 35% dos formados por Cambridge continuaram a ingressar na Igreja. Os filhos de homens de negócio, por sua vez, cresceram para apenas 15%. Mas, em vez de optarem por carreiras no mundo dos negócios, eles, como muitos filhos de proprietários rurais, ingressavam no serviço público civil e nas profissões liberais. Especificamente, a percentagem dos estudantes de Cambridge que seguiam direito, medicina, magistério e administração pública alcançava quase 14% na virada do século. Oxford teve uma evolução muito semelhante. Nas décadas em torno de 1900, os filhos das famílias agrárias, do clero e das profissões liberais respondiam, cada qual, por uma proporção pelo menos igual à das matrículas de filhos de homens de negócios. Quase 20% do corpo discente de Oxford provinha da indústria e do comércio, mas apenas 15 a 20% de todos os graduados ingressavam no mundo dos negócios.

No total, as escolas públicas de elite e Oxbridge continuavam a servir às antigas elites como eficientes filtros e cadinhos. As nove escolas tradicionais formavam o setor crucial daqueles menos de 2% dos estudantes ingleses que completaram a instrução secundária imediatamente antes e depois de 1900. Desse pequeno núcleo saiu a maioria dos estudantes admitidos em Oxbridge, que constituíam 0,3% de sua faixa etária.

Em especial depois que a classe dominante e governante assumiu aberta e agressivamente a missão imperial da Inglaterra, as escolas públicas e Oxbridge se auto-recomendavam como especialmente qualificadas para preparar as futuras gerações para essa pesada responsabilidade. Afinal, tinham uma sólida experiência em treinar o corpo e o caráter. Os estudos clássicos, em particular a história da Roma antiga, eram idealmente próprios para exercitar os futuros administradores coloniais e imperiais nos preceitos e ensejos de governar os povos soturnos da remota Índia e África que, segundo Rudyard Kipling — e os missionários —, "eram seminus e semicrianças". Em suma, no final do século XIX, a exaltação do império e do país permitiu uma auto-revitalização das escolas de elite. Seus diretores e alunos defendiam fervorosamente o imperialismo ultramarino que fortalecia a causa da defesa social e favorecia a pretensão, o espírito e o exercício do governo mais por uma elite prescritiva do que por uma meritocracia. Além disso, os mestres e tutores da instrução superior estavam programados para enaltecer a aura romântica e desafiadora não do mundo dos negócios, mas sim do império, do serviço público, do exército e da marinha.

Ao contrário da Inglaterra, a religião dominante na França contestava ao invés de santificar o regime político. Os governantes da Terceira República, portanto, estavam resolvidos a romper com a presença da Igreja Católica no ensino para, assim, reduzir sua influência secular. Em 1881-1882, durante seu primeiro ministério, Jules Ferry presidiu à aprovação de leis que tornavam o ensino primário gratuito e obrigatório. Sua intenção era a de que as escolas se tornassem rivais das igrejas paroquiais, como centros missionários onde um clero secular de professores, pagos pelo governo, difundisse não só um ensino básico, mas também o evangelho republicano. A julgar pelo agudo declínio no número de escolas religiosas e respectivos alunos, em 1914 a república indubitavelmente ganhara a batalha do ensino primário. Mesmo assim, sua vitória não era de modo algum completa. Cerca de 12% dos meninos e 25% das meninas continuavam a freqüentar escolas primárias católicas, e é provável que cerca de 40% de todos os estudantes de escolas secundárias, públicas e privadas, estivessem matriculados em instituições religiosas. Não admira que, em torno de 1910, metade dos *instituteurs* (120 mil) fossem padres (60 mil) e sua influência alcançava mesmo os estudantes das escolas do Estado. Além disso, embora republicanos e, presume-se, anticlericais, a maioria dos professores não chegava a romper com o catolicismo. De origem e *status* essencialmente provincianos e *petits bourgeois*, os clérigos seculares da Terceira República não só haviam sido criados na Igreja, como também aí permaneciam, para os casamentos, batismos e funerais da família. E por fim, embora a partir de 1905 os baixos salários e o ultraconservadorismo ressurgente radicalizassem o republicanismo de pouquíssimos *instituteurs*, em sua maioria nunca deixaram de inculcar em seus alunos um patriotismo intrinsecamente conservador.

A passagem da escola pública elementar para a secundária era tão difícil e rara na França quanto em todos os outros lugares da Europa. Em última análise, a riqueza e o ambiente familiar continuavam a ser decisivos. Como as escolas primárias não se destinavam a preparar os alunos para o ensino superior, os estudantes que pretendiam seguir para os *lycées* tinham de se matricular em dispendiosas escolas ou programas preparatórios especiais. Paradoxalmente, ao mesmo tempo em que se iniciava o programa de democratização do ensino primário de Ferry, o latim e o grego eram valorizados no currículo dos *lycées*, o mesmo ocorrendo com os métodos de ensino clássico em humanidades e retórica. Embora ocupados por republicanos oportunistas de nascimento e *status* modesto, os quadros mais elevados da sociedade civil e política recebiam uma formação mais geral que profissional e prática. De fato, os clássicos eram um componente integral da *culture générale* que servia a um duplo propósito: fundia os antigos notáveis, a nova *grande bourgeoisie* de posses e as profissões liberais numa classe dominante coesa, e ao mesmo tempo criava laços de afinidade ideológica com a classe política menos exaltada.

O currículo do *lycée* não era expressão nem instrumento da dominação *grande-bourgeoise* ou empresarial. Pelo contrário, em conformidade com a cultura oficial da Terceira República, venerava os valores duradouros de uma outra época, quando o refinamento intelectual constituía uma evidência de participação numa classe superior ociosa, que mais preservava do que transformava o mundo a seu redor. Em torno de 1900, bem mais da metade da carga horária, no *lycée*, era dedicada a línguas clássicas, gramática e retórica, em contraste com 1/8 dedicado às ciências. De modo bastante curioso, os *lycées*, de orientação mais clássica que profissional, não preparavam seus estudantes para exames nas escolas de nível universitário, que formavam funcionários públicos "práticos". Por conseguinte, numa reação a uma série de pressões, os programas modernos e científicos começaram em 1902 *dentro* das escolas secundárias existentes. Mas esses cursos atualizados nunca adquiriram muito prestígio e peso numérico, embora contassem com um componente clássico, estivessem integrados ao arrogante sistema de *lycées* e conduzissem também ao *baccalauréat* assustadoramente seletivo.

Mesmo assim, esses novos desvios enfureceram os paladinos da *culture générale* clássica e humanista. Os professores do ensino superior levantaram-se para defender a ordem pedagógica, intelectual e institucional santificada. Receberam a adesão daqueles grandes setores da classe dominante e governante que defendiam a educação clássica como uma herança venerada, um sinal evidente de nobreza e um valioso cabedal intelectual a serem transmitidos intactos a seus herdeiros. Em todo caso, embora a lei declarasse que os diplomas modernos e clássicos tinham o mesmo nível, os professores continuaram a orientar os estudantes menos dotados para a via moderna, a classicizar o ensino das humanidades modernas e a se esquivar de conceber uma saída para a cultura atravancadora do passado. Reconhecidamente, a carga clássica era muito menor nos *collèges municipaux* das pequenas vilas do que nos *lycées* das grandes cidades, em grande parte porque os *collèges* tendiam a oferecer um programa truncado de estudos, a ter menos professores habilitados e a ser menos caros.

No total, em 1910 havia cerca de 77 500 estudantes nos *lycées* e *collèges* públicos da França, o que correspondia a cerca de 2,75% de jovens entre 12 e 19 anos de idade. Não é preciso dizer que o número dos que seguiam os sete anos de curso era bastante menor: enquanto cerca de 5% de todos os estudantes em idade escolar secundária iniciavam cursos superiores, apenas 2% permaneciam para os exames de *baccalauréat*, sendo que apenas 1% realmente era aprovado.

Nitidamente, até 1914 a educação secundária se manteve restrita às crianças das classes superiores, a um pequeno contingente das classes intermediárias e a uns poucos prodígios dos degraus mais baixos da escala social. Além disso, "crianças" significava essencialmente meninos. As meninas respondiam por menos de 1/7 das matrículas, em parte por se considerar o latim como impróprio para elas. De qualquer modo, ao contrário da escola primária, o *lycée* não era obrigatório nem gratuito. Embora a taxa de matrícula fosse barata, famílias de renda baixa e média não podiam se permitir sustentar seus filhos num programa de sete anos de curso, ainda mais porque o índice de reprovação no *baccalauréat* era tão elevado. Quanto a bolsas de estudo, provavelmente não foram concedidas mais do que 1500 em nenhum ano antes de 1914, e eram dadas de preferência a funcionários públicos leais, inclusive professores. Não surpreende, portanto, que as matrículas nos *lycées* clássicos pouco crescessem entre meados do século e 1914. A expansão após 1880 se limitou a escolas primárias e vocacionais adiantadas, que reproduziam e ampliavam, sem elevá-lo, o mundo da classe média baixa.

Evidentemente, o rarefeito *baccalauréat* constituía um pré-requisito para a admissão às universidades, cujo corpo discente aumentou de 10 mil em 1875 para 19 300 em 1891 e 39 900 em 1908. Cerca de 2/3 desses estudantes se concentravam em direito e medicina, e o terço restante se distribuía quase uniformemente entre letras e ciências. A freqüência universitária era inferior à dos outros países europeus, em grande parte porque a faculdade de teologia não formava clérigos nem mestres-escolas clássicos. Por sua vez, a França dispunha de uma complexa rede de instituições de ensino superior nível universitário cujas matrículas não eram em absoluto negligenciáveis. Mas, até 1914, poucos, se não nenhum, dos altos quadros intelectuais, técnicos e administrativos formados por essas *grandes écoles* especializadas ingressaram nos círculos superiores dos grandes notáveis.

Após um *concours* ou super-*bac* excepcionalmente difícil e concorrido, a École normale supérieure, a principal *grande école*, aceitava de 30 a 40 estudantes. É provável que metade deles proviesse de famílias acadêmicas, e *todos*, após sobressaírem no exame de *agrégation*, seguiam para seletos postos de ensino em *lycées* e faculdades, onde mantinham elevada a flama da cultura geral não-diluída. Em suma, os *normaliens* — havia ainda poucas *normaliennes* — eram simplesmente a guarda de elite do corpo de *agrégés* que se tornavam os patrocinadores e instrutores dos estudos clássicos e das análises textuais de obras literárias e filosóficas — em particular do século XVII — ao longo de todo o ensino superior. Independentemente do campo e do curso, os professores universitários, cujo número aumentou de 500 em 1880 para 1050 em 1910, sendo que 30% deles tinham altas origens sociais, orgulhavam-se dos seus conhecimentos clássicos. O mesmo ocorria com a elite de 2 mil *agrégés* entre os 9 mil a 10 mil professores dos *lycées* e *collèges*. É mais que provável que esses professores de escolas secundárias de elite proviessem de famílias de *status* ligeiramente superior às dos 7 mil a 8 mil professores de escolas secundárias comuns, com *status petit-bourgeois*, os quais admiravam e ao mesmo tempo se ressentiam com os colegas titulares, que os superavam em cultura, salário e posição social. Nas cidades provinciais — mas não em Paris, onde as barreiras sociais eram maiores —, um professor de *lycée* podia se tornar uma figura de certo prestígio, desde que tivesse a *agrégation* clássica. O conhecimento do latim tendia a torná-lo aceitável até para os notáveis locais que pudessem suspeitar do seu republicanismo laico.

Quanto à École Polytechnique de presumível prestígio, evidentemente seu perfil era diferente do da École Normale. Principalmente depois de 1880, ela recrutava seus estudantes cada vez mais nas famílias de classe média baixa, até que, em 1914, esses estudantes quase alcançaram, em número, os filhos de homens de negócios, profissionais liberais e funcionários públicos abastados. É significativo também que, durante esses mesmos anos, a proporção de estudantes com bolsas de estudo tenha aumentado de 31% para 57%, e a percentagem de formados ingressantes nas forças armadas atingiu 74%.

No início do século XX, a Polytechnique, a École des Ponts et Chaussées e a École des Mines não eram escolas de elite em termos das origens sociais de seus estudantes, a natureza de seus currículos e os cargos governamentais ocupados pelos seus graduados. Na verdade, essas chamadas *grandes écoles*, que admitiam *bacheliers* não-clássicos, proporcionavam a seus graduandos ensino e grau avançado, mas prático, o que na França protoburguesa, tanto quanto nos regimes nobiliárquicos tardios, representava um *status* apenas limitado. De qualquer forma, nunca atingiram os escalões mais altos da classe administrativa e política francesa, e muito menos os de sua hierarquia social.

Como a França, mas ao contrário da Inglaterra, o Império Germânico tinha um sistema público de ensino superior. Não obstante sua autonomia, os *Kulturministerien* dos Estados-membros financiavam e administravam suas escolas secundárias e universidades segundo linhas essencialmente uniformes. Seus mestres e professores eram funcionários públicos civis respeitados e intensamente conservadores. Mas, ao contrário da França, onde os centros principais do ensino médio e superior se concentravam em Paris, e ao contrário da Inglaterra, onde ficavam isolados no campo, a Alemanha não contava com nenhum lugar específico predominante de excelência e prestígio educacionais.

Ao invés disso, os *Gymnasien*, quase todos com a mesma qualidade, estavam dispersos pelas cidades e mesmo vilas do império. Da mesma forma, as universidades ilustres da Alemanha estavam espalhadas por cidades históricas como Bonn, Friburgo, Göttingen, Halle, Heidelberg, Munique e Leipzig, e apenas posteriormente em centros urbanos como Berlim e Düsseldorf. Mas, embora os estudantes secundários freqüentassem os *Gymnasien* de suas vilas natais, saíam de casa depois do *Abitur*, ou exame final, para ingressarem em universidades que, no entanto, não os hospedavam em regime de pensionato. Em parte porque os *Gymnasien* eram socialmente menos excludentes do que os grandes *lycées* e escolas públicas, a socialização vertical se prolongava até os anos de universidade.

Era na universidade que os filhos da nobreza agrária e do serviço público tornavam evidente sua primazia social. Evidentemente, muitos estudantes começavam sua socialização vertical entre o *Abitur* e o primeiro ano de universidade, ao servir como oficiais em unidades de elite do exército, de preferência regimentos de cavalaria, experiência militar esta que aumentava a consciência nacional, para não dizer nacionalista, das elites provinciais. Uma vez na universidade, os estudantes se reuniam às *Landsmannschaften*, ou confrarias, que sustentavam um espírito semifeudal. Evidentemente, os estudantes de sangue azul tendiam a se manter na "Borussen" de Bonn, na "Westphalen" de Heidelberg e na "Canitzer" de Leipzig. Mas, depois dos trotes e humilhações de praxe, estudantes de origens menos destacadas eram admitidos a essas e outras corporações exclusivas. O duelo estudantil, essa "bizarra sobrevivência da cavalaria belicosa", era a mais famosa das provações impostas para avaliar o valor dos postulantes à confraria. Presumivelmente, esse duelo era travado como prova de coragem e honra, onde cada concorrente adquiria um perigoso corte no rosto, que deixava uma *Tonsur* (cicatriz) permanente e ostensiva. Na verdade, os olhos, a garganta, o braço direito e o tronco ficavam tão completamente protegidos que o que era tido como um arriscado combate constituía na realidade uma leve operação facial ritualizada. Na virada do século, mesmo as confrarias estudantis até então liberais assumiram a fanfarronada das *Landsmannschaften* tradicionais e inveteradas como parte do ressurgimento conservador. Pertencer a alguma confraria, portanto, era subscrever as pretensões aristocráticas do antigo regime.

Não é preciso dizer que as escolas superiores cuidavam para que o cimento intelectual e moral dessa aglutinação elitista fosse pré-moderno. Enquanto o estudo do grego foi dominante entre 1789 e meados do século XIX, a partir dos anos 1860 o latim tornou-se a base de um currículo de *Gymnasium*, agora girando em torno da abordagem filológica no estudo das línguas antigas e modernas — o paralelo alemão da análise textual do *lycée*. Em resumo, em anos bastante adiantados do século XX, os clássicos ocupavam mais de 40% do currículo, em relação a 20% para línguas e literatura modernas, 10% para história, 8% para religião e filosofia, 14% para matemática e 7% para ciências naturais.

Como nos outros países europeus, era a base familiar, e não o desempenho na escola primária, que decidia se a criança se prepararia e qualificaria para o ensino superior. Certamente as crianças

— os filhos — de camponeses, de operários e da *petite bourgeosie* não estavam em posição de concorrer às vagas no *Gymnasium*, que se conservava um bastião das classes altas contra as massas. Ancorada na tradição e ministrando uma *Bildung*, essa escola secundária clássica auto-seletiva ajudava a preservar a posição privilegiada das antigas classes dominantes e governantes, e a comprovar e promover o *status* de famílias que tinham aumentado suas posses. O *Gymnasium* era a única via para a universidade, que por sua vez controlava o acesso a carreiras enobrecedoras no serviço público civil, Igreja, profissões liberais e ensino superior.

A Alemanha, como o resto da Europa, não mostrou nenhum crescimento nas proporções das matrículas ou formaturas dos cursos secundários clássicos entre 1870 e 1914. Nos *Gymnasien*, os filhos da nobreza agrária e do serviço público, do clero e dos profissionais liberais continuaram a superar, em números, os filhos de homens de negócios abastados. Previsivelmente, as escolas clássicas reproduziam ou, no máximo, alteravam ligeiramente a estrutura de *status* e profissões da Alemanha. Na virada do século, cerca de 75% dos *Abituranten* procuravam carreiras no alto funcionalismo civil e nas profissões liberais, em particular direito, clero e magistério no ensino clássico superior. Aparentemente, menos de 12% seguia para a engenharia, comércio e indústria, ocupações estas que continuavam a ser desdenhadas.

Com certeza, a educação secundária também contava com uma seção moderna. De fato, entre 1870 e 1914 o aumento de 50% nas proporções de estudantes e graduados no ensino secundário se limitou inteiramente a esse setor em rápido crescimento. Por volta de 1910, as escolas secundárias não-clássicas tinham quase tantos estudantes quanto os grandes *Gymnasien* e concediam 35% de todos os diplomas secundários. Esse ramo de menos prestígio tinha três grandes linhas: as escolas médias que ministravam um ensino pós-primário; as *Realschule*, de seis anos, ou escolas secundárias não-clássicas, que concediam um diploma final; e os *Realgymnasien*, de nove anos, que reduziam os estudos clássicos, em particular o grego, a favor de línguas modernas e, em menor medida, das ciências naturais. Mas mesmo esse *Realgymnasium*, meio clássico e meio moderno, recrutava estudantes de famílias modestas, em especial do *Mittelstand*. Além disso, canalizava-os no máximo para ocupações industriais, comerciais, técnicas e públicas de *status* mediano. Apenas cerca de 8% deles seguiam para as profissões liberais e a burocracia mais elevada, que exigiam graus universitários. Embora depois da virada do século os graduados em escolas secundárias não-clássicas se tornassem qualificados para a admissão em todas as universidades e institutos de nível universitário, continuaram a ser excluídos da faculdade de teologia e daquelas posições do serviço público civil e das profissões liberais que exigiam como pré-requisito o domínio do latim e até do grego.

Em suma, na Alemanha, tal como na Inglaterra e na França, as vias clássica e moderna eram nitidamente separadas. Além disso, o corpo discente do *Gymnasium* se mantinha tão estreito e inalterável quanto os da *public school* e do *lycée*, e o número de formados por todos os três variava de 1% a 2%. Os três, ademais, tinham um corpo discente seleto, ofereciam uma cultura tradicional e enviavam muitos de seus graduados para as universidades. Na Alemanha, como na Inglaterra, o clero protestante conservava uma importância considerável na sociedade superior, no ensino e enquanto profissão honrosa.

No conjunto, as 22 universidades da Alemanha eram o prolongamento das escolas secundárias clássicas, tanto mais porque uma proporção elevada dos graduados pelos *Gymnasien* estava destinada à universidade. Em larga medida, as matrículas universitárias da Alemanha, principalmente nas faculdades de direito e filosofia, eram tão numerosas porque tanto o *Abitur* quanto um nível universitário eram exigidos para um amplo leque de cargos burocráticos e o credenciamento em profissões liberais importantes. Entre 1890 e 1914, as inscrições nas faculdades de filosofia aumentaram em 50%, embora nas faculdades protestantes de teologia caíssem de 16% para 5%. Note-se de passagem que, enquanto o professorado alemão servia como o "guarda-costas intelectual dos Hohenzollern", seu conservadorismo político e social era apenas um pouco mais extremado que o dos outros professorados europeus.

Assim, a universidade alemã desprezava as exigências modernas de maneira tão decidida quanto o *Gymnasium* alemão demonstrava e reforçava o caráter essencialmente único da educação superior clássica. Embora o desafio da rápida industrialização não conseguisse atenuar o antimodernismo das universidades, ele na realidade acelerou o desenvolvimento do sistema elaborado de institutos pós-secundários de treinamento técnico e profissional, alguns altamente especializados. As *technische Hochschule* eram as mais versáteis e notáveis dessas instituições, na medida em que foram pioneiras no ensino profissional das ciências aplicadas e da engenharia. Em 1914, 20% de todos os estudantes de nível universitário estavam matriculados em 11 *technische Hochschule*. Não é preciso dizer que, apesar de sua inportância funcional e numérica, esses institutos especializados eram inferiores às universidades em termos de *status* acadêmico e social, em grande parte porque seus professores e estudantes, bem como os objetivos profissionais destes últimos, não tinham um fermento clássico.

O cenário educacional era muito semelhante na Áustria-Hungria, exceto pelo fato de que o ensino técnico avançado não estava tão desenvolvido como na Alemanha. O ensino superior era restrito aos filhos de pequenas elites, e os estudos clássicos dominavam os cursos que os preparavam mais para o passado do que para o futuro. Além de facilitar a reprodução dos antigos nobres e seus valores culturais, os *Gymnasien* e universidades assimilavam não só a burguesia e classe média alta em constante expansão das nações dominantes austro-germânica e magiar, mas também as elites das nacionalidades subalternas. Além disso, os professores universitários eram funcionários do Estado. Não bastava que um candidato para o *Ordinarius* fosse eleito por um conselho acadêmico; o ministro da Educação teria de ratificar sua eleição. Antes de assumir sua vaga em Praga, Albert Einstein teve de jurar sua fé em Deus e vestir um uniforme de tipo militar completo, e com espada, para pronunciar o exigido voto de lealdade aos Habsburgo. Embora pudesse tê-los apreciado, Sigmund Freud foi poupado desses rigores oficiais em Viena, mas só porque aspirava a um mero *Extraordinarius*, que não implicava nenhum dos quesitos e privilégios da cátedra plena. Membros importantes das faculdades podiam aguardar ansiosamente uma indicação para a Herrenhaus ou até um enobrecimento. Entrementes, os estudantes que aspiravam a carreiras governamentais provavelmente se uniriam às *Burschenschaften*, que mais do que nunca observavam os ritos de duelo.

Entre a metade do século XIX e 1914, a educação superior da Rússia czarista cada vez mais se modelou pela da Europa ocidental, em particular da Prússia-Alemanha. Como o ministro da Educação mais influente do século, Dmitri Tolstoi, que ocupou o cargo de 1866 a 1882, implantou solidamente o *Gymnasium* clássico de oito anos nas principais cidades da Rússia. O latim e o grego vieram a dominar o currículo em escolas cuja principal função era a de preparar estudantes para universidades que promoviam o acesso à nobreza do serviço público. Sob a influência de Konstantin Pobedonostsev, o representante fundamentalista do Sacro Sínodo, Ivan Delianov, que sucedeu a Tolstoi até 1898, limitou as cotas de vagas para judeus, aumentando com isso o acesso privilegiado dos grã-russos, nobres e ortodoxos, aos ginásios e universidades. Mas, exceto por tais alterações antiliberais e uma mínima redução dos estudos clássicos após o levante de 1905, o ginásio se manteve inalterado até 1914 e eclipsou totalmente a *Realschule* não-clássica, que Tolstoi também modelara a partir do original germânico. De modo similar, as universidades mantiveram seu perfil germânico, encarregadas que estavam de facilitar a modernização econômica, burocrática e militar, com atenção total à integridade e disciplina da antiga ordem. Sem dúvida, essa arraigada preocupação conservadora explicava o fato de o regime czarista praticamente negligenciar o desenvolvimento do ensino primário para as classes baixas, enquanto procedia à ampliação do ensino secundário e superior para as elites.

Como em todos os lugares da Europa, o corpo docente titular era muito pequeno e solidamente integrado ao *establishment*. Entre 1860 e 1914, cerca de 90 professores foram eleitos na Rússia. Em 1914, 145 num total de 475 cátedras estavam vagas, em parte porque o governo desejava conter o crescimento de universidades vistas como centros de fermentação subversiva. Como altos funcionários do Estado, os catedráticos evidentemente tinham direito a todos os privilégios burocráticos, inclusive a promoção pelo quadro de carreira. Dessa forma, enquanto um reitor atingia o quarto *chin* mais alto, que conferia nobreza hereditária, um catedrático e até um *Extraordinarius* ocupavam respectivamente o quinto e sexto níveis. Além disso, uma proporção bem elevada do professorado tinha ascendência nobre. Embora, depois da virada do século, apenas 18% de todos os catedráticos proviessem de famílias rurais antigas e ricas, no total 40% provinham do estamento nobre. Dos 90 professores da Universidade de Moscou, 37 vinham da nobreza, 12 de altas famílias militares e 12 do clero. O perfil das faculdades de São Petersburgo e Kiev era basicamente o mesmo. Cerca de 40% do corpo discente também provinha da nobreza.

Isso não significa que as universidades fossem postos avançados seguros e evangelizadores do *ancien régime*. Em 1899-1902 e, outra vez, em 1905-1906, vastos setores do corpo estudantil estiveram na vanguarda da oposição liberal, e ganharam o apoio ou tolerância de um número considerável de professores. Mas em ambas as vezes, e em particular durante e depois de 1905, os estudantes e professores se abstiveram de colaborar com operários, camponeses e mesmo políticos liberais, com sua preocupação prioritária voltada para a luta pela autonomia universitária. Muitos professores se viam, à semelhança de seus parceiros e modelos alemães, como eruditos apolíticos a serviço de uma *Wissenschaft* objetiva e em última instância civilizadora.

No calor de 1905, os professores e estudantes obrigaram o Ministério da Educação a aumentar sua autogestão em matéria de currículos, exames, recrutamento e nomeações. Mas, de 1907 até 1914, o governo imprimiu uma contra-reforma no ensino superior, como parte do reendurecimento geral do regime czarista. Entre 1908 e 1913, dois ministros da Educação vetaram 58 nomeações votadas por conselhos acadêmicos, ao mesmo tempo em que tornaram esses conselhos responsáveis pela manutenção da tranqüilidade em suas instituições, se necessário expulsando os criadores de problemas. Em 1910-1911, estudantes dissidentes usaram a morte do escritor Lev Tolstoi para protestar contra a pena de morte e as condições de prisão, mais do que contra a restrição da liberdade política e da autonomia universitária. Mesmo assim, o governo teve uma reação violenta. L. A. Kasso, o ministro da Educação ultraconservador, ordenou a prisão com mandado judicial de cerca de 5 mil estudantes e a expulsão de outros 3 mil dos maiores centros universitários. Ao mesmo tempo, pressionou o professorado para que expulsasse ou transferisse os agitadores para as províncias. Em particular na Universidade de Moscou, foram pouquíssimos os professores a protestar ativamente contra essa interferência do governo na autonomia da universidade. Por toda a Rússia e também em Moscou, porém, o professorado se tornou cada vez mais circunspecto, se não cauteloso. Temiam que a contínua agitação estudantil exacerbasse a fúria ultraconservadora e estimulasse a redução do ensino superior clássico em favor das *Realschule* e institutos especializados.

O ensino superior da Itália também estava congelado dentro do molde clássico. Embora o conde Gabrio Casati, ministro da Educação, fosse bastante mais liberal do que o conde Tolstoi na Rússia, entre 1859 e 1877 ele dotou a Itália de um sistema de ensino superior igualmente clássico, elitista e não-maleável. Além disso, como na Rússia, o ensino elementar foi negligenciado e significativamente deixado a cargo da Igreja. Por volta de 1910, embora cerca de 80% das crianças entre 6 e 10 anos de idade estivessem matriculadas em escolas primárias, menos de 10% dos adolescentes entre 11 e 14 anos continuavam os estudos. Além disso, apenas 1% dos jovens entre 11 e 19 anos, ou 63 mil, freqüentavam os *ginnasi-licei* clássicos, sendo que 3/4 deles em escolas dirigidas pelo Estado. Quase todos os graduados por essas escolas de elite prestavam o exame para o ingresso na universidade. Os 2/3 aprovados comprimiam-se nos portões da universidade, pois apenas um diploma universitário, e não o certificado do ginásio, habilitava-os para carreiras respeitáveis, incluindo o alto funcionalismo público. O funil se mantinha absolutamente estreito, tanto mais porque a relativa desvalia do diploma secundário sem um grau universitário estimulava as famílias de renda média a enviar seus filhos para escolas secundárias não-clássicas, no estilo alemão, em vez de para os *ginnasi-licei* clássicos. Quanto aos professores universitários, suas nomeações precisavam da aprovação governamental, tinham de prestar juramento à coroa e ao Estado e também assumiam como modelo o *Ordinarius* alemão ostensivamente apolítico.

CAPÍTULO 5

CONCEPÇÕES DE MUNDO

DARWINISMO SOCIAL, NIETZSCHE, GUERRA

Em 1914, a Europa era demasiado *ancien régime* para que suas idéias e valores reinantes fossem outros que não conservadores, antidemocráticos e hierárquicos. O capitalismo pós-mercantil e suas formações de classe eram bastante frágeis para que o progresso, o liberalismo e a igualdade de raízes iluministas pudessem se tornar hegemônicos. À medida que os axiomas do iluminismo do século XIX abriam caminho, foram obrigados a se adaptar à preexistente concepção de mundo do antigo regime autocrático, que primou em distorcê-los e neutralizá-los. É certo que, ao longo de todo o século, o Estado e a sociedade tinham se tornado cada vez mais ciosos da dignidade, razão e bem-estar do homem comum. Mas isso não significa que uma nova síntese burguesa tivesse suplantado a perspectiva e os pressupostos da nobreza. Na verdade, a sociedade européia continuava solidamente radicada em tradições e valores de épocas pré-industriais. Em vez de agir como parteiras da sociedade esclarecida e democrática do futuro, as classes dominantes e governantes se mantinham como suportes e guardiãs da soberba herança clássica e humanista do passado. Foram bem-sucedidas nessa operação de salvaguarda, em parte porque as armadilhas do nacionalismo, os perigos do socialismo e, na Europa central e oriental, as restrições do semi-absolutismo continuavam a asfixiar e desnaturar o desafio liberal.

Após meados do século XIX, o progresso científico, tecnológico e material vinha sendo saudado cada vez mais como a chave para um avanço ainda maior e mais rápido em direção a uma vida racional, ética e de abundância material. Havia ainda o pressuposto de que a ascensão inexorável e infinita do homem seguiria lado a lado com o crescimento da liberdade política, tolerância religiosa e paz mundial. Os fiéis desse evangelho do progresso terreno provinham basicamente da burguesia racionalista dos negócios e profissões liberais e da classe média cultivada. Mas a antiga ordem permanecia intacta sob demasiados aspectos para que o novo credo pudesse atrair as elites dominantes agrária, do serviço público e da cultura, ou conseguir muitos adeptos entre o campesinato, a *petite bourgeoisie* e as massas trabalhadoras.

Devido ao seu enraizamento social e político superficial, as doutrinas do progresso linear eram vulneráveis a ataques. É certo que os primeiros críticos não questionaram o progresso enquanto tal, mas advertiam que esse progresso seria irregular e descontínuo. Também preveniram que os rápidos avanços científicos e tecnológicos provocariam deslocamentos sociais e psicológicos. No *fin du siècle*, essa crítica limitada deu lugar a uma hostilidade direta. Um número crescente de intelectuais e artistas contestavam o positivismo da teoria social, a racionalidade do homem e a realidade do progresso.

O progresso e o liberalismo estavam solidamente unidos entre si. Ambos dependiam de elites capitalistas e urbanas em sociedades substancialmente tradicionais. Além de serem intrinsecamente frágeis, os portadores do liberalismo estavam internamente divididos. Com efeito, a burguesia se expandiu de modo constante entre 1848 e 1914, mas desperdiçou boa parte de sua força de crescimento em lutas internas entre os defensores do livre comércio, das liberdades democráticas e do império informal, de um lado, e os do protecionismo econômico, do antiliberalismo político e do imperialismo vigoroso, de outro. A grande deflação dos preços de 1873 a 1896, afinal, resolveu esse conflito em favor da burguesia nacional-conservadora, impondo o ritmo do protecionismo, imperialismo e rearmamento.

Embora o liberalismo tivesse saído do estado embrionário entre 1848 e 1873, nunca alcançou uma plena maturidade. É certo que, durante esse quarto de século, o *laissez-faire* e o livre comércio se tornaram soberanos na economia política do capitalismo europeu e mundial. Contudo, essa idade de ouro da concorrência irrestrita foi apenas um breve parêntese na realidade duradoura da regulação da vida econômica pelo Estado. Na sociedade política, as realizações do liberalismo foram ainda mais limitadas e efêmeras. Em outras palavras, devido à sua base econômica, social e política estreitas, o impulso liberal teria sido sustado mesmo sem a "grande depressão", que apenas acelerou sua morte.

O liberalismo não só era intrinsecamente frágil e dividido, mas também enfrentou uma oposição excepcionalmente forte e ativa. As antigas classes dominantes e governantes e suas principais instituições culturais estavam sempre prontas a sufocá-lo. As classes agrárias, onde as nobrezas figuravam de modo tão destacado, iniciaram a contra-ofensiva, sempre iminente nos anos 1870, quando a concorrência internacional ameaçava minar sua base material e seu elevado *status* social, político e cultural. Sua exigência de tarifas protecionistas e concessões econômicas para a agricultura provocou a rearticulação da antiga sociedade que carecia de "uma tradição ou ideologia de liberdades públicas e regime parlamentar". Em colaboração com as nobrezas do serviço público civil, as classes agrárias do continente partiram para o estrangulamento da "economia de mercado e seu corolário: o governo constitucional". Mantendo-se firmes contra o impulso liberal, "geraram as contracorrentes da política prussiana sob Bismarck, alimentaram a revanche clerical e militarista na França, asseguraram influência na corte para a aristocracia feudal no Império dos Habsburgo [e Romanov], e fizeram da Igreja e do exército os guardiães dos tronos em desmoronamento". Logo depois, os grandes proprietários também assumiram a liderança na remobilização da antiga sociedade na Inglaterra. Por toda a Europa, os nobres, secundados pelos eclesiásticos e militares, escoravam seu prestígio "tornando-se advogados das virtudes da terra e de seus cultivadores" e apresentando-se como "os guardiães do *habitat* natural do homem, o solo". Com esse estratagema, as elites tradicionais ganharam o apoio de grandes setores do campesinato e de outros grupos que se sentiam ameaçados pelo rápido crescimento industrial e urbano.

As antigas elites se recompuseram sem muita dificuldade, pois haviam cedido um terreno relativamente pequeno durante o auge do liberalismo. Elas avançaram não só nos três impérios semi-absolutistas, mas também na Inglaterra, França e Itália, onde sua influência sobre a sociedade política fora drasticamente reduzida. O liberalismo foi impotente para conter essa remobilização da antiga sociedade civil e política, em boa parte porque a burguesia oscilante se dividiu em duas, cabendo a resistência apenas aos seus elementos pré-industriais mais débeis.

O setor nacional mais forte da burguesia cada vez mais procurava o *ancien régime* não só para tarifas, contratos e cargos públicos (para os filhos), como também para proteção armada contra as agitações de trabalhadores e nacionalidades subalternas, a nível interno, e potências rivais e povos coloniais, no exterior. Os grandes interesses dos negócios procuravam seus parceiros agrários para a reativação do Estado em proveito comum. Embora ambos necessitassem de auxílio governamental, apenas os agraristas tinham o poder político e a influência mitológica capazes de assegurá-lo. Em troca dessa ajuda para obter assistência estatal, os líderes do mundo dos negócios abandonavam suas crenças liberais, abraçavam a concepção de mundo conservadora das elites tradicionais e apoiavam a política do antiliberalismo. Esse realinhamento reduziu os conflitos e debates ideológicos da elite, em favor de um consenso essencialmente voltado para a antiga ordem moral, cultural e política.

Sob um aspecto, a Inglaterra constituiu uma exceção. Como os interesses manufatureiros, financeiros e comerciais do livre comércio suplantavam politicamente os interesses agrários protecionistas, o impulso destes últimos malogrou em Londres. Mas, embora os defensores de uma reforma alfandegária na Inglaterra falhassem em atingir seus objetivos econômicos, conseguiram suscitar uma reação social e política maciça dentro do Partido Conservador, e isto mediante uma ideologia onde os apelos por um retorno às tradições rurais figuravam com destaque.

De qualquer modo, por toda a Europa o Prometeu desacorrentado do progresso material ajudou a restaurar e endurecer a antiga ordem, ao invés de liberalizá-la e enfraquecê-la. Foi esta, pois, a contradição fatal que confundiu e perturbou tantos intelectuais. Renunciando à sua fé na Cidade Celestial do século XIX, tornaram-se profetas furiosos da decadência e autodestruição violentas. Os intelectuais críticos se enfureceram antes de mais nada com o fato de que a burguesia tão prontamente entendesse seu enfeudamento social e cultural ao domínio político e ideológico. Mesmo assim, tinham o cuidado de não atacar direta ou nomeadamente a burguesia. Os críticos escolheram invectivar contra filisteus não-especificados, esperando com isso evitar uma ruptura com a burguesia numa época em que ambos estavam apavorados com a ascensão das massas. Não é que temessem o socialismo. O que a burguesia temia acima de tudo era a ampliação do direito de voto e um governo plenamente democrático, e esse temor, de motivação econômica, acelerou sua capitulação à política da elite. Quanto à *intelligentsia*, estava profundamente preocupada com o futuro do pensamento e cultura superiores sob as condições de um regime popular.

Um número cada vez maior de intelectuais preocupados tomava a cidade como a principal encarnação do impasse maligno da civilização européia. Viam a modernização capitalista a impor não só o crescimento instantâneo de centros urbanos sem alma, mas também a decomposição das grandes cidades históricas da Europa. Seu maior tormento era que as antigas cidades estavam se transformando em caldeirões de nivelamento social e cultural, onde as minorias aristocráticas, dotadas de cultura, razão e gosto, ficariam à mercê das multidões imundas.

Mas, com todo o seu desespero em relação à cidade, foram poucas as Cassandras que algum dia defenderam um retorno à natureza e ao campo, mesmo em seus sonhos arcádicos. Como metropolitanos juramentados, não conseguiam imaginar uma alternativa à urbe. Ficavam ao mesmo tempo aterrados e fascinados pela neurastenia, corrupção e tédio que destruíam a cidade enquanto fonte de criatividade e saber.

A progressiva decadência da Europa era uma queda da cidade clássica da política, sociedade e cultura de elite, e não de um estado de inocência e pureza pastoris. Os mercadores da decadência desdenhavam, para não dizer tinham medo, das plebes grosseiras e sinistras pela sua intrusão temerária. Ao mesmo tempo desprezavam aterrorizadas as classes superiores por se apropriarem da tradição humanista para sua própria autodefesa. A *intelligentsia* desencantada parecia lançar pragas contra ambos os lados. Na realidade, alinhava-se com a ordem social estabelecida, garantia da cultura de elite. Esse viés conservador inato se confirmou depois da virada do século quando, em vez de escaparem para um esteticismo e dandismo refinados, muitos profetas da decadência se uniram em torno das igrejas estabelecidas ou dos novos cultos de superpatriotismo.

A idéia de decadência era inseparável da de *fin-de-siècle*, que transmitia uma sensação de mal-estar psíquico e incerteza ideológica, uma mescla desigual de esperança e medo. O ano de 1900 poderia anunciar a aurora radiante de uma nova sociedade ou o crepúsculo ominoso da velha ordem. Com poucas exceções, a inquieta *intelligentsia* da Europa julgava que as contradições exacerbadas entre a cultura humanística e o apelo democrático explodiriam numa era de trevas.

As *idées-forces* de decadência e *fin-de-siècle* foram absorvidas pelo inventário mental e disposição psicológica dos membros feudais e aristocratizantes das classes superiores européias. Infiltraram-se em posturas e crenças que eram "tacitamente pressupostas mais do que formalmente expressas ou defendidas [...] que pareciam tão naturais e inevitáveis que dispensavam um exame com os olhos da autoconsciência lógica". Se essas idéias vagas obtiveram uma ampla aceitação, foi "porque um dos seus sentidos ou os pensamentos por eles sugeridos eram compatíveis" com as crenças da época. Um sentimento penetrante de desintegração e estado de sítio tornou-se parte da *Weltanschauung*, ou concepção de mundo, da elite, onde as atitudes espirituais e manifestações culturais "ateóricas e alógicas, mas não irracionais", eram tão significativas quanto "teses filosóficas [...] e idéias teóricas sistemáticas". Os intelectuais e políticos que adotavam as noções de decadência e *fin-de-siècle* não se viam como degenerados. Tampouco estavam resignados a sofrer o que julgavam ser uma crise de autoridade, comunidade e valores de longo alcance. Pelo contrário, propunham superar e controlar essa crise restaurando e transvalorizando a antiga sociedade hierárquica, sem reformá-la ou democratizá-la.

Essa sensação de crise iminente forneceu o cenário próximo, e não só o pano de fundo distante, para a revolta contra o cientificismo, o positivismo e o materialismo. Se o socialismo e o movimento operário se converteram no principal alvo e vítima dessa revolta, foi por terem se tornado os maiores sub-rogados e testamenteiros do liberalismo progressista, quase inteiramente sem vida, do final do século XIX. Em outras palavras, o socialismo e o movimento operário eram atacados menos pela militância em favor de seu projeto revolucionário ou reformista, do que por levar adiante e democratizar o segundo movimento do iluminismo. Para redimir esse iluminismo, os "inovadores intelectuais dos anos 1890" precisariam ter se engajado no socialismo com um espírito de crítica construtiva. Mas isso seria pedir demais a eles, pois viam o socialismo como promotor da democracia de massas que ameaçava o seu mundo da cultura e erudição clássicas. Como as classes dominantes e governantes, a *intelligentsia* procurou se isolar, a fim de preservar seus valores em crise diante das plebes urbanas. O precoce darwinista social Ernest Renan ousou dizer em voz alta o que muitos intelectuais pensavam apenas consigo mesmos: que grandes segmentos da humanidade teriam de ser mantidos "num papel subordinado" para que a alta cultura e a erudição se desenvolvessem. Renan insistia em que, ao invés de educar as massas ignorantes, a sociedade devia se concentrar na criação de "gênios e públicos [seletos] capazes de entendê-los".

Em todo caso, os inovadores intelectuais pós-1890 pouco contavam em sua própria época. Como a maioria dos artistas de vanguarda, escreviam principalmente uns para os outros, e apenas muito raramente, se não nunca, atingiram públicos mais amplos nos, ou perto dos, assentos do poder. Não eram eles, mas sim Darwin e Nietzsche, as figuras mais em destaque da época. Embora ambos tivessem falecido antes do início do crucial quarto de século de 1890 a 1914,* ainda forneciam as idéias motrizes que se voltavam contra o progresso esclarecido. Noções simplistas como "a sobrevivência dos mais aptos" ou "a vontade de poder" penetraram no arsenal de idéias e atitudes antiprogressistas e antiliberais. Difundidas através de salões, revistas e jornais de opinião respeitados, permearam os pressupostos comuns das classes dominantes e governantes, em busca de escoras ideológicas para sua contra-ofensiva ao *demos* demoníaco.

Com a remobilização da antiga ordem, o darwinismo social se converteu na concepção de mundo preponderante das classes dominantes e governantes da Europa. Com efeito, a doutrina social-darwinista variou imensamente no tempo e no espaço. Ainda assim, é inegável que ela se desenvolveu até se tornar uma *Weltanschauung* sintética cujas "palavras e frases sagradas" obtiveram ampla aceitação. Tanto os liberais em retirada como os socialistas em avanço reconheciam que os postulados principais do darwinismo social eram coerentes com os propósitos e mentalidades hierárquicas e antidemocráticas das classes políticas.

O darwinismo social devia grande parte de sua imensa importância à sua natureza sincrética: era ciência e fé, numa era cada vez

(*) Pequeno lapso do Autor, pois Darwin morreu em 1882, mas Nietzsche só em 1900. Na tradução francesa deste volume, revista pelo Autor (Paris, Flammarion, 1983), Mayer retifica o sentido dessa passagem, ao ressalvar que Nietzsche fora atacado de paralisia progressiva desde 1889, com sua saúde física e mental seriamente comprometida. Embora isso seja verdade, vale notar ainda que sua obra *Assim falou Zaratustra*, só foi concluída em 1891 e que os aforismos de *A vontade do poder*, publicados postumamente pela irmã, foram produzidos, pelo menos em parte, na década terminal e maldita de sua vida. (N. C.)

mais dilacerada entre ambas. Os pensadores sociais antipositivistas e anti-racionalistas do final do século XIX nunca questionaram as ciências naturais, que forneciam o sangue vital ao progresso material e médico e ao poderio militar. O darwinismo social deu relevo à sua credibilidade aplicando os métodos racionais e empíricos utilizados no estudo da evolução natural. Apresentava uma interpretação ferozmente conservadora e levemente progressista da luta pela vida: de um lado, a guerra hobbesiana de todos contra todos; de outro, a sobrevivência dos mais aptos como a validação da evolução posterior. A ambigüidade do darwinismo social acerca da natureza da luta pela vida e dos critérios de seleção proporcionou-lhe um vasto público. Enquanto os defensores do *laissez-faire* podiam deduzir que os princípios da evolução e seleção eram a garantia de uma concorrência desenfreada, os protecionistas agrários e industriais podiam interpretá-los como uma sanção ao novo mercantilismo. Em outras palavras, embora o darwinismo social nunca estabelecesse normas específicas de ação e finalidades, realmente fornecia um esquema geral onde se poderiam inserir as preferências individuais e os projetos coletivos.

A origem das espécies através da seleção natural, que inspirou e reforçou a doutrina social-darwinista, foi publicada em 1859. Marx e Engels, logo a seguir, elogiaram Darwin por retirar a religião, a metafísica e a ética do domínio das ciências naturais. Também o aplaudiram por formular uma teoria causal unificada capaz de explicar o processo automático, irreversível e estruturado de evolução, com a ênfase sobre o conflito e a transformação progressiva. De modo mais geral, atribuíram a Darwin o mérito de estabelecer um terreno comum para todo o conhecimento, ao mostrar que a natureza, até então pensada como imutável e harmoniosa, tinha uma historicidade comparável à da sociedade humana. Essa ruptura animou tanto Marx que, na introdução ao segundo volume de seu *O capital*, propôs encarar "a evolução da formação econômica da sociedade como um processo de história natural". Em 1883, em seu elogio fúnebre sobre a tumba de Marx, Engels sustentou que "assim como Darwin descobrira a lei de evolução na natureza orgânica, Marx descobrira a lei de evolução na história humana".

Simultaneamente, porém, os marxistas começaram a censurar os epígonos de Darwin que projetavam a hipótese do grande naturalista sobre o âmbito social. Sem negar o valor heurístico da comparação entre o desenvolvimento humano e o natural, os críticos declaravam existir demasiadas diferenças intrínsecas entre a natureza e o homem para que uma servisse de modelo para o estudo do outro. Com Engels à frente, os marxistas insistiam que o homem era, acima de tudo, uma criatura social e pensante, e que, ao invés de obedecer às forças cegas da natureza, fazia sua própria história de acordo com os ditames do crescimento econômico e da luta de classes. Ademais, os marxistas postulavam que a história se dirigia para uma sociedade livre e sem conflitos, se necessário por saltos revolucionários, ao passo que os darwinistas presumiam que a sociedade estava condenada à luta eterna.

Com o renascimento do estatismo, a ênfase da fórmula sincrética social-darwinista se deslocou da santificação da competição desregrada da economia e da política do *laissez-faire* para a justificação das lutas disciplinadas do imperialismo social, tanto a nível interno como externo. No final do século XIX, a luta organizada pela sobrevivência entre as nações eclipsou os conflitos desordenados no interior da sociedade. Essa transposição da disputa permanente da esfera nacional para a internacional coincidiu com uma grande transformação na concepção de mundo das classes dominantes e governantes: de um tradicionalismo confiante e flexível para um conservadorismo, para não dizer reação, pessimista e rígido.

As antigas elites estavam preparadas para empregar a supremacia ressurgente da política exterior e imperial para reforçar suas posições internas. Apoiadas pela casta guerreira, poderiam, até, se declarar especialmente qualificadas para dirigir a guerra de todos contra todos na arena mundial, onde a vitória militar constituiria a suprema prova de aptidão.

A segunda metade do século XIX foi rica em lições para as poucas grandes potências determinadas a lutar pela supremacia, mais do que pela mera sobrevivência. A conquista das Alemanhas pela Prússia, a ascendência do Piemonte na Itália e o triunfo do norte na Guerra Civil americana haviam validado recentemente a lei dos fortes. Por sua vez, a derrota da França em 1870, a rendição da Espanha em 1898 e os malogros da Inglaterra na Guerra dos Bôeres mostraram as conseqüências da fragilidade e decadência nacionais.

Os conflitos sociais, outrora glorificados como fonte e sinal de vigor, agora eram acusados de roubar a força externa da nação. Mas os social-darwinistas se dividiam sobre como dominar essa disputa interna disfuncional. Os "catonianos" dentre eles se opunham a reformas domésticas, como enfraquecedoras e divisionistas, e confiavam no desafio bélico para fortalecer os indivíduos e forjar a solidariedade nacional. Os darwinistas mais modernos e autoconfiantes inverteram essa prescrição. Pressionavam os governos por reformas sociais de base que, numa época de exércitos de massa, assegurariam o apoio popular tão fundamental para a guerra. Esses dois grandes preceitos coexistiam dentro do darwinismo social, ao lado de injunções racistas, então, ainda relativamente inconseqüentes.

O darwinismo social justificou mais do que provocou o realinhamento europeu quanto a perspectivas e políticas. Proporcionou um apoio pseudocientífico para as antigas classes dominantes e governantes que vinham se reafirmando. O darwinismo social se adequava à sua mentalidade elitista, onde a idéia de desigualdade estava profundamente enraizada. Em sua concepção, os homens eram desiguais por natureza, e o mesmo ocorria quanto à estrutura da sociedade, para sempre destinada a ser dirigida pela minoria dos mais aptos a governá-la.

O darwinismo social e o elitismo brotaram de um único e mesmo solo. Ambos desafiavam e criticavam o iluminismo do século XIX, e mais particularmente as pressões pela democratização social e política. O termo "elite", carregado de valores, só se definiu como tal de forma plena no final do século XIX, e recebeu sua mais ampla e corrente aceitação em sociedades ainda dominadas pelo elemento feudal. Mas, por toda a Europa, as teorias da elite espelhavam e racionalizavam práticas predominantes correntes, ao mesmo tempo em que serviam como arma na batalha contra o nivelamento político, social e cultural.

Nietzsche foi o menestrel-mor dessa batalha. Não obstante as contradições e elipses propositadamente provocadoras de seus textos, seu pensamento era coerente e consistentemente antiliberal, antidemocrático e anti-socialista, e isso se intensificou ainda mais com o decorrer do tempo. Embora viesse a desprezar o progresso, em particular no delírio trágico dos seus últimos anos, não foi menos crítico quanto a ele nos anos de extraordinária sanidade. Nietzsche decerto recuou em relação a Darwin, no sentido de que rejeitou os postulados progressistas da teoria da evolução. Mas era um social-darwinista inveterado, e do tipo pessimista e brutal. Para ele, o mundo era um lugar de luta permanente, não só pela mera existência ou sobrevivência, mas também pela dominação, exploração e subjugação criativas. Nietzsche, com certeza, nunca concebeu a "vontade de poder", a pedra angular do seu pensamento, como simples força muscular. De fato, exaltou as aspirações e realizações de artistas e filósofos como a quintessência dessa energia de poder. Mas Nietzsche estava disposto a escravizar o resto da humanidade na busca da alta cultura, à qual atribuía prioridade absoluta.

Nietzsche vilipendiou sua própria época por permitir que as massas obstruíssem a vontade de poder dos "espécimes superiores". Para ele, a Grécia clássica e o Renascimento eram exemplos brilhantes de sociedades de elite onde pequenas nobrezas, de gosto e moral aristocráticos, promoviam a alta cultura com soberbo desprezo pelas plebes, cuja humanidade Nietzsche quase chegou a negar.

Pessoalmente, Nietzsche não estava acima das pretensões aristocráticas, a começar pela sua dúbia reivindicação de uma ascendência polonesa nobre. Admirava o seu pai por ter sido o preceptor das quatro princesas da Casa de Sachsen-Altenburg e ter sido investido como pastor pelo rei Frederico Guilherme IV, em cujo aniversário Nietzsche nasceu e cujo "nome Hohenzollern" sustentava com orgulho.

Seu enaltecimento da vontade de poder, da alta cultura e da aristocracia fazia parte integrante de sua "crítica da modernidade". Essa censura era abertamente política, embora não fosse partidária. Nietzsche considerava que toda a Europa, à exceção da Rússia, estava se degenerando em sua vontade e autoridade sob a influência corrosiva da burguesia, à qual desprezava obsessivamente. Ficou particularmente aterrado com a transformação da Alemanha imperial em semi-*gentilhomme* e semi-*bourgeoise* e o empobrecimento geral da alta cultura. É certo que Nietzsche criticou as antigas elites, e sobretudo Bismarck por suas concessões plebiscitárias, seu frenesi nacionalista e seu simulacro de monarquismo e religiosidade. No conjunto, porém, apreciava o Chanceler de Ferro por suas origens rurais e nobres e até o respeitava por manipular habilmente o Reichstag, com isso poupando à Alemanha "a falta de sentido dos números" e a "superstição das maiorias". Ao mesmo tempo, Nietzsche insistia na eliminação da *Kleingeisterei*, ou estreiteza de espírito, e dos princípios parlamentares ingleses da Alemanha, a ser conseguida em colaboração com a Rússia, a qual admirava por manter intacta a antiga ordem. No mínimo esperava que o império czarista, preparado para dominar a Ásia e a Europa, incitasse a Europa ocidental a abandonar sua *Kleinstaaterei*, isto é, seus particularismos, e se unissem numa coligação para formar um "centro cultural comparável à Grécia sob o domínio de Roma". A Europa unida teria de gerar um estadista verdadeiramente grandioso e uma casta dirigente transnacional para atingir tal objetivo. Pois se a Europa caísse nas mãos das turbas e dos parlamentos, seu centro cultural se reduziria totalmente à "luta entre os pobres e os ricos".

Mas, visto que uma Europa unida não surgiria num futuro próximo, Nietzsche tentou chegar a um acordo com o mundo contemporâneo. Admirava plenamente a vitalidade cultural de Paris. "Os temas do pessimismo e [...] de Wagner, assim como quase todas as questões psicológicas e artísticas estavam sendo discutidas com sofisticação e radicalidade muito maiores" na França derrotada do que na Alemanha, onde a *hybris* do êxito militar e do *status* de grande potência estava embotando as artes. Ainda assim, para evitar a decadência depravada da Terceira República, Nietzsche queria que Berlim se tornasse mais poderosa e implacável e se movesse para junto de São Petersburgo.

Mas, embora se resignasse com os custos culturais da ascensão da Alemanha ao poderio mundial, Nietzsche nunca aceitou os custos derivados da ascensão da burguesia. Esta consistia de "filisteus", a quem despreza impiedosamente por não conseguirem dar o impulso dionisíaco e a tensão dialética indispensáveis à genuína criatividade. Também trovejava contra eles por enfraquecerem a Alemanha com sua imitação afetada da cultura tradicional e sua idolatria pelo novo Estado. Finalmente, Nietzsche até acusou Wagner, seu maior ídolo, de agradar a esses filisteus com seu narcótico *Parsifal* em Bayreuth, que considerava como uma meca obscena da *Kultur-Staat* falsificada da Alemanha. Onde quer que os filisteus novos-ricos se misturassem aos verdadeiros aristocratas, como em Bayreuth, poluíam a atmosfera com seu comportamento espúrio.

Os filisteus, incluídos os judeus, constituíam o núcleo de uma nova elite ansiosa por ocultar suas origens e aparência comuns. Incapazes de encontrar um traje adequado no rico guarda-roupa histórico da Europa, esses *parvenus* deram início a uma perpétua "mascarada de estilos", onde ficavam a "experimentar, mudar, tirar, guardar e, sobretudo, estudar" os grandes modelos históricos. Nenhuma outra época jamais se instruiu de forma tão completa nas "morais, crenças, estéticas e religiões do passado", para o que veio a se tornar "um carnaval permanente". Nietzsche insistia que, se a "miscelânea democrática de classes e raças" não tivesse lançado a Europa numa "semibarbárie enfeitiçante e alucinada", a antiga ordem não teria sido obrigada a desenvolver esse "sexto" sentido histórico específico do século XIX.

Na verdade, as pretensões democráticas eram o pior veneno dos tempos modernos. Desconfiada dos "grandes seres humanos e da sociedade de elite", a democracia pretendia entronizar parlamentos e maiorias populares onde "animais de rebanho se convertiam em senhores". Nietzsche denunciava Rousseau como o "idealista e *canaille*" que infundira na revolução uma "moralidade e doutrina da igualdade" que eram os "mais venenosos de todos os venenos". Somente "novos filósofos" corajosos — tal como o próprio Nietzsche — poderiam fornecer o antídoto necessário, formulando contra-ideais e "transpondo e invertendo os valores eternos". Enquanto "amoralistas" e "idealistas pessimistas raivosos de sua época", esses *nouveaux philosophes** também emprestariam apoio à luta contra o socialismo. Comparado à democracia, esse último flagelo não tinha outro mérito senão o de instigar os europeus a se manterem sóbrios, sagazes, viris e aguerridos.

Ao final, porém, Nietzsche procurava uma casta superior de senhores para deter e inverter o avanço dos filisteus e escravos, articulando e aprimorando as visões e valores transfigurados de um passado aristocrático imaginário. Nietzsche reconhecia orgulhosamente que a sua proclamação da crise da modernidade e seu apelo a uma limpeza moral se baseavam num "radicalismo aristocrático". Afinal, ele estava interessado antes e acima de tudo na excelência e no refinamento estéticos de minorias aristocráticas à custa da vil maioria. Mas sua preocupação não se reduzia exclusivamente às aristocracias espirituais como criadoras e conhecedoras de filosofia, literatura e artes, em particular a música. Um dos paradoxos, e não dos menores, de Nietzsche era o de que, na busca de uma decadência positiva, enaltecia, ao mesmo tempo, a estética da alta cultura aristocrática e a brutalidade da política do poder aristocrático.

Fosse por sangue ou por criação, os autênticos aristocratas estavam sempre prontos a serem cruéis e "a sacrificarem, com uma clara consciência, imensos contingentes de seres humanos que, para o benefício dos homens nobres, tinham de ser esmagados e reduzidos a

(*) Em francês e grifado no original. Clara e irônica alusão do autor às tendências neonietzschianas em voga na produção intelectual parisiense dos anos 70, após as desilusões de maio de 68. (N. C.)

menos que humanos, escravos ou simples instrumentos". Esse atributo de crueldade elitista constituía a força motriz da "própria vida", cuja essência era a violência, a opressão e a exploração. Em suma, "a vida era nada menos que a vontade de poder" não moderada pela simpatia, compaixão ou benevolência em relação aos inferiores.

Esse homem nobre empenhado na autoperfeição espiritual e no poder brutal era também um guerreiro completo. Segundo Nietzsche, a crise da modernidade tinha uma dupla face: a irrupção furiosa do homem de rebanho e da decadência negativa, no interior do Estado; e "tremendas guerras, levantes e explosões", no exterior. A guerra era tão essencial para o Estado-nação quanto a escravidão o era para a sociedade. Sobretudo as lutas externas podiam ser usadas para estimular a vontade de poder. Como "o paraíso estava à sombra das espadas", a era vindoura de guerras incomparáveis permitiria à aristocracia mostrar sua virilidade, amparar e jactar-se de sua honra e liderança heróicas. No conjunto, em sua visão apocalíptica, Nietzsche saudava os fogos da guerra por alimentarem a transmutação da crise européia, propiciando a metamorfose de uma decadência negativa e putrefata em outra decadência positiva e criadora.

As idéias de Nietzsche constituíam uma expressão precoce e um estímulo adequado da auto-insegurança, do pessimismo e do abatimento que corroíam as classes dominantes e governantes da Europa ao *fin du siècle*. Estavam concordes com a ardente melancolia e temores das elites autoconscientes e arrogantes, preparando-se para travar a luta por um futuro em que as forças vitais dionisíacas seriam liberadas para manter e expandir a vida da alta cultura. Como Nietzsche, que ao final repudiou o "pessimismo paralisante e debilitante" de Schopenhauer e esposou uma "decadência dinâmica da força", essas elites pressupunham que sua busca essencialmente insensata do eterno retorno se adequaria dentro da ordem estabelecida, sem explodi-la. O próprio Nietzsche profetizara: "Se os homens lerem minhas obras, alguns dentre eles partilharão dos meus desejos em relação à *organização da sociedade*; esses homens, inspirados pela energia e determinação que minha filosofia lhes dará, *poderão preservar e restaurar a aristocracia, tendo a si mesmos como aristocratas ou (como eu) aduladores da aristocracia*", e com isso "realizarão uma vida mais plena do que a que podem ter como serviçais do povo".

Entre 1890 e 1914, as fórmulas social-darwinistas e nietzschianas permearam as camadas superiores do Estado e da sociedade. Graças à sua inflexão antidemocrática, elitista e combativa, estavam idealmente talhadas para ajudar os elementos refratários das classes dominantes e governantes a sustentarem e intelectualizarem seu antiliberalismo profundamente arraigado e sempre em guarda, e forneciam os ingredientes ideológicos para uma reação aristocrática consciente e deliberada. Evidentemente, as idéias social-darwinistas e nietzschianas não expressaram nem geraram uma revolta contra o Estado liberal e a sociedade burguesa. Antes encarnaram e fomentaram a recomposição daquelas forças conservadoras do *ancien régime* determinadas a bloquear quaisquer avanços liberais e democráticos ou a desmantelar alguns já realizados no passado recente.

Os preceitos darwinistas e nietzschianos constituíram uma fonte primordial de idéias e um tributário da torrente cada vez mais caudalosa de irracionalismo pessimista que ameaçava varrer as frágeis conquistas do iluminismo do século XIX. Esses preceitos minaram a tolerância dos estratos superiores em relação à auto-ampliação da razão, do progresso e da democracia. Também convocaram as elites voluntariosas a utilizar o poder e o mito para subordinar a têmpera instintiva das massas com propósitos conservadores. Os credos social-darwinistas e nietzschianos acenturam a divisão permanente da sociedade entre as minorias dominantes e governantes, com suas qualidades superiores, e as multidões, com suas paixões degradantes. Embora os atributos das minorias dirigentes nunca tenham sido explicitados com precisão, teriam, presume-se, a capacidade de tomar decisões deliberadas, racionais e morais que estariam sempre além do alcance das massas. Além disso, as elites se autorecomendavam pela sua honra, coragem e honestidade. O burguês não era apto a se unir à classe política, não só porque lhe faltavam essas qualidades tradicionais, mas por ser suspeito de favorecer e incitar a dissolução e decomposição da antiga ordem. Mas, mais do que atacar diretamente o burguês, darwinistas e nietzschianos lançavam invectivas contra o filisteu e o judeu. Na nova demonologia, o judeu, em particular, se tornou um substituto conveniente do burguês. Em contraste com o nobre, que possuía todas as antigas virtudes, o judeu encarnava tudo o que era democrático, liberal, anticlerical, cosmopolita e pacifista. Além do mais, sendo comerciantes e traficantes, os judeus eram vistos como fraudulentos e cúpidos.

Em tudo e por tudo, os judeus representavam os antípodas dos senhores rurais, padres e soldados, que eram os suportes fiéis das tradições e valores feudal-aristocráticos da Europa. *A fortiori*, o burguês, fosse filisteu ou judeu, não estava qualificado para a liderança política e militar numa era de conflitos internacionais e imperiais exacerbados.

Como se observou anteriormente, não era preciso ler os textos darwinianos e nietzschianos com muito cuidado para extrair argumentos a favor da crescente reação aristocrática. Suas doutrinas, evidentemente, eram de complexidade incomum, e não desprovidas de passagens progressistas e humanitárias. Mas na época eram assumidas de modo temerário e seletivo, com atenção exclusiva a suas declarações elitistas, vitalistas e cruéis. Justamente porque os discursos darwiniano e nietzschiano eram assistemáticos e contraditórios, além de estarem recheados de aforismos plausíveis, permitiam abusos da parte de hábeis guerreiros ideológicos e políticos. Nesse sentido, a nova *Weltanschauung* era tudo, menos ingênua. As máximas niilistas de Nietzsche, que ele mesmo julgava transcender e transgredir, eram citadas fora do contexto — técnica que se converteu na marca registrada dos *terribles simplificateurs* da era pós-progressista. Para os estetas bem-intencionados, era muito fácil tomar os chistes iconoclásticos de Nietzsche contra a hipocrisia e a decadência da vida contemporânea e seus apelos estridentes à regeneração da alta cultura segundo linhas nobres, sem levar em consideração seu fervor pelo despotismo político. Da mesma forma, os *literati* e *politicos* da reação aristocrática ignoravam a difamação irônica do *establishment*, enquanto se apropriavam de seu desprezo impiedoso pela igualdade humana e pela compaixão, para reforçar sua bíblia social-darwinista. O que houvesse de otimismo e humanidade no pensamento darwiniano e nietzschiano era acintosamente deixado de lado pelos profetas da decadência, que o faziam com total impunidade. Embora muitos deles quisessem a modernização dos exércitos para as grandes guerras do amanhã, desprezavam qualquer apelo a um verdadeiro progresso e reforma.

Tantos os escribas como os fanáticos da nova *Weltanschauung* eram consumidos por ansiedades e temores agudos. As declarações paradoxais de Nietzsche atraíam os literatos que se sentiam perplexos com as incertezas amorfas de sua época, que sua imaginação febril aumentava ainda mais. Os darwinistas, por seu lado, sentiam-se ameaçados por perigos políticos, econômicos e sociais, concretos e finitos, a nível interno e internacional. Evidentemente, havia sobreposições: muitos neurastênicos também percebiam perigos reais, ao passo que muitos dos traficantes-do-medo racionais eram hipersensíveis. Em todo caso, uma vez convertidas ao darwinismo social, as elites governantes se tornaram dispostas a canalizar os medos, por elas mesmas intensificados, para a guerra e a agressão externas. Assim se converteram na *classe dangereuse** mais formidável da Europa. Seu belicismo vinha condicionado e sustentado por uma *Lebensphilosophie* da vontade, do poder e do mito, a cujas *idées-forces* dinâmicas pretendiam servir.

A difusão das idéias darwinianas e nietzschianas, embora difícil de ser avaliada, deve ter sido considerável. As intenções por trás delas eram menos importantes do que as necessidades dos indivíduos que as aceitavam e utilizavam para exprimir seus sentimentos e justificar suas ações. Assim, a divulgação do pensamento darwiniano e nietzschiano foi efeito mais do que causa da transformação histórica. Enquanto permaneciam distantes para a maioria da população, tornaram-se imensamente significativos e valiosos para as elites empenhadas em reafirmar seu predomínio. Além disso, devido às proporções relativamente reduzidas dessas elites e sua concentração nas grandes cidades, os postulados social-darwinistas e nietzschianos facilmente poderiam alcançar muitos, se não a maioria, dos seus membros. Na verdade, tornaram-se um componente central não só da *Weltanschauung*, mas também do sistema persuasivo de crenças das classes dominantes e governantes.

Darwin e Nietzsche constituíram a fonte espiritual e intelectual comum para a investida ideológica mal-intencionada e belicosa — contra o progresso, o liberalismo e a democracia — que havia detonado a campanha do final do século XIX pela preservação ou rejuvenescimento da ordem tradicional. Sensíveis desde a primeira hora a esse recuo em relação à modernidade, artistas proeminentes do *fin de siècle*, literatos *engagés*, publicistas polêmicos, sociólogos

(*) Em francês e grifado no original. O Autor faz uma ironia com o fato de que as classes dirigentes sempre atribuíram aos trabalhadores e demais segmentos subalternos em particular nas conjunturas revolucionárias da França, o epíteto de "classes perigosas". Neste caso, ao açular instintos belicosos e imperialistas, as elites européias tornaram-se verdadeiramente — vide as duas guerras mundiais do século XX — a "*classe dangereuse* mais formidável" do continente. (N. C.)

acadêmicos e, por último, mas não menos importantes, políticos conservadores e reacionários se tornaram consumidores e divulgadores dessas idéias-ação ainda não experimentadas.

Oscar Wilde e Stefan George foram talvez os mais representativos desses estetas aristocratizantes, cuja corrida para o dandismo ou retirada para o monacalismo cultural fizeram parte da explosão contra o filisteísmo burguês e o nivelamento social. Seu anseio por um retorno a um passado aristocrático e sua aversão pela democracia invasora de sua época foram partilhados por Thomas Mann e Hugo von Hofmannsthal, cuja nostalgia pelas sensibilidades presumivelmente superiores de uma sociedade cultivada e própria do passado fazia parte de sua reivindicação de um espaço e posição sociais privilegiados no presente. Embora todos fossem de ascendência burguesa ou citadina, enalteciam valores e posturas ultrapatrícios, com isso refletindo e aprofundando a redescoberta e reafirmação dos méritos e necessidades do elitismo. Sua postura não era apenas estética e apolítica, exatamente porque contribuíram de maneira consciente para a exaltação da hierarquia social, numa época em que tal procedimento vinha sendo utilizado na luta contra a liberdade e a igualdade. De qualquer maneira, pode-se dizer que, pelo menos, toleraram essa investida militante, ao não se distanciarem explicitamente dela.

Maurice Barrès, Paul Bourget e Gabriele D'Annunzio não eram de modo algum tão discretos. Eram não só militantes ativos e ostensivos do elitismo antidemocrático, como também pretendiam que suas obras literárias convertessem o leitor às suas convicções estridentes. Suas declarações polêmicas e seus romances promoviam o culto do indivíduo e da nação superiores, onde a Igreja se incumbia dos santos sacramentos. Barrès, Bourget e D'Annunzio foram praticantes deliberados da política emergente da nostalgia, que apelava para a restauração do absolutismo esclarecido, da sociedade civil hierárquica e da cultura de elite, sob os fogos energizantes da guerra.

Mas os darwinistas e nietzschianos mais brutais e temerários eram os escritores de menor categoria, como Gustave Le Bon, na França, e Julius Langbehn, na Alemanha. A julgar pela circulação de seus principais textos, Le Bon e Langbehn foram os divulgadores mais amplamente lidos e talvez mais famosos desse credo sombrio e feroz. Ambos eram movidos pelo desdém à democracia e às massas, pela reverência à terra e à linhagem e pela crença na luta perpétua.

Ex-socialista, Le Bon estava mais obcecado pelas implicações populistas e democráticas do marxismo do que pelo seu desafio sócio-econômico. Convencido como estava da inveterada irrazão instintiva das massas, seu livro *Psicologia das multidões* (1895) e seus escritos posteriores se converteram em justificativas ou apologias do domínio elitista e autoritário.

As reflexões de Langbehn seguiam a mesma direção. Embora não contassem com nenhum dos matizes bonapartistas de Le Bon, possuíam um nítido, se não central, veio anti-semita. No final de 1889, Langbehn persuadiu a mãe de Nietzsche a permitir que ele assistisse o seu filho, então internado, em aguda agonia, numa clínica psiquiátrica em Iena. Sua idéia era a de pôr Nietzsche à frente de um grupo de nobres espirituais para conduzir a luta contra a democratização e o nivelamento da sociedade germânica. Embora depois de um mês abandonasse esse projeto e os esforços para salvar Nietzsche da autodestruição, realmente escreveu um livro de crítica social e cultural refletindo a têmpera nietzschiana. Divagante e incoerente, *Rembrandt als Erzieher* de Langbehn (1890) era, porém, uma expressão autêntica do esteticismo e do poder elitistas. Seguindo Nietzsche, aprovava o Segundo Império dirigido pelos *Junker*, a não ser pelo infundado direito universal de voto. Langbehn não era em absoluto um alemão apolítico. Considerava a política como a "alavanca" fundamental para a revivescência das artes moribundas, que — ao contrário de Nietzsche — desejava que fossem mais nacional do que individualmente enobrecedoras. Invocava a aristocracia hereditária para recuperar o pleno controle político e para fundir o "quarto estado", semelhante a um rebanho, num *Volk* obediente, a ser recrutado contra os filisteus. Por serem os "inimigos do guerreiro e do artista", os filisteus deviam ser esmagados entre a mó superior da "minoria nobre" e a mó inferior do povo comum.

Reconhecidamente, Langbehn descompunha os judeus, insistindo em que "um judeu não pode se tornar um alemão, da mesma forma que uma ameixa não pode se tornar uma maçã". Mas difamava apenas os judeus assimilados, mas não os "judeus autênticos e antigos crentes que tinham algo de nobre em si, na medida em que pertenciam àquela velha aristocracia moral e espiritual que estava sendo abandonada pelos judeus modernos". Como era tão usual na época, Langbehn protestava contra judeus e filisteus como um modo indireto de atacar liberais, democratas e revolucionários. Seguindo sua traição inicial de 1848, os judeus tinham maquinado a oposição liberal-progressista a Bismarck e organizado a social-democracia. Agora ocupavam posições estratégicas na vida pública e cultural, o que lhes permitia estimular "o materialismo, o ceticismo e a democracia".

Langbehn retratou o judeu como o oposto do aristocrata. É inegável que falou do "sangue ariano", mas para Langbehn esse sangue rarefeito era, sobretudo, "sangue aristocrático". Em outras palavras, nunca invocou super-homens novos e puros para assumir o comando. Pelo contrário, Langbehn confiava na antiga nobreza para deter e endurecer seu controle e presidir à regeneração da Germanidade Ariana, como parte de um retorno ao passado.

Havia também intelectuais acadêmicos para exporem versões um pouco mais ordenadas do funesto credo da luta permanente, do elitismo e da irrazão: Karl Pearson, na Inglaterra; Ernest Renan, Alfred Fouillée e Georges Vacher de Lapouge, na França; Ernst Haeckel, Ludwig Gumplowicz e Gustav Ratzenhofer, na Alemanha e na Áustria. Mas esses formuladores do massacre ideológico contra o liberalismo progressista não foram os únicos acadêmicos a enfrentarem as perplexidades do *fin du siècle*. Os cientistas sociais emergentes tiveram de reconhecer que o antigo regime ainda era plenamente capaz de ditar os termos para a absorção e domesticação das forças da modernidade. A palestra inaugural de Max Weber em Friburgo, em 1895, foi um sintoma dessa resignação. Ele escolheu uma ocasião acadêmica e erudita solene para um discurso de despedida política, onde reconheceu que, embora os magnatas industriais se associassem com êxito aos agraristas *junker* para a busca de seus interesses econômicos comuns, os primeiros não tinham condições de desafiar o poder e o *status* superiores destes últimos. Na verdade, em toda a Europa, e não só na Alemanha, as elites pré-industriais conseguiam se manter, contendo e manipulando a pressão pela participação popular e cooptando membros das contra-elites nascentes.

Gaetano Mosca, Vilfredo Pareto e Robert Michels mostraram o caminho ao investigarem a dinâmica desse poder duradouro de elite. Desdenhosos e temerosos da participação e do controle populares, concentraram-se sobre o recrutamento e a renovação das classes governantes responsáveis apenas perante si mesmas, mesmo dentro dos partidos socialistas. Enquanto Mosca via nas classes sociais emergentes a provisão de novos talentos, Pareto considerava que o recrutamento era ditado pela necessidade orgânica das elites governantes de manter um equilíbrio adequado entre "leões" e "raposas".

Inspirado por Maquiavel, Pareto moldou os leões da elite pelo elemento feudal. Retratou-os a enaltecer as instituições e sentimentos tradicionais, a suspeitar e resistir à novidade, a empregar a prudência econômica e a sacrificar o presente ao futuro. Além disso, estavam sempre prontos a utilizar a força contra inimigos internos e externos. Quanto às raposas de Pareto, apresentavam uma imagem quase simetricamente inversa à dos leões, ou seja, a encarnação da ambição burguesa. No plano econômico, a inovação, o enfrentamento de riscos e os dispêndios seguiam lado a lado com sua busca astuta, habilidosa e flexível da transformação política gradual. Ao contrário de seus sócios-maiores sempre cautelosos, as raposas tendiam a desconsiderar o futuro pelo presente e a confiar mais em sua sagacidade do que em sua força física.

A grande queixa de Pareto era que o equilíbrio nas elites governantes estava sendo alterado a favor das raposas e dos leões com ânimo de raposas. Censurou até mesmo Napoleão III e Bismarck, e sobretudo a classe governante da Terceira República, por fazerem concessões injustificadas ao sufrágio universal. Além disso, considerava as raposas astutas das elites governantes da Inglaterra, França e Itália responsáveis por acalentarem agitadores a nível interno e apaziguarem nações hostis, principalmente autorizando cortes nas despesas públicas dentro dos orçamentos militares. Contudo, confiava em que os ditames da política internacional permitiriam, afinal, que os leões ficassem com a parte maior.

Quaisquer que fossem suas diferenças de conteúdo e ênfase, Mosca, Pareto e Michels estavam de acordo sobre a separação, mas não a independência, da classe governante em relação à classe dominante em seu conjunto, a relativa autonomia da política dentro dessa elite governante e a incapacidade das massas para subverter esse sistema fechado e isolado. Cada vez menos temerosos em relação à subclasse proletária e menos fascinados pela burguesia, esses teóricos da elite demonstravam uma reverência cada vez maior pela classe superior, à qual a burguesia acedia de boa vontade em sua posição subalterna.

Max Weber mostrava uma reverência semelhante. Como membro da burguesia, consciente da sua classe e liberal moderado, também ficava admirado com a tenacidade dos *junker* em preservarem suas posições e o zelo da burguesia alemã em continuar com suas vênias políticas e sociais. Desesperançado quanto às perspectivas de um verdadeiro parlamentarismo, Weber punha suas esperanças no ensino superior. Via na universidade o lugar onde se formariam especialistas de origem burguesa e classe média para as equipes do aparelho de Estado, seguro de que as exigências do estudo disciplinado e do serviço burocrático subverteriam e diminuiriam a sedução da sociedade nobiliárquica, à qual ele próprio não estava imune. Como tantos elitistas liberais da virada do século, Weber não levou em consideração até que ponto as instituições educacionais eram instrumentos de reprodução, mais do que de transformação, do *status quo*.

Com o tempo, Max Weber tornou-se cético quanto à possibilidade de se permear a burocracia feudalizada do Segundo Império com funcionários e idéias liberalizantes. Na virada do século, praticamente toda a classe política, incluídos os altos funcionários civis, aceitou a necessidade urgente de uma *Weltpolitik*, que reforçou ainda mais o elemento feudal em todo o Estado. Mesmo assim, Weber aderiu entusiasticamente. Com seus textos políticos e acadêmicos, contribuiu para a justificação teórica, e talvez até ideológica, do novo processo na política exterior, onde o capitalismo industrial não era em absoluto o único ou principal motor. Certamente, Weber sempre considerara o conflito como uma força motivadora vital e resistente do sistema social, em especial das relações de classe. Mas, depois que a Alemanha iniciou sua investida pelo poderio mundial, ele aumentou sua importância e valor, insistindo em que o sistema internacional de Estados soberanos estava substituindo o sistema social enquanto principal arena de rivalidade social. Por enquanto, a luta darwiniana entre as nações teria de ter precedência sobre a luta de classes marxiana, com a qual Weber nunca deixou de se engalfinhar teórica e politicamente. Ele compreendeu muitíssimo bem que, ao sancionar a prioridade da política exterior, estava a auxiliar o fortalecimento da prioridade dos agraristas, industriais tacanhos e elementos feudais prussianos em todo o aparelho de Estado. Com o crescimento do capitalismo industrial e simultânea contração do liberalismo político, o *ancien régime* enfrentava tensões crescentes a nível interno e externo. Para quebrar o impasse sem romper fatalmente o tecido da legitimidade, Weber pensou no recurso a um grande líder: seria necessária uma figura carismática e plebiscitária para refrear a aliança feudal-industrial e, ao mesmo tempo, congregar um apoio popular à *Weltpolitik*. Não surpreende que Weber atribuísse qualidades essencialmente aristocráticas ao líder carismático. Embora considerasse a virtude e a vontade como características de todos os seres superiores, Weber julgava o heroísmo e a astúcia traços particularmente salientes de príncipes ou demagogos *parvenus*. Significativamente, na época em que Weber elaborava sua tipologia da dominação, onde o elemento carismático indeterminado figurava de modo tão destacado, não só tinha descoberto o "desencantamento do mundo", como também desenvolvera uma considerável afinidade com o pensamento de Nietzsche e o aristocratismo arcano de Stefan George e Friedrich Gundolf.

Finalmente a *Weltanschauung* de Weber se cristalizou numa mescla irregular de Marx, Darwin e Nietzsche. Confrontou-se e apropriou-se dos seus pensamentos de modo seletivo e seqüencial. No primeiro caso, chegou a um acordo com a teoria marxista inserindo, entre a classe e o poder, o *status* como uma variável significativa. Seu encontro com o darwinismo social resultou na sua ênfase sobre o caráter permanente da luta, não pela sobrevivência de sociedades qualitativamente superiores, mas pela supremacia relativa e temporária das nações. Profundamente confundido pelas incoerências explosivas da sociedade civil e política da Alemanha imperial, Weber se tornou suscetível a motivos nietzchianos tais como a exaltação das elites ou super-homens criativos e a celebração da alta cultura. Entretanto, não aceitou as críticas de Nietzsche ao nacionalismo nem, tampouco, o seu pessimismo apocalíptico. Na verdade, Weber estava preparado para se expor ao perigo do próprio cataclismo que temia porque, por razões de controle social, atribuía o mais alto valor ao Estado, à nação e ao império. Ao contrário de Nietzsche, que pressagiava uma catástrofe essencialmente existencialista e espiritual, Weber sabia que a crise que se aprofundava também seria política e material.

Os principais temas da crítica intelectual e cultural à modernidade penetraram e revitalizaram o pensamento e a ação políticos conservadores. Não é preciso dizer que o conservadorismo era tão dividido internamente quanto as outras grandes tendências políticas. Na virada do século, os impassíveis líderes do conservadorismo tradicional se viram ladeados pelos intransigentes da reação e pelos fanáticos da contra-revolução. Essas facções principais divergiam quanto a congelar o *status quo*, voltar a um *status quo ante* ou impor uma regeneração espiritual. No âmbito da tática e da estratégia, discordavam se os conservadores teriam de jogar a carta plebiscitária para obter maior eficácia, numa época de política de massas intensificada. Mas quaisquer que fossem suas disputas internas, os principais ramos do conservadorismo tinham significativas afinidades ideológicas e laços organizativos forjados em sua hostilidade comum ao liberalismo econômico, à democracia política e à reforma social, para nem mencionar o socialismo.

Esses setores intimamente relacionados do conservadorismo reviravam o passado em busca de motivos para atualizar e avivar sua *Weltanschauung*. Embora cada campo invocasse um passado utilizável diferente, todos declaravam encarnar as virtudes imemoriais dos tempos pré-industriais. Além disso, inclinavam-se também a designar a cultura e a arte como os índices reveladores da saúde da sociedade civil e política. Em termos totalmente vagos, denunciavam a civilização moderna por desfigurar e destruir estilos, formas e gostos, vitais e eternos, da alta cultura. Sintonizados com os estetas e decadentes desencantados do *fin de siècle*, os ultraconservadores, em particular, denunciavam a vida urbana como o principal viveiro da modernidade a que se opunham e relutavam. Por sua vez, apresentavam o conjunto de vilas e aldeias de camponeses, pequeno-burgueses, clérigos e notáveis como o contra-ideal da cidade devassa. Embora esse campo espraiado ainda envolvesse completamente a civilização européia, os conservadores ultra-ansiosos exageravam a extensão e a velocidade de seu declínio. Não é muito surpreendente que a glorificação e a defesa da terra e do camponês viessem inscritas com destaque na bandeira do nacionalismo truculento que, afinal, unia todos os conservadores.

Como *idée-force*, a nação era absolutamente parcial, e se opunha de maneira frontal a quaisquer veleidades reformistas ou revolucionárias. Em parte para se contrapor ao cosmopolitismo dos liberais e ao internacionalismo dos socialistas, ela veio a encarnar a ordem estabelecida e as forças políticas empenhadas em sustentá-la. Dessa forma, o culto da nação era utilizado para defender sociedades civis e políticas onde os elementos feudais ocupavam posições centrais, inclusive ou em especial os postos de comando mais importantes dos exércitos crescentes e ainda predominantemente camponeses. Na época, os nacionalistas mais ciosos se mostraram os conservadores mais radicais. Tendo como objetivo mínimo a manutenção do *status quo*, esses absolutistas nacional-conservadores pressionavam pela renovação material e espiritual do *ancien régime*, a ser estimulado e testado pela justa prova da guerra, num universo darwiniano. Com as bênçãos plenas das igrejas, essa campanha se destinava a endurecer e espiritualizar as sociedades civis e políticas, onde as nobrezas agrária e do serviço público reinavam supremas. Em breve, o arranjo ficou perfeito: ao mesmo tempo em que se tornavam os principais protagonistas da ressurgência conservadora, os elementos feudais personificavam a nação, a terra, a família e a religião, além das virtudes cardeais da honra, obediência e coragem. Não obstante conflitos passados entre os senhores feudais e o poder real centralizador, ou as tensões presentes entre os burocratas nobres e a coroa, os estratos nobres garantiram lealdade ao rei e ao país. De fato, tornaram-se mais realistas e nacionalistas do que os próprios reis.

Se uma crise surgiu na Europa depois da virada do século, ela foi alimentada não por forças populares *in*surgentes contra a ordem estabelecida, mas por ultraconservadores *re*ssurgentes decididos a reforçá-la. Em quinze anos, os movimentos operários e as nacionalidades subalternas sofreram recuos cada vez maiores que expuseram sua própria fragilidade intrínseca e evidenciaram a força e a determinação dos governos em contê-los. Até mesmo o grande levante popular na Rússia em 1905-1906 seguiu esse padrão.

Além de esmagar os movimentos operários, camponeses e nacionalistas radicais, os conservadores, que se tornavam cada vez mais inflexíveis sob a pressão de seus próprios ultras, fizeram retroceder também o reformismo moderado. Entre 1907 e 1914, essa intransigência conservadora derrubou ou derrotou Stolypin, Beck, Bethmann Hollweg, Caillaux, Asquith e Giolitti. Não foram os erros ou falhas trágicas desses primeiros-ministros, mas sim uma "reação aristocrática" motivada por interesses precisos que abortou possibilidades históricas aparentemente promissoras: o crescimento de um campesinato independente na Rússia, a conciliação das minorias nacionais na Áustria-Hungria, a reforma do sistema de votação por três categorias na Prússia, a adoção de um imposto progressivo sobre a renda na França, a aprovação da autonomia para a Irlanda na Inglaterra e o aprofundamento do governo parlamentar na Itália.

As elites agrárias estiveram na vanguarda dessa reação aristocrática contra a transformação cautelosa e progressiva ou o conservadorismo flexível. Como vimos acima, mesmo na Inglaterra, sua enorme influência social e cultural e um poder político desproporcionado continuavam a ser fundamentais, apesar do declínio de sua importância econômica. Mas, exatamente porque os agraristas temiam que uma deterioração acelerada de suas fortunas seguramente minaria seu *status*, tornaram-se obcecados com a preservação ou mesmo ampliação de sua influência na sociedade política, única barreira capaz de impedir que fossem varridos. Em outras palavras, consideravam essencial um *contínuo controle político* para a sobrevivência de suas exorbitantes, mas ameaçadas, posições econômicas, sociais e culturais, incrustadas em estruturas pré-industriais e pré-burguesas. Além disso, dado seu espírito e presunção autoritários, os magnatas da terra, em sua maioria nobres ou enobrecidos, pressionaram por um emprego agressivo e oportuno do poder em defesa de sua classe e *status*.

Nessa empresa, a eles se uniram os magnatas industriais. Estes também exigiam auxílio governamental sob a forma de tarifas, subsídios, contratos e impostos favoráveis. Mas o faziam menos para salvaguardar do que para aumentar seus lucros. Paradoxalmente, ao cooperar com os capitães da indústria, os agraristas contribuíram, a despeito de si mesmos, para aquela mesma modernização que vinha acelerando o seu eclipse.

Agraristas e industriais passaram gradualmente a reconhecer as insuficiências de sua política de conchavos mútuos e prestação de favores numa era de emergência da política democrática. Em busca de apoio popular para seu projeto híbrido de reversão radical e desenvolvimento industrial controlado, conspiraram pela mobilização daqueles setores da classe média baixa, urbana e rural, que se sentiam ameaçados pela modernização econômica e pelo nivelamento social. Mas, em vez de se engajarem pessoalmente numa política popular, aceitaram e financiaram políticos e alianças periféricas que reuniam esses estratos em crise, com *slogans* estimulando seus medos e ansiedades, lisonjeando seu vulnerável senso de *status* e inflamando seu nacionalismo chauvinista.

Embora os agraristas, industriais e seus acólitos insistissem em sua ofensiva comum, também combatiam entre si, principalmente depois de desviados os focos militantes do socialismo, do sindicalismo e da autodeterminação nacional. Com o erário público em sérias dificuldades, passaram a achar cada vez mais difícil entrar em acordo, sob pressão das questões fiscais. Em particular, as crescentes despesas militares e navais teriam de ser cobertas por novas rendas fiscais, sob pena de os orçamentos estatais ficarem seriamente desequilibrados. Como o aumento de impostos indiretos e regressivos seria politicamente perigoso ou impraticável, não havia outra opção senão a de impor novos tributos sobre o capital, os rendimentos ou a propriedade. Nenhuma outra questão poderia dividir tanto a classe dominante e governante quanto esse arrocho fiscal. Caracteristicamente, cada grande facção estava determinada a combater os impostos contrários a seus próprios interesses. O resultado foi que o governo ficou desestabilizado ou paralisado, em proveito dos elementos intransigentes dentro do aparelho de Estado.

Esse arrocho fiscal gerador de crise fazia parte integral da reação aristocrática, cuja investida para congelar ou fazer recuar o *status quo* vinha envolta por um superpatriotismo. Com certeza, o ultranacionalismo servia como uma ideologia unificadora para conservadores com interesses divergentes, ao mesmo tempo em que os cercava de uma aura desinteressada e populista. Mas esse rufar de tambores nacionalistas também aumentava a onerosa corrida armamentista e as difíceis tensões internacionais.

Como principais traficantes da ansiedade, os "catonianos", com sua mentalidade *bunker*, baldavam todas as possibilidades de um apaziguamento nacional e internacional. Ao invés de reconhecerem o reformismo dos movimentos de autodeterminação e socialistas europeus, apresentavam-nos como defensores da retórica inflamada e do terrorismo esporádico dos seus militantes marginais. Da mesma forma, distorciam as intenções e as capacidades das potências rivais no exterior.

A reação aristocrática moderna da Europa deveu muito de sua eficiência ao fato de que, à exceção da França, as equipes mais elevadas do Estado compartilhavam em larga medida uma mesma proveniência social, *ethos* e concepção de mundo. Para parafrasear Schumpeter, o rei religiosamente ungido ainda era a "peça central" das sociedades políticas, onde os descendentes do elemento aristocrático "ocupavam os cargos do Estado, comandavam o exército e elaboravam políticas". Embora essa classe política "cuidasse dos interesses burgueses" e aproveitasse o capitalismo industrial para seus próprios objetivos, governava "segundo moldes pré-capitalistas".

Depois da virada do século e, em particular, depois da Revolução Russa fracassada de 1905-1906 e de suas repercussõs no exterior, grande parte da Europa viveu um ressurgimento conservador. Nas grandes potências, ele avançou independentemente da natureza do seu sistema de autoridade ou do grau de sua industrialização.

Embora fossem mais evidentes nos três impérios absolutistas da Europa central e oriental, a radicalização e recomposição da direita não foram menos reais nos regimes parlamentares da Europa ocidental.

Em cada país, essa incursão conservadora, inflamada pelos reacionários, produziu uma crise ou "um [agudo] estado de coisas onde era iminente uma alteração decisiva para melhor *ou pior*". Em outras palavras, a crise do início do século XX estava indeterminada. Como a sociedade política se manteve sólida, a crise foi dirigida com firmeza, não para a revolução, mas para a reação ou para o bonapartismo, ou ainda, para uma mistura de ambos. Além disso, a despeito de significativas variações nacionais, essa tendência para a regressão histórica se tornou evidente em toda a Europa. Portanto, como todos os outros abalos da Europa no passado, essa crise correu por veias internacionais. Sem dúvida, o contágio e a imitação também se fizeram presentes, mas para que isso acontecesse foi preciso haver uma certa "receptividade". Muito à semelhança do que ocorreu no século XVII e na era da Revolução Francesa, essa "epidemia" de desarranjos se deveu à extrema suscetibilidade das estruturas sociais, econômicas e políticas da Europa. Na verdade, os grandes países europeus eram como "teatros separados onde a mesma grande tragédia estava sendo apresentada simultaneamente em diversas línguas e com variações locais". Como é óbvio, o nacionalismo empedernido e a corrida armamentista daqueles anos agravaram e entrelaçaram os distúrbios internos das grandes potências, preparando, com isso, o terreno para a guerra total entre elas.

A fonte interna da crise geral da Europa foi a reação extremada das antigas elites às ameaças, vistas de modo exagerado, para suas posições ultraprivilegiadas. Em sua mentalidade de estado de sítio, superestimaram o ritmo da modernização capitalista, a revolta das plebes, a fragilidade do aparelho de Estado e a irrupção da burguesia industrial e profissional. Se os ultras conseguiram impor essa cruzada agressiva pela defesa social, foi, em parte, graças à "nova filosofia" do irracionalismo, do elitismo e da decadência cultural, que predispôs grande parte da classe dominante e governante a partilhar os seus temores. Por sua vez, essa *grande peur* entre os notáveis fomentou a postulação da guerra como uma profilaxia geral e acentuou a importância dos generais e dos cálculos militares nos escalões mais altos da sociedade política. Na verdade, essa militarização abusiva da sociedade, da política e dos políticos beneficiou as antigas classes dominantes e governantes, que pretendiam resolver a crise européia em seu próprio interesse, se necessário através da guerra induzida.

Ao longo da maior parte do século XIX, as sociedades civis e políticas da Europa tinham entrado em guerra por objetivos limitados, bem-definidos e negociáveis. Seus governos tinham utilizado o conflito externo para atingir objetivos territoriais, econômicos e militares concretos, que definiam e redefiniam sem o receio constante pela sua sobrevivência política ou pela estabilidade geral da sociedade e do regime. Depois de 1900, porém, essa guerra realista e limitada retrocedeu gradualmente. Com o crescimento da crise, os motivos e as precondições para o conflito internacional se tornaram cada vez mais políticos. A guerra deixou de ser a continuação da diplomacia, para se converter no prolongamento da política, e os governantes da Europa se tornaram cada vez mais dispostos a recorrer ao conflito externo para alcançar objetivos internos. Quando o realinhamento da política interna se converteu no principal objetivo último da política externa, a guerra foi invocada para servir a metas diplomáticas cada vez mais arbitrárias, mal-definidas e ilimitadas. Em suma, os conflitos internos de classe, *status* e poder deram à guerra externa impulsos absolutos e ideológicos. Não foi a lógica da guerra moderna ou das alianças, mas sim a crise geral da Europa que fomentou essa radicalização e universalização da guerra.

Essa transformação da guerra num instrumento de política interna incluía uma predileção crescente dos governos por iniciarem ou aceitarem o conflito exterior a despeito dos enormes riscos. Ademais, as pressões dos ultraconservadores pela beligerância aumentaram a margem de erro e imprudência entre os altos líderes civis e militares, com noções altamente politizadas das funções da guerra. Sua mentalidade comum os predispunha a atiçar os fogos latentes da confrontação, ao invés de se empenhar em amortecê-los ou extingui-los. Exatamente porque essa predileção pela guerra estava tão presente em todos os gabinetes ministeriais das grandes potências, a crise geral da Europa trazia consigo a catástrofe.

As camadas superiores da sociedade e do Estado deixaram de deplorar a guerra como uma necessidade extrema e lastimável. Numa atmosfera intelectual e psicológica carregada de influências social-darwinistas e nietzschianas, a guerra era celebrada como um novo remédio que curava tudo. A violência e o sangue da batalha prometiam revigorar o indivíduo, restabelecer a nação, restaurar a raça, revitalizar a sociedade e regenerar a vida moral. Além de ser uma panacéia, a guerra era uma prova ardente que testava o vigor físico, a força espiritual, a solidariedade social e a eficiência nacional. A idéia de derrota tornou-se praticamente inconcebível, enquanto a vitória era aguardada como demonstração irrefutável da capacidade pessoal, social e política.

Esse culto da guerra era um assunto de elite, e não da plebe. Com certeza, setores do povo simples — camponeses, classes médias baixas e operários — afinal se uniram ao culto. Contudo, não havia nenhum clamor espontâneo pela guerra entre as massas presumidamente agressivas e sedentas de sangue. De fato, as elites e instituições estabelecidas, inclusive as igrejas cristãs, tinham de inculcar o furor pela guerra entre seu povo — os homens jovens —, e fizeram-no com sua habitual destreza e sucesso.

Enquanto as sociedades européis continuavam em sua militarização politicamente motivada, as forças armadas se tornavam cada vez mais escolas da nação, encarregadas de difundir as virtudes marciais entre a sociedade em geral. Os exércitos com membros regulares profissionais com longo tempo de serviço tinham se transformado, desde 1871, em exércitos de massa com recrutas de serviço temporário, sem que a antiga casta militar perdesse sua supremacia. Além disso, à exceção da França, os reis exibiam seus uniformes militares e passavam ostensivamente em revista seus regimentos da guarda de elite. Não é preciso dizer que os imperadores da Alemanha, da Áustria-Hungria e da Rússia exerciam uma autoridade militar incomensuravelmente maior do que os reis da Inglaterra e da Itália. Ainda assim, todos os cinco eram os chefes supremos das forças armadas que encarnavam a nação, e seus parentes consangüíneos e cortesãos mais próximos ocupavam postos-chave de comando. Além disso, os oficiais de origem aristocrática e nobre subiam a posições elevadas, mais por precedência e laços do que por talento e prática.

Embora a elite militar se tornasse menos nobre e mais profissional, esses oficiais nobres e enobrecidos, além dos que assimilavam seu espírito, continuavam a se distinguir com sua predileção pela hierarquia, pela coragem e pelo sacrifício heróico. Com efeito, comandavam exércitos em grande parte dependentes do transporte ferroviário e equipados com armamentos avançados. Mas isso não impedia que continuassem a romantizar o combate corpo a corpo — daí a baioneta — e as cargas de cavalaria. Além disso, a mística do ataque firme e resoluto era coerente com as espadas, estribos e cavalos, usados pelos oficiais apesar ou devido à sua inutilidade fora do âmbito da coroa. Por toda a Europa, os oficiais da guarda e da cavalaria se mantinham inigualados. À semelhança das classes dominantes e governantes, onde a nobreza predominava sobre a burguesia, os exércitos permanentes eram amálgamas militares em que os elementos arcaicos se destacavam. A guerra moderna se enxertou no interior de imensos exércitos permanentes, onde um oficialato aristocrático treinava regimentos de cavalaria para cargas montadas e divisões de infantaria para batalhas campais. Os recrutas do exército provinham sobretudo do campesinato analfabeto e semi-analfabeto. Vinham também das classes trabalhadores e médias baixas das aldeias e vilas provinciais, mais que de cidades e zonas industriais. Em 1911, mesmo na Alemanha, 65% de todos os alistados vinham de áreas rurais e 22% de pequenas vilas. Os recrutados dos outros exércitos continentais pertenciam ainda mais maciçamente a regiões não-industriais. Os soldados de origem rural, decerto, estavam condicionados a ser submissos e cegamente obedientes a líderes tradicionais que, é provável, não se preocupariam muito em poupar suas vidas.

É certo que, no início do século XX, o exército nacional britânico partilhava poucas das características dominantes entre seus parceiros continentais. Sobretudo, mantinha-se pequeno, profissional e composto de voluntários. A marinha, ao lado das forças armadas coloniais, constituía a principal defesa da Inglaterra e do império. Como vimos num capítulo anterior, o oficialato das forças de combate da Inglaterra, em especial nos níveis mais elevados, continuava a ser um corpo altamente exclusivista. Por nascimento e formação, estava embebido de um código nobre de serviço, austeridade, dever, valor e trabalho em equipe. Embora, com o tempo, um número sempre maior de voluntários passasse a se constituir de trabalhadores não-qualificados do centro industrial da Inglaterra, a elite militar ainda tinha suas raízes mais fortes em condados rurais do sul e em distritos de fronteira. Não surpreende que os rebeldes do Ulster, muitos de posição nobre, tenham demonstrado seu espírito ao armarem uma força de voluntários paramilitares para proteger seus interesses essencialmente agrários, numa região do Reino Unido onde a manufatura, o comércio e a indústria não tinham dominado o setor feudal-agrário. Além disso, os aristocratas Orange insurgentes obtiveram não só a simpatia, mas também o apoio de grande número de oficiais, de alta e baixa patente, que, tais como eles, eram mais realistas que o rei em sua defesa da antiga ordem.

A despeito da *épuration* pós-Dreyfus, o exército francês se manteve um sólido núcleo da reação. Pode ter havido um exército de cidadãos, com um oficialato não-aristocrático, mas em sua maioria os cidadãos-soldados e oficiais subalternos não provinham do proletariado, classe média ou burguesia, mas do campesinato, da *petite bourgeoisie* e da classe trabalhadora artesanal. Seus lares ficavam nas aldeias e vilas da França rural, onde os governos da Terceira República tinham implementado apenas de modo lento e parcial seu projeto declarado de educação, assistência e magistratura laicas, liberais e socialmente conservadoras. Da mesma forma, embora poucos dos oficiais tivessem uma alta linhagem, com um número cada vez maior de oficiais com origem de classe média e provincial, eram solidamente conservadores e com simpatias de direita, para não dizer anti-republicanas e monarquistas, contra as quais Saint-Cyr pouco fez. Enquanto os soldados eram mais próximos de seus padres católicos do que dos mestres-escola republicanos, os generais se sentiam mais à vontade na companhia de bispos e antigos notáveis do que com políticos republicanos, em particular se estes tivessem convicções de centro-esquerda. A onda crescente de nacionalismo, aprovada pelo episcopado, estimulou ainda mais a coerência conservadora do exército, que não era apenas a força de coesão derivada da ameaça germânica. Depois que as administrações republicanas convocaram o exército para reprimir greves industriais, os oficiais e soldados descobriram e manifestaram seu temor e suspeita comuns em relação ao proletariado, que simbolizava a ameaça ao seu mundo pré-industrial. Com poucas exceções, os generais franceses, paladinos do *élan vital*, instruíam os conservadores militantes que, tendo roubado à esquerda sua herança patriótica, apelaram a uma *levée en masse*, menos para enfrentar as Potências Centrais que para sustar as forças da transformação dentro do país. Especificamente, a lei dos três anos devia integrar e submeter os operários, principais portadores da modernização progressista, obrigando-os ao serviço militar no exército, a escola da nação conservadora, onde também vestiriam calças vermelhas, obedeceriam aos toques de clarim e interiorizariam o dever de investir contra o inimigo, num paroxismo de patriotismo e auto-sacrifício heróico. Embora alguns políticos republicanos tivessem escrúpulos quanto à aliança cada vez mais íntima de sua república com a autocracia czarista — mesmo como um contrapeso necessário à autocracia germânica —, os oficiais do estado-maior francês facilmente encontravam semelhanças com seus parceiros russos: ambos estavam no comando de maciços exércitos camponeses, cuja arma principal de modernidade era a sua capacidade de seguir para os campos de batalha de trem, e não a pé. Desnecessário é dizer que o Quai d'Orsay, bastião aristocrático mesmo depois do caso Dreyfus, também apoiava e incitava a conexão russa.

Nos impérios da Europa central e oriental, o exército, liderado pelo rei-soldado, era o principal baluarte da antiga ordem, bem como a expressão mais visível e notável da casta nobre na sociedade política. A cúpula política e administrativa do Império Hohenzollern era maciçamente aristocrática: todos os chanceleres e a maioria esmagadora dos membros ministeriais, dos secretários de Estado, dos altos funcionários do Ministério dos Negócios Estrangeiros e dos embaixadores. Os bem-nascidos estavam em evidência ainda maior no governo do maior Estado hegemônico da Alemanha, a julgar pela sua supremacia absoluta no gabinete ministerial, na Herrenhaus e na administração civil da Prússia. Contudo, o corpo de oficiais do exército imperial, essa encarnação perfeita e terrível da Prússia-Alemanha, representava o elemento feudal em sua forma mais concentrada, em particular nos níveis mais elevados. Enquanto Guilherme II era seu senhor da guerra, supremo e arrogante, o príncipe herdeiro da Alemanha, Rupprecht da Bavária, e o duque de Württemberg ocupavam importantes postos de comando. Os chefes subseqüentes do estado-maior provinham de antigas famílias agrárias: Helmuth von Moltke, Erich von Falkenhayn e Paul von Hindenburg. Além disso, 77% dos generais nos três níveis mais altos tinham linhagem antiga. De todos os generais, independentemente da patente, 40% eram filhos da nobreza do Elba oriental. A ampla família von Goltz, por si só, contava com um marechal-de-campo e seis generais. Em 1914, os clãs líderes estavam bem representados entre os oficiais ativos: 49 Puttkamers, 44 Kleists, 34 Litzewitzes, 30 Bonins, 20 Kamekes e 16 Hertzbergs, Heydebrecks e Zastrows. Nomes ilustres como Bülow, Arnim, Wedel, Oertzen, Wangenheim, Schwerin, Prittwitz e Knobelsdorff também figuravam com destaque no rol dos oficiais da ativa e da reserva. Os enobrecimentos recentes por serviço, controlados pelo *Kaiser* militarista, constituíam uma garantia adicional de que o espírito aristocrático do dever inquestionável frente ao *ancien régime* deveria permear toda a estrutura de comando. Com efeito, o oficialato estava agudamente dividido quanto à expansão contínua do exército, que necessitava de mais oficiais, daí resultando uma diluição acelerada do elemento *junker* autoritário e seu espírito marcial. Mas essa disputa interna era mínima em comparação ao consenso férreo em se manterem liberais, progressistas e socialistas à distância dos postos de liderança. Como escola da nação, o exército alemão era fervorosamente conservador. Seus oficiais purgavam os recrutas operários irreverentes de tudo o que considerassem ser idéias desleais e, se necessário, colocavam-nos em guarnições de distritos rurais seguros, longe de áreas industriais infectadas por socialistas. Mas, em parte graças às escolas primárias e às igrejas, a lealdade nunca chegou a ser um problema, mesmo nas cidades, onde os oficiais ordenavam, sem temor de defecções, que as tropas esmagassem greves ou reprimissem multidões dissidentes. Ninguém em postos de autoridade jamais se preocupou seriamente com uma resistência dos soldados rasos a uma convocação de guerra, quaisquer que fossem as causas e objetivos para dar esse último passo.

A situação era muito semelhante no Império Habsburgo. Em suas duas metades, toda a classe governante, e em particular o exército, era predominantemente nobiliárquica. Em público, os altos oficiais podem ter sido menos evidentes na Ringstrasse de Viena do que no Tiergarten de Berlim. Além disso, certamente se mantinham mais discretos em Budapeste, de modo a não irritar indevidamente aqueles nobres húngaros refratários e insatisfeitos, que clamavam por um exército nacional próprio; nos regimentos de Honvéd, por exemplo, permitia-se o uso da língua magiar, mas eles permaneciam como acessórios dentro da hierarquia imperial. De fato, o ressurgimento do "ultramagiarismo", que intensificou essa reivindicação militar, alimentou o ultraconservadorismo na Cislitânia, em especial depois de 1907. Mas, impelido por Francisco Ferdinando, o herdeiro presuntivo, Francisco José I e seus conselheiros estavam mais do que nunca determinados a manter o predomínio absoluto do corpo de oficiais austro-germânicos, solidamente aristocrático de nascimento ou enobrecimento por serviço. Vendo-se sitiados interna e externamente, os governantes da Áustria voltaram-se para o exército, como elemento aglutinador indispensável do seu *ancien régime*. Com uma visão sobreestimada da força e do radicalismo, não só dos movimentos socialistas e de autodeterminação das minorias nacionais, mas sobretudo da ameaça magiar, baseada mais em conflitos fiscais e alfandegários do que políticos, esperavam ter de substituir esse consenso enfraquecido pelo recurso à força e à violência. Para deter um maior avanço da autonomia civil e cultural na Cislitânia e Translitânia, era essencial manter um exército coeso, cujos oficiais expediam ordens em alemão, e que, ao lado de suas tropas multinacionais, juravam lealdade ao imperador, principal símbolo unificador e legitimador do império poliglota. Mais do que em qualquer outro regime, os Habsburgo precisavam do seu exército como escola capaz de unir o que ainda era apenas uma promessa de nação. Exatamente por ter desistido de contar com o tempo e os recursos fiscais necessários para transformar o império numa nação integrada, o exército, sob o comando do general Conrad von Hötzendorff, propôs induzir a guerra para revigorar e fortalecer o primado da classe dominante e governante austro-germânica por um futuro razoável, ainda que indeterminado. De qualquer forma, se o alto comando insistia na guerra como parte de uma reação aristocrática, era para defender o regime a nível interno, e não para realizar objetivos de política externa, além daquele de reassegurar a Berlim que Viena ainda constituía um digno parceiro diplomático e militar.

Uma vez reprimida a Revolução de 1905-1906, o Império Romanov também viveu uma reação aristocrática. Numa sucessão, Witte, Stolypin e até Kokovtsev foram afastados do cargo de primeiro-ministro por serem excessivamente conciliadores. Liderados ou encorajados pelo próprio Nicolau II, os ultraczaristas ressurgentes dentro da nobreza fundiária e do serviço público pretendiam restaurar o absolutismo castrando o recente acordo constitucional, em particular a Duma. Também eles superestimavam o poder insurgente do socialismo e das nacionalidades de fronteira, assim como a influência dos progressistas moderados na classe e na *intelligentsia* políticas.

Com efeito, alguns dos ultras, ao lembrarem as desastrosas conseqüências políticas da guerra com o Japão, na qual tinham insistido por razões essencialmente políticas, deixaram de pressionar pela guerra como meio de fazer avançar seu projeto retrógrado. Ao invés de arriscarem a sorte ou uma outra derrota, defendiam o abandono da incômoda aliança com a França republicana, em favor de uma reaproximação com o regime mais apropriado em Berlim. Optaram pela pacificação exterior, seguros de que, em caso de necessidade, poder-se-ia confiar no exército para proceder a um golpe contros os coveiros do czarismo a nível interno.

Mas os defensores de um tal novo rumo estavam em minoria

mesmo entre os conservadores radicais. Não obstante as rivalidades entre facções na corte e na burocracia, os conservadores russos dentro e fora do governo, encorajados pelo czar, perseguiam uma política de reação extremada que dependia, financeira e militarmente, da aliança francesa, contando inclusive com a possibilidade de uma guerra exterior de motivação política. Aí de novo o exército, intimamente sustentado pelo czar, era central. Grã-duques e generais de alta estirpe ocupavam as posições mais elevadas de comando, e o corpo de oficiais era nitidamente nobre, em parte devido ao quadro automático de honras. Mesmo os quadros mais antigos, confiantes em seus soldados-camponeses, não temiam a modernização da máquina militar da Rússia. Aumentavam com avidez a mobilidade da força esmagadora de sua infantaria, construindo as vias férreas estratégicas para as fronteiras ocidentais, sobre a importância das quais insistira Paris. Não houve nenhum sinal de protesto entre oficiais ou soldados quando o exército foi convocado para agir contra operários em greve ou impor a lei marcial nas províncias de fronteira. Mesmo quando derrotado em 1904-1905, o exército se manteve unido e retornou da Sibéria para esmagar a rebelião que, na Rússia européia, se aproveitara de sua partida para o fronte. Depois da Guerra Russo-Japonesa, o exército se aperfeiçoou e expandiu bastante, até porque quase toda a Duma aprovava prestimosamente dotações militares. Como a agitação camponesa, operária e estudantil era ainda menor do que na virada do século, os riscos de buscar ou aceitar a guerra pareciam mínimos, comparados aos ganhos de um conflito armado vitorioso que revigoraria o *ancien régime*, em particular seus componentes absolutistas e nobiliárquicos. Ao invés de darem aos camponeses pobres a oportunidade de se tornarem proprietários independentes, os senhores exploradores empurraram-nos para um exército de massas, como soldados de infantaria equipados para uma guerra ofensiva no interesse das elites feudais.

Segundo qualquer padrão histórico, a militarização da Europa assumiu enormes proporções. Em 1914, os exércitos permanentes e de reserva das grandes potências atingiram níveis desconcertantes, tendo o ritmo de expansão se acelerado após 1905. Sem contar as tropas "coloniais" (160 mil), a França tinha um exército permanente de mais de 800 mil homens e a Rússia uma força militar permanente de 1,5 milhão, que em 1917 aumentaria para 2 milhões. Na região central, a Alemanha e a Áustria-Hungria dispunham de 761 mil e

500 mil homens, respectivamente. Contando com a reserva, as duas alianças opostas, sem a Inglaterra, podiam reunir um total de 8 milhões de homens. Em dimensões, o exército italiano também estava afinado com seu tempo. Além disso, por toda a Europa, muitos homens e mulheres estavam ocupados em produzir o material e provisões militares, que inflacionavam os orçamentos bélicos. Entre 1850 e 1913, as grandes potências quintuplicaram suas despesas com armamentos terrestres. Apenas entre 1908 a 1913, estes aumentaram em cerca de 50% — aproximadamente 30% na Inglaterra, 53% na Rússia, 69% na Alemanha e 86% na França. Nesses mesmos cinco anos, o aumento das despesas navais foi ainda maior, variando de cerca de 45% na Alemanha e 60% na Inglaterra a 160% na Rússia.

Certamente, a divisão da Europa em duas alianças opostas, para não dizer hostis, acelerou esse competitivo crescimento militar terrestre e naval, que por sua vez acentuou a mútua desconfiança e beligerância dos governos. Além do mais, ao impor cargas fiscais tão pesadas e geradoras de discórdias sobre as sociedades civis e políticas da Europa, a corrida armamentista aumentou a disposição das classes governantes de não só extrair esse abscesso de conflito interno partindo para a guerra, como também de fazê-lo com um ataque ofensivo visando a uma vitória rápida, que lhes pouparia os esforços autodestrutivos de uma campanha militar prolongada.

Mas essa ruptura do sistema internacional em dois blocos rígidos, cada qual com planos estratégicos que dependiam de detonadores ultra-sensíveis — tais como o plano Schlieffen da Alemanha e o cronograma de mobilização da Rússia —, foi muito mais um efeito do que causa. O colosso militar da Europa, ao mesmo tempo enorme e grotesco, era uma expressão da crise geral onde os ultraconservadores estavam levando vantagem sobre os nacional-conservadores menos radicais. Foram eles os primeiros defensores e beneficiários de uma militarização que reabilitou o oficialato nobre em exércitos de soldados-camponeses e *petits bourgeois*. Embora as novas idéias social-darwinistas e nietzschianas inclinassem seus rivais-comparsas do bloco hegemônico, incluída a burguesia suplicante, a apoiar essa preparação para a guerra — ou pelo menos a não se opor a ela —, atitudes internalizadas de submissão condicionavam os recrutas rurais e provinciais a seguir às ordens de oficiais que, por nascimento e formação, arrogavam-se o mando.

Aspecto integral e destacado da reação aristocrática, essa excrescência militar, que incluía a influência intensificada de generais nos conselhos políticos mais elevados, prenunciava uma conflagração geral orientada para o conflito, e não uma pequena guerra por objetivos de política externa limitados. Significativamente, entre o público informado, a guerra vindoura era referida como uma guerra européia, uma guerra mundial, outra Guerra dos Trinta Anos ou uma catástrofe. Além disso, os objetivos políticos finais da guerra eram discutidos constantemente. Nenhuma pessoa de envergadura chegou a questionar ou negar a legitimidade de se considerar a política interna e externa como intimamente vinculadas e de se encarar a guerra e a paz como instrumentos da política interna. Na verdade, embora as classes dominantes e governantes da Europa não tivessem uma compreensão acuradamente fundamentada do caráter da guerra que vinham alimentando, possuíam em troca uma noção geral de sua magnitude potencial, em termos de dimensões, propósitos e conseqüências. É certo que os políticos e soldados das grandes potências preparavam-se para uma investida rápida e limitada, e não tanto para um conflito hiperbólico. Mesmo os defensores da guerra "orientada para o conflito" esperavam e prometiam que as grandes máquinas militares estivessem ajustadas de modo tão minucioso que um embate rápido e exitoso alcançaria os resultados desejados, tanto internacionais quanto nacionais. Em outro nível de consciência, porém, compreendiam que os riscos e custos da guerra tinham se tornado excessivos, e que o cataclismo que vinham atraindo desafiaria os preparativos antecipados. Ainda assim, nesse período de problemas, os altos gerentes civis da crise, não só os generais, superestimaram a probabilidade de uma vitória rápida para seu próprio Estado e aliança, em grande medida porque suas análises, ostensivamente racionais, das capacidades vinham permeadas pela nova *Weltanschauung*. Ademais, a política e a psicologia social da reação extremada a perigos internos e externos superdimensionados predispunham os estadistas-políticos a se aventurarem numa guerra que poderia ser suicida.

Os socialistas estavam na vanguarda dos que expunham os propósitos políticos por trás do impulso para a guerra, que viam como basicamente destinada a estrangular o liberalismo progressista e o movimento operário emergente. Mas, ao lado de Bertha von Suttner, Ivan Bloch, Tolstoi e, afinal, Norman Angel, que não partilhavam de suas convicções ideológicas, os socialistas também alertaram para as calamitosas conseqüências da guerra para as próprias classes dominantes. Como Friedrich Nietzsche, Friedrich Engels teve uma premonição da crise vindoura exatamente no mesmo momento, embora esperasse que, apesar dos seus horrores, ela beneficiaria a humanidade, e, em especial, as classes inferiores. Analista militar excepcionalmente perspicaz, Engels estava entre os primeiros a perceber que o monstro militar à solta não só endureceria as classes dominantes e governantes contra a revolução, mas também as lançaria numa espiral bélica de efeitos fatais. Em 1887, antes que o sistema de alianças tomasse forma, predisse que qualquer conflito futuro entre grandes potências só poderia ser uma "guerra mundial de extensão e intensidades até então inimaginadas". Nesse holocausto, "8 a 10 milhões de soldados se chacinariam mutuamente; as destruições a nível continental se concentrariam em três ou quatro anos; a fome, a doença e a miséria generalizada alimentaria a selvageria dos soldados e dos civis; e o comércio, a indústria e o crédito seriam totalmente desestabilizados e naufragariam numa bancarrota geral". Não havia como prognosticar o curso ou o resultado de tal luta ciclópica. Embora Engels profetizasse que a desestabilização geral "*afinal* traria a vitória da classe operária", em primeiro lugar "regimes antigos e tradicionais ruiriam e as coroas reais rolariam pelas ruas às dúzias, sem *ninguém* para apanhá-las" (grifos meus).

Cerca de vinte anos depois, durante a questão do Marrocos em 1905, August Bebel, o líder da social-democracia alemã, reiterou a predição de uma calamidade próxima desde a tribuna do Reichstag. Previu a Europa "consumida por uma imensa campanha militar envolvendo 16 a 18 milhões de homens [...] equipados com as armas de morte mais recentes para sua mútua carnificina". Mas Bebel também advertia que a essa grande guerra geral se seguiria uma "*grosse Kladderadatsch*", ou ruína geral, pela qual os socialistas declinavam de toda e qualquer responsabilidade. Se a Europa estava se dirigindo para uma "catástrofe", era porque as próprias classes superiores dirigiam-na para isso, e teriam de colher os frutos de seu próprio extremismo no "*Götterdämmergung* [crepúsculo] do mundo burguês". Seis anos depois, em seu manifesto eleitoral, os social-democratas da Alemanha acusaram as classes governantes e dominantes da Europa de se prepararem para infligir "uma grande guerra européia" aos seus povos, acentuando que seria uma "*Vabanquespiel*, ou aventura de alto risco, como o mundo jamais viu", que até poderia chegar a ser a "guerra final" da Europa. Apesar dessas e outras antecipações semelhantes da ruína geral, contudo, os socialistas alemães professavam uma confiança contínua de que a sociedade socialista do porvir poderia se forjar mesmo entre os fogos do cataclismo.

Da mesma forma, em 1905, Jean Jaurès, falando pelos socialistas franceses, mostrou-se cada vez mais preocupado com os perigos de uma guerra geral. É certo que ele também considerava a possibilidade, e até a probabilidade, de que tal conflito abrisse o caminho para uma Europa socialmente social-democrata. Mesmo assim, Jaurès relutava "em assumir essa aventura bárbara" e em apostar a emancipação de operários e camponeses num tal "lance de dados assassino". Pois temia que uma guerra geral poderia igualmente "resultar, por um longo período, em crises de contra-revolução, reação furiosa, nacionalismo exacerbado, ditadura sufocante, militarismo monstruoso, uma longa cadeia de violência retrógrada e ódios, represálias e escravidões abjetas". Sete anos depois, na época dos imbróglios dos Balcãs e da luta contra a lei dos três anos de serviço militar, Jaurès advertiu que, como os distúrbios da época eram de escala européia, qualquer conflito local poderia explodir como "o mais terrível holocausto desde a Guerra dos Trinta Anos".

Profecias e premonições de guerras e destruições monstruosas também eram correntes entre a vanguarda cultural. Essa angústia irrompeu em quadros de Delaunay, Kandinsky, Klee, Kokoschka, Marc e Seewald. Escritores, que iam de Alfred Kubin e Georg Heym a George Bernard Shaw e H. G. Wells, expressavam da mesma forma seus pressentimentos de um desastre iminente. Nietzschianos empedernidos, sem dúvida, escarneciam desses presságios angustiados da vanguarda artística e literária, mas não podiam eliminá-los totalmente. Afinal, o próprio Nietzsche havia considerado que a cultura européia, torturada por tensões sempre crescentes, estava "se dirigindo para uma catástrofe", embora também pensasse, em parte, que a Europa estava recebendo o que merecia por ceder às tentações da modernidade. De qualquer forma, Nietzsche antecipou que a luta espiritual profunda entre a verdade e a falsidade geraria guerras de destrutividade indizível, que, como terremotos, iriam "inverter montanhas e vales". Inspirados por Nietzsche, os futuristas saudavam esse iminente Armagedão como "a única higiene do mundo".

Mas o que merece uma ênfase especial é que a percepção de

que a civilização ocidental se dirigia para o centro de um furacão histórico também tomou conta das mentes de muitos dos senhores políticos da Europa, que, embora atormentados, nem por isso deixavam de avançar para o precipício. Theobald von Bethmann Hollweg era um desses homens. Nascido em 1856 na propriedade familiar de Hohenfinow, foi criado como um *junker* e preparado para o serviço público. Após freqüentar escolas de elite, servir com os dragões e estudar direito, ingressou na burocracia prussiana. Rapidamente reconhecido pelo seu excepcional talento e lealdade, tornou-se ministro do Interior da Prússia em 1905, vice-chanceler e secretário imperial do Interior em 1907, e chanceler imperial em meados de 1909.

Em abril de 1913, durante uma discussão sobre o orçamento militar, Bethmann Hollweg declarou que "possivelmente nenhum ser humano seria capaz de imaginar as dimensões, a miséria e a destruição de uma [futura] conflagração mundial". A seu juízo, "em comparação, todas as guerras passadas provavelmente pareceriam uma simples brincadeira de criança". Sendo este o caso, "nenhum estadista responsável pensaria em acender o estopim que inflamaria o barril de pólvora sem uma cuidadosa reflexão". Em outras palavras, o chanceler alemão não excluía a possibilidade de dar o passo fatídico, embora declarasse que a "pressão" para tal passo provinha não da maioria da opinião pública, mas, cada vez mais, de "minorias ruidosas [...] e apaixonadas", que sabiam como tirar vantagem das novas liberdades democráticas. Em junho de 1914, numa carta ao general da cavalaria barão Konstantin von Gebsattel, um ultra não das ruas, mas dos altos círculos governamentais, Bethmann afirmava que misturar os conflitos internos do império com a guerra externa iria "criar uma situação semelhante à que havia na Alemanha durante a Guerra dos Trinta Anos e na Rússia ao final da Guerra Russo-Japonesa". No mesmo mês, disse ao conde Hugo von Lerchenfeld, o enviado da Bavária, que, embora os círculos conservadores "esperassem uma guerra para restaurar a saúde interna da Alemanha", ele temia que "uma guerra mundial de conseqüências incertas fortaleceria imensamente a social-democracia [...] e provocaria a derrubada de muitos tronos". Bethmann Hollweg se conservou em seu cargo, embora soubesse que Guilherme II, a autoridade última, estava com os ultras, mesmo que, no início de 1914, tivesse recusado a proposta do príncipe herdeiro e de Gebsattel de iniciar um golpe contra o indefeso Reichstag. Entrementes, não só o chanceler e o imperador, mas também toda a liderança máxima, há muito deviam estar a par do que o general Helmuth von Moltke, o chefe do estado-maior, reconhecera em 29 de julho de 1914, quando ajudava a regular os botões detonadores da guerra: que a guerra que fora planejada "destruiria a cultura de quase toda a Europa pelas décadas seguintes". Apesar do evidente predomínio dos linhas-duras no governo, Jordan von Kröcher auf Vinzelberg, o presidente do Landtag prussiano, havia renunciado em 1912 para protestar contra qualquer outra contemporização por razões de prudência política: "como os círculos governantes são inacreditavelmente cegos, estamos nos aproximando da *grosse Kladderadatsch* a passos gigantescos, e não podemos ter mais nenhum outro desejo senão o de morrer como gente decente".

A mesma impressão geral de que qualquer guerra futura provavelmente seria catastrófica prevalecia entre os círculos dominantes e governantes de Viena e Budapeste. Não obstante diferenças táticas entre as elites políticas austro-germânicas e magiares, estavam amplamente de acordo em que uma guerra quase certamente distenderia o Império Habsburgo e a Europa para além do ponto de ruptura. Paladino declarado e eloqüente — embora intermitente — da guerra induzida, fosse contra a Itália ou a Sérvia, Hötzendorff, em meados de 1914, falou para todos os que estavam convencidos da urgência de uma saída à frente: "enquanto em 1908-1909 a guerra teria sido um jogo de cartas onde poderíamos ver o jogo de todos [...] e em 1912-1913 quando teríamos uma boa chance de ganhar, agora seria uma *Vabanquespiel*".

Quando Sergei Dimitrievich Sazonov, o ministro dos Negócios Estrangeiros da Rússia, soube pela primeira vez do texto do ultimato de Viena à Sérvia, de 23 de julho de 1914, aprovado por Berlim, exclamou imediatamente que isso desencadearia uma "guerra européia". Disse ao conde Friedrich Szápary, o embaixador austro-húngaro em São Petersburgo, que ao "fazer a guerra contra a Sérvia" seu país iria "incendiar a Europa" e que, não obstante a dor e a indignação justificadas dos Habsburgo pelo assassinato do seu herdeiro presuntivo, "a idéia monárquica nada tinha a ver com isso". No que foi um monstruoso teste de nervos, Szápary contestou que na realidade compreendia que qualquer "conflito entre as grandes potências [...] inevitavelmente teria as conseqüências mais horrendas, o que significava pôr em risco a ordem religiosa, moral e social estabelecida". Para uma maior ênfase, apresentou uma advertência de sir Edward Grey contra uma "guerra européia [...] em cores sinistras [...] que Sazonov endossou totalmente".

Talvez fosse muito natural que o secretário dos Negócios Estrangeiros da Inglaterra tivesse acentuado o lado econômico da iminente "ruína da civilização". Nascido na nobreza provincial e cavalariço da família real, Grey era um membro de liderança do governo liberal mais autêntico da Europa, cujo futuro dependia da continuidade do livre comércio para o maior império do mundo. Quando o conde Albert von Mensdorff, o embaixador austríaco em Londres, informou-o em 23 de julho do ultimato prestes a ser apresentado a Belgrado, de imediato advertiu que uma guerra das quatro grandes potências significaria a "bancarrota econômica da Europa", e que na "maioria dos países muitas instituições seriam varridas, independentemente de vitória ou derrota". Logo após essa conversa, Grey reiterou sua preocupação a sir Maurice de Bunsen, embaixador da Inglaterra em Viena. Uma guerra continental envolveria despesas e interrupções do comércio tão imensas que "viria acompanhada ou seguida de uma ruína completa do crédito e da indústria europeus", o que, para "os grandes Estados industriais, significaria um estado de coisas pior que o de 1848". No dia seguinte, disse ao príncipe Karl Max von Linchowsky, o embaixador alemão na corte de St. James, que as conseqüências da guerra "seriam absolutamente incalculáveis", mas que, qualquer que fosse o resultado, "haveria total esgotamento e empobrecimento, a indústria e o comércio seriam arruinados e o poder do capital destruído", o que geraria "movimentos revolucionários como os do ano 1848". Grey voltou a esse tema com Mensdorff em 29 de julho, insistindo em que, com o colapso econômico e o desemprego, "os operários industriais se rebelariam", e, nesse processo, "o princípio monárquico simplesmente seria eliminado". Exceto pela sua preocupação com a dimensão econômica de um conflito iminente, que poria em perigo o governo e o regime da Inglaterra, mesmo que Londres mantivesse a neutralidade, sir Edward — e seus aliados do governo — partilhavam da mesma impressão dos estadistas-políticos do continente de que uma guerra significaria um cataclismo europeu.

As classes superiores da Europa estavam preparadas para levar seus povos a uma catástrofe da qual esperavam, contra todas as esperanças, retirar benefícios para si mesmas. Em outras palavras, embora sem precedentes, não se esperava que a catástrofe fosse total. Decerto, haveria milhões de vítimas, uma devastação maciça e grave desestabilização. Mesmo assim, uma guerra geral não viria a ser "o fim da história", embora pudesse sobrecarregar os circuitos do planejamento e do controle militares. Seguramente, os políticos e generais da reação aristocrática eram cúmplices mais do que adversários ou rivais na marcha para a beira do abismo. É inegável que havia tensões entre líderes civis e militares, e que os planos militares, incluindo suas medidas organizativas, limitavam a liberdade de ação de políticos e diplomatas. Mas essas tensões civis-militares se davam dentro de lutas de facções sobre os meios, e não sobre os fins, no interior das classes governantes e do conservadorismo. Tendo o ressurgimento ultraconservador alçado os soldados aos níveis mais altos do governo, os generais militarizaram os civis, tanto quanto os civis politizaram os guerreiros. Estes imprimiram sua marca não por seu conhecimento especializado, mas porque os civis estavam em busca de soluções militares para problemas políticos. O que os unia, além de atitudes, interesses e objetivos sociais e políticos comuns, era um compromisso conjunto de lutar contra a democracia política, o nivelamento social, o desenvolvimento industrial e o modernismo cultural. Essas *idées-forces*, envolvidas num patriotismo agressivo, influenciaram significativamente a elaboração de planos táticos e estratégicos. Por certo, estes exigiam o conhecimento especializado dos generais, mas o *know-how* militar, por si só, não ditou a ênfase sobre o ataque maciço *à outrance*, com vistas a uma rápida vitória no campo de batalha, independentemente do custo humano. Ademais, aquele *know-how* era obsoleto. Os generais pretendiam reeditar a campanha fulminante de 1870, onde o primeiro Moltke esmagou a França com o ineditismo da rapidez e concentração das divisões de infantaria, desconsiderando o fato de que, desde então, a fórmula de Moltke fora assimilada por todos os estados-maiores gerais. Além disso, iludiam-se pensando que, ao utilizar as estradas de ferro, estariam se apropriando da mais nova tecnologia para seus próprios objetivos, enquanto, como técnica militar, as vias férreas — irremovivelmente fixadas no espaço físico — significavam para o transporte de tropas muito mais uma herança da primeira Revolução Industrial, do mesmo modo que os oficiais eram um legado do feudalismo.

De qualquer forma, os governantes civis não se dispuseram a avaliar minuciosamente os esquemas estratégicos e operacionais do exército. Não é que lhes faltassem inteligência e conhecimento para tanto. Mas os estadistas estavam encerrados dentro da mesma concepção de mundo e do mesmo projeto político impetuoso dos generais. Assim, afastaram outras opções, tais como estratégias defensivas, que teriam reduzido as pressões dos cronogramas de mobilização e dos temores recíprocos. Naturalmente, a rigidez dos planos-mestres diplomáticos e militares "estava tanto na mente como nos horários dos trens". Além disso, os estadistas-políticos da Europa se abstiveram de questionar a sensatez do ataque rápido e maciço, devido à compreensão, que os roía, de que os *anciens régimes* eram demasiado frágeis para suportar os ônus de uma guerra de atritos prolongada. Em suma, sua posição era altamente paradoxal, e é mais do que provável que soubessem disso.

Afinal, em julho-agosto de 1914 os governantes das grandes potências, quase todos inteiramente nobres, marcharam para o precipício da guerra com olhos muito abertos, mentes calculistas e isentos de pressões de massa. Ao longo do percurso, nem um único ator principal entrou em pânico ou se viu motivado por preocupações pessoais, burocráticas e partidárias estreitas. Entre os manobristas da guerra, não havia improvisadores mesquinhos, nem diletantes românticos ou aventureiros imprevidentes. Qualquer que fosse o perfil de seus auxiliares ou opositores populistas, eram homens de elevada posição social, educação e posses, determinados a manter ou retomar um mundo idealizado do passado. Mas esses estadistas-políticos e generais também sabiam que, para realizar seu projeto, teriam de recorrer à força e à violência. Sob a égide do cetro e da mitra, as antigas elites, não-refreadas pela burguesia, prepararam sistematicamente sua investida em prol da retrogressão histórica, a ser empreendida pelo que consideravam exércitos irresistíveis. Eles, os cavaleiros do apocalipse, estavam prontos para chocar-se de encontro ao solo do passado, não só com espadas e cargas de cavalaria, mas também com a artilharia e as estradas de ferro do mundo moderno que os sitiara.

Por suas razões e interesses próprios, a burguesia capitalista, simbioticamente ligada às antigas elites, estava pronta e disposta, se não ansiosa, para servir de mestre-quarteleiro nesse perigoso empreendimento. Os magnatas de bens móveis calculavam que as exigências da guerra aumentariam a necessidade do *ancien régime* dos "serviços econômicos do capitalismo". Como seus parceiros mais antigos, os burgueses não recuaram assustados diante daquilo que também eles sabiam ser a guerra absoluta, certos de que seria a casa-de-força para a expansão da indústria, das finanças e do comércio e de que traria uma melhoria de seu *status* e poder. Quanto aos operários industriais, eram demasiado fracos e estavam integrados demais na nação e na sociedade para que pudessem resistir ao recrutamento compulsório, embora fossem a única classe na qual havia alguma disposição marcante de fazê-lo.

Não é que o movimento operário se mostrasse dócil em toda a Europa. A partir de 1912, a Rússia foi atingida por uma nova onda de agitação industrial: houve cerca de 200 greves envolvendo 725 mil operários, em 1912; cerca de 2400 greves com 887 mil operários, em 1913; e cerca de 3500 greves com 1 337 000 operários, durante os primeiros sete meses de 1914. Essa crescente agitação operária estava concentrada em centros industriais importantes como São Petersburgo, Moscou e Baku. Principalmente na capital, mas também nos outros lugares, jovens trabalhadores semi e não-qualificados eram os principais suportes do movimento. Em sua maioria, eram ex-camponeses recém-chegados do campo, mal-remunerados, com más condições de moradia e psicologicamente instáveis. Estes eram os trabalhadores que se mostravam mais predispostos à ação espontânea e imediata. Os organizadores bolcheviques e social-revolucionários apenas reforçaram essa tendência à ação e ajudaram a politizar o movimento grevista. O redemoinho industrial atingiu seu ponto mais intenso com a grande, mas não geral, greve de São Petersburgo em julho de 1914, onde alguns líderes socialistas e operários afinal contiveram os ânimos dos novos militantes.

Embora essa turbulência operária dos anos e semanas imediatamente anteriores à guerra não tivesse precedentes, ficou bastante aquém de uma revolta geral ou de uma pré-revolução. As paralisações do trabalho não só se restringiam a poucas cidades, mas também se mantinham totalmente descoordenadas. Acima de tudo, com exceção de agitações menores em Moscou e algumas cidades das províncias bálticas e ocidentais, a grande greve de julho de 1914 se limitou à capital. Além disso, por toda a Rússia urbana, inclusive São Petersburgo, os trabalhadores grevistas eram obrigados a agir sozinhos. Nem os estudantes e os intelectuais, nem as classes intermediárias e os seus representantes políticos moveram um dedo para ajudá-los. Não menos debilitadora era a ausência de agitação e insatisfação entre os camponeses da zona rural e as nacionalidades nas províncias de fronteira.

Como as agitações operárias eram mais sucessivas do que sincronizadas, e sem apoio de outras classes, era relativamente fácil a repressão por parte do governo. O Estado estava mais firme do que em 1905-1906, e suas forças de repressão se mostraram prontas e leais. Em meados de 1912, as autoridades não hesitaram em ordenar aos soldados que marchassem contra os mineiros em greve na região aurífera de Lena, na Sibéria, do que resultou a morte de 170 trabalhadores e ferimentos em 372. Após esse massacre, que estimulou um levante operário na Rússia européia, os policiais, cossacos e soldados reforçaram o isolamento social e político dos trabalhadores com uma quarentena militar. Em julho de 1914, literalmente dias e horas antes do ultimato da Áustria à Sérvia, a polícia conteve os grevistas rebeldes dentro dos bairros fabris e operários de São Petersburgo. À parte a presença de amplas forças repressoras, os operários levavam desvantagem em todos esses confrontos, devido à infiltração de espiões policiais, que lhes roubavam o elemento surpresa, e à falta de armas.

Mesmo assim, havia uma preocupação considerável, principalmente em Paris, de que essa insurgência operária pudesse ser forte o suficiente para dissuadir o governo czarista, receoso de levantes populares, de entrar na guerra, se surgisse a necessidade. Nessa época, Raymond Poincaré, o único líder burguês de Estado entre todas as grandes potências, enviara um novo embaixador a São Petersburgo. Como o próprio Poincaré, Maurice Paléologue era um intransigente nacional-conservador, impaciente com a instabilidade e o pretenso reformismo social dos gabinetes republicanos. O novo presidente da França, com suas pretensões autocráticas, desejava um enviado de confiança, para cuidar que o governo czarista seguisse em seus preparativos militares e não concedesse aberturas a Berlim. Também esperava relatórios completos sobre as condições internas do principal aliado da França. Assim, em 21 de maio de 1914, logo depois de assumir o cargo, Paléologue protocolou um despacho sobre "as forças revolucionárias na Rússia e sua provável conduta em caso de mobilização geral".

Paléologue via as forças revolucionárias divididas entre intelectuais e trabalhadores. Os intelectuais, em sua maioria membros de profissões liberais, "eram niilistas [...] sem disciplina ou coesão e [com] um vago programa, cheio de sonhos doentios, utopias ingênuas e especulações pessimistas". Calculados entre 5 mil e 6 mil "líderes e soldados", esses intelectuais niilistas eram ineficientes, em grande parte por estarem esgotados e desiludidos pelos acontecimentos de 1905-1906. Entre os estudantes, essa lassidão ainda assumia a forma de uma "recrudescência brutal de suicídios e de neurastenia". Embora esse proletariado intelectual fosse capaz de sacrifícios, martírios e assassinatos no plano individual, era incapaz de gerar um "grande levante social".

O proletariado industrial estava crescendo rapidamente, devido ao recente desenvolvimento econômico da Rússia. Nos centros industriais — São Petersburgo, Reval, Moscou, Lodz, Varsóvia, Odessa, Baku —, existia agora um exército disciplinado de 500 mil operários determinados à "destruição integral do despotismo autocrático". O estado-maior desse exército, cujos membros eram secretos, era singularmente eficiente. Enquanto o proletariado intelectual não tinha "nenhuma arma além da propaganda teórica e do assassínio pessoal", o proletariado trabalhador possuía a "terrível arma da greve geral". O Bund judaico da Polônia — com sua imprensa clandestina, seu fundo de greve e seus 35 mil membros — era a "vanguarda do exército de trabalhadores". Embora houvesse pouca simpatia e até desrespeito mútuo entre os artesãos judeus e os operários russos, "contudo constituíam uma força formidável de revolta e subversão".

Mas qualquer que fosse o vigor dessas forças revolucionárias, enfrentavam formidáveis "forças de resistência e repressão". Embora Nicolau II fosse criticado na alta sociedade por viver excessivamente isolado e suscetível a influências ocultas, o prestígio do czar se mantinha intato entre a população em geral, à exceção dos judeus. Até então, a revolução não tinha destruído a "ilusão imperial e o fetichismo autocrático", de modo que a supremacia do czar se mantinha como "um paládio altamente respeitado para o regime".

Depois da coroa, a polícia era o grande baluarte do Estado. "Uma enorme burocracia sagazmente centralizada", contava com 38 mil policiais, uma chancelaria secreta (a Okhrana), com uma extensa rede de agentes, e um orçamento de 162 milhões de francos, mais um fundo especial de 25 milhões de francos desembolsados a critério do imperador. Em épocas de distúrbio, o Estado governava por decreto de emergência, sob o qual a polícia era "onipotente" e uma cavalaria de 25 mil cossacos ficava preparada para a repressão de tumultos. Mas havia ainda uma polícia privada, que constituía talvez "a arma mais temida do conservadorismo social". Uma imensa "sociedade secreta, a União do Povo Russo, tinha o caráter de uma liga contra-revolucionária com vínculos clandestinos com o governo". Essa sociedade tinha sua própria imprensa, "subsidiada e controlada pela Okhrana". Também distribuía volantes e panfletos políticos "incitando o fanatismo popular contra os inimigos da religião, do imperador e do Estado". Paléologue até acrescentou que "nosso Comitê de Segurança Pública teria inveja de um instrumento tão belo de retaliação e dominação".

Como último recurso, havia um "exército permanente de 1,3 milhão de homens em época de paz, dos quais 30 mil formavam a guarda imperial". As informações do próprio Paléologue e os relatos de seus adidos militares confirmavam a "total lealdade de oficiais e soldados", o que significava que "o exército parecia não ter sido contaminado por propaganda anarquista".

Em suma, a balança se inclinava decididamente a favor do governo czarista. É certo que, em caso de mobilização geral, os principais centros industriais passariam por alguma agitação e sabotagem. "Mas qualquer irrupção séria seria imediatamente afogada em sangue [*étouffée dans le sang*]". A julgar pela experiência passada, "em caso de emergência nacional, os revolucionários certamente seriam tratados com rigor implacável". Se há algum sentido na idéia de que os regimes são "derrubados não por revoluções, mas porque os governos abdicam do poder", o governo russo realmente não iria renunciar. Se seus inimigos entrassem em greve, ele "retaliaria violentamente". Os ocidentais podiam considerar "desumana a repressão do Estado russo", mas isso era irrelevante: "O povo russo estava acostumado a suportar enormes doses de absolutismo, e a dose atual não excedia seu limite de resistência". Em boa medida, Paléologue conjeturava que, se houvesse algum perigo real, "ele viria não da Revolução, mas da Reação, e não como subproduto da guerra, mas em tempo de paz".

A seguir o embaixador francês, ele mesmo ultrabeligerante em relação à Alemanha, continuou a reassegurar ao general Joffre e outros que, apesar da nova onda de greves, o movimento revolucionário não poderia nem desejaria interferir na mobilização militar. Até julho de 1914, manteve-se firme em sua conclusão de que "as forças do czarismo autocrático ultrapassavam de longe as forças revolucionárias" e de que, em caso de guerra, podia-se confiar em que o povo russo lutaria, até mesmo com entusiasmo. Como reflexão posterior, porém, acrescentou que, "se os exércitos russos não saíssem vitoriosos ou se sua vitória fosse parcial", haveria novamente "uma explosão de fúria popular, como houve em 1879 e 1905". A conclusão final de Paléologue, e que não era contrária à de Trotski, foi de que "só a derrota militar poderia derrubar o czarismo".

Assim como o movimento operário russo era demasiado fraco para sustar a mobilização militar por parte do governo czarista, da mesma forma os movimentos nacionalistas da Europa centro-oriental eram demasiado débeis e fragmentados para fazer Viena pensar melhor. No começo do século XX, as nacionalidades subalternas, incluindo os sérvios, estavam marcando passo. Seus programas, organizações e estratégias políticas eram tão moderados quanto os dos partidos social-democratas da Europa central e ocidental. Com raras exceções, seus líderes eram gradualistas comprovados, tanto por temor aos poderes repressivos do Estado quanto por não estarem inclinados, como os líderes do recente *Risorgimento* italiano, a mobilizar as massas, em particular as camponesas, com programas sociais radicais.

De modo significativo, a clandestina Mão Negra e os jovens assassinos de Francisco Ferdinando tinham suas bases, não entre os eslavos supostamente agitados do Império Austro-Húngaro, mas ao longo da fronteira na Sérvia. Além disso, foi um ato não de segurança, mas de desespero. A política do assassinato simbólico era, como sempre, a estratégia de movimentos nacionalistas paralisados, frágeis e divididos.

Na verdade, o assassinato do arquiduque e sua esposa morganática na capital da Bósnia foi um reflexo microscópico da crise geral da Europa. De um lado, estavam os excessos esporádicos de militantes mais à margem do que no centro dos movimentos operários, socialistas e nacionalistas, fundamentalmente moderados. Além de fracos, os fanáticos dessas forças de mudança eram desautorizados pelos seus movimentos-matrizes. Mesmo assim, a política da ultra-reação atribuía a esses movimentos a mesma pecha de extremismo, daí resultando que eles, por sua vez, viam-se sob o desprezo e a desconfiança das forças centristas em desmoronamento.

Do outro lado, estavam os excessos constantes dos ultraconservadores, com íntimas ligações com o núcleo das classes e instituições dominantes e governantes. Longe de serem repudiados pelos seus aliados conservadores dentro e fora do governo, os fanáticos das forças da ordem exerciam uma influência cada vez maior sobre eles.

Francisco Ferdinando foi a encarnação absoluta do ultraconservadorismo ressurgente e da política da reação extremada que permearam os centros nervosos do poder. Não era apenas um aristocrata altivo, um absolutista arrogante, um austro-germânico orgulhoso, um católico fervoroso, um militarista autoritário; como reacionário total, era também um agressivo antidemocrata, anticapitalista, antilibertário, anti-socialista, antimagiar, antieslavo, anti-semita e antimodernista. O herdeiro presuntivo pode ter vacilado entre a política do pronunciamento militar interno e a da guerra induzida externa, mas poucos duvidaram de que, uma vez no trono dos Habsburgo — o imperador Francisco José I tinha 84 anos de idade em 1914 —, orquestraria uma política vigorosa de retrocesso histórico. Entrementes, a preocupação principal de Francisco Ferdinando era o exército. De maneira sintomática, tornou-se tenente aos 14 anos de idade, e rapidamente ascendeu na hierarquia. A partir de 1895, poderia atuar como comandante-chefe em caso de guerra, e em 1898 assumiu o cargo de um escritório do ministério militar, que logo se converteu numa espécie de governo fantasma reacionário. O arquiduque esperava que o exército instilasse lealdade e disciplina por todo o reino. Embora encarregado da supervisão de todos os aspectos do *establishment* militar, Francisco Ferdinando mostrou-se totalmente desinteressado pelos novos arsenais e pelas novas táticas da guerra de infantaria. Sua confiança na cavalaria mantinha-se sólida, em parte talvez porque considerasse o exército, no mínimo, tanto como um instrumento de ordem interna quanto de guerra externa.

Francisco Ferdinando foi apenas a vítima do comando terrorista solitário que disparou os tiros fatais em Sarajevo. Por trás da vítima desafortunada estava o alvo maior de elites e instituições veneráveis, determinadas a prolongar sua vida privilegiada, se necessário pela força e pela violência. Mas esse alvo era demasiado vasto, renovável e resistente para ser abatido por uns poucos projéteis terroristas. Seriam necessárias as duas guerras mundiais e o Holocausto, ou a Guerra dos Trinta Anos do século XX, para afinal desalojar e exorcizar a pretensão feudal e aristocrática das sociedades civis e políticas da Europa.

BIBLIOGRAFIA

INTRODUÇÃO

Anderson, Perry. *Lineages of the Absolutist State*. Londres, New Left Books, 1974.

Arendt, Hannah. *The Origins of Totalitarianism*. 3ª ed. Nova York, Harcourt, Brace & World, 1966.

Aston, Trevor. Org. *Crisis in Europe, 1560-1660*. Nova York, Basic Books, 1965.

Barraclough, Geoffrey. *An Introduction to Contemporary History*. Nova York, Basic Books, 1965.

Behrens, C. B. A. *The Ancien Régime*. Nova York, Harcourt Brace Jovanich, 1967.

Bloch, Marc. *La société féodale*. Paris, Albin Michel, 1939.

Dahrendorf, Ralf. *Society and Democracy in Germany*. Garden City, N. Y., Doubleday & Co., 1967.

Engels, Friedrich. *The Role of Force in History: A Study of Bismark's Policy of Blood and Iron*. Nova York, International Publishers, 1972.

Furet, François. *Penser la Révolution française*. Paris, Gallimard, 1978.

Goubert, Pierre. *L'ancien Régime*. 2 v. Paris, Armand Colin, 1969-1973.

Gramsci, Antonio. *Selections from the Prison Notebooks*. Nova York, International Publishers, 1971.

Halévy, Élie. *The World Crisis of 1914-1918*. Oxford, Clarendon Press, 1930.

Hayes, Carlton J. H. *A Generation of Materialism, 1871-1900*. Nova York, Harper & Row, 1941.

Hobsbawm, E. J. *The Age of Revolution: Europe, 1789-1848*. Cleveland, Ohio, World Publishing Co., 1962.

____. *The Age of Capital, 1848-1875*. Nova York, Charles Scribner's Sons, 1975.

Kehr, Eckart. *Economic Interest, Militarism, and Foreign Policy*. Berkeley, University of California Press, 1977.

Lenin, V. I. *Imperialism: The Highest Stage of Capitalism*. Nova York, International Publishers, 1939.

Marcuse, Herbert. *Negations: Essays in Critical Theory*. Boston, Beacon Press, 1968.

Marx, Karl. *The Eighteenth Brumaire of Louis Bonaparte*. Nova York, International Publishers, 1963.

Marx, Karl e Engels, Friedrich. *The German Ideology*. Partes 1 e 2. Nova York, International Publishers, 1947.

Moore, Barrington, Jr. *Social Origins of Dictatorship and Democracy: Lord and Peasant in the Making of the Modern World*. Boston, Beacon Press, 1966.

Norman, E. Herbert. *Japan's Emergence as a Modern State*. In Dower, John W. Org. *Origins of the Modern Japanese State: Selected Writings of E. H. Norman*. Nova York, Pantheon Books, 1975.

Ortega y Gasset, José. *The Revolt of the Masses*. Nova York, W. W. Norton & Co., 1932.

Polanyi, Karl. *The Great Transformation: Political and Economic Origins of Our Time*. Nova York, Rinehart, 1944.

Schumpeter, Joseph A. *Capitalism, Socialism, and Democracy*. 3ª ed. Nova York, Harper Torchbooks, 1962.

Steiner, George. *In Bluebeard's Castle: Some Notes Toward the Redefinition of Culture*. New Haven, Yale University Press, 1971.

Tocqueville, Alexis de. *The Old Régime and the French Revolution*. Garden City, N. Y., Doubleday & Co., 1955.

Tuchman, Barbara W. *The Proud Tower: A Portrait of the World Before the War, 1890-1914*. Nova York, Macmillan Co., 1966.

Veblen, Thorstein. *Imperial Germany and the Industrial Revolution*. Nova York, Macmillan Co., 1915.

Vovelle, Michel. *La chute de la monarchie, 1787-1792*. Paris, Éditions du Seuil, 1972.

Williams, Raymond. *The Country and the City*. Nova York, Oxford University Press, 1973.

Capítulo 1 — ECONOMIAS: A PERMANÊNCIA DA TERRA, DA AGRICULTURA E DA MANUFATURA

Barral, Pierre. *Les agrariens français de Méline à Pisani*. Paris, Presses de la Fondation Nationale des Sciences Politiques, 1968.

——. *Les sociétés rurales du XXe siècle*. Paris, Armand Colin, 1978.

Bater, James H. *St. Petersburg: Industrialization and Change*. Montreal, McGill-Queens University Press, 1976.

Bechtel, Heinrich. *Wirtschaftsgeschichte Deutschlands im 19. und 20. Jahrhundert*. Munique, Georg D. W. Gallwey, 1956.

Blum, Jerome. *The End of the Old Order in Rural Europe*. Princeton, Princeton University Press, 1978.

Bouvier, Jean. *Histoire économique et histoire sociale: Recherches sur le capitalisme contemporain*. Genebra, Librairie Droz, 1968.

——. *Naissance d'une banque: Le Crédit Lyonnais*. Paris, Flammarion, 1968.

Brodrick, George C. *English Land and English Landlords*. Londres, Cassel, Petter, Galpin & Co., 1881.

Cairncross, A. K. *Home and Foreign Investment, 1870-1913*. Cambridge, Cambridge University Press, 1953.

Cameron, Rondo. *Banking and Economic Development*. Nova York, Oxford University Press, 1972.

Castronovo, Valerio. *Storia d'Italia*. V. 4, parte 1, *La storia economica*. Turim, Giulio Einaudi, 1975.

Chandler, Alfred D., Jr. *The Visible Hand: The Managerial Revolution in American Business*. Cambridge, Mass., Harvard University Press, 1977.

Clapham, J. H. *The Economic Development of France and Germany, 1815-1914*. 4ª ed. Cambridge, Cambridge University Press, 1945.

Collinet, Michel. *Essai sur la condition ouvrière, 1900-1950*. Paris, Éditions Ouvrières, 1951.

Courthéoux, J. P. "Les pouvoirs économiques et sociaux dans un même secteur industriel: La Sidérurgie". *Revue d'Histoire Économique et Sociale*, 38 (1960): 339-76.

Crisp, Olga. *Studies in the Russian Economy Before 1914*. Nova York, Barnes & Noble, 1976.

Daumard, Adeline. "L'évolution des structures sociales en France à l'époque de l'industrialisation". *Revue Historique*, 502 (1972): 325-46.

Deane, Phyllis e Cole, W. A. *British Economic Growth, 1688-1959: Trends and Structure*. Cambridge, Cambridge University Press, 1962.

Dobb, Maurice. *Studies in the Development of Capitalism*. Nova York, International Publishers, 1947.

Dovring, Folke. *Land and Labor in Europe, 1900-1950*. Haia, Martinus Nijhoff, 1956.

Duby, Georges e Wallon, Armand. Orgs. *Histoire de la France rurale*. V. 3, *Apogée et crise de la civilisation paysanne, 1789-1914*. Paris, Éditions du Seuil, 1976.

Eddie, Scott M. "The Changing Pattern of Landownership in Hungary, 1867-1914". *Economic History Review*, 20 (1967): 293-310.

Erickson, Charlotte. *British Industrialist: Steel and Hosiery, 1850-1950*. Cambridge, Cambridge University Press, 1959.

Fridenson, Patrick. *Histoire des Usines Renault: Naissance de la grande entreprise, 1898-1939*. Paris, Éditions du Seuil, 1972.

Gerschenkron, Alexander. *Economic Backwardness in Historical Perspective*. Cambridge, Mass., Harvard University Press, 1962.

Giedion, Siegfried. *Mechanization Takes Command*. Nova York, Oxford University Press, 1948.

Gross, Nachum. "Austrian Industrial Statistics 1880/85 and 1911/13". *Zeitschrift für die gesamte Staatswissenschaft*, 124 (1968): 35-69.

Guiral, Pierre e Thuillier, Guy. *La vie quotidienne des domestiques en France au XIX siècle*. Paris, Librairie Hachette, 1978.

Häbich, Theodor. *Deutsche Latifundien*. Stuttgart, W. Kohlhammer, 1947.

Halsey, A. E. Org. *Trends in British Society since 1900: A Guide to the Changing Social Structure of Britain*. Nova York, St. Martin's Press, 1972.

Hannah, Leslie. *The Rise of the Corporate Economy*. Baltimore, Johns Hopkins University Press, 1976.

Hobsbawm, E. J. *Industry and Empire: The Making of Modern English Society*. V. 2, *1750 to the Present Day*. Nova York, Pantheon Books, 1968.

Hoffman, Walther G. *The Growth of Industrial Economies*. Manchester, Manchester University Press, 1958.

Jones, Gareth Stedman. "Working-Class Culture and Working-Class Politics in London, 1870-1900: Notes on the Remaking of a Working Class". *Journal of Social History*, 7 (1974): 460-508.

Kahn, Alfred E. *Great Britain in the World Economy*. Nova York, Columbia University Press, 1976.

Kemp, Tom. *Industrialization in Nineteenth Century Europe*. Nova York, Humanities Press, 1969.

Kindleberger, Charles P. *Economic Growth in France and Britain, 1851-1950*. Cambridge, Mass., Harvard University Press, 1964.

Landes, David S. *The Unbound Prometheus*. Cambridge, Cambridge University Press, 1969.

Laux, James M. *In First Gear: The French Automobile Industry to 1914*. Montreal, McGill-Queens University Press, 1976.

Lebovics, Herman. "'Agrarians' Versus 'Industrializers'". *International Review of Social History*, 12 (1967): 31-65.

Lévy-Leboyer, Maurice. "Le patronat français a-t-il été malthusien?" *Le Mouvement Social*, 88 (1974): 3-50.

Lyashchenko, Peter I. *History of the National Economy of Russia to the 1917 Revolution*. Nova York, Octagon Books, 1970.

McBride, Theresa M. *The Domestic Revolution: The Modernization of Household Service in England and France, 1820-1920*. Nova York, Holmes & Meier Publishers, 1976.

Matis, Herbert. *Österreichs Wirtschaft, 1848-1913*. Berlim, Duncker & Humblot, 1972.

Mayer, Hans. Org. *Hundert Jahre österreichischer Wirtschaftsentwicklung, 1848-1948*. Viena, Springer, 1949.

Mitchell, B. R. *Abstract of British Historical Statistics*. Cambridge, Cambridge University Press, 1971.

____. *European Historical Statistics, 1750-1970*. Nova York, Columbia University Press, 1975.

Moore, Barrington, Jr. *Injustice: The Social Bases of Obedience and Revolt*. White Plains, N. Y., M. E. Sharpe, 1978.

Moss, Bernard H. *The Origins of the French Labor Movement, 1830-1914: The Socialism of Skilled Workers*. Berkeley, University of California Press, 1976.

Neuburger, Hugh e Stokes, Houston H. "German Banks and German Growth, 1883-1914: An Empirical View". *Journal of Economic History*, 34 (1974): 710-30.

Palmade, Guy P. *Capitalisme et capitalistes français au XIXe siècle*. Paris, Armand Colin, 1961.

Payne, P. L. "The Emergence of the Large-Scale Company in Great Britain, 1870-1940". *Economic History Review*, 20 (1967): 519-41.

Pohl, Manfred. *Einführung in die deutsche Bankengeschichte*. Frankfurt am Main, Fritz Knapp, 1966.

Puhle, Hans Jürgen. *Politische Agrabewegungen in kapitalistischen Industriegesellschaften*. Gottingen, Vandenhoeck & Ruprecht, 1975.

Samuel, Raphael. "The Workshop of the World: Steam Power and Hand Technology in mid-Victorian Britain". *History Workshop*, 3 (1977): 6-72.

Sartorius von Waltershausen, A. *Deutsche Wirtschaftsgeschichte, 1815-1914*. 2ª ed. Iena, Gustav Fischer, 1923.

Saul, S. B. *The Myth of the Great Depression, 1873-1896*. Nova York, Humanities Press, 1969.

Sombart, Werner. *The Jews and Modern Capitalism*. Glencoe, III, Free Press, 1951.

Statisches Jahrbuch für das deutsche Reich, 1913. Berlim, Puttkamer & Mühlbrecht, 1913.

Statistiques internationales rétrospectives. V. 1, *La population active et sa structure*. Bruxelas, Université Libre de Bruxelles, 1968.

Stearns, Peter N. *Lives of Labor: Work in a Maturing Industrial Society*. Nova York, Holmes & Meier Publishers, 1975.

Tremel, Ferdinand. *Wirtschafts- und Sozialgeschichte Österreichs*. Viena, Franz Deuticke, 1969.

Tross, Arnold. *Der Aufbau der Eisen- und eisenverarbeitenden Industriekonzerne Deutschlands*. Berlim, Julius Springer, 1923.

Zorn, Wolfgang. Org. *Handbuch der deutschen Wirtschafts- und Sozialgeschichte*. V. 2, *Das 19. und 20. Jahrhundert*. Stuttgart, Ernst Klett, 1976.

Capítulo 2 — CLASSES DOMINANTES: A BURGUESIA SE INCLINA

Baldick, Robert. *The Duel*. Nova York, Clarkson N. Potter, 1966.

Bergeron, Louis. *Les capitalistes en France, 1780-1914*. Paris, Gallimard/Julliard, 1978.

Bourdieu, Pierre e Passeron, Jean-Claude. *Les Héritiers*. Paris, Éditions de Minuit, 1964.

____, *La reproduction*. Paris, Éditions de Minuit, 1970.

Bramsted, Ernest K. *Aristocracy and the Middle-Classes in Germany: Social Types in German Literature, 1830-1900*. Chicago, University of Chicago Press, 1964.

Bruce-Jones, Mark e Montgomery-Massingberd, Hugh. *The British Aristocracy*. Londres, Constable, 1979.

Cecil, Lamar. "The Creation of Nobles in Prussia, 1871-1918". *American Historical Review*, 75 (1970): 757-95.

Chaussinand-Nogaret, Guy. Org. *Une histoire des élites, 1700-1848*. Paris, Mouton Éditeur, 1975.

Daumard, Adeline. *Les bourgeois de Paris au XIXe siècle*. Paris, Flammarion, 1970.

Demeter, Karl. *The German Officer Corps in Society and State, 1650-1945*. Nova York, Frederick A. Praeger, 1965.

Du Puy de Clinchamps, Philippe. *La noblesse*. Paris, Presses Universitaires de France, 1959.

Elenco ufficiale nobiliare italiano. Bolonha, Forni, 1922.

Elias, Norbert. *Die höfische Gesellschaft: Untersuchungen zur Soziologie des Königtums und der höfischen Aristokratie*. Neuwied, Luchterhand, 1969.

____. *Über den Progress der Zivilisation*. 2 v. Frankfurt am Main, Suhrkamp, 1978.

Ellul, Jacques. *Métamorphose du bourgeois*. Paris, Calmann-Lévy, 1967.

Emmons, Terence. "The Russian Landed Gentry and Politics". *Russian Review*, 33 (1974): 269-83.

Engelmann, Bernt. *Krupp*. Munique, Wilhelm Goldmann, 1978.

Feguiz, P. L. *Il volto sconosciuto dell'Italia*. 2 v. Milão, Antonino Giuffrè, 1966.

Fontane, Theodor. *Der Stechlin*. Berlim, 1899.

____. *Frau Jenny Treibel*. Berlim, 1893.

Fugger, Nora. *The Glory of the Habsburgs*. Nova York, Dial Press, 1932.

Giddens, Anthony. *The Class Structure of the Advanced Societes*. Nova York, Barnes & Noble, 1973.

Girouard, Mark. *Life in the English Country House: A Social and Architectural History*. New Haven, Conn., Yale University Press, 1978.

Goblot, Edmond. *La barrière et le niveau: Étude sociologique sur la bourgeoisie française moderne*. Paris, Presses Universitaires de France, 1967.

Görlitz, Walter. *Die Junker: Adel und Bauer im deutschen Osten*. Glücksburg/Ostsee, C. V. Starke, 1957.

Graña, César. *Bohemia Versus Bourgeois*. Nova York, Basic Books, 1964.

Groethhuysen, Bernard. *Origines de l'esprit bourgeois en France*. Paris, Gallimard, 1927.

Guttsman, W. L. Org. *The English Ruling Class*. Londres, Weidenfeld & Nicolson, 1969.

Hamburg, Gary Michael. "Land, Economy and Society in Tsarist Russia: Interest Politics of the Landed Gentry during the Agrarian Crisis of the Late Nineteenth Century". Dissertação de PhD não publicada. Universidade Stanford, 1978.

Huizinga, Johan. *The Waning of the Middle Ages*. Garden City, N. Y., Doubleday & Co., 1954.

Jäger-Sunstenau, Hanns. "Statistik der Nobilitierungen in Österreich, 1701-1918". *Österreichisches Familienarchiv*, 1 (1963): 3 et segs.

Jaray, Gabriel Louis. *La question sociale et le socialisme en Hongrie*. Paris, Félix Alcan, 1909.

Karady, Victor e Kemény, István. "Les juifs dans la structure des classes en Hongrie: Essai sur les antécédents historiques des crises d'antisémitisme du XXe siècle". *Actes de la Recherche en Sciences Sociales*, 22 (1978): 25-59.

Kruedener, Jürgen von. *Die Rolle des Hofes im Absolutismus*. Stuttgart, Gustav Fischer, 1973.

Lewis, Roy e Maude, Angus. *The English Middle Classes*. Londres, Phoenix House, 1949.

Machtan, Lothar e Milles, Dietrich. *Die Klassensymbiose von Junkertum und Bourgeoisie in Preussen-Deutschland, 1850-1878/79*. Frankfurt am Main, Ullstein, 1980.

Mann, Thomas. *Buddenbrooks*. Berlim, S. Fischer, 1901.

Mayer, Arno J. "The Lower Middle Class as Historical Problem". *Journal of Modern History*, 47 (1975): 409-36.

McCagg, William O., Jr. "Ennoblement in Dualistic Hungary". *East European Quarterly*, 5 (1971): 13-26.

———. *Jewish Nobles and Geniuses in Modern Hungary*. Boulder, Colo., East European Quarterly, 1972.

McMillan, James. *The Honours Game*. Londres, Leslie Frewin, 1969.

Manchester, William. *The Arms of Krupp, 1587-1968*. Nova York, Bantam Books, 1968.

March, Harold. *The Two Worlds of Màrcel Proust*. Philadelphia, University of Pennsylvania Press, 1948.

Michels, Robert. *Probleme der Sozialphilosophie*. Leipzig/Berlim, B. G. Teubner, 1914.

Muncy, Lysbeth Walker. *The Junker in Prussian Administration under William II, 1888-1914*. Providence, R. I., Brown University Press, 1944.

Musil, Robert. *Der Mann ohne Eigenschaften*. Hamburgo, Rowohlt, 1956.

Oertzen, Friedrich Wilhelm von. *Junker: Preussischer Adel im Jahrhundert des Liberalismus*. Oldenburg, Stalling, 1939.

Painter, George D. *Marcel Proust*. 2 v. Nova York, Vintage Books, 1978.

Perrott, Roy. *The Aristocrats: A Portrait of Britain's Nobility and Their Way of Life Today*. Londres, Weidenfeld & Nicolson, 1968.

Phillips, Gregory P. *The Diehards: Aristocratic Society and Politics in Edwardian England*. Cambridge, Mass., Harvard University Press, 1979.

Ponteil, Félix. *Les classes bourgeoises et l'avènement de la démocratie, 1815-1914*. Paris, Albin Michel, 1968.

Preradovich, Nikolaus von. *Die Führungsschichten in Oesterreich und Preussen, 1804-1918*. Wiesbaden, Franz Steiner, 1955.

Pritzkoleit, Kurt. *Wem gehört Deutschland?* Viena, Munique/Basel, Kurt Desch, 1957.

Proust, Marcel. *A la recherche du temps perdu*. 15 v. Paris, Gallimard, 1919-1927.

Pumphrey, Ralph. "The Creation of Peerages in England, 1837-1911". Dissertação de PhD não publicada, Universidade Yale, 1934.

Riehl, Wilhelm Heinrich. *Die bürgerliche Gesellschaft*. Frankfurt am Main, Ullstein, 1976.

Riese, Laure. *Les salons littéraires parisiens*. Toulouse, Privat, 1962.

Romano, Salvatore. *Le classi sociali in Italia*. Turim, Giulio, Einaudi, 1965.

Rothenberg, Gunther E. *The Army of Francis Joseph*. West Lafayette, Ind., Purdue University Press, 1976.

Rubenstein, W. D. "Wealth, Elites and the Class Structure of Modern Britain". *Past and Present*, 76 (1977): 101-26.

Schnapper, Dominique. *L'Italie rouge et noire*. Paris, Gallimard, 1971.

Schwering, Axel von. *The Berlin Court under William II*. Londres, Cassel & Co., 1915.

Siegert, Heinz. Org. *Adel in Österreich*. Viena, Kremayr & Scheriau, 1971.

Sinclair, Andrew. *The Last of the Best: The Aristocracy of Europe in the Twentieth Century*. Nova York, Macmillan Co., 1969.

Sombart, Werner. *Der Bourgeois*. Munique/Leipzig, Duncker & Humblot, 1913.

Spring, David. Org. *European Landed Elites in the Nineteenth Century*. Baltimore, Johns Hopkins University Press, 1977.

Tarde, Gabriel. *Les lois de l'imitation*. Paris, Alcan, 1895.

Thompson, F. M. L. *British Landed Society in the Nineteenth Century*. Toronto, University of Toronto Press, 1963.

Veblen, Thorstein. *The Theory of the Leisure Class*. Nova York, Huebsch, 1918.

Whittam, John. *The Politics of the Italian Army, 1861-1918*. Hamden, Conn., Shoe String Press, 1976.

Wortman, Richard. "Court Ceremonial and Bureaucracy in Nineteenth Century Russia". Esboço não publicado, 1979.

Zeldin, Theodore. *France, 1848-1945*. 2 v. Nova York, Oxford University Press, 1973-1977.

Zunkel, Friedrich. "Industriebürgertum in Westdeustschland". In Wehler, Hans-Ulrich. Org. *Moderne deutsche Sozialgeschichte*. Colônia/Berlim, Kiepenheuer & Witsch, 1966.

Capítulo 3 — SOCIEDADE POLÍTICA E CLASSES GOVERNANTES: A BASE DO ANTIGO REGIME

Anderson, R. D. *France, 1870-1914: Politics and Society*. Londres, Routledge & Kegan Paul, 1977.

Armstrong, John A. *The European Administrative Elite*. Princeton, N. J., Princeton University Press, 1973.

Beau de Loménie, E. *Les responsabilités des dynaties bourgeoises*. V. 2, *Sous la Troisième république: De Mac-Mahon à Poincaré*. Paris, Éditions Denoël, 1947.

Beer, Samuel H. *British Politics in the Collectivist Age*. Nova York, Alfred A. Knopf, 1965.

Bernstein, Serge e Milza, Pierre. *L'Italie contemporaine*. Paris, Armand Colin, 1973.

Bois, Paul. *Paysans de l'Ouest*. Paris, Flammarion, 1971.

Bolton, Glorney. *Roman Century, 1870-1970*. Londres, Hamish Hamilton, 1970.

Bromhead, P. A. *The House of Lords and Contemporary Politics, 1911-1957*. Nova York, Hillary House Publishers, 1958.

Cannadine, David. "The Context, Performance, and Meaning of Ritual: The British Monarchy and the Invention of Tradition, c. 1800-1977". A ser publicado em *Past and Present*.

Charle, Christophe. *Les hauts fonctionnaires en France au XIXe siècle*. Paris, Gallimard/Julliard, 1980.

Charnay, Jean-Paul. *Le suffrage politique en France*. Paris, Mouton, 1965.

Charques, Richard. *The Twilight of Imperial Russia*. Londres, Oxford University Press, 1958.

Chastenet, Jacques. *Histoire de la Troisième république: Triomphes et malaises*. Paris, Librairie Hachette, 1964.

Chmielewski, Edward. "Stolypin's Last Crisis". *California Slavic Studies*, 3 (1964): 95-126.

Coppa, Frank J. *Planning, Protection and Politics in Liberal Italy*. Washington, D. C., Catholic University of America Press, 1971.

Desmarest, Jacques. *L'évolution de la France contemporaine: Des oppositions à l'unité, 1897-1914*. Paris, Librairie Hachette, 1977.

Feuchtwanger, E. J. *Prussia: Myth and Reality*. Londres, Oswald Wolff, 1970.

Florinsky, Michael T. *The End of Russian Empire*. Nova York, Collier-Macmillan, 1961.

Gash, Norman; Southgate, Donald; Dilks, David e Ramsden, John. *The Conservatives: A History from their Origins to 1965*. Londres, George Allen & Unwin, 1977.

Girardet, Raoul. *La société militaire dans la France contemporaine, 1815-1939*. Paris, Plon, 1953.

Grusky, Oscar. "Career Patterns and Characteristics of British Naval Officcers". *British Journal of Sociology*, 26 (1975): 35-51.

Guttsman, W. L. *The British Political Elite*. Nova York, Basic Books, 1963.

Hosking, Geoffrey A. *The Russian Constitutional Experiment: Government and Duma, 1907-1914*. Cambridge, Cambridge University Press, 1973.

Jászi, Oscar. *The Dissolution of the Habsburg Monarchy*. Chicago, University of Chicago Press, 1929.

Katz, Robert. *The Fall of the House of Savoy*. Nova York, Macmillan Co., 1971.

Kelsall, R. K. *Higher Civil Servants in Britain: From 1870 to the Present*. Nova York, Humanities Press, 1955.

Kingsley, J. Donald. *Representative Bureaucracy: An Interpretation of the British Civil Service*. Yellow Springs, Ohio, Antioch College, 1944.

Kochan, Lionel. *Russia in Revolution, 1890-1918*. Nova York, New American Library, 1966.

Lowell, A. Lawrence. *Governments and Parties in Continental Europe*. 2 v. Boston, Houghton Mifflin, 1896.

Lukes, Stephen. *Essays in Social Theory*. Nova York, Columbia University Press, 1977.

Manning, Roberta T. *The Crisis of the Old Order in Russia: Gentry and Government, 1861-1914*. Princeton, N. J., Princeton University Press, 1981.

____. "The Zemstvo and Politics, 1864-1914". In Emmons, Terence. Org. *The Zemstvo: An Experiment in Local Self-Government*. Cambridge, Cambridge University Press, no prelo.

Massie, Robert K. *Nicholas and Alexandra*. Nova York, Dell Publishing Co., 1967.

Michels, Robert. *Political Parties*. Glencoe, Ill., Free Press, 1949.

Miliband, Ralph. *Marxism and Politics*. Nova York, Oxford University Press, 1977.

Neufeld, Maurice F. *Italy: School for Awakening Countries*. Ithaca, N. Y., New York State School of Industrial and Labor Relations, Cornell University, 1961.

Ostrogorski, Moisei. *Democracy and the Organization of Political Parties*, 2 v. 1902. Reimpressão editada em Brooklyn, N. Y., Haskell House Publishers, 1970.

Otley, C. B. "The Educational Background of British Army Officers". *Sociology*, 7 (1973): 192-209.

____. "The Social Origins of British Army Officers". *Sociological Review*, 18 (1970): 213-39.

Pares, Bernard. *The Fall of the Russian Monarchy*. Nova York, Alfred A. Knopf, 1939.

Pintner, Walter M. e Rowney, Don K. Org. *Russian Officialdom: The Bureaucratization of Russian Society from the Seventeenth to the Twentieth Century*. Chapel Hill, University of North Carolina Press, 1980.

Pritzkoleit, Kurt. *Das kommandierte Wunder: Deutschlands Weg im zwanzigsten Jahrhundert*. Viena/Munique/Basel, Kurt Desch, 1959.

Razzell, P. E. "Social Origins of Officers in the Indian and British Home Army, 1758-1962". *British Journal of Sociology*, 14 (1963): 248-60.

Rebérioux, Madeleine. *La république radicale? 1898-1914*. Paris, Éditions du Seuil, 1975.

Robinson, Geroid T. *Rural Russia Under the Old Regime*. Nova York, Macmillan Co., 1932.

Seton-Watson, Hugh. *The Decline of Imperial Russia, 1855-1914*. Nova York, Frederick A. Praeger, 1956.

Shapiro, David. Org. *The Right in France 1890-1919*. Carbondale, Southern Illinois University Press, 1962.

Siegfried, André. *Tableau politique de la France de l'ouest sous la IIIe république*. Paris, Armand Colin, 1913.

Sorlin, Pierre, *La société française, 1840-1968*. V. 1, *1840-1914*. Paris, Arthaud, 1969.

Stanworth, Philip e Giddens, Anthony. Org. *Elites and Power in British Society*. Cambridge, Cambridge University Press, 1974.

Sternberg, Dolf e Vogel, Bernhard. *Die Wahl der Parlamente und anderer Staatsorgane*. V. 1, *Europa*. Berlim, Walter de Gruyter, 1969.

Tannenbaum, Edward R. e Noether, Emiliana P. *Modern Italy*. Nova York, New York University Press, 1974.

Underwood, F. M. *United Italy*. Londres, Methuen & Co., 1912.

Walsh, W. B. "Political Parties in the Russian Dumas". *Journal of Modern History*, 22 (1950): 144-50.

Weber, Eugen. *Peasant into Frenchmen: The Modernization of Rural France, 1870-1914*. Stanford, Calif., Stanford University Press, 1976.

Wehler, Hans-Ulrich. *Das deutsche Kaiserreich, 1871-1918*. Göttingen, Vandenhoeck & Ruprecht, 1973.

Wildman, Allan K. *The End of the Russian Imperial Army*. Princeton, N. J., Princeton University Press, 1980.

Zaionchkovsky, Peter A. *The Russian Autocracy Under Alexander III*. Gulf Breeze, Fla., Academic International Press, 1976.

Capítulo 4 — CULTURAS OFICIAIS E VANGUARDAS

Adorno, Theodor. *Dissonanzen: Musik in der verwalteten Welt*. Göttingen, Vandenhoeck & Ruprecht, 1972.

——. *Einleitung in die Musiksoziologie*. Munique, Rowohlt, 1971.

——. *Prismen: Kulturkritik und Gesellschaft*. Frankfurt am Main, Suhrkamp, 1955.

Asor Rosa, Alberto. *Storia d'Italia*. V. 4, parte 2, *La cultura*. *Turim, Giulio Einaudi,* 1975.

Auerbach, Erich. *Mimesis*. Princeton, N. J., Princeton University Press, 1953.

Balandier, Georges. *Anthropologie polique*. Paris, Presses Universitaires de France, 1967.

Baltzarék, Franz; Hoffmann, Alfred e Stekl, Hannes. *Wirtschaft und Gesellschaft der wiener Stadterweiterung*. Wiesbaden, Franz Steiner, 1975.

Barea, Ilsa. *Vienna*. Nova York, Alfred A. Knopf, 1966.

Barzini, Luigi. *The Italians*. Nova York, Bantam Books, 1964.

Bastide, Roger. *Art et société*. Paris, Payot, 1977.

Baumgarth, Christa. *Geschichte des Futurismus*. Munique, Rowohlt, 1966.

Bazin, Germain. *The Museum Age*. Nova York, Universe Books, 1967.

Behrmann, N. S. *Duveen: La chasse aux chefs-d'oeuvre*. Paris, Librairie Hachette, 1953.

Bence-Jones, Mark. *Palaces of the Raj*. Londres, George Allen & Unwin, 1973.

Benjamin, Walter. *Illuminationen*. Frankfurt am Main, Suhrkamp, 1977.

Bentmann, Richard e Müller, Michael: *La Villa: Architecture de domination*. Bruxelas, Pierre Mardaga, 1975.

Berger, John. *The Sucess and Failure of Picasso*. Nova York, Pantheon Books, 1980.

____. *Ways of Seeing*. Nova York, Viking Press, 1973.

Billy, André. *L'époque contemporaine, 1905-1930*. Paris, Jules Tallandier, 1956.

____. *L'époque 1900*. Paris, Jules Tallandier, 1951.

Bobek, Hans e Lichtenberger, Elisabeth. *Wien*. Graz/Colônia, Hermann Böhlaus, 1966.

Broch, Hermann. *Hofmannsthal und seine Zeit*. Frankfurt am Main, Suhrkamp, 1974.

Buckle, Richard. *Diaghilev*. Nova York, Atheneum Publishers, 1979.

Bürger, Peter. *Theorie der Avantgarde*. Frankfurt am Main, Suhrkamp, 1974.

Carassus, Emilien. *Le snobisme et les lettres françaises de Paul Bourget à Marcel Proust, 1884-1914*. Paris, Armand Colin, 1966.

Charle, Christophe. "Champ littéraire et champ du pouvoir: Les écrivains et l'Affaire Dreyfus". *Annales*, 32 (1977): 240-64.

Crubellier, Maurice. *Histoire culturelle de la France: XIXe-XXe siècle*. Paris, Armand Colin, 1974.

Decker, Hannah S. *Freud in Germany: Revolution and Reaction in Science, 1893-1907*. Nova York, International Universities Press, 1977.

Dellheim, Charles J. "Medievalism in Modernity: Studies in the Victorians' Encounter with Their Historic Inheritance". Dissertação de PhD não publicada, Universidade Yale, 1980.

Duffrenne, Mikel. *Art et politique*. Paris, Aubier-Montaigne (10/18), 1974.

Egbert, Donald Drew. *Social Radicalism and the Arts*. Nova York, Alfred A. Knopf, 1970.

Eisler, Hanns. *Materialen zu einer Dialektik der Musik*. Leipzig, Philipp Reclam, 1973.

Elgar, F. "L'académisme de l'art officiel sous la IIIe république". *Carrefour*, 8 fev. 1956.

Engelmann, Bernt. *Trotz alledem: Deutsche Radikale, 1777-1977*. Munique, Rowohlt, 1979.

Fremantle, Anne. *The Papal Encyclicals in Their Historical Context*. Nova York, Mentor Books, 1972.

Friedel, Egon. *A Cultural History of the Modern Age*. V. 3. Nova York, Alfred A. Knopf, 1954.

Gathorne-Hardy, Jonathan. *The Old School Tie*. Nova York, Viking Press, 1977.

Gaudibert, Pierre. *Action culturelle: Intégration et/ou subversion*. Paris, Casterman, 1972.

Gay, Peter. *Freud, Jews and Other Germans*. Nova York, Oxford University Press, 1978.

Gilbert, Alan D. *Religion and Society in Industrial England, 1740-1914*. Nova York, Longman, 1976.

Gilman, Richard. *Decadence: The Strange Life of an Epiteth*. Nova York, Farrar, Straus & Giroux, 1975.

Giraudoux, Jean. *Pleins Pouvoirs*. Paris, Gallimard, 1939.

Golding, John. *Cubism*. 2.ª ed. Nova York, Harper & Row, 1968.

Graña, César. *Fact and Symbol: Essays in the Sociology of Art and Literature*. Nova York, Oxford University Press, 1971.

Gray, Camilla. *The Great Experiment: Russian Art, 1863-1922*. Nova York, Harry N. Abrams, 1962.

Gregor, Joseph. *Kulturgeschichte des Balletts*. Viena, Gallus, 1944.

Griffiths, Richard. *The Reactionary Revolution: The Catholic Revival in French Literature, 1870-1914*. Nova York, Frederick Ungar Publishing Co., 1965.

Grigoriev, S. L. *The Diaghilev Ballet, 1909-1929*. Londres, Constable, 1953.

Grover, Stuart R. "The World of Art Movement in Russia". *Russian Review*, 32 (1973): 28-42.

Hall, Ron. "Family Backgrounds of Etonians". In Rose, Richard. Org. *Studies in British Politics*. Nova York, St. Martin's Press, 1966.

Hauser, Arnold. *The Social History of Art*. V. 4, *Naturalism, Impressionism, the Film Age*. Nova York, Vintage Books, 1951.

Hess, Thomas B. e Ashbery, John. Orgs. *Art of the Academy*. Nova York, Collier-Macmillan, 1971.

Hinz, Berthold. *Art in the Third Reich*. Nova York, Pantheon Books, 1980.

Hynes, Samuel. *The Edwardian Turn of Mind*. Princeton, N. J., Princeton University Press, 1968.

Janz, Rolf-Peter e Laerman, Klaus. *Arthur Schnitzler: Zur Diagnose des wiener Bürgertums im Fin de Siècle*. Stuttgart, Metzler, 1977.

Johnston, William M. *The Austrian Mind: An Intellectual and Social History, 1848-1938*. Berkeley, University of California Press, 1972.

Kandinsky, Wassily e Marc, Franz. Orgs. *The Blaue Reiter Almanac*. Nova York, Viking Press, 1974.

Kassow, Samuel D. "The Russian University in Crisis, 1899-1911". Dissertação de PhD não publicada, Universidade Princeton, 1976.

Kohn, Caroline. *Karl Kraus*. Stuttgart, J. B. Metzlersche, 1966.

König, René. *Macht und Reiz der Mode*. Düsseldorf Viena, Econ, 1971.

——. *The Restless Image: A Sociology of Fashion*. Londres, George Allen & Unwin, 1973.

Lalo, Charles. *L'art et la vie sociale*. Paris, Librairie Octave Doin, 1921.

Laurent, Jeanne. *La République et les beaux-arts*. Paris, Julliard, 1955.

Laver, James. *Taste and Fashion from the French Revolution Until Today*. Nova York, Dodd, Mead & Co., 1938.

Le Bot, Marc. *Peinture et machinisme*. Paris, Klincksieck, 1973.

Lecanouet, Édouard. *L'Église française sous la IIIe république*. Paris, Alcan, 1930.

Lenman, Robin. "Politics and Culture: The State and the Avant-Garde in Munich, 1886-1914". In Evans, Richard J. Org. *Society and Politics in Wilhelmine Germany*. Nova York, Harper & Row, 1978.

Lichtenberger, Elizabeth. *Wirtschaftsfunktion und Sozialstruktur*. Viena, Böhlaus, 1970.

Lilge, Frederic. *The Abuse of Learning: The Failure of the German University*. Nova York, Macmillan Co., 1948.

McClelland, James C. *Autocrats and Academics: Education, Culture, and Society in Tsarist Russia*. Chicago, University of Chicago Press, 1979.

McManners, John. *Church and State in France, 1870-1914*. Nova York, Harper & Row, 1972.

Marraro, Howard R. *The New Education in Italy*. Nova York, S. F. Vanni, 1936.

Marx, Roland. *Réligion et société en Angleterre*. Paris, Presses Universitaires de France, 1978.

Masur, Gerhard. *Imperial Berlin*. Nova York, Basic Books, 1970.

Meeks, Carroll L. V. *The Railroad Station*. New Haven, Conn., Yale University Press, 1956.

Minihan, Janet. *The Nationalization of Culture: The Development of State Subsidies to the Arts in Great Britain*. Nova York, New York University Press, 1977.

Minio-Paluello, Lorenzo. *Education in Fascist Italy*. 1946. Reimpressão editada em Nova York, AMS Press, 1979.

Moers, Ellen. *The Dandy: Brummel to Beerbohm*. Nova York, Viking Press, 1960.

Morgan, D. H. J. "The Social and Educational Background of Anglican Bishops". *British Journal of Sociology*, 20 (1969): 295-310.

Moulin, Raymonde. *Le Marché de la peinture en France*. Paris, Éditions de Minuit, 1967.

Naumann, Michael. *Der Abbau einer verkehrten Welt: Satire und politische Wirklichkeit im Werk von Karl Kraus*. Munique, Paul List, 1969.

Nordau, Max. *Degeneration*. Reimpressão editada em Nova York, Howard Fertig, 1968.

Ogilvie, R. M. *Latin and Greek: A History of the Influence of the Classics on English Life from 1600 to 1918*. Hamden, Conn., Shoe String Press, 1964.

Paret, Peter. "Art and the National Image: The Conflict over Germany's Participation in the St. Louis Exposition". *Central European History*, 11 (1978): 173-83.

Pevsner, Nikolaus. *A History of Building Types*. Princeton, N. J., Princeton University Press, 1976.

Pierrard, Pierre. *Le prêtre français*. Paris, Blond & Gay, 1969.

Poggioli, Renato. *The Theory of the Avant-Garde*. Nova York, Harper & Row, 1971.

Poulat, Émile. *Église contre bourgeoisie*. Paris, Casterman, 1977.

Proffer, Carl e Ellendea. Orgs. *The Silver Age of Russian Culture*. Ann Arbor, Mich., Ardis Publishers, 1975.

Prost, Antoine. *L'enseignement en France, 1800-1967*. Paris, Armand Colin, 1968.

Richard, Lionel. *D'une Apocalypse à l'autre*. Paris, Aubier-Montaigne (10/18), 1976.

____. *Le nazisme et la culture*. Paris, François Maspero, 1978.

Ringer, Fritz. *The Decline of the German Mandarins: The German Academic Community, 1890-1933*. Cambridge, Mass., Harvard University Press, 1969.

____. *Education and Society in Modern Europe*. Bloomington, Indiana University Press, 1979.

Roazen, Paul. *Freud and His Followers*. Nova York, New American Library, 1976.

Samuel, R. H. e Thomas, R. Hinton. *Education and Society in Modern Germany*. Nova York, Humanities Press, 1949.

Sanderson, Michael. *The Universities and British Industry, 1850-1970*. Londres, Routledge & Kegan Paul, 1972.

Schoch, Rainer. *Das Herrschaftsbild in der Malerei*. Munique, Prestel, 1975.

Schorske, Carl E. *Fin-de-Siècle Vienna: Politics and Culture*. Nova York, Alfred A. Knopf, 1980.

Schüler, Winfried. *Der bayreuther Kreis von seiner Entstehung bis zum Ausgang der wilhelminischen Ära*. Münster, Aschendorff, 1971.

Sedlmayr, Hans. *Art in Crisis*. Chicago, Henry Regnery Co., 1958.

Service, Alastair. *Edwardian Architecture*. Nova York, Oxford University Press, 1978.

Shapiro, Theda. *Painters and Politics: The European Avant-Garde and Society, 1900-1925*. Nova York, Elsevier, 1976.

Starr, Frederick. *Melnikov*. Princeton, N. J., Princeton University Press, 1978.

———. "The Revival and Schism of Urban Planning in Twentieth-Century Russia". In Hamm, Michael F. Org. *The City in Russian History*. Lexington, University of Kentucky Press, 1976.

Strobl, Alice. "Zu den Fakultätsbildern von Gustav Klimt". *Albertina Studien*, 2 (1964): 138-69.

Stuckenschmidt, H. H. *Neue Musik*. Frankfurt am Main, Suhrkamp, 1951.

Swart, Koenraad W. *The Sense of Decadence in Nineteenth-Century France*. Haia, Martinus Nijhoff, 1964.

Tisdall, Caroline e Bozzolla, Angelo. *Futurism*. Nova York, Oxford University Press, 1978.

Vaisse, Pierre. *La Troisième République et les peintres: Recherches sur les rapports des pouvoirs publics et de la peinture en France de 1870 à 1914*. Thèse d'État, Université de Paris IV, 1980.

Williams, Raymond. *Marxism and Literature*. Nova York, Oxford University Press, 1977.

Wittlin, Alma S. *The Museum: Its History and Its Tasks in Education*. Londres, Routledge & Kegan Paul, 1949.

Wolff, Pierre. *La musique contemporaine*. Paris, Fernand Nathan, 1954.

Yarwood, Doreen. *The Architecture of Italy*. Nova York, Harper & Row, 1971.

Capítulo 5 — CONCEPÇÕES DE MUNDO: DARWINISMO SOCIAL, NIETZSCHE, GUERRA

Althusser, Louis. "Idéologie et appareils idéologiques de l'État". *Pensée*, 151 (1970): 9-21.

Ansart, Pierre. *Idéologies: Conflits et pouvoir*. Paris, Presses Universitaires de France, 1977.

Assoun, Paul-Laurent. *Freud et Nietzsche*. Paris, Presses Universitaires de France, 1980.

Bachrach, Peter. *The Theory of Democratic Elitism: A Critique*. Boston, Little, Brown & Co., 1967.

Bannister, James Mark. "The Survival of the Fittest Is Our Doctrine". *Journal of the History of Ideas*, 31 (1970): 377-98.

Barzun, Jacques. *Darwin, Marx, Wagner*. Garden City, N. Y., Doubleday & Co., 1958.

Beetham, David. *Max Weber and the Theory of Modern Politics*. Londres, George Allen & Unwin, 1974.

Bendix, Reinhard. *Max Weber: An Intellectual Portrait*. Garden City, N. Y., Doubleday & Co., 1962.

Bergmann, Klaus. *Agrarromantik und Grossstadtfeindschaft*. Meisenheim am Glan, Anton Hain, 1970.

Bestuzhev, I. V. "Russian Foreign Policy, February-June 1914". *Journal of Contemporary History*, 1 (1966): 93-111.

Bottomore, T. B. *Elites and Society*. Londres, Penguin Books, 1970.

Boudot, Pierre. *Nietzsche et les écrivains français, 1930-1960*. Paris, Aubier-Montaigne (10/18), 1970.

Brandes, George. *Menschen und Werke*. Frankfurt am Main, Literarische Anstalt, 1970.

Buci-Glucksmann, Christine. *Gramsci et l'État*. Paris, Fayard, 1975.

Burnham, James. *The Machiavellians*. Londres, Putnam & Co., 1943.

Clark, Linda Loeb. "Social Darwinism and French Intellectuals, 1860-1915". Dissertação de PhD não publicada, Universidade da Carolina do Norte, Chapel Hill, 1968.

Conrad-Martius, Hedwig. *Utopien der Menschenzüchtung: Der Sozialdarwinismus und seine Folgen*. Munique, Kösel, 1955.

Conry, Ivette. *L'introduction du darwinisme en France au XIXe siècle*. Paris, Vrin, 1974.

Danto, Arthur C. *Nietzsche as Philosopher*. Nova York, Macmillan Co., 1965.

Drake, Richard. *Byzantium for Rome: The Politics of Nostalgia in Umbertian Italy, 1878-1900*. Chapell Hill, University of North Carolina Press, 1980.

Edelman, Robert. *Gentry Politics on the Eve of the Russian Revolution: The Nationalist Party, 1907-1917*. New Brunswick, N. J., Rutgers University Press, 1980.

Fouillée, Alfred. *L'évolutionisme des idées-forces*. Paris, Félix Alcan, 1890.

____. *Nietzsche et l'immoralisme*. Paris, Félix Alcan, 1920.

____. *La psychologie des idées-forces*. Paris, Félix Alcan, 1893.

Gasman, Daniel. *The Scientific Origins of National Socialism: Social Darwinism in Ernst Haeckel and the German Monist League*. Nova York, Elsevier, 1971.

Geyer, Dietrich. *Der russische Imperialismus*. Göttingen, Vandenhoeck & Ruprecht, 1977.

Glick, Thomas F. Org. *The Comparative Reception of Darwinism*. Austin, University of Texas Press, 1974.

Goodheart, Eugene. *The Failure of Criticism*. Cambridge, Mass., Harvard University Press, 1978.

Greiffenhagen, Martin. *Das Dilemma des Konservatismus in Deutschland*. Munique, R. Piper, 1977.

Guillaumin, Colette. *L'idéologie raciste: Genèse et langage actuel*. Paris, Mouton, 1972.

Himmelfarb, Gertrude. *Darwin and the Darwinian Revolution*. Gloucester, Mass., Peter Smith, 1967.

Hofstadter, Richard. *Social Darwinism in American Thought*. Nova York, George Braziller, 1959.

Hughes, H. Stuart. *Consciousness and Society: The Reorientation of European Social Thought, 1890-1930*. Nova York, Alfred A. Knopf, 1958.

Jackson, Holbrook. *The Eighteen-Nineties*. 1913. Reimpressão editada em Nova York, Humanities Press, 1976.

Janowitz, Morris. *The Professional Soldier: A Social and Political Portrait*. Chicago, Free Press, 1960.

Joll, James. *1914: The Unspoken Assumptions*. Londres, Weidenfeld & Nicolson, 1968.

Kaufmann, Walter. *Nietzsche*. Nova York, Meridian Books, 1956.

Kennedy, Paul M. Org. *The War Plans of the Great Powers, 1880-1914*. Londres, George Allen & Unwin, 1979.

Koch, H. W. "Social Darwinism as a Factor in the 'New Imperialism'". In Koch, H. W. Org. *The Origins of the First World War*. Nova York, Taplinger Publishing Co., 1972.

——. *Der Sozialdarwinismus: Seine Genese und sein Einfluss auf das imperrialistische Denken*. Munique, C. Beck, 1973.

Lammers, Donald. "Arno Mayer and the British Decision for War: 1914". *Journal of British Studies*, 12 (1973): 137-65.

Langbehn, Julius. *Rembrandt als Erzieher*. Leipzig, G. L. Hirschfield, 1903.

Lichtheim, George. *Marxism*. Nova York, Frederick A. Praeger, 1961.

Lowi, Theodore J. *The End of Liberalism*. Nova York, W. W. Norton & Co., 1969.

Lukács, Georg. *Die Zerstörung der Vernunft*. V. 2, *Irrationalismus und Imperialismus*. V. 3, *Irrationalismus und Soziologie*. Neuwied, Luchterhand, 1974.

Mann, Thomas. *Nietzsches Philosophie im Lichte unserer Erfahrung*. Berlim, Suhrkamp, 1948.

Mannheim, Karl. *Essays on the Sociology of Knowledge*. Nova York, Oxford University Press, 1952.

Masur, Gerhard. *Prophets of Yesterday: Studies in European Culture, 1890-1914*. Nova York, Macmillan Co., 1961.

Mayer, Arno J. "Internal Crisis and War Since 1870". In Bertrand, Charles L. Org. *Revolutionary Situations in Europe, 1917-1922: Germany, Italy, Austria-Hungary*. Montreal, Interuniversity Center for European Studies, 1977.

Mitzman, Arthur. *The Iron Cage: An Historical Interpretation of Max Weber*. Nova York, Grosset & Dunlap, 1969.

——. *Sociology and Estrangement: Three Sociologists of Imperial Germany*. Nova York, Alfred A. Knopf, 1973.

Mommsen, Wolfgang J. "Domestic Factors in German Foreign Policy Before 1914". *Central European History*, 4 (1973): 3-43.

Moore, James R. *The Post-Darwinian Controversies: A Study of the Protestant Struggle to Come to Terms with Darwin in Great Britain and America, 1870-1900*. Cambridge, Cambridge University Press, 1979.

Mosca, Gaetano. *The Ruling Class*. Nova York, McGraw-Hill Book Co., 1939.

Nasmyth, George. *Social Progress and Darwinian Theory*. Nova York, G. P. Putnam's Sons, 1916.

Nietzsche, Friedrich Wilhelm. *Gesammelte Werke*. 23 v. Munique, Musarion, 1920-1929.

——. *Werke*. 3 v. Ed. Karl Schlechte. Munique, Hanser, 1960-1962.

Pareto, Vilfredo. *The Mind and Society*. 4 v. Nova York, Dover Publications, 1935.

Plamenatz, John. *Ideology*. Nova York, Praeger Publishers, 1970.

Podach, Erich. *Nietzsches Zusammebruch*. Heidelberg, N. Kampmann, 1930.

Poulantzas, Nicos. *Pouvoir politique et classes sociales*. 2 v. Paris, François Maspero, 1972.

Robinson, Ronald e Gallagher, John. *Africa and the Victorians: The Official Mind of Imperialism*. Nova York, St. Martin's Press, 1961.

Rogers, James A. "Marxist and Russian Darwinism". *Jahrbücher für Geschichte Osteuropas*, 13 (1965): 199-211.

Rogger, Hans. "Russia in 1914". *Journal of Contemporary History*, 1 (1966): 95-120.

Russell, Bertrand. *A History of Western Philosophy and Its Connection with Political and Social Circumstances from the Earliest Times to the Present Day*. Nova York, Simon & Schuster, 1945.

Scally, Robert J. *The Origins of the Lloyd George Coalition: The Politics of Social Imperialism, 1900-1918*. Princeton, N. J., Princeton University Press, 1975.

Schroeder, Paul W. "World War I as Galloping Gertie". *Journal of Modern History*, 44 (1972): 320-45.

Schumpeter, Joseph A. *Imperialism and Social Classes*. Nova York, Meridian Books, 1955.

Semmel, Bernard. *Imperialism and Social Reform: English Social-Imperial Thought, 1895-1914*. Cambridge, Mass., Harvard University Press, 1960.

Sheehan, James J. *German Liberalism in the Nineteenth Century*. Chicago, University of Chicago Press, 1978.

Steiner, Zara S. *Britain and the Origins of the First World War*. Nova York, St. Martin's Press, 1977.

Stern, Fritz. *The Politics of Cultural Despair*. Berkeley, University of California Press, 1961.

Sternhell, Zeev. *La droite révolutionnaire, 1885-1914: Les origines françaises du fascisme*. Paris, Éditons du Seuil, 1978.

Struve, Walter. *Elites Against Democracy: Leadership Ideals in Bourgeois Political Thought in Germany, 1890-1933*. Princeton, N. J., Princeton University Press, 1973.

Sykes, Alan. *Tariff Reform in British Politics, 1903-1913*. Oxford, Clarendon Press, 1979.

Thatcher, David S. *Nietzsche in England, 1890-1914*. Toronto, University of Toronto Press, 1954.

Thayer, John A. *Italy and the Great War: Politics and Culture, 1870-1915*. Madison, University of Wisconsin Press, 1964.

Therbon, Göran. *Science, Class and Society: On the Formation of Sociology and Historical Materialism*. Londres, New Left Books, 1976.

Vagts, Alfred. *A History of Militarism*. Nova York, W. W. Norton & Co., 1937.

Vucinich, Alexander. *Social Thought in Tsarist Russia: The Quest for a General Science of Society, 1861-1914*. Chicago, University of Chicago Press, 1976.

Weber, Max. *Gesammelte politische Schriften*. Munique, Drei Masken, 1921.

Weiss, John. *Conservatism in Europe, 1770-1945: Traditionalism, Reaction and Counter-Revolution*. Nova York, Harcourt Brace Jovanovich, 1977.

Wilkinson, Rupert. *Gentlemanly Power: British Leadership and the Public School Tradition*. Nova York, Oxford University Press, 1964.

Wolfe, Alan. *The Limits of Legitimacy: Political Contradictions of Contemporary Capitalism*. Nova York, Free Press, 1977.

Zmarzlik, Hans-Günter. "Der Sozialdarwinismus in Deutschland als geschichtliches Problem". *Vierteljahrshefte für Zeitgeschichte*, 11 (1963): 246-73.

Zweig, Stefan. *Nietzsche: Le combat avec le démon*. Paris, Éditions Stock, 1978.

ÍNDICE REMISSIVO

ESTA OBRA FOI COMPOSTA PELA FORMA COMPOSIÇÕES GRÁFICAS EM ENGLISH TIMES E IMPRESSA PELA GRÁFICA E EDITORA HAMBURG EM OFFSET PARA A EDITORA SCHWARCZ EM SETEMBRO DE 1987.